HEYNE
BÜCHER

W0086642

Das Buch

Ein Bündel Briefe wurde zum Anstoß für diese Biographie über die wildeste Rocksängerin der Sixties – Janis Joplin. Fast zwei Jahrzehnte nach ihrem Tod fand ihre jüngere Schwester Laura Joplin die Briefe, die Janis seit Beginn ihrer Karriere an ihre Familie geschrieben hatte. Gestützt auf persönliche Erinnerungen und zahlreiche Gespräche mit Freunden, Liebhabern und Kollegen von Janis legt sie nun die authentische Janis-Joplin-Biographie vor.

Aus der Sicht ihr nahestehender Personen wird eine Janis Joplin beschrieben, die bereits als junges Mädchen gegen die Ungerechtigkeit, Heuchelei und den Rassismus in der amerikanischen Gesellschaft der prüden Fifties aufbegehrte. Die Romane von Jack Kerouac, die Philosophie der Beatniks und vor allem der Blues, die Musik der Schwarzen, bieten Janis den Ausweg: Um 1960 flieht sie aus dem spießigen Texas nach Kalifornien, dem Zentrum der alternativen Undergroundkultur. Hier, in den Beatschuppen und Cafés von Venice und North Beach, wird auch ihr einzigartiges Talent entdeckt. Um ihre Kreativität zu steigern, spritzt sie sich Speed. Sie rebelliert immer offener gegen das sogenannte Establishment. In der ausgeflippten Szene von Haight-Ashbury in San Francisco zelebriert sie ausgiebig den berüchtigten Lebensstil von »Sex & Drugs & Rock 'n' Roll«. Mit ihrem umjubelten Auftritt auf dem Monterey Pop Festival schafft sie schließlich den Durchbruch: Janis Joplin wird als größte Bluessängerin seit Bessie Smith gefeiert. Sie stirbt drei Jahre später.

Die Autorin

Laura Joplin wurde 1949 in Port Arthur, Texas, geboren. Die promovierte Pädagogin lebt heute in Denver, Colorado, und arbeitet zur Zeit an einem Theaterstück über Janis Joplin.

LAURA JOPLIN

JANIS JOPLIN

Ein wildes kurzes Leben

Biographie
mit unveröffentlichten Briefen

Aus dem Amerikanischen
von TINA HOHL

WILHELM HEYNE VERLAG
MÜNCHEN

HEYNE ALLGEMEINE REIHE
Nr. 01/9686

Titel der Originalausgabe
LOVE, JANIS
Erschienen 1992 Villard Books,
a division of Random House, Inc., New York

Lizenzausgabe mit freundlicher Genehmigung
der vgs verlagsgesellschaft, Köln
Copyright © der deutschen Ausgabe
by vgs verlagsgesellschaft, Köln 1993
Wilhelm Heyne Verlag GmbH & Co. KG, München
Printed in Germany 1995
Umschlagillustration: Inter Topics/Fotos Intern., Hamburg
Umschlaggestaltung: Atelier Ingrid Schütz, München
Satz: Schaber Satz- und Datentechnik, Wels
Druck und Bindung: Presse-Druck, Augsburg

ISBN 3-453-09207-4

Dieses Buch ist Janis Joplin gewidmet
und allen, die sie liebten.

Inhalt

1

Oktober 1970

What good can drinking do?
What good can drinking do?
I drink all night,
But the next day I still feel blue

JANIS JOPLIN, ›What Good Can Drinking Do?‹

Im Herbst 1970 führte ich ein studentisches Bohème-Leben in einem südlichen Stadtteil von Dallas. Ich bewohnte ein geräumiges viktorianisches Apartment in einer schäbigen Gegend. Den Nachmittag des 4. Oktober 1970 – es war ein Sonntag – verbrachte ich gemütlich zu Hause. Ich kochte mir Tee, trat aus der Küche und ging durchs Eßzimmer. Die strahlende Nachmittagssonne ergoß sich durchs Fenster und durchtränkte meinen Körper.

Ich blieb stehen. Flüchtige Gedanken schossen mir durch den Kopf, und plötzlich packte mich der überwältigende Wunsch, mit meiner Schwester zu sprechen. Ich zögerte bei dem Gedanken, wie kompliziert es sein würde, wenn sie nicht selbst ans Telefon ginge und ich einen Fremden davon überzeugen müßte, daß ich wirklich Janis Joplins Schwester war. Aber die Zweifel schwanden. Ich ging zum Apparat, erfüllt von der einzigartigen Bindung, die ich zu meiner großen, wagemutigen Schwester hatte.

Ich hatte Janis zuletzt Mitte August 1970 gesehen. Unsere Beziehung war trotz räumlicher Trennungen und unterschiedlicher Lebensstile sehr konstant. Wir waren nicht immer einer Meinung und führten manchmal hitzige Streitgespräche, aber wenn wir uns wiedertrafen, war all das vergessen. Im August hatten wir über Sex, Romantik, Ehe, Karriere, Autos, Häuser, Kleider, die Stadt, Janis' Ruhm und unsere Familie geredet. Als wir uns voneinander verabschiedeten, hatten wir vorgehabt, in meinen Weihnachtsferien zusammen nach Kalifornien zu fahren.

Während ich über den vergilbten Eichenholzfußboden zum Telefon neben meinem Bett im Wohnzimmer ging, verpuffte der Drang, sie anzurufen. Allein der Versuch schien plötzlich keinen Sinn mehr zu haben. Abends ließ mich der Gedanke jedoch nicht los. Warum hatte ich sie nicht angerufen? Ich ging früh ins Bett, um mich für einen hektischen Tag in der Universität auszuruhen. Gerade war ich fest eingeschlafen, ganz entspannt unter der Bettdecke, als das Telefon klingelte.

»Janis ist tot«, hörte ich die belegte Stimme meines Vaters. Es war Montag morgen, ein Uhr früh. Die furchtbaren Worte klangen unwirklich. Ich kämpfte den Schlaf gerade weit genug nieder, um zu antworten: »Nein!« Er wiederholte es: »Janis ist tot.« Ich schüttelte den Kopf und wiederholte störrisch: »Nein!« Der Schock schlug in mein Herz ein und verhärtete es zu Eiskristallen. Janis ist tot.

Meine Mitbewohnerin tauchte aus ihrem Zimmer auf. Sie spürte, daß etwas passiert war. »Janis ist tot«, wiederholte ich. Sie verschwand und kam mit zwei Aspirin und einem Glas Wasser zurück. »Wofür sind die?« fragte ich. »Nimm sie!« drängte sie. Aspirin, das universelle Trostpflaster des Amerikaners... Ich schluckte die Tabletten, obwohl ich wußte, daß es kein Mittel gegen diesen Schmerz gab. Ich weinte mich in einen unruhigen Schlaf. Warum hatte ich sie am Nachmittag nicht angerufen?

Am nächsten Tag teilten meine Eltern mir am Telefon mit, sie führen nach Los Angeles, um Janis' Angelegenheiten zu regeln. Mein Bruder und ich fuhren nicht, da unsere Eltern uns die Kameras und die Presse nicht zumuten wollten. Als sich die Nachricht langsam unter Janis' Freunden verbreitete, sammelten sich Menschenmassen vorm Landmark Hotel, in dem sie lag. Die Polizei spannte die amtlichen gelben KEIN-ZUTRITT-Bänder, und die Menge raunte und erschauerte vor Verwirrung, Enttäuschung, Kummer und Schock.

Barbara Irwin, Mutters Schwester, wohnte in Los Angeles und half meinen Eltern bei den notwendigen Erledigungen. Sie trafen sich mit Janis' Anwalt, Robert Gordon, dessen Eleganz und Bestimmtheit sie gleichzeitig trösteten und verunsicherten. Von Bob erfuhren sie die Einzelheiten über Janis' Tod und ihre testamentarische Verfügung für die Beisetzung; sie wollte eingeäschert werden, und ihre Asche sollte an der kalifornischen Küste in der Nähe von Marin ins Meer gestreut werden. Meine Eltern waren tief verletzt. Sie hatten ihre erstgeborene Tochter verloren und konnten sie nun nicht einmal mit nach Hause nehmen, um sie angemessen zu beerdigen.

Mein Vater hatte mir vor seiner Abfahrt gesagt, Janis' Todesursache sei nicht geklärt. Es könne eine Überdosis gewesen sein, aber genausogut könne sie ohnmächtig geworden und in dem Plüschteppich erstickt sein. Meine Eltern waren von ihren Pflichten so sehr in Anspruch genommen, daß sie vergaßen, mich aus Kalifornien anzurufen. Ich lief in einem Informationsvakuum durch Dallas und hörte nur die Nachrufe im Radio und den Klatsch der Halbinformierten in den Fluren der Southern Methodist University.

Ich wurde wütend auf die gesichtslosen Rock-'n'-Roll-People, die sich für Janis' Freunde gehalten hatten. Wie hatten sie zulassen können, daß sie Heroin nahm? Jeder nahm Drogen, auch ich, aber Heroin war etwas anderes. Das hätte Janis wissen müssen! Warum hatten sie sie nicht davon abgehalten? Gab es denn niemanden, dem sie wichtig genug gewesen war, um einzugreifen? Ich machte mir die schlimmsten Vorwürfe, daß ich ihr keine bessere Schwester gewesen war, daß ich von dem Heroin nichts gewußt hatte. Warum hatte niemand etwas unternommen? Vor allem gab ich ihrer Rolle als Queen of Rock die Schuld, diesem hohen Thron, auf dem Warnungen und weise Ratschläge keine Frau erreichen können.

Die Autopsie war bald abgeschlossen, und das Urteil lautete: Überdosis Heroin. Sie hatte es nur ein paar Wochen lang genommen. Es diente ihr vielleicht jeden dritten Abend zur Entspannung, nach einem harten Aufnahmetag für eine neue Platte für Columbia Records.

Meine Eltern stritten mit Bob Gordon, und er zankte sich mit der Presse, der Polizei und dem Leichenbeschauer herum, um der Familie eine ruhige Trauerfeier zu ermöglichen. In einer Friedhofskapelle nahmen sie Abschied von Janis, während mein Bruder Michael und ich verwirrt und isoliert in verschiedenen texanischen Städten saßen.

Nichts zeigte die Schwächen unserer Familie deutlicher als die Art, wie wir mit Janis' Tod umgingen. Es gab keine Beerdigung, der wir als Familie beiwohnen konnten. Es gab kein Grab, das man später besuchen konnte. Es gab keine lieben Angehörigen, die unseren Schmerz und unseren Verlust mit uns teilten. Wir weinten allein.

Einfach zu sagen, daß ich Janis liebte, wäre nicht genug. Sie bedeutete mir viel mehr. Als ich geboren wurde, war Janis sechs Jahre alt. Sobald ich groß genug war, ihr hinterherzuhoppeln, nahm sie mich unter ihre Fittiche. Mutter hängte Bilder von zwei kichernden

Mädchen, die sich Geschichten erzählen, an die Wand unseres gemeinsamen Kinderzimmers. Genauso ist mir meine Kindheit in Erinnerung geblieben – verquickt mit meiner ständigen Gefährtin und Vermittlerin der Welt, meiner großen Schwester. Sie half mir immer und nahm mich überallhin mit. Im Gegenzug machte ich sie zu meinem Idol.

Wegen des Altersunterschiedes von sechs Jahren konnten wir uns über die Dinge des Alltags oft gar nicht verständigen. Ich wurde gerade eingeschult, als sie auf die Junior Highschool kam. Ich kam auf die Junior High, als sie mit der Uni anfing. Ich fing mit der Uni an, als sie zur Hippie-Rock-'n'-Roll-Queen wurde. Unsere Beziehung basierte nicht darauf, daß wir die gleichen Lebensphasen durchliefen. Unsere Verbindung war etwas Tiefgreifenderes, ein grundlegendes Vertrauen, das sich durch alle Veränderungen der äußeren Umstände hindurch erhielt. Unsere Herzen sprachen zueinander. Wir teilten Bilder, Fantasien und Gefühle, die wie geheime Räume waren, von deren Existenz vielleicht niemand außer uns wußte.

Meine Eltern riefen an und informierten mich darüber, was geschehen war. Einerseits war jetzt alles vorbei, andererseits fing für mich die Verarbeitung des Geschehenen gerade erst an. Ein paar Wochen nach Janis' Tod rief Bob Gordon an. »Hast du Lust, zur Party zu kommen? Janis hat in ihrem Testament fünfundzwanzigtausend Dollar für ein Fest hinterlassen, das ihre Freunde nach ihrem Tod feiern sollen.« Diese Idee war Janis gekommen, als einer ihrer Freunde starb. Dem Autor Michael Thomas erzählte sie: »Chocolate George [das war sein Spitzname, weil er Schokoladenmilch über alles liebte], einer der Angels, war ums Leben gekommen, und sie schmissen im Park eine Riesenparty, alles frei. Es gab Bier in Mengen, und Grateful Dead und wir [Big Brother] spielten. Es war wunderschön, alle Hippies und die Angels waren so stoned wie selten … Ein besseres Begräbnis kann man sich gar nicht vorstellen. Es war die tollste Party der Welt.« Als Bob mich zu Janis' Party einlud, zögerte ich nicht, ja zu sagen. Für mich war das gar keine Frage. Ich mußte sehen, wie es dort aussah, wer diese Leute waren. Ich mußte ihr Haus und ihre Sachen berühren und die Aspekte ihres Lebens kennenlernen, die mir in meinem warmen Nest in Texas verborgen geblieben waren.

Als ich am 25. Oktober ankam, war Janis' Haus halb leer. Was sie besaß, hatte sie ihren Freunden vermacht. Viele waren schon dagewesen und hatten Anspruch auf einen Orientteppich, einen geschnitzten Kirschholzschrank und ähnliches erhoben. Bob bemerkte zuvorkommend, daß Schwestern wohl auch zu den Freunden zählten und ich ihm Bescheid sagen solle, wenn ich irgend etwas haben wollte. Die Möbel waren schon vergeben, wie Lyndall erklärte. Ich begutachtete den restlichen Krempel und fand ein Andenken von mir, ein versilbertes Feuerzeug, das ich Janis zum Geburtstag geschenkt hatte. Rund um seine ovale Mitte waren Rosen eingraviert. Es wog schwer in meiner Hand, und das tat gut. Lyndall sagte, es sei kaputt, nach dem Motto: Wer will das schon haben? Ich rauchte noch nicht einmal. Ich brauchte nicht das Feuer, sondern nur die Wärme der Assoziation - ein Geschenk von mir an Janis und jetzt von ihr an mich.

Janis' kalifornische Clique wußte nichts mit mir anzufangen, aber sie ließen mich in ihrem Haus wohnen. Lyndall Erb, ihre Mitbewohnerin, war nach Janis' Tod in ihr Schlafzimmer gezogen. Aus Höflichkeit bot sie mir an, aus dem Zimmer auszuziehen, damit ich dort wohnen könne. Ich lehnte ab und sagte, das Bett im Wohnzimmer würde mir genügen.

Als ich am 26. Oktober auf der Party im Lion's Share in San Anselmo ankam, saß ich zwischen Leuten, die zwar zunächst versuchten, erzwungene Fröhlichkeit zu verbreiten, sich dann aber ganz von selbst leisen Unterhaltungen über das Thema: Wer macht was? zuwandten. Jemand neben mir deutete eifrig auf das gebatikte Satin-Laken hinter einer zusammengewürfelten Band von Freunden, die auf der Bühne spielte. Das große Loch darin, tönten sie, habe ein Liebhaber von Janis erst kürzlich auf dem Höhepunkt der Leidenschaft hineingerissen, weil er seine Cowboy-Stiefel anbehalten hatte. Mehrere Leute bedrängten den bekannten Tattoo-Künstler Lyle Tuttle, sein Hemd auszuziehen und mir seine Tätowierungen zu zeigen. Wir waren beide der Meinung, der Zeitpunkt sei etwas unpassend gewählt.

Jemand bot mir einen Keks an. Ich war hungrig, weil ich nur wenig zu Mittag gegessen hatte. Erst später erwähnte er, daß es ein Haschkeks war. Ich bekam einen dicken Kopf und zog mich hastig zurück, gestützt von Bob Gordon und John Cooke, Janis' schlaksigem, freundlichem Road-Manager, einem Mann von der Ostküste, der sich komplett auf Westcoast umgestylt hatte. Ich erreichte den Gehsteig und die kühle Nachtluft gerade rechtzeitig, um auf John Cookes linken Stiefel zu kotzen. Viel schlimmer kann es ja wohl nicht mehr kommen, dachte ich.

Die Krönung war jedoch, aus meinem Drogen-Schlummer zu erwachen und zu bemerken, wie Seth Morgan, ein rauher, gutaussehender Mann, der mir als Janis' Verlobter vorgestellt worden war, in mein Bett im Wohnzimmer zu schlüpfen versuchte. Eine Frau auf dem Fußboden hielt ihn mit den Worten zurück: »Da liegt Janis' Schwester. Komm hierher.« Also kroch er an ihre Seite. Anfangs mühte er sich noch, ihren Verführungskünsten zu widerstehen, aber schließlich gab er nach. Janis' angeblicher Verlobter schlief in der Nacht nach ihrer Totenfeier mit einer ihrer Freundinnen.

Ich hatte nur drei Tage in San Francisco verbracht, aber ich war in Janis' Haus gewesen, hatte ihre Freunde kennengelernt und vieles mehr. Nun war ich bereit, in mein eigenes Leben nach Texas zurückzukehren. Ich dachte, mein Kummer sei überwunden und ich könnte in meinen Alltag, zu meinen Freunden und der Arbeit, allem, was mein Leben dort ausmachte, zurückfinden. Ich hatte jedoch nur die erste Trauerphase hinter mir – den Schock. Vor mir lagen noch die Qualen des Leids, der Schuldgefühle, der Wut, der Reue und der Angst.

Es sollte Jahre dauern, bis wir in unserer Familie die Trauer über Janis' Tod miteinander teilen konnten. Am Tag, als sie starb, war eine Tür zugefallen, und trotz aller Bemühungen konnten Michael und ich meine Eltern kaum je dazu bringen, sie wieder zu öffnen. Pops Verzweiflung über den Verlust seiner Tochter äußerte sich in der Arthritis, die sich in seinem ganzen Körper ausbreitete. Er suhlte sich in seinem Kummer und grübelte darüber nach, ob er an Janis' Tod mitschuldig war, weil er ihre unkonventionellen Neigungen unterstützt hatte. Wenn er bei Michael und mir Anzeichen für unangepaßtes Verhalten entdeckte, war er schnell mit warnenden Worten zur Stelle, offensichtlich mit den furchtbaren möglichen Konsequenzen vor Augen.

Mom verschloß ihre Gefühle in einer Art innerem Tresor, in dem sie all die warmen Erinnerungen an ihr Erstgeborenes und den Kummer über die Verfehlungen ihrer Tochter aufbewahrte. Nach Janis' Tod war sie nicht mehr so freundlich, sanft und liebevoll wie früher. Sie schien zu glauben, wenn sie ihm nachgeben würde, müßte das unermeßliche Leid sie überwältigen und für immer zerbrechen.

Statt dessen kümmerte sie sich um Janis' Fans, wie ein Gärtner für seine Blumen sorgt. Jeder, der unserer Familie nach Janis' Tod schrieb, erhielt eine Antwort, die von Herzen kam – so lange, bis

Mutters Augen zu schlecht wurden. Sie versuchte, jedem, der sie brauchte, eine helfende Hand zu reichen. Sie wollte eine Antwort auf die Klagen der Briefeschreiber über die Ungerechtigkeit der Welt finden. Einer Frau schrieb sie:

Wie ich mit den Erinnerungen fertig werde? Einfach, indem ich mit Freuden an die Zeiten des Glücks und des Lachens zurückdenke, die wir mit all unseren Kindern hatten. Das wiegt viel schwerer als schlimme Zeiten und Probleme.

Wie ich mit der Erinnerung an die Probleme fertig werde? Indem ich versuche, mich ohne Bitterkeit zu erinnern, in dem Bewußtsein, daß mir meine Kinder nur für sechzehn bis achtzehn Jahre geliehen waren und mir nicht gehörten. Jedes Kind, das erwachsen und unabhängig wird, muß die Nabelschnur zu Vater und Mutter durchtrennen. Wenn sie erwachsen sind, bauen unsere Kinder eine neue Beziehung zu uns als Menschen auf und wir zu ihnen als neuen Einzelindividuen.

Wie ich mit der Bitterkeit fertig werde? Ich gebe sie einfach auf, ohne Einschränkungen und ohne Wenn und Aber ... Wenn mir das nicht gelingt, wird die Folge eine verzerrte Perspektive sein, die sich um sich selber dreht. Leicht ist das nicht, aber ich gebe mir Mühe.

Wie ich mit dem Schmerz über den Verlust meiner Tochter fertig werde? Ich bin einfach dankbar für die Zeit mit ihr und den Reichtum, den sie uns beschert hat ... und das vergesse ich NIEMALS.

Wie ich jemals verzeihen kann? Das kostet viel Mühe. Aber es MUSS sein. Schließlich bin ich keines Menschen Richter, sei er gut oder schlecht. Im Vaterunser heißt es: Vergib MIR meine Sünden, wie ich sie andern vergebe. So ist es nun mal, und auch ich muß das tun.

Mein eigener Kummer ließ sich in meinem Leben nieder wie eine Katze an dem sonnenwarmen Fleckchen auf einem Teppich, nur daß seine Krallen ständig ausgefahren waren und mir einen durchdringenden Schmerz zufügten, wenn ich nur einen Augenblick lang meine eiserne Selbstbeherrschung verlor. Ich trug diesen Schmerz achtzehn Jahre lang mit mir herum, bis er schließlich als Wut explodierte. Ich kickte die Aktenordner mit den Dokumenten durch mein Büro, Zeugnisse meiner Bemühungen um Janis' Karriere. Ich sammelte all ihre Erbstücke in meinem Haus ein, packte sie zusammen und schickte sie an meinen Bruder. Ich ließ ihn ihren Porsche abholen, der in meiner Garage stand. Ich versuchte verzweifelt, mich von etwas zu befreien. Am Ende brach ich schluchzend zusammen. Der

Schmerz schüttelte meinen Körper und führte mir wie eine Sammlung von Urlaubsdias Erinnerungen vor Augen. Das tat verdammt gut. Ich klaubte alle Krumen verborgener Trauer zusammen und warf sie für immer weg. Endlich wurde mir bewußt, daß ich an meinem Kummer festgehalten hatte, weil er das letzte war, was mir von Janis geblieben war, mein stillschweigender Widerstand gegen die doch unbestreitbare Realität ihres Todes. Es mutete wie eine absurde emotionale Überreaktion an, aber als ich hinterher durch den Flur ging, glaubte ich zu schweben. Ein Schwindelgefühl erfaßte mich. Ich war frei.

Das Gespenst verfolgte mich nicht mehr. Ich wußte nicht, welche Dämonen ich noch loswerden mußte, aber nach diesem hatte ich vor keinem mehr Angst. Auf seltsame Weise drängte es mich, Janis besser zu verstehen.

Im Geiste hörte ich die Worte meiner Schwester, ein Motto unserer gemeinsamen Jugend: »Mach keine Kompromisse mit dir selbst. Du bist alles, was du hast.« Ich wußte, daß es bei meiner Suche nach Janis um die Wahrheit ging. Ich konnte mich erst zufriedengeben, wenn ich ihr Leben, ihre Entscheidungen und ihre Zeit völlig durchdrungen hatte.

Janis sagte: »Laß dich gehen, und du wirst mehr sein, als du jemals von dir erwartet hast.« Von der Trauer befreit, war ich auch frei, sie wieder zu lieben. Ich ließ alles los, was ich über Janis zu wissen glaubte, und machte mich bereit, ihr Leben für sich sprechen zu lassen.

2

Unsere Vorfahren

When I'm sitting round late in the evening, child
Wondering why, why, why did I ever leave
Well, I went out searching for something, baby
I left it behind me now, babe, now I see

JANIS JOPLIN, ›Catch Me, Daddy‹

Aus der Familie meines Vaters kenne ich die Namen Joplin (oder Jopling), Porter und Ball. Der Mädchenname meiner Mutter war East, und ihre Verwandten heißen Hanson (früher Hore), Sherman, Coulter, Fleming und Rosine.

Die ersten meiner Vorfahren, die den Fuß auf amerikanischen Boden setzten, waren Fischer, die den rauhen Atlantik überquerten, um ihr Glück in den fischreichen Gewässern vor Nova Scotia zu versuchen. Dort stach den fünfundzwanzigjährigen Hezekiah Hore der Hafer der unbegrenzten Möglichkeiten. Die unendlichen Weiten des Brachlands, die dichten Wälder und die großen Wildbestände lockten ihn. Er war der zweite Sohn aus einer zweiten Ehe. Neben der Fischereiflotte besaß die Familie ansehnliche Pachteinnahmen aus einem Landbesitz, der noch aus der Zeit Heinrichs des Achten herrührte, als der Besitz der katholischen Kirche konfisziert worden war. Hezekiah sollte nichts davon erben, da er nicht der älteste Sohn war. 1633, zwölf Jahre nach der Ankunft der *Mayflower*, segelte Hezekiah Hore auf der *Recovery* einem neuen Leben in der Kolonie an der Massachusetts Bay entgegen.

Hore gründete gemeinsam mit Vettern und Nachbarn die Stadt Taunton, Massachusetts. Er ließ sich dort mit Leuten nieder, die eigentlich als Puritaner galten, aber die Ungläubigen unter ihnen stellten von Anfang an eine zahlreiche Minderheit. Die Pilgrims feierten das Leben in bunten Trachten und mit herzlichem Lachen. Hezekiah gelangte als Farmer und Händler zu Wohlstand. Wie seine

Die Vorfahren

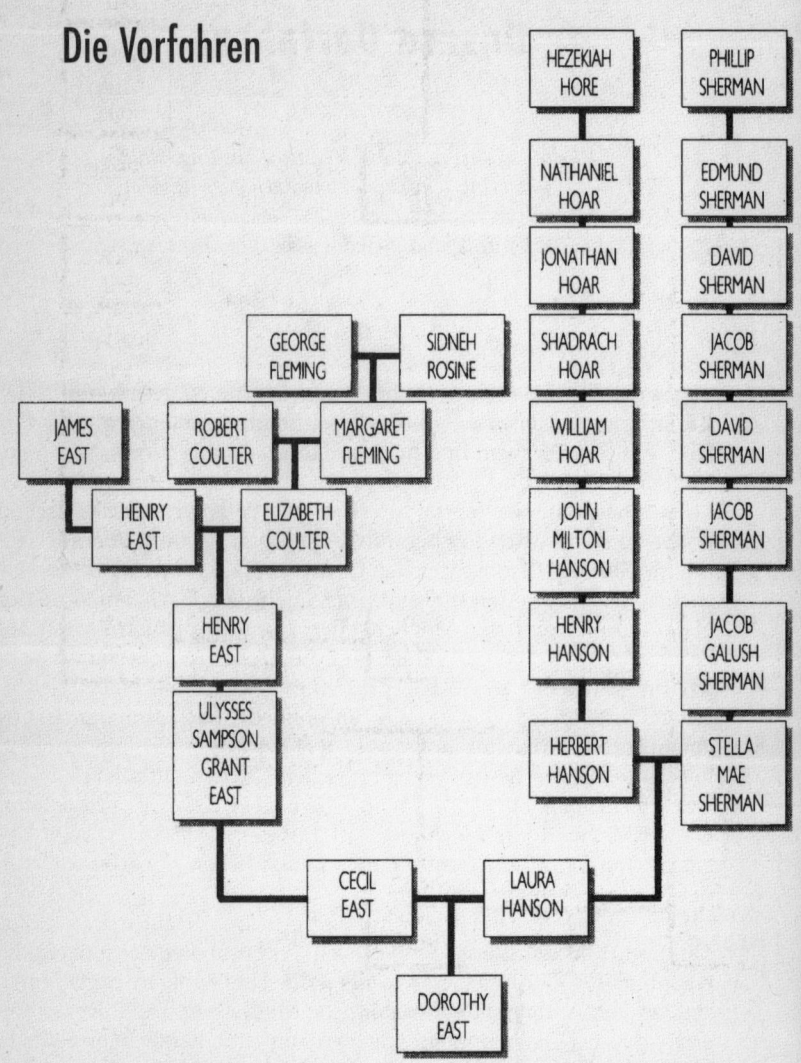

HEZEKIAH HORE
PHILLIP SHERMAN

NATHANIEL HOAR
EDMUND SHERMAN

JONATHAN HOAR
DAVID SHERMAN

GEORGE FLEMING
SIDNEH ROSINE
SHADRACH HOAR
JACOB SHERMAN

JAMES EAST
ROBERT COULTER
MARGARET FLEMING
WILLIAM HOAR
DAVID SHERMAN

HENRY EAST
ELIZABETH COULTER
JOHN MILTON HANSON
JACOB SHERMAN

HENRY EAST
HENRY HANSON
JACOB GALUSH SHERMAN

ULYSSES SAMPSON GRANT EAST
HERBERT HANSON
STELLA MAE SHERMAN

CECIL EAST
LAURA HANSON

DOROTHY EAST

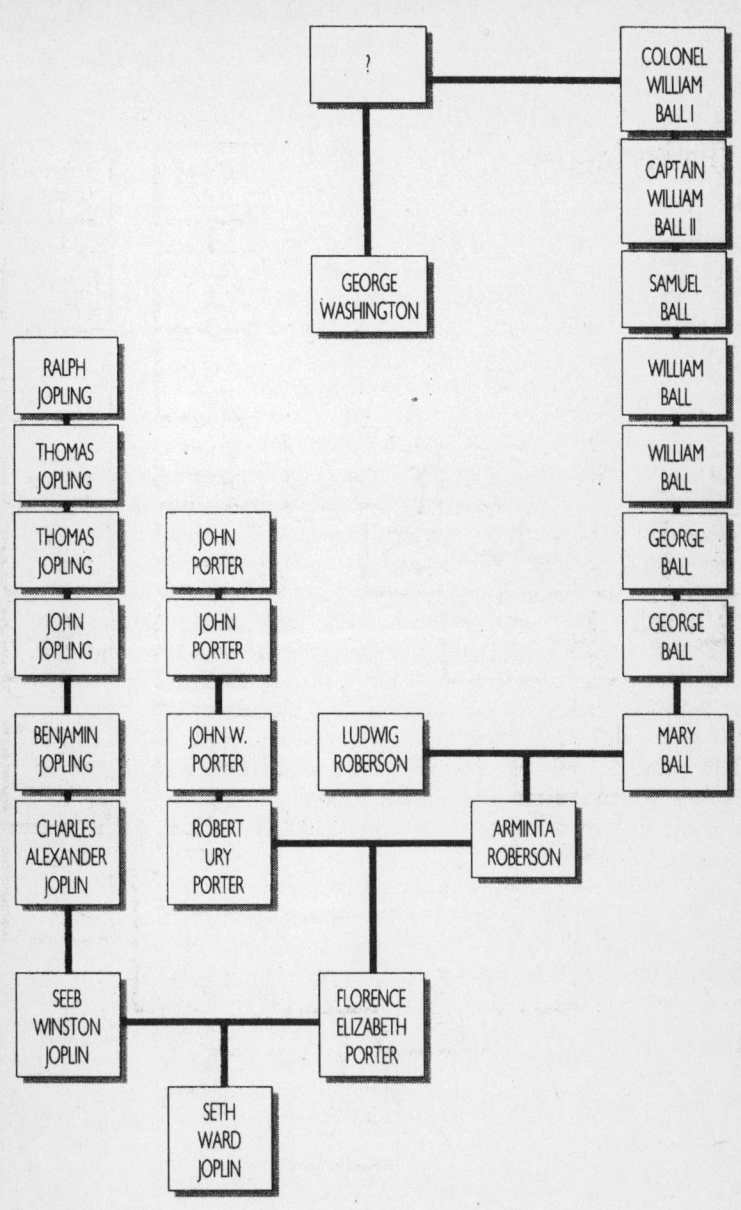

Standesgenossen versuchte er, aus der Tyrannei der anglikanischen Kirche, der englischen Regierung und eines Wirtschaftssystems auszubrechen, das jeden in der Position festnagelte, in die er hineingeboren worden war.

Konflikte zwischen religiösen Sekten störten das ansonsten friedliche Zusammenleben in der Kolonie. Jede Gruppe verfocht kompromißlos ihre Ansichten. Es gab hitzige Dispute zwischen Puritanern, Baptisten, Separatisten und Quäkern. Als die Tyrannei der Unterdrückung in der Kolonie von Plymouth ihren Höhepunkt erreichte, konnten Schiffe, die Quäker an Bord hatten, mit Geldstrafen belegt und die Quäker ausgepeitscht und verhaftet werden. Einige wurden auch gehängt.

Roger Williams brachte mit seiner Forderung nach religiöser Toleranz und Respekt gegenüber den Indianern die Gemüter in Wallung. Seine Gesellschaftskritik beeinflußte das Leben eines meiner Vorfahren in der Kolonie an der Bay, seines Schwiegersohns Phillip Sherman. »Kein Mensch hat das Recht, einen anderen zum Beitritt zu einer bestimmten Kirche zu zwingen!« forderte Williams. »In diesem neuen Land darf es keine Staatsreligion geben.« Besonders aufgebracht waren die Siedler über sein provokantes Eintreten für die Rechte der Indianer. Er lebte bei ihnen, lernte ihre Sprache und forderte: »Kein Engländer darf den Indianern ohne ihre Erlaubnis und ohne Bezahlung Land wegnehmen.« Seine aufrührerischen Ansichten stellten eine derartige Bedrohung für die Kolonie von Plymouth dar, daß er und seine Anhänger verstoßen wurden. Phillip Sherman gründete daraufhin mit einer Gruppe eher liberaler Anhänger die Kolonie von Rhode Island. Die zurückbleibenden Bibeljünger nahmen die überlebenden Indianer gefangen und verkauften sie als Sklaven nach Westindien.

In einer Gegenreaktion auf den religiösen Eifer ihrer Eltern leiteten die Kinder der ersten Siedler eine Ära der Behutsamkeit und Stabilität ein. William Ball, ein Vorfahre meines Vaters, zog von der Chesapeake Bay nach Virginia, wo er Millenbeck baute, eine Villa im georgianischen Stil. Einer seiner Enkel war George Washington.

Phillip Sherman wurde Quäker, Farmer und Sprecher der Siedler. John Porter und Thomas Jopling waren Farmer in Virginia. Alle wurden gepackt vom ›Great Awakening‹, der ›Großen Erweckung‹, einer Religionsbewegung, die Anfang des achtzehnten Jahrhunderts die tiefere Bedeutung der menschlichen Seele entdeckte. Diese Gruppe sagte sich von der Philosophie ihrer Eltern los, nach der das

Leben an sich schon zur Zufriedenheit führte. Sie wollten das ›Neue Licht‹ von innen heraus scheinen lassen, um jeden Menschen von der Herrlichkeit der spirituellen Wiedergeburt zu überzeugen. Sie zogen durchs Land und gründeten neue Siedlungen, verurteilten die Sklaverei, missionierten die Indianer und hauchten damit ihren Kirchen neues Leben ein.

Auch Grenzstreitigkeiten rieben sie auf. In dem siebenjährigen Krieg gegen die Franzosen und Indianer verloren Tausende von Siedlern ihr Leben. Eine junge Schwedin, die erste Vorfahrin meiner Mutter in Amerika, Sidneh Rosine Brown, erlebte die abscheuliche Brutalität der Konflikte zwischen den Rassen und über Territorialansprüche am eigenen Leib. Es klopfte nachts an ihre Tür, und eine Stimme sagte auf englisch: »Wer ist der Hausherr?« Ihr junger Ehemann öffnete die Tür, und sein wehrloser Körper wurde von Indianerlanzen durchbohrt. Sidnehs zweijährigem Kind schlugen die Eindringlinge den Kopf am Türpfosten ein. Das Haus und die Scheune mitsamt dem Vieh wurden in Brand gesetzt, während die Bande von sechs Indianern und einem als Indianer verkleideten Franzosen unter lautem Kriegsgeheul in der glühenden Nachtluft tanzte. Sidneh wurde gezwungen, mit ihnen nach Kanada zu ziehen, und brachte während des Marsches einen Sohn zur Welt. Die Indianer tauften das kleine Wesen nach Indianerart in einem eiskalten Fluß. Sidneh gewann den Respekt ihrer Bewacher, als sie sich weigerte, ihren Anteil an dem letzten eßbaren Gegenstand, dem Lederhalfter für das Gewehr, anzunehmen. Schließlich wurde sie in Kanada für 5,30 Dollar den Franzosen überlassen und blieb dort beim Gouverneur, um sich zu erholen, bevor sie zurück in die englischen Siedlungen verkauft wurde.

Sidneh kehrte nach Virginia zurück, wo sie George Fleming heiratete, einen Mann von gewaltiger Leibesfülle und ebensolchem Temperament, der erst kürzlich in die Neue Welt immigriert war. Sein Schiff war drei Meilen vor der Küste auf Felsen gelaufen und gesunken. Da es keine Rettungsboote gab, hatte George Fleming sein Hab und Gut und sein Gold über Bord geworfen, sich auf seinen Holzkoffer gestürzt und mit der einlaufenden Flut an Land treiben lassen. George und Sidneh ließen sich nieder und finanzierten sich ein angenehmes Leben durch die Vermittlung von Zwangsarbeitern.

All die kleinen Kriege mündeten schließlich in den großen Konflikt dieser Zeit, die amerikanische Revolution. John Porter meldete sich 1776 als Sergeant. Shadrach Hoar, der nun die Schreibweise seines Familiennamens änderte, wurde Korporal. Beide, der eine aus Virginia, der andere aus Massachusetts, waren Kampfgefährten während des Feldzuges, der den britischen Angriffen auf die Nordgrenzen der Kolonien Einhalt gebieten sollte. Daß sie die entscheidende schwierige Schlacht von Saratoga gewannen, war den Fähigkeiten und dem Mut ihres Kommandeurs zu verdanken, Benedict Arnold, der später als Verräter in die Geschichte eingegangen ist.

Jacob Sherman schulterte seiner Quäker-Erziehung zum Trotz ein Gewehr und marschierte in den Kampf nach Boston. Er kämpfte in einer Schlacht, die als Bunker Hill in die Annalen einging. Thomas Paine beschrieb diesen Tag in seiner Schrift *Crisis (Krise)* vom 23. Dezember 1776: »In diesen Zeiten werden die Seelen der Menschen auf die Probe gestellt. Der Sommer-Soldat und der Sonnenschein-Patriot werden in dieser Krise vor dem Dienst am Vaterland zurückschrecken, aber der, der durchhält, verdient die Liebe und den Dank eines jeden Mannes und einer jeden Frau.«

Jacob Sherman war weit davon entfernt, für seinen Einsatz von seinen Verwandten mit Dankbarkeit überschüttet zu werden. Statt dessen wurde er enteignet, weil er das Quäker-Prinzip der Gewaltlosigkeit verraten hatte. Sein Einsatz half bei der Gründung eines Staates, aber er riß eine Familie auseinander. Das war das Ende der Quäker in unserem Stammbaum.

Die nächste Generation führte alle meine Vorfahren gen Westen. Benjamin Jopling war ein hagerer Schotte mit den großen, rauhen Händen eines Mannes, der harte Arbeit gewohnt war. 1826 trat Jopling während einer Zeltmission den Methodisten bei, und mit einem Schlag veränderte sich sein Leben. Die methodistische Kirche war die erste, die sich öffentlich gegen die Sklaverei aussprach. 1844 spaltete sich die methodistisch-episkopale Kirche als Pro-Sklaverei-Bewegung ab und Benjamin mit ihr. Sie war eine echte Volkskirche ohne bezahlte Missionare. Allein der Glaube trieb ihre Mitglieder dazu, in Gruppen neue Gebiete zu bereisen, neue Kirchen zu gründen und ihren Glauben zu verbreiten.

Derselbe innere Zwang veranlaßte Benjamin Jopling, seine Familie aus dem Kreis ihrer Angehörigen herauszureißen und sich auf den Weg ins Grenzgebiet von Nordost-Alabama zu machen. Weiße hatten dort Gold auf dem Territorium der Cherokee gefunden. Alles diplomatische Gezerre verhinderte nicht, daß die Bundesregierung einen Weg fand, die Cherokee von ihrem Land zu vertreiben. Benjamin wurde zu einem etablierten Mitglied der Gemeinde, bis er von

22

den Transparenten ›Texas oder Pleite‹, mit denen durchfahrende Wagen geschmückt waren, weitergetrieben wurde. Schließlich ließ er sich bei Fort Worth nieder, wo er Landwirtschaft betrieb und bei dem Bau des Forts mitarbeitete, das der Siedlung ihren Namen gab. In der ganzen Zeit heiratete er viermal, wurde zweiundzwanzigmal Vater und überlebte alle seine Frauen.

John Milton Hanson schlug auf seiner Reise von Massachusetts nach Westen die nördliche Route ein. Sein Vater, William Hoar, hatte den Familiennamen in Hanson geändert. John lebte mit seiner neuen Braut Lauretta zuerst in New York, dann in Ohio und ließ sich schließlich in Henry County, Iowa, nieder, dreißig Meilen vom Mississippi. Dort tauschte er die Pferde, die seinen Wagen nach Iowa gezogen hatten, gegen ein Stück unbebautes Land.

Zehn Jahre später trieb der Lockruf einer besseren Zukunft John Hanson dazu, die Erfüllung seiner Träume in Kalifornien zu suchen, wo damals der Goldrausch entbrannt war. Er ließ seine Frau und acht Kinder zurück und nahm nur seinen ältesten Sohn mit. Seine Frau starb bald darauf, und die Kinder wurden von Nachbarn und Verwandten aufgezogen, bis John sechs Jahre später zurückkam und seine Position als Familienvorstand wieder einnahm. John, ein Mann von beachtlicher Intelligenz, genoß großes Ansehen in der Gemeinde und erreichte ein hohes Alter.

John W. Porter heiratete in Virginia die Tochter eines Baptistenpredigers. Grundlage aller Zukunftspläne des jungen Paars waren Briefe von Johns Bruder Beverly Porter, der im weit entfernten Texas lebte, damals noch mexikanisches Territorium. Johns Frau war eine zähe Pioniersfrau mit einem starken Herzen in einem stämmigen Körper. 1833 bestieg das Ehepaar mit zwei Kindern und einer Handvoll Sklaven in Nashville eine Schaluppe nach New Orleans. Porter hatte das Boot mit Schweinefleisch und Öfen beladen, die er gegen eine Segelschiffüberfahrt zum texanischen Hafen Velasco eintauschte. Bei ihrer Ankunft wütete dort eine Choleraepidemie, und Beverly Porter lag im Sterben. Unverzagt machten John und seine Leute sich daran, Salz aus Meerwasser zu gewinnen, um damit die Ochsen und Wagen für ihre Reise ins Landesinnere bezahlen zu können. Sie folgten den Windungen des Brazos-Flusses, bis sie eine mit Pinien gesprenkelte, hügelige Landschaft voller saftiger Wiesen erreichten. Dieses Land erklärte Porter zu seiner rechtmäßigen Heimstatt. Er nannte es Porter's Prairie und baute einfache Blockhäuser für sich und die Familien seiner Sklaven.

John W. Porters Sohn Robert Ury Porter, der Urgroßvater meines Vaters, hatte wie viele Männer seiner Generation ein ausgesprochenes Talent zum Geldscheffeln. Nach dem Tod seines Vaters verwaltete er den Besitz seiner Mutter. Er züchtete Vieh und baute Getreide und Obst an. Seine Sklaven ließ er auf der Farm und in den Wäldern von East Texas Holz schlagen und fräsen. Sie errichteten das erste zweigeschossige Haus von Burleson County, mit weißen Schindeln nach dem Vorbild der eleganten Südstaatenvillen. Es hatte vorn und hinten eine große Veranda, auf deren oberem Teil man in den schwülen texanischen Sommernächten schlafen konnte. Die Zimmer gingen zu beiden Seiten von der Diele in der Mitte des Hauses ab, und die Küche lag etwas abseits, damit sich im Falle eines der nur allzu häufig vorkommenden Küchenbrände die Flammen nicht so schnell ausbreiten konnten.

Robert heiratete und fuhr mit seiner Frau nach New York, um Möbel für ihr neues Heim einzukaufen: Himmelbetten aus massiver Eiche, hohe und niedrige Kommoden, Teppiche und ein Salonpiano. Er baute die erste Methodistenkirche und das erste Schulgebäude des County. Im Bürgerkrieg diente Robert als Einkäufer für die Konföderierten. Durch die guten Kontakte seiner Einheit nach Mexiko war der Süden viel länger in der Lage, die Stellung zu halten, als wenn er ausschließlich auf Nachschub aus den Südstaaten angewiesen gewesen wäre.

Roberts Bruder ging zu Terry's Texas Rangers, der Geißel der Nordstaatenarmeen. Diese Einheit war für ihren Mut und ihre Kühnheit berühmt, wenn auch bis Ende des Krieges zwei Drittel ihrer Mitglieder das Leben verloren. Sie ritten Vollblutpferde und besiegten wieder und wieder die Yankees, die im Vergleich zu den listigen Komantschen, gegen die die Texaner im eigenen Land kämpften, eine Kleinigkeit für sie waren.

Auf der anderen Seite der Bürgerkriegsfronten kämpfte ein Mann aus der Familie Hanson, Henry W. Hanson, der Urgroßvater meiner Mutter. Er hatte sich im Alter von achtzehn Jahren als Freiwilliger zur Fourth Iowa Cavalry gemeldet und diente als Offiziersbursche im Hauptquartier von General Roberts. Der Militärdienst bedeutete ihm so viel, daß er seine Uniform auch nach dem Krieg noch oft trug.

In seiner fortschrittlichen Generation gehörte soziales Engagement zum guten Stil, also trat Henry der Freimaurerloge und der Grand Army Of The Republic bei, die sich die aktive Unterstützung der Veteranen und ihrer Angehörigen zur Aufgabe gemacht hatte. Bei seiner Geburt hatte er nur den Namen Henry bekommen, aber in seiner Ehrfurcht vor dem Pomp der Institutionen hielt er einen zweiten Vornamen für unentbehrlich und fügte die Initiale ›W.‹ hinzu.

Die nächste Generation zog weiter nach Westen, die Familie meiner Mutter bis nach Nebraska. Ulysses Sampson Grant East war ein Junge aus Illinois, der während des Bürgerkriegs als Sohn patriotischer Eltern geboren wurde. Grant, wie er genannt wurde, ließ sich wie einige seiner Verwandten vom Reisefieber anstecken, aber er zog nicht nach Oklahoma, sondern in eine nördlichere Gegend: Grant war sanft, aber autokratisch; er wurde Farmer in einem Gebiet im Südwesten des Staates, aus dem kurz zuvor die Pawnee-Indianer vertrieben worden waren.

Grants Nachbar war Herbert Hanson, der vor kurzer Zeit aus Iowa zugezogen war. Herbert hatte seinen Job als Briefträger in Iowa verloren und konnte wegen einer Baseball-Verletzung am Bein nicht als Farmer arbeiten. Sein Vater sagte ihm: »Geh nach Nebraska, Herbert. Jeder Mann, der in der Lage ist, einen Hammer zu heben, kann dort etwas werden.«

Herberts Familie brauchte eine Veränderung. Sie war so arm, daß es manchmal Kartoffeln zum Mittag- und das Kartoffelwasser zum Abendessen gab. In Nebraska gelangte Herbert zu Wohlstand. Er wurde Besitzer einer Klempnerei und handelte mit gebrauchten Möbeln.

Herbert war aktives Mitglied der Republikanischen Partei. Wenn man in der kleinen Farmergemeinde von Clay Center, Nebraska, irgend etwas brauchte, bekam man zu hören: »Geh zu Herbert Hanson. Er sorgt dafür, daß es klappt.« Er war politisch und sozial so engagiert, daß seine Frau, Stella Mae Sherman Hanson, mit der Erziehung ihrer acht Kinder allein fertig werden mußte. Sie verübelte ihm seine Abwesenheit und verbitterte. Die Sätze in den Briefen, die sie später ihren erwachsenen Kindern schrieb, begannen oft mit: ›Ich bin sehr betrübt, weil …‹

W. E. B. DuBois begründete die erste Bewegung für die Rechte der Schwarzen, während sich der Familie Porter die Frage stellte, was mit ihren Sklaven geschehen sollte. Dem Familienmythos zufolge rief Porter seine Sklaven zusammen und sagte: »Diejenigen von euch, die gehen möchten, können das tun. Ich werde für alle sorgen, die hierbleiben wollen.« Für Robert Porter spricht, daß er einer dieser Familien half, Land und Maulesel zu kaufen. Er lehrte seine Kinder, daß Sklaverei falsch sei, und konnte Niederlagen und Veränderungen akzeptieren.

Meine Großmutter, Florence Porter Joplin, begann ihr Leben in der wohlbehüteten Südstaatentradition, die bald der harten wirtschaftlichen Realität des späten 19. Jahrhunderts weichen mußte. Ihr Vater war bei ihrer Geburt 62 Jahre alt, und sie litt darunter, daß es ihm immer schwerer fiel, das Land zu bewirtschaften. Als sie einen Cousin in Big Springs, Texas, besuchte, machte sie sich nützlich und backte frische Brötchen für die Cowboys, die sonntags zu Besuch kamen. Bald heiratete sie den schüchternen Vorarbeiter der Ranch, Seeb Joplin.

Seeb war als ältestes von elf Kindern in der Nähe von Lubbock, Texas, aufgewachsen. Sein Vater, Charles Alexander Joplin, half bei der Gründung der örtlichen Methodistenkirche und arbeitete als Verwaltungsbeamter des County. Er wirkte bei der Straßenplanung, der Errichtung städtischer Gebäude und der Organisation von Wohlfahrtsaktionen mit. Charles war humorvoll und fleißig, aber er glaubte nicht an die Notwendigkeit einer guten Ausbildung für seine Kinder. Seiner Meinung nach sollten sie lieber die Last der Farmarbeit mittragen helfen. Seeb war ein ausgesprochen intelligenter Junge, doch hatte er nicht viel mehr Bildung als ein Sechstkläßler. Seine landwirtschaftlichen Kenntnisse hätten ihm in früheren Epochen gut angestanden, doch als er mündig wurde, war kein Landbesitz mehr verfügbar.

Seeb verfiel der Romantik des Landes jenseits der Grenzen, als er eine Viehherde von der Ranch, die er leitete, nach Billings, Montana, überführte. Mit seinem Bruder bestieg er eine Schmalspureisenbahn nach Dawson, Alaska. Man bot ihm achthundert Dollar dafür, eine einzige Kuh über den Winter zu bringen. Die schneereichen Winter schreckten ihn jedoch ab, und er ging wieder nach Texas zurück. Gemeinsam mit Florence zog er die beiden Kinder auf einer großen Ranch auf, die sie außerhalb von Tahoka, Texas, bewirtschafteten. Das Frauenstimmrecht mag offiziell 1929 im Gesetz verankert worden sein, aber die wahre Emanzipation drückte sich in meinen Familien durch eine kleinere Anzahl von Kindern aus. Florence Porter Joplin wuchs in einer sechzehnköpfigen Familie auf. Sie selbst hatte nur zwei Kinder. Das war die Emanzipation! Mein Vater, Seth Ward Joplin, wurde 1910 als zweites und letztes Kind von Seeb und Florence geboren.

»Fragt Madame«, war die Antwort, die Seeb seinen Kindern auf viele Fragen gab. Sie drückt die Förmlichkeit aus, die in ihrem Haushalt herrschte, selbst in dieser entlegenen Gegend in den Weiten von Texas. Großmutter Joplin lehrte ihre Kinder, die Menschen um ihrer Verdienste willen zu respektieren. Sie hatte ihre prägenden Erfahrungen in den Tagen der *Reconstruction* gemacht, als Unruhen und Morde an Schwarzen und Weißen im Zusammenhang mit Rassenkonflikten auf der Tagesordnung standen und die Republikaner in der Staatsregierung die Grundstückssteuer so in die Höhe trieben, daß viele Grundbesitzer der Vorkriegszeit zum Verkauf ihrer Ländereien gezwungen wurden. Das war eine Lektion in Demut, und die gab sie weiter.

Der Besitzer der Ranch geriet in den Sog eines der zahlreichen Börsenkräche und mußte das Land verkaufen, das Seeb bestellte. Seeb war eine Zeitlang Sheriff in Tahoka, aber er hatte dafür einen zu sanften Charakter. Er fand schließlich sein Auskommen als Leiter eines Viehhofs in Amarillo, Texas. Florence half, indem sie eine Pension für die Männer führte, die bei Seeb arbeiteten. Ihre Kochkünste waren so hervorragend, daß sich manche Männer allein aus diesem Grund um einen Job bei Seeb rissen. Autofahren lernte Florence einzig und allein, damit sie Kochkurse besuchen konnte.

In Nebraska trafen sich die Eltern meiner Mutter, Cecil East und Laura Hanson, und zwar in der Farmergemeinde von Clay Center, wo sie auch heirateten. Die Sehnsucht nach der eigenen Scholle lag ihnen noch im Blut. Sie zogen mit dem East-Clan ins westliche Oklahoma und tauschten ihre Farmen in Nebraska gegen Ranches ein. Cecil hatte das richtige Temperament für das unabhängige, rauhe Rancherleben. Seine kleine Herde gedieh gut, und er widmete sich dem Aufbau der Gemeinde. Seine Frau hingegen sehnte sich nach ihrer Familie in Clay Center und brachte das Thema so oft zur Sprache, daß ihr Mann sich schließlich erweichen ließ. Mit zwei Kleinkindern kehrten sie zu den Familiengebräuchen der Hansons zurück: sonntägliche Mittagessen im Familienkreise und Lieder am Klavier.

Cecil war sehr ehrgeizig und zog auf der Suche nach Vieh zum Handeln durchs Land, um zusätzlich zu seinem Einkommen aus dem Farmbetrieb etwas nebenbei zu verdienen. Laura bewirtschaftete einen 4000 Quadratmeter großen Küchengarten und hatte im Keller genug Eingemachtes, um die Familie das ganze Jahr über zu versorgen. Beide arbeiteten viel und hart. Cecil steckte all sein Geld in eine gewinnversprechende Schweinezucht, doch die Tiere wurden krank und mußten eingeschläfert werden. Der Verlust der Farm hatte verheerende Folgen. Laura ging mit den Kindern zu ihren Eltern, Cecil zog nach Amarillo und suchte dort Arbeit, um seine Familie zu ernähren. Er war bald erfolgreich mit dem Verkauf dessen, was ein Farmer am besten kennt: Land.

Die Familie East zog nach Amarillo, als meine Mutter in der Abschlußklasse der Highschool war. Mom mußte mit ansehen, wie ihre Mutter die zentrale Position in der Familienwirtschaft verlor, als ihr Vater begann, auf eigene Faust Geld zu verdienen, statt die Farmarbeit mit seiner Frau zu teilen. Cecil und Laura fiel es schwer, die neuen Rollen, in die sie sich gedrängt sahen, zu akzeptieren. Sie gaben sich gegenseitig die Schuld an dem unerquicklichen neuen Lebensstil. Sie schrieen sich an und quälten mit ihren Auseinandersetzungen die Kinder. Cecil begann fremdzugehen, immer auf der Suche nach dem Trost, den seine Frau ihm nicht geben konnte. Darüber hinaus betrank er sich gelegentlich, was einen klaren Affront gegenüber Lauras immer strengeren religiösen Ansichten bedeutete.

Sämtliche Großeltern von mir waren in einer ländlichen Gegend aufgewachsen, ihre Kinder jedoch zogen in die Stadt. Die Strukturen, die seit der Gründung des Staates das Leben definierten – die Bibel, die Familie und der gute Leumund –, verloren langsam ihren allmächtigen Einfluß. Von einer Generation zur nächsten wurden scheinbar überholte Ideen, Maßstäbe, Verhaltensmuster und Ambitionen von jungen Erwachsenen, die völlig andere Zukunftspläne hatten, rücksichtslos beiseite geschoben.

Die Autoren William Strauss und Neil Howe beschreiben diesen Prozeß in ihrem Buch *Generations* als eine kalkulierbare Abfolge von Zyklen. Alle zwanzig Jahre orientiert sich unsere Gesellschaft neu. Nach der Konzentration auf spirituelle Erfahrungen und individuellen Fortschritt folgt wieder eine Phase der Rückbesinnung auf die Lösung kultureller Krisen. Strauss und Howe zufolge pendelt die amerikanische Gesellschaft zwischen zwei Extremen – zwischen »*säkularen Krisen*, in denen die Gesellschaft sich darauf konzentriert, die Außenwelt der Institutionen und des gesellschaftlichen Verhaltenskodexes neu zu ordnen, und *spirituellen Erweckungen*, bei denen der Schwerpunkt darauf liegt, die Innenwelt der Werte und des individuellen Verhaltenskodexes zu ändern«.

Die Ziele und Erwartungen eines jeden einzelnen sind also durch die Zeit definiert, in der er geboren wird und aufwächst. Seine Zeitgenossen, die während derselben zwanzig Jahre umfassenden Periode aufwachsen, haben das gleiche historische Umfeld und die gleichen »sich durch die ganze Gesellschaft ziehenden Auffassungen von Familie, Ausbildung, Geschlechterrollen, Religion, Kriminalität, Karriere und individuellen Risiken«, erläutern Strauss und Howe. »Immer wieder in der Geschichte haben die Amerikaner sich darauf besonnen, besser für ihre Kinder zu sorgen, großzügiger zu alten Menschen oder toleranter unkonventionellen jungen Erwachsenen gegenüber zu sein. Dann, nach einer Weile, hat sich die Stimmung wieder in die andere Richtung verlagert. Immer, wenn das geschah, veränderte sich das soziale Umfeld der einzelnen Generationen… Alle Bäume, die im selben Jahr gepflanzt werden, weisen die gleichen Jahresringe auf, von denen sich ablesen läßt, wann es einen kalten Winter, einen feuchten Frühling oder einen trockenen Sommer gegeben hat. Bei den Generationen der Menschheit ist das ähnlich. Sie tragen den unverwechselbaren Stempel der vergangenen Augenblicke der Geschichte.«

Meine Vorfahren wurden geboren, lebten und starben als Teil von Generationen, die von den geschichtlichen Ereignissen und dem Weltbild ihrer Zeit geformt und eingeschränkt wurden. Dadurch, daß sie selbst erneut geschichtliche Entwicklungen auslösten oder darauf reagierten, wurde wiederum das Leben der ihnen jeweils folgenden Generation geprägt. Die Lebensgeschichte meiner Vorfahren ist die der amerikanischen Pioniere, die das erforschten und bisweilen eroberten, was zu ihrer Zeit als Grenzbereich galt. Ob es nun geistiger Fortschritt war, die Erschließung des Landes oder die Gründung von Institutionen, die Lösungen für damals akute Probleme versprachen – all diesen Aufgaben widmeten sich die Mitglieder meiner Familie mit ganzem Herzen. Sie vererbten ihrer Nachkommenschaft ihren Glauben an eine bessere Zukunft, ebenso wie die Energie und die Begabungen, die unerläßlich sind, um die Gesellschaft auf dem Weg der Evolution einen Schritt voranzubringen.

3

Janis' Kindheit

I ain't quite ready for walking
I ain't quite ready for walking
And what will you do with your life
Life just a-dangling?

JANIS JOPLIN, ›Move Over‹

Meine Mutter wurde die ›Lily Pons von Texas‹ genannt, ein Kompliment für ihre Fähigkeit, wie die große Opernsopranistin zu singen. Dorothy Easts Stimme war rein, klar und kräftig und erweckte im texanischen Flachland die Broadway-Songs, die sie am liebsten mochte, zum Leben. Auch an Cole Porters Jazzstücken hatte sie ihren Spaß. Sie sang bei jeder Gelegenheit, was in Amarillo hieß: in der Kirche, bei Hochzeiten und im Kiwanis Club. Immer wenn sie sang, strahlte das Gesicht ihres Vaters, und er hatte Tränen in den Augen. Ihre Mutter blieb ihrem mürrischen Wesen treu und rang sich höchstens ein Lächeln ab.

Der Höhepunkt in Mutters Highschool-Zeit war die Hauptrolle in einer Revue im Gemeindezentrum. Weil es sich um eine wichtige Wohltätigkeitsveranstaltung handelte, engagierten die Organisatoren einen Broadway-Regisseur, der der Show den letzten Schliff geben sollte. Jeder rechnete damit, daß die talentierte junge Frau bei dieser Gelegenheit entdeckt würde. Der Regisseur nahm Mutter beiseite und sagte: »Wenn Sie einen Job in New York wollen, kann ich Ihnen einen besorgen, aber empfehlen kann ich das nicht. Ich habe Sie bei dieser Show kennengelernt. Die Leute dort sind nichts für Sie.«

Sie hörte auf ihn und ging nicht nach New York. Statt dessen gewann sie ein Stipendium bei einem Gesangswettbewerb. Sie gab dem Drängen ihres Pastors nach und bewarb sich bei der Texas Christian University, TCU, in Fort Worth, Texas.

1932, mitten in der großen Depression, packte meine Mutter ihre einzigen beiden Kleider ein und fuhr zum College, bereit, ihre Zukunft in die eigenen Hände zu nehmen. Doch der erwartete Triumph blieb aus, sie scheiterte an einer Lehrerin für Sologesang, die nur Oper lehrte. Gebrochen und desillusioniert kehrte Mom nach einem Jahr an der Schule nach Amarillo zurück, um dort zu arbeiten.

Das war in den dreißiger Jahren. Unkonventionalität war angesagt bei jungen Mädchen, und Dorothy war eine emanzipierte Frau. Wie ihre Altersgenossinnen schockierte sie ihre Eltern, als sie ihr langes Haar zu einem kurzen Bob schneiden ließ. Sie trug figurbetonte Kleider, hohe Absätze und elegante Hüte – die ihr zukünftiger Schwiegervater, Seeb Joplin, ›Fahr-zur-Hölle‹-Hüte nannte. Sie rauchte, um zu provozieren. Für Eltern bedeutete das Rauchen damals eine ausgesprochene Kampfansage. Zigaretten waren in vierzehn Staaten illegal, und in achtundzwanzig anderen war die Gesetzgebung unentschieden. Junge Frauen wie Edna St. Vincent Millay wurden wegen Rauchens sogar vom College gewiesen.

Mom jobbte bei dem Radiosender KGNC in Amarillo. Ihr Ruf als Freigeist gründete sich darauf, daß sie einmal bei der verzweifelten Suche nach der Ursache dafür, warum die Musik nicht über den Sender ging, brüllte: »Ich komm' mit diesem verdammten Ding nicht klar«. Anschließend mußte sie feststellen, daß ihr Fluch in jedes Haus und jede Farm im Umkreis von hundert Meilen übertragen worden war.

Ein weihnachtliches Blind Date brachte meine Eltern zusammen. Pop hatte Ferien von seinem Ingenieursstudium und wollte sich amüsieren. Dorothy ging sehr gern tanzen, also schleppte sie ihn in ihren Lieblingsclub, bis sie merkte, wie unwohl er sich in der lauten und rauhen Atmosphäre fühlte. Fernab von dem Lärm drehte sich ihre Unterhaltung bald um die Dinge, die ihnen die liebsten waren: Literatur und die geistige Welt.

Dorothy war der unwirtlichen Atmosphäre daheim oft entflohen, indem sie stundenlang in der örtlichen Bibliothek Dostojewski und Tolstoi gelesen hatte. Seth interessierte sich für amerikanische Literatur. Das erste Geld, das mein Vater als Kind verdient hatte, gab er für *The Complete Works of Mark Twain* und *The Complete Works of Edgar Allan Poe* aus. Als sich ihre Beziehung in Briefen vertiefte, schrieb Pop: »Erzähl mir nicht, was Du tust. Erzähl mir, was Du denkst.«

Seth war ein außerordentlich gutaussehender Mann mit einem kantigen Kinn und einem schiefen Grinsen. Angeblich hatte er die blauesten Augen in seiner Highschool. Er flirtete gern und gewann regelmäßig die ›Langsamkeits-Rennen‹, bei denen die Jungs in ihren Autos auf lumpengefüllten Reifen um die Schule krochen und Mädchen ansprachen. (Sie verwendeten Lumpen, weil Gummi für neue Reifen seit dem Ersten Weltkrieg rar war.) Seth trug mit Vorliebe Anzüge und einen Schlapphut, den er absichtlich schief aufsetzte.

Er war manchmal furchtbar schüchtern und gewohnt, viel Zeit allein zu verbringen. Im Haus seiner Eltern wohnten die Männer, die Seeb für die Arbeit auf dem Viehhof engagierte. Florence gefiel der Einfluß dieser rauhbeinigen Kerle auf ihre Kinder nicht, und sie ließ ihre Tochter in der Stadt wohnen und zur Schule gehen. Mein Vater bekam eine eigene Ein-Zimmer-Holzhütte hinter dem Haus.

Geldmangel zwang Seth, das Studium ein Semester vor dem Abschluß abzubrechen. Obwohl er eine intellektuelle Neugier entwickelt hatte und gierig Bücher verschlang, langweilte ihn das College. Er war eher ein Playboy und brannte in den letzten Tagen der Prohibition Gin in der Badewanne, um College-Partys den nötigen Pfiff zu geben. Er war sehr risikofreudig und rauchte Marihuana, das zwar legal, aber schwer erhältlich war. Zurück in Amarillo, zu einer Zeit, als die Arbeitslosigkeit 25 Prozent betrug, verbrachte er seine Zeit mit seinem Mädchen und arbeitete in dem einzigen Job, den er finden konnte: als Tankwart.

Dorothy bekam eine Stelle als Urlaubsvertretung einer Buchhaltungssekretärin im Wards-Kaufhaus. Sie nutzte die zwei Wochen, um ihrem Chef zu zeigen, daß er besser sie behielt als das Mädchen, das im Urlaub war. Sie erreichte ihr Ziel und wurde schließlich Abteilungsleiterin.

Dorothy und Seth verbrachten viele Stunden gemeinsam und waren oft zu Besuch bei den Joplins. Sie genossen die Freundlichkeit und die lebhaften Gespräche seiner Eltern. Dorothy fühlte sich akzeptiert und war froh, den ständigen Streitereien, die bei den Easts die Luft verpesteten, aus dem Wege gehen zu können. In einem Moment der Aufrichtigkeit vertraute Cecil, Dorothys Vater, Seth an: »Früher haben meine Frau und ich über alles geredet und alles miteinander geteilt, aber jetzt, wo sie nicht mehr so gut hören kann, scheint es, als würden wir über gar nichts mehr reden.«

Laura trug seit ihrer Kindheit ein Hörgerät. Jetzt stellte sie es oft lieber aus, als zuzuhören. Die Hauptrolle in ihrem Leben spielte die

Kirche. Cecil war ebenfalls religiös, aber seine Lebensphilosophie hatte sich im Alter gewandelt. Er trank gern Alkohol, den seine Frau als Teufelszeug verdammte. Cecil trank sogar mit Seth, machte ihn einmal betrunken und lachte, als der junge Mann sich draußen auf der Veranda übergeben mußte.

Immer, wenn die Spannungen bei den Easts sich in einer Explosion entluden, schrieb Laura einen Zettel und legte ihn auf den Schreibtisch. Dann packte sie ihre Sachen und versuchte, zurück nach Nebraska zu trampen. Cecil fand sie immer und brachte sie nach Hause zurück.

Die vergiftete Atmosphäre im Hause der Easts ließ Mutter im stillen schwören: »Ich werde nie mit meinem Mann streiten. Ich werde immer mein Möglichstes tun, damit alles gut läuft.« In Seth wählte sie einen Mann, der sanft, freundlich und sensibel war. Seth entschied sich für Dorothy, weil sie so stark wie seine Mutter war, aber aufregender und herausfordernder – auf eine Art, die zur Verrücktheit der Zeit paßte.

Ungefähr 1935 vermittelte Seths bester Studienfreund ihm einen Job bei der Texas Company, später Texaco, in Port Arthur, Texas. Die Stadt lag über sechshundert Meilen weit entfernt, aber es war ein richtiger Job und die Chance, ein neues Leben zu beginnen. Seth sagte sofort zu, und Dorothy kündigte ihren Job, um ihm zu folgen. Ihr Chef bei Wards besuchte sie, um auszuloten, ob sie eine Verdoppelung ihres Lohns zum Bleiben bewegen könnte, aber das machte sie nur wütend. »Wenn ich jetzt den doppelten Lohn wert bin, haben Sie mich bisher betrogen«, lautete ihre Antwort. Sie fand schnell Arbeit in der Buchhaltung bei Sears.

Vier Jahre, nachdem sich Seth und Dorothy kennengelernt hatten, konnten sie es sich endlich leisten, zu heiraten. Am 20. Oktober 1936 wurden Dorothy East und Seth Joplin getraut. Es gab keine große Familienfeier, sondern – ihrer Entfernung von der Familie und der schweren Zeiten wegen – nur eine kleine Zeremonie mit zwei Freunden.

Port Arthur war die Raffinerie-Hauptstadt der Welt. Sie lag nur zwanzig Meilen von dem bis heute größten Ölfund in Spindletop, Beaumont, entfernt. Erdöl regierte die Welt, war die Quelle neuer Vermögen und formierte die ökonomische Landschaft neu. Seth und Dorothy sahen ihre Zukunft in dem sprudelnden Öl, das ein regelmäßiges Einkommen verhieß. Texas stand an der Spitze aller ölproduzierenden Staaten, und Port Arthur war das Zentrum.

Port Arthur war von Arthur Stilwell, einem versponnenen Stadt-
planer, gegründet worden. Stilwell hatte den Standort mit Hilfe von
Stimmen ausgewählt, die er im Traum gehört hatte und als Elfen bezeichnete. Der Ort sollte am Ufer des schönen Süßwassersees Lake
Sabine liegen, nur zwanzig Meilen vom Golf von Mexiko entfernt.
Stilwell entwarf eine Stadt mit breiten Boulevards, prächtigen Ave-
nuen und teuren Villen am Seeufer. Er nutzte niederländische Ent-
wicklungshilfe und Erfahrung, um die Stadt durch einen Kanal mit
dem Golf von Mexiko zu verbinden. Sie wurde für die Raffinerien
der erste Binnenhafen mit Zugang zum Meer. Es hieß, Port Arthur
solle der Verladehafen für die gesamte Erdölindustrie von Texas
werden.

Dann geriet Stilwell durch John ›Wette-eine-Million‹ Gates, der
ihm die Kontrolle über die Stadtentwicklung entriß, in finanzielle
Schwierigkeiten. Gates hatte mit dem Verkauf von Stacheldraht
überall im Westen Geld gemacht und eine Firma gegründet, aus der
später die U. S. Steel hervorging. Er verkaufte das pittoreske Seeufer
an Nachbarstädte, die den Kanal bis zu ihren Gemeinden verlängern
wollten. Die Villenbewohner verloren den Blick auf weiß betupfte
Wellen und Segelboote, die in der gleichmäßigen Brise schaukelten.
Statt dessen sahen sie Tanker auf dem Weg zum Meer, die unheim-
lich und schwerfällig durch den Kanal krochen.

Dorothy und Seth begannen ihr neues Leben unter Franklin D.
Roosevelts New Deal, aber die Kriegswirren in Europa warfen
Schatten auf ihre Zukunft. 1936 besetzte Deutschland das Rhein-
land – damals entmilitarisierte Zone –, und Japan fiel in China ein.

Seth arbeitete in der einzigen Fabrik von Texaco, die Erdölbehälter
herstellte, Dosen, die um den ganzen Erdball reisten. Bei Beginn des
Krieges bekam Seths Verpackungsfabrik noch mehr zu tun. Er sollte
dreimal zur Armee eingezogen werden und wurde immer wieder
zurückgestellt, weil er kriegswichtige Arbeit leistete.

Als die Ehe der Easts zerbrach, was unvermeidlich war, zogen Laura und ihre jüngste Tochter Mimi zu Seth und Dorothy. Das
war der Anstoß für meine Eltern, ihr erstes Haus zu kaufen, einen
Backstein-Bungalow mit drei Zimmern, der am Stadtrand lag. Das
Geld war so knapp, daß Seth, als er bei Sears einen handbetriebe-
nen Rasenmäher kaufte, den Preis von acht Dollar in Raten zahlen
mußte.

Inmitten all der Unsicherheit, Sorgen und nicht enden wollenden
Arbeit machten Dorothy und Seth ein Fest aus ihrem Leben. Sie

waren oft auf der anderen Seite des Sabine Rivers in Vinton, Louisiana, zu finden, einer Stadt, die sich darauf spezialisiert hatte, den Texanern Spirituosen in rauhen Mengen und gute Tanzmusik zu bieten. Dorothy tanzte hin und wieder leichtfüßig und fingerschnippend auf den Tischen. Seth fragte sich manchmal, ob er jemals in der Lage sein würde, sie im Zaum zu halten.

Eines Tages kam Seth von der Arbeit nach Hause und flüsterte Dorothy zu: »Laß uns für Nachwuchs sorgen!« Die Moral in West-Texas ließ zu, daß ein Mensch sich dem Suff und dem Vergnügen hingab, bevor er eine Familie gründete. Mit Dorothys Schwangerschaft fand die Lustbarkeit jedoch ein abruptes Ende.

Janis Lyn Joplin wurde am 19. Januar 1943 um neun Uhr dreißig in der Frühe geboren. Als an jenem Morgen die Wehen einsetzten, schickte Dorothy ihren Mann zur Arbeit. »Seit Jahrhunderten haben Frauen Babys bekommen. Mir passiert schon nichts.« Hinterher vertraute sie ihm leise an: »Beim nächsten Mal will ich dich bei mir haben.« Janis wog nur fünf Pfund bei der Geburt und kam drei Wochen zu früh. Mit acht Monaten war sie schon blühende neun Kilo schwer. In einer Zeit, als der Zweite Weltkrieg die Welt erschütterte, war es ganz schön optimistisch, auf eine glückliche Zukunft zu setzen und neues Leben in die Welt zu setzen.

Seth schickte seiner Frau zur Geburt von Janis einen rührend humorvollen Brief (dessen Inhalt man nur versteht, wenn man bedenkt, daß er in einer Fabrik arbeitete):

Ich sende Dir meine herzlichsten Glückwünsche zu Deiner Erfüllung der Produktionsquote für die neun Monate bis zum 19. Januar 1943.

Ich weiß wohl, daß Du eine Phase der Inflation (bzw. Aufgeblähtheit) durchgemacht hast, wie Du sie nie zuvor erlebt hattest – dennoch hast Du Dein Ziel durch große Anstrengungen am frühen Morgen des 19. Januar erreicht, drei Wochen vor der Zeit.

Janis war das erste Kind unserer beiden Familien, das in der Stadt und nicht auf einer Farm geboren wurde. Sie war die erste, die über Radio und Kirche hinaus Zugang zum kulturellen Leben hatte. Und sie veränderte auf einen Schlag das Leben ihrer Eltern. Durch die Kindheit in der Großfamilie erlebte Janis besonders viel Liebe und Zuwendung. Bis zu ihrem dritten Geburtstag hatten die Vereinigten Staaten die Atombombe auf Hiroshima geworfen, der Krieg war zu Ende und die Welt hatte sich für alle grundlegend verändert. Dorothys Mutter und Schwester zogen aus, und das Leben der Joplins verlief nun wieder in ruhigeren Bahnen.

Pop brachte das Geld ins Haus und hatte das letzte Wort bei allen großen Entscheidungen. Die restlichen 90 Prozent waren Mutter überlassen. Sie trug eindeutig die Verantwortung für das Haus und die Kinder. Dorothy kündigte ihren Job und widmete sich der kleinen Janis. Sie brachte sie zur Volksschule der bibeltreuen First Christian Church, wo Mutter später selbst unterrichten sollte. Sie hatte als Kind viele Stunden damit verbracht, kunstvolle Kleider für ihre Puppen zu nähen, und jetzt tat sie dasselbe für ihre hübsche kleine Tochter. Janis hatte schöne Rüschenkleider aus Organdy, mit Bändern und Spitzen verzierte Röcke und Blusen und niedliche Matrosenkleider als Spielanzüge.

Pop war eine gewisse Förmlichkeit innerhalb der Familie gewohnt. Er wollte mit dem respektvollen Titel ›Vater‹ angesprochen werden und brachte seiner Tochter bei, ›Mutter‹ statt ›Mom‹ zu sagen. Mutter war längst nicht so förmlich, und sie drängte ihre Tochter nicht dazu, ›Vater‹ zu sagen. Janis verfiel ganz von selbst darauf, ihn ›Daddy‹ zu nennen.

Die Tage verbrachten Mutter und Tochter zusammen, die Abende hingegen wurden durch Vaters Heimkehr von der Arbeit bestimmt. Jeden Abend wartete Janis auf der Veranda auf ihren Dad. Sobald er eintraf, umarmten sie sich, setzten sich auf die Treppe und redeten. Eines Tages hörte Mutter zufällig, daß Seth Janis erzählte, wie er damals im College Gin in der Badewanne gebrannt hatte. »Ist das ein geeignetes Thema für ein Gespräch mit einem Kind?« fragte sie ihn später. Pop weigerte sich entschieden, darüber zu diskutieren; statt dessen hörte er einfach auf, die Abendstunden mit Janis auf der Vordertreppe zu verbringen. Janis war niedergeschmettert und erfuhr nie, warum sie in Ungnade gefallen war.

Mutter kaufte Janis ein altes Piano und brachte ihr Klavierspielen bei. Sie saßen zusammen auf der Klavierbank, und Janis sang die einfachen Kinderlieder, die sie von Dorothy gelernt hatte. Abends sang Janis sich oft mit diesen Liedern in den Schlaf. Sie übte regelmäßig Tonleitern, mit den typischen enervierenden Fehlern. Pop haßte es, an seinem Feierabend durch diesen nervtötenden Lärm gestört zu werden. Er liebte Klaviermusik, aber das einzige, was er hören wollte, war Chopin von Rubinstein. Er jammerte solange herum, bis Dorothy einwilligte, das Klavier zu verkaufen, um drohende Streitigkeiten im Haus zu vermeiden.

Pop wollte das Instrument auch deshalb loswerden, weil es bei seiner Frau schmerzliche Erinnerungen weckte. Mom hatte sich kürzlich die Schilddrüse entfernen lassen müssen. Bei der Operation passierte irgend etwas mit ihren Stimmbändern, ihre Stimme war für immer verändert. Sie war nicht mehr fähig, sauber und laut zu singen, obwohl ihre Sprechstimme in Ordnung war.

Bis zu Janis' sechstem Geburtstag hatte Mom zwei Fehlgeburten. Durch den Verlust dieser Babys hingen die Eltern nur noch mehr an Janis. Schließlich bekam Dorothy 1949 ihr zweites Kind, Laura Lee. Als ich geboren wurde, entschlossen sich meine Eltern, in ein größeres Haus umzuziehen. Sie fanden ein hübsches Haus mit vier Zimmern in einer ruhigen Straße gegenüber einer großen Wiese am Stadtrand. Das Viertel trug den Namen Griffing Park. Überall gab es Kinder. Die Straßen waren wie die Speichen eines Rades angeordnet, dessen Mittelpunkt eine stolze neue Grundschule bildete, die Tyrrell Public School. Vier Jahre später wurde unser Bruder Michael Ross geboren.

Das Griffing-Viertel verdankte seinen einzigartigen Charakter einem landwirtschaftlichen Experiment, das 1896 hier durchgeführt worden war. Es sollte als Teil der ersten Werbeaktion für die Stadt die Fruchtbarkeit des Bodens demonstrieren. Die Farmer pflanzten Kartoffeln, Bohnen, Erbsen, Feigen, Orangen, Limonen und Limetten, Zitronen und Granatäpfel an. Eukalyptus-, Kampfer- und Pekannußbäume und Palmen wuchsen zwischen Oleanderbüschen und Rosen.

Unser neues Haus am Lombardy Boulevard 3130 war aus Rotholz, das der Bauunternehmer weiß gestrichen hatte. Mein Vater verfluchte in jedem Sommer, den er in dem Haus wohnte, den überflüssigen Anstrich, weil er deshalb den größten Teil seines Urlaubs damit verbringen mußte, das Haus von außen abzuschleifen und neu zu streichen. Wie die meisten Gebäude in dieser Gegend, die nur einen Meter zwanzig über dem Meeresspiegel lag, war es auf Backsteinpfeilern von etwa einem halben Meter Höhe errichtet worden. Port Arthur wurde regelmäßig von Wolkenbrüchen und Überschwemmungen heimgesucht.

Unsere Eltern pflanzten Gardenien vor dem Wohnzimmer und Azaleen vor den Schlafzimmern. Lila Glyzinien wuchsen an stoppeligen, baumähnlichen Büschen, mit reichhaltigen und süß duftenden Blüten behangen wie mit köstlichen Weintrauben. Ein Mimosenbaum trieb im Frühling seine fedrigen Blüten mit leuchtend rosafarbenen Spitzen, gefolgt von einer dichten Schicht brauner Samenkapseln, die wir Kinder immer aufbrachen. Zwei kegelförmige Immergrünpflanzen markierten die vorderen Ecken des Grundstücks, und eine immergrüne Eiche stand in der Mitte des Vorgartens. Mutter säumte die Einfahrt mit jahreszeitlich wechselnden Blumen, und Pop pflanzte im Hof einen großen Gemüsegarten, den er mit Taglilien umrandete. Ein Pekannußbaum und zwei Seifenbäume vervollständigten den Landschaftsgarten.

Unsere Eltern waren fleißig, knapp bei Kasse, aber kreativ. Ein Rechteck über der Couch zierte das Wohnzimmer. Es war nur ein Stück Wand, das in einer anderen Farbe gestrichen war als die übrige Fläche. Im Lauf der Jahre wurde es mit Holz gerahmt und mit verschiedenen Zieruntersetzern und Messingtellern geschmückt. Eigentlich war es dadurch entstanden, daß das Geld fehlte, um genug Farbe für die ganze Wand zu kaufen. Den ungestrichenen Fleck nannten sie einfach Kunst. Langsam wurde er zu einem Teil des Inventars und auch zu einer Lektion: Was ein Problem zu sein schien, wurde in einen Vorzug verwandelt.

Janis war ein intelligentes, frühreifes Kind mit gewinnendem Lächeln und einer Wesensart, die die Leute bezauberte. Sie hatte ein rundes Gesicht, kleine, blitzende blaue Augen, eine hohe Stirn, von der Mutter immer sagte, sie zeige ihren Intellekt, und feines, seidiges blondes Haar, das leicht gewellt war. Für besondere Gelegenheiten legte Mutter es in Ringellocken, die sie zur Seite frisierte. Sonst wurde es nur kinnlang geschnitten und zerzaust sich selbst überlassen. Man hätte ihre Züge kaum hübsch gefunden, wenn sich nicht ein wacher Geist und Lebenshunger in ihnen gespiegelt hätte. Janis war ein Kind, das die Menschen mochte. Sie hieß Fremde immer willkommen. Ihre Sensibilität gegenüber anderen zeigte sich in ihrem Takt und ihrer Bereitschaft, sich auf andere einzustellen, um sie am Spiel teilhaben zu lassen.

Janis bewies eine Unabhängigkeit, die ihren Eltern Freude machte, solange sie damit ihre Kreativität und Originalität zum Ausdruck brachte. Andernfalls reagierten sie zähneknirschend und schockiert auf den dreisten Ungehorsam und die Mißachtung ihrer Autorität. Wie alle Kinder probierte Janis gern ihre Grenzen aus, ob bei der Arbeit oder im Spiel. Sie und ihr Vater spielten oft draußen in der warmen Abendluft Domino. Dann saßen sie auf der Veranda, er im ärmellosen Unterhemd und einem Paar alter Anzughosen, sie im Spielanzug, und legten die Dominosteine auf einem Holzschemel aus, den er getischlert hatte. Wenn es dunkel wurde und die Moskitos angriffslustig aus ihren Unterschlüpfen kamen, eilten sie nach drinnen. Eines Abends, als sie alles eingepackt hatten und in die Küche rannten, ließ Janis die Dominosteine auf der Treppe fallen. Pop bat sie, die Steine aufzuheben, bevor sie hineingingen. Sie fletschte die Zähne und weigerte sich. Volle zwei Stunden saßen die beiden inmitten summender und stechender Insekten, bevor sie nachgab.

1946 brachte Benjamin Spock das Buch *Dein Kind, dein Glück* heraus, das Dorothys ständiger Helfer wurde. Spock sagte: »Vertrauen Sie Ihrem Instinkt und haben Sie keine Angst, Ihr Baby zu lieben. Entspannen Sie sich, Zärtlichkeit ist ebenso wichtig wie Hygiene.« Vor Spock wurden Kinder eher viktorianisch aufgezogen. Die Babys mußten nach einem Stundenplan leben und wurden der unflexiblen Familiendisziplin unterworfen. Durch Spock sahen die Menschen in ihren Kindern weniger ein zusätzliches Paar Hände für die Farmarbeit als vielmehr einen Bestandteil der Ehe an sich.

Die Psychologie drang langsam in das Leben des Durchschnittsmenschen ein, und die Mütter erkannten die lebenswichtige Bedeutung der Erziehung für die Entwicklung des Kindes. Mom bemühte sich, ihre Kinder anzuregen und ihnen die gesellschaftlichen Regeln beizubringen. Pop legte die Eckpfeiler akzeptablen Verhaltens fest. Er war verantwortlich für die Grundlage der Disziplin im Haushalt. Wenn Janis sich von Mutter nicht in die Schranken weisen lassen wollte, machte sie oft eine Szene, bis Pop fragte: »Was ist los?« Ansonsten war er nicht bereit, in die Auseinandersetzungen einzugreifen. Meistens schlug er sich auf Mutters Seite, doch nicht immer. Wenn es an der Zeit schien, die Grenzen neu zu definieren, war das seine Aufgabe. Manchmal schlug er seine Kinder, aber es schien uns oft, daß ihm jeder Klaps auf unseren Hintern mehr weh tat als uns.

Als Janis älter wurde, spielte sie mit den Kindern des Ortes. Wir lebten in einer echten Nachbarschaft, mit einer großen Anzahl Spielkameraden aller Altersklassen in Rufweite. Port Arthur hat ein gemäßigtes Klima, im Winter ist es normalerweise nicht kälter als vier Grad. Wir konnten das ganze Jahr über draußen spielen. Ein umherstreifendes Rudel von Kindern und Jugendlichen machte in den Sommerferien den ganzen Tag lang, in der Schulzeit an den Wochenenden und alltags fast jeden Nachmittag und Abend die Gegend unsicher, erfand Spiele und entdeckte die Welt.

Die meiste Zeit des Jahres standen die Fenster offen, und nachts, wenn die Geräusche in den Häusern abflauten, konnte man im Bett liegen und den Nachbarn zuhören. Als ich klein war, schliefen Janis und ich zusammen und flüsterten im Bett. Aus der Ferne drangen die Stakkato-Stimmen der Nachbarn herein. Eine Mutter schickte ihr Kind ins Bett, Geschwister stritten sich, ein Ehepaar ließ den Tag Revue passieren. Unter diesen Bedingungen konnte man kaum Geheimnisse haben, und wir lernten, unsere Nachbarn zu akzeptieren, wie sie waren.

Janis gehörte als eines der älteren Kinder zu denen, die das Sagen hatten. Oft wetteiferte sie mit Roger Pryor, dem ranghöheren Jungen von nebenan. Roger war ein großer, muskulöser, schlagfertiger Typ mit hellen Augen und rotblonden, lockigen Haaren. Er verbrachte viele Stunden bei uns zu Hause, weil er ganz vernarrt in die Aufmerksamkeit war, die unser Vater ihm schenkte. Janis haßte es, wenn die beiden zusammen waren, und rivalisierte mit Roger. Sie provozierte ihn mit Kleinigkeiten, und wenn ihre Spiele es erlaubten, rang sie ihn zu Boden und setzte sich triumphierend auf ihn. Pop bastelte ihnen beiden Stelzen und führte das Große Stelzenrennen ein, einen improvisierten Wettbewerb, bei dem sie ums Haus herum oder bis zu den Lackbäumen und zurück stelzten.

Pop verzauberte alle Kinder, denn er war ein begeisterter Heimwerker und erfand und baute Spielplatzgeräte für unseren Hof. Was sind schon Schaukeln, wenn man ein selbstgemachtes Rundlaufkarussell hat? Dafür hatte er Ringe mit Seilen an einem großen X befestigt, das auf einer hohen Säule balancierte. Wir hielten uns an den Ringen fest, rannten im Kreis herum und stießen uns vom Boden ab, wenn wir genug Schwung hatten. Stundenlang konnten wir uns so beschäftigen.

Das sah Pop ähnlich: wunderbare Spielsachen basteln, die wir bis zum Exzeß benutzten, um dann festzustellen, daß wir seine Ideen sehr erfinderisch dazu verwendeten, uns weh zu tun. Das Karussell wurde abgebaut, als einige der größeren Kinder zu gut darin wurden, uns kleinere in einem Winkel von 90 Grad hinauszuschleudern. Wir konnten uns nicht mehr festhalten, segelten durch den Pekannußbaum und landeten völlig verschrammt und verheult auf dem Boden. Eines der Nachbarkinder brach sich sogar den Arm. Wie kam es, daß alles, was Spaß machte, so gefährlich war? Pop wollte etwas Originelleres fabrizieren als das, was ihm als sicher und vernünftig beigebracht worden war. Aber wenn er diese Regeln mißachtete, passierte immer etwas, das ihm sagte, daß er zu weit gegangen war.

Das gleiche passierte mit einer Wippe, die er mit einem Zapfen in der Mitte gebaut hatte, damit man nicht nur auf und ab wippen, sondern auch im Kreis herumwirbeln konnte. Wenn einem dabei ein kleines Kind in den Weg lief, riß man es bei der großen Geschwindigkeit leicht zu Boden. Die Wippe war großartig, aber auch sie wurde schließlich abmontiert.

Pop spannte ein Drahtseil zwischen dem Pekannußbaum und einem der Seifenbäume, ein straffes Stahlkabel, ungefähr fünfzehn Zentimeter über dem Boden, das uns die Illusion vermittelte, auf einem Hochseil zu balancieren. Pop setzte sich oft in den Hof, wenn er von der Arbeit kam, und lachte und redete mit den Kindern, während er sein Bier trank.

Manchmal inszenierten wir Theaterstücke in der Nachbarschaft. Wir hängten Laken auf eine Wäscheleine und markierten damit die beiden Seiten und die Rückwand der Bühne. Janis war ganz groß darin, sich spontan Stücke auszudenken und zu schauspielern. Ein anderes beliebtes Spiel, Annie Over, wurde nur bei uns zu Hause gespielt. Es war eine Art blindes Ballspiel: Einer warf einen Ball über das Hausdach zu einem anderen Spieler. Wenn der den Ball fing, konnte er ums Haus herumlaufen und denjenigen fangen, der ihn geworfen hatte. Als ich alt genug war, um mitspielen zu wollen, aber noch zu klein, um zu werfen, erfand meine ritterliche Schwester eine neue Spielerposition: den Mogler. Jede Seite durfte einen Mogler haben, der im Gras lag und unter dem Haus durchlugte, um zu sehen, ob der Gegner den Ball gefangen hatte und losrannte, oder ob er ihn verfehlt hatte und der Ball auf dem Boden aufprallte. Häuser auf Backsteinpfeilern hatten schon gewisse Vorzüge.

Michael war zehn Jahre jünger als Janis und vier Jahre jünger als ich. Wir spielten gern mit ihm, denn er war wie eine Puppe. Wir schleppten ihn in Mutters Kleiderschrank, verkleideten ihn, führten ihn dann vor und lachten uns zusammen mit den anderen tot.

Wir hatten eine Deckenlüftung, um das Haus bei der schwülen Sommerhitze und Feuchtigkeit zu kühlen. Für uns Kinder war sie beeindruckend, rätselhaft und ein großer Spaß. Sie befand sich vorm Wohnzimmer in dem Flur, der zu zweien der Schlafzimmer führte. Oft zogen wir an dem dicken Baumwollseil die Sperrholzplatte hoch, die die Öffnung im Dachstuhl bedeckte, und spürten den plötzlichen, machtvoll kühlen Luftzug. Wir waren Marilyn Monroes mit fliegenden Haaren, hielten unsere flatternden Kleider fest und lachten aus vollem Hals.

Vater war besonders einfallsreich, wenn es darum ging, die Bande zur Hilfe bei der Hausarbeit zu bewegen. Wie Tom Sawyer beim Zaunstreichen lud er jeden ein, dabei zu helfen, den Eichenfußboden zu wachsen. Er räumte das Wohn- und Eßzimmer aus und verteilte Wachs auf dem Fußboden. Dann nahm er alle verfügbaren schmutzigen Füße, umwickelte sie mit sauberen Handtüchern und ließ uns auf der durch das frische Wachs spiegelglatten Fläche schliddern und Autoscooter spielen. Es gab nichts, was uns mehr Spaß gemacht hätte.

Manchmal trieben wir es zu weit mit unseren Einfällen. Einmal klauten wir eine tote Boa Constrictor aus der Schlangensammlung eines Nachbarsjungen, banden ihr eine Schnur um den Hals und legten sie in den Graben, der am Straßenrand vor unserem Haus verlief. Wir spannten die Schnur über die Straße und versteckten uns im hohen Gras auf der anderen Seite. Dann paßten wir ein herannahendes Auto ab und zogen vorsichtig an der Schnur, damit es aussah, als käme die Schlange aus dem Gras und überquere die Straße. »Iiiiiiiiiiiiiiiiiiih!« kreischte die arme Frau, und als sie bremste, stank es dermaßen nach verbranntem Gummi, daß uns die Luft wegblieb. Wir sahen ein, daß wir eine unverzeihliche Dummheit gemacht hatten, also nahmen wir die Schlange wieder mit, übergossen sie mit Benzin und verbrannten sie.

Wir kochten sehr viel zu Hause. Pop war in einer Pension aufgewachsen, wo seine Mutter jeden Tag neue Desserts zubereitete, und erwartete im eigenen Hause den gleichen Service, was Mutter zur Verzweiflung trieb. Wenigstens hatte unsere Großmutter einen ausgezeichneten Bäcker aus ihm gemacht. Wir liebten seine Apfel-, Kirsch- und Zitronenbaiser-, Schokoladen- und sonstige Kuchen, Zucker-und-Erdnußbutter-Kekse und russischen Teekuchen. Letztere wurden mit Pekannüssen gemacht, und in Port Arthur hieß das, die Kinder wurden damit beschäftigt, die an den heimischen Bäumen geernteten Nüsse zu knacken.

Pop war kein ausgebildeter Koch wie Mom. Einmal buk er einen gedeckten Kuchen und probierte einen neuen Guß aus gebranntem Zucker aus. Als er den Kuchen auf den Tisch brachte, war die Glasur so dick, klebrig und zäh, daß er ihn nicht schneiden konnte. Also pellten wir einfach die Masse herunter und zogen sie dann auseinander wie Karamelbonbons.

Wir aßen die Gerichte der amerikanischen Südstaaten: Roastbeef, Huhn, Eintopf, Haxen mit Pintobohnen, Gemüsesuppe, Maisbrot und viel Gemüse. Auf dem Herd stand immer ein Aluminiumtopf mit der Gravur FETT darauf, dessen Deckel einen rot angemalten Griff in Form eines Zitronenbonbons hatte. Der Topf enthielt die Würze, die das Essen so lecker machte: Schmalz! Dies und Tabasco-Sauce waren unsere wichtigsten Gewürze.

Mom versuchte, unseren Horizont durch neue Rezepte wie Hühnercurry und Chow Mein, ein chinesisches Eintopfgericht, zu erweitern. Wir aßen immer alles auf. Sie war eine gute Köchin. Ihr ganzer Stolz war Sophia Lorens Rezept, aus dem Nichts eine Spaghetti-Soße zu zaubern. Kekse waren ihre Spezialität, wir aßen sie nach dem Essen mit Honig und konnten nie genug davon kriegen.

Unsere Eltern nahmen bei der Erstellung des Speiseplans auf unsere Abneigungen Rücksicht. Einmal wechselten sie die Mayonnaise-Marke, von der teuren Hellman's zum billigeren Miracle Whip. Das konnte ich nicht ausstehen und meldete vehement Protest an. Dad sagte: »Ach was, du merkst den Unterschied überhaupt nicht. Du stellst dich bloß an.« Janis ergriff meine Partei und schlug einen Geschmackstest vor. Sie bereiteten Proben von beiden Marken in der Küche vor und brachten sie zu mir ins Eßzimmer. Sie waren leicht auseinanderzuhalten. Von da an kauften meine Eltern extra für mich Hellman's Mayonnaise.

An den Feiertagen war Mutter der Boß. Sie buk Kekse und briet jedes Jahr zum Erntedankfest einen Truthahn und zu Weihnachten einen Schinken. Zu beiden Gerichten gab es Süßkartoffeln, Kürbis, Soße und vieles mehr. Wir hatten immer einen Weihnachtsbaum, geschmückt mit Lichtern, Rauschgold, bunten Kugeln und ein paar besonderen Stücken – kleinen geschnitzten Holzengeln, die Trompete spielten, einem Schneemann aus Plastik und einem Weihnachtsmann aus rotem Metall. Am Heiligabend fuhr Pop mit uns in die Stadt, damit wir uns den Lichterschmuck anschauen konnten. Wenn wir zurückkamen, nähte Mutter, und der Weihnachtsmann war heimlich dagewesen und hatte Geschenke unter den Baum gelegt. Ich konnte einfach nicht glauben, daß meine Mutter zu beschränkt war, den Weihnachtsmann zu bemerken, wenn er ins Haus kam. Janis schüttelte den Kopf über meine kindliche Einfalt, verlor jedoch kein Wort darüber.

Meistens tauschten wir zu Weihnachten nur bescheidene Geschenke aus. Jedes Kind bekam mindestens ein hübsches Geschenk und oft zusätzlich zwei oder drei kleinere. Manchmal, wenn das Geld besonders knapp war, mußten sich die Eltern sehr anstrengen, um uns das bieten zu können. Damit wir unsere Geschenke für die anderen kaufen konnten, brachte Mutter uns in die Stadt zu Woolworth. Sie drückte jedem von uns ein paar Geldscheine in die Hand und schickte uns in den Laden. Während wir etwas aussuchten, setzte sie sich draußen hin und wartete, bis wir fertig waren.

Wegen des halbtropischen Klimas mußten wir einmal im Jahr die Regenzeit ertragen. Das schweißte die Familie noch fester zusammen, denn wir machten das Beste aus Mutter Naturs Theater. Die Gewitter kamen ganz plötzlich. Zuerst verdunkelte sich der Himmel, und der Wind wurde stärker. Wenn es nicht regnete, kletterten wir Kinder so hoch wir konnten in den Lackbaum und ließen uns vom Wind schaukeln, der ihn durchschüttelte. Wir kreischten vor Vergnügen. Irgendwann wurden wir nach drinnen gescheucht. Kopfschüttelnd tadelten die Eltern diese gefährliche Unvernunft. Aber das war uns egal. Später verdunkelte die ungeheure Raserei des Sturms den Himmel, und das Haus erschauerte im Wind, während der Regen an alle Außenwände trommelte. Dann kauerten wir schon um eine Kerze im Wohnzimmer herum. Mit Gesellschaftsspielen, der elterlichen Methode, Kinder in spannungsreichen Situationen zu beschäftigen, vertrieben wir uns die Zeit. Eins unserer Lieblingsspiele war die Reise nach Jerusalem. Das machte immer Spaß, ganz besonders im Dunkeln, wenn man die Stühle nicht richtig sehen konnte, die man zu besetzen versuchte.

1948 erlebte Janis ihren ersten Schnee und baute einen Schneemann. Etwa zehn Jahre später schneite es wieder. Ich lag mit Mumps im Bett und konnte nicht im ersten Schnee meines Lebens spielen. Ich machte Mutter eine ziemliche Szene, aber sie blieb hart. Meine Schwester und mein Bruder bauten einen Schneemann vor meinem Fenster, damit ich ihn sehen konnte. Dann kam Janis ganz unschuldig herein, um mich zu besuchen. Als sie sicher war, daß Mom nicht hinsah, sagte sie: »Laura, guck mal, ein Schneeball! Fühl mal!« Ich schnappte nach Luft und rief: »Oh, danke!« Ich war ein bißchen enttäuscht. Der Schnee war leicht und flaumig, aber kalt wie Eis. Ich versteckte ihn unter meinem Kissen, bis er zu schmelzen begann. Mutter erkannte das Problem und sagte: »Das war lieb von deiner Schwester. Ich lege ihn in den Eisschrank, bis du wieder gesund bist.«

Unser Zuhause war zwar in Port Arthur, aber wir fühlten uns als

Weltbürger. Pop fuhr uns einmal in der Woche zum einzigen Gebäude der Stadt mit römischen Säulen am Ende einer breiten Treppe: der öffentlichen Bibliothek. Zusammen erstiegen wir jede der flachen Stufen, wobei ich den Aufstieg als eine Zeremonie empfand, als würden wir uns dem Altar eines Maya-Tempels nähern. Wir gelangten zu dem festen Glauben an den unantastbaren Wert des Wissens, das Bücher enthielten. Unser häufiger Aufenthalt in der Bibliothek brachte auch ein Lieblingsthema unserer Eltern zur Sprache. Unsere Familie war in den Süden gezogen, aber ihnen gefiel der hiesige Dialekt nicht. Sie taten alles, um uns eine gute Aussprache beizubringen. Meine Mutter ritt besonders auf dem Wort ›Fenster‹ herum, weil zu viele Ortsansässige es ›Fenßa‹ aussprachen. Das Lieblingswort meines Vaters war *Bibliothek*. Wir neigten dazu, ›Bibliotee‹ zu sagen. Er erwiderte dann: »Also, ich kenne Kamillentee und Hagebuttentee, aber an Bibliotee kann ich mich nicht erinnern.« Wir lachten und sagten: »Okay, okay.« Moms und Pops Aussprache war so gut, daß die Kinder in der Schule sich manchmal über uns lustig machten und uns »Yankee! Yankee!« hinterherriefen.

Ich wuchs in dem Bewußtsein auf, daß ich alles, was ich wissen mußte, in der Bibliothek finden konnte. Andere Kinder wurden durch die Barmizwa oder eine kirchliche Zeremonie in den Kreis der Erwachsenen aufgenommen. In unserer Familie gewannen wir Respekt mit der Zahl der von uns gelesenen Bücher. An dem Tag, an dem ich Pop nach vielem Bitten und Betteln überzeugt hatte, daß ich ein Buch für Erwachsene lesen konnte, wurde ich gleich dreißig Zentimeter größer. Mein Hauptkriterium dabei war äußerlicher Natur: Das Buch mußte einen Schutzumschlag haben, weil Kinderbücher keinen hatten. Als wir feierlich die Stufen von der Bibliothek hinunterschritten, hielt ich mein Buch mit Schutzumschlag hoch, damit alle Leute, die hochstiegen, sehen konnten: Die Welt hat mit einem neuen Kopf zu rechnen.

Bücher waren für uns mehr als Ideen. Sie waren lebendig. Wir lasen, lernten und hatten an den Gedanken all der Autoren teil, die in den unzähligen Buchspalieren der Bibliothek zu finden waren. Die wirklich wichtigen Standpunkte – die gedruckten – halfen uns bei Diskussionen in der Schule. Da die Bücher in New York und Chicago verlegt wurden, hielten wir diese Städte für diejenigen, in denen die größten Denker wohnten. Vielleicht würden wir einmal unter den Menschen leben, die wir bisher nur auf dem Papier kannten.

Das Lesen und die Ideen definierten unser Familienleben. Niemand hatte Hemmungen, ein beliebiges Thema am Eßtisch anzuschneiden, und unsere Eltern erwarteten von ihren Kindern, daß wir uns an der Diskussion beteiligten. Die eigene Meinung zu einem Thema ging meinen Eltern über alles. Sie fragten: »Was meinst du, Janis?« und »Und du, Laura?« und lauschten aufmerksam unseren Antworten. So lehrten sie uns Integrität. Wenn man einen Standpunkt hatte und ihn vertreten konnte, sollte man dabei bleiben. Das hieß nicht, daß sie nicht versuchten, uns Sachen auszureden, die ihnen nicht gefielen, aber sie respektierten unser Recht auf eine eigene Meinung.

Janis wurde von unserem Vater im Fragenstellen gut geschult. Hätte er meditiert, wäre sein Mantra gewesen: »Wer bin ich?« Er blickte immer über den Moment hinaus. Ich erinnere mich an die Regenfälle in Port Arthur. Es schien eigentlich jeden Tag zu regnen, aber für Pop war das nicht selbstverständlich. Er rief uns: »Hey, Kinder, kommt alle her.« Dann traten wir auf die Veranda hinaus und drängten uns auf der obersten Treppenstufe zusammen. »Atmet tief ein und schmeckt all die neuen Aromen, die der Regen freigesetzt hat«, wies er uns an. Wir standen da und nahmen die Düfte in uns auf, während der Regen sich vom Verandadach ergoß, auf dem Zement zerplatzte und unsere Beine bis hoch oben mit kühlen Tropfen bespritzte. Es ist so leicht, der Routine des Alltags zu erliegen. Manchmal überlegten wir, wo der Regen wohl herkam. War er gerade in Borneo oder Chicago gewesen? Standen anderswo Familien und dachten über uns nach?

Pop war ein rätselhafter Geist, der nie seine Ehrfurcht vor dem Leben verlor. Es schien fast, als habe Gott seine Seele auf die Erde geschickt, bevor er ihm die Erfahrungen, die ihn erwarteten, zu Ende erklärt hatte. Pop sagte, er hätte eigentlich Mönch werden müssen, weil er das Nachdenken so genoß. Ein paar Jahre, bevor er starb, fragte ich ihn im Spaß: »Wie hättest du Mönch sein können, wo du doch nicht an Gott glaubst?« Er lachte nur sein ertapptes Glucksen und sagte: »Stimmt, das könnte ein Problem sein.« Wir kamen zu dem Schluß, daß Mönche ihr Leben damit verbringen, nach Gott zu suchen, und das traf mit Sicherheit auf ihn zu.

Er forschte bei allem, was er sah, nach den Winkelzügen des Geistes. Einen langweiligen Gang zum Postamt machte er zu einem spannenden Abenteuer. Er hieß uns die Gesichter auf den Fahndungsplakaten studieren, und dann fuhr er mit uns in der Stadt herum, um sie zu suchen. Michael liebte Pops Trick, gelangweilte Kinder auf Autotouren bei Laune zu halten. Die Spielregeln erklärte er so: »Sucht euch irgendein Nummernschild aus und prägt es euch ein. Wenn wir weiterfahren, müßt ihr eins finden, das genauso ist!« Das war ein Zen-Rätsel: Wenn man es durchschaut, hat man es gelöst.

Während Pop uns die ewigen Werte des Lebens nahebrachte, servierte uns Mutter unbegrenzte Möglichkeiten auf dem Silbertablett. Sie sprach nie über Grenzen, sondern nur über unsere Ziele und wie wir sie erreichen könnten. Die einzigen Beschränkungen, die sie im Leben sah, lagen in der Gesellschaftsstruktur und ihren Institutionen begründet. Sie glaubte, daß ein kluger Mensch diese Grenzen umgehen könne. Das sei nur eine Frage der Organisation, und man müsse sein Glück erkennen und in die Hand nehmen.

In unserem Leben waren glückliche Zeiten angebrochen. Die Durchschnittseinkommen waren seit Kriegsende um über 200 Prozent gestiegen, und die Menschen gaben das Geld aus, um ihren Kindern das zu bieten, was ihnen selbst in ihrer Jugend gefehlt hatte. Wir waren eine verwöhnte Generation.

Mom erkannte schnell die Interessen ihrer Kinder und förderte sie, besonders, wenn sie künstlerischer Natur waren. Janis' angeborenes Zeichentalent war ein willkommener Anlaß für Mutter, ihre Flexibilität zu beweisen. Sie kaufte schöne Farbbildbände mit den Meisterwerken der Kunst, die in den Museen der ganzen Welt hingen. Wenn wir nicht zur Kultur reisen konnten, mußte die Kultur zu uns nach Hause kommen. Mom arrangierte außerdem private Kunststunden für Janis beim besten Lehrer der Stadt. Janis zeichnete ohne Unterlaß. Roger Pryor, der gutaussehende und selbstbewußte Nachbarsjunge, beobachtete sie, wie sie stundenlang das Pferd skizzierte, das seine Familie in der Nachbarschaft hielt. Janis erklärte ihm: »Pferde sind besonders schwer zu zeichnen, weil die Entfernung vom Hals zum Kopf eine andere ist als die vom Hals zum Schwanz.« Sie arbeitete, bis die Proportionen stimmten, vorher war sie nicht zufrieden.

Mom glaubte, es bedürfe nur einer kleinen Extra-Anstrengung, um aus etwas Gutem etwas Fantastisches zu machen. Sie führte ihr Bedürfnis, uns Kindern vielfältige Auswahlmöglichkeiten zu bieten, auf die Entbehrungen ihrer eigenen Jugend zurück. Noch im Alter von über siebzig Jahren beklagte sie sich etwas bitter darüber, daß sie achtzehn Jahre lang nur einfachen Haferbrei zum Frühstück bekommen hatte. Sie ließ ihre Kinder sich ihr Frühstück aussuchen, und den Großteil ihres Lebens konnten sie ebenfalls selbst bestimmen.

Mutter war die beste Lehrerin, die ich kenne. Ihre Begabung basierte auf der Einstellung, die alle inspirierenden Lehrer haben: dem festen Glauben an die Fähigkeit derjenigen, die sie unterrichtete. Sie war der Meinung, das Lernen sei ein wesentlicher Bestandteil des Menschseins und daher kein wesensfremder Prozeß, sondern so natürlich wie das Ein- und Ausatmen. Sie glaubte daran, daß man Menschen nur eine Chance dazu geben mußte.

Mom hatte in jeder Situation eine Lektion für uns parat. Wir sangen viel, wie Kinder es eben tun, und schickten aus reinem Vergnügen ziellose Melodien in die Luft. Mom unterbrach uns oft für eine improvisierte Gesangsstunde. »Wenn du singst, stell dich gerade hin und bilde hier eine Stütze«, sagte sie und piekte mir ins Zwerchfell. »Schon besser, hörst du das?« fragte sie. »Achte auf deine Aussprache. Sing die Wortendungen mit. Sonst versteht das Publikum dich nicht.« Manchmal sahen wir uns an, lachten und winkten einem nicht vorhandenen Publikum zu, das wir vorgeblich unterhielten. Dann hob Mom ihren Wäschekorb hoch und machte sich wieder an die Hausarbeit.

In unserem Haushalt wurde auch hart gearbeitet und gepaukt. Mom beschwatzte uns, verhandelte, stimulierte und erstellte oft den Stundenplan für unsere Hausaufgaben, Musikübungen oder jede andere Anstrengung lehrreicher Natur.

Sie kaufte uns die meisten Spielsachen und hatte eine sehr klare Vorstellung davon, was vertretbar war. Wir bekamen kein Spielzeug, das etwas von selbst machte, sondern immer Rohmaterialien, die die Fantasie des Benutzers anregten. Wir mußten selber den Funken hinzufügen, der das Spiel in Spaß verwandelte. Mom versorgte uns mit Massen von Bauklötzen, Lincoln Logs, Tinkertoys (beides eine Art Lego), Karten- und Mikadospielen, Puppen, Spielzeugtieren, Büchern, Farben, Stiften und Papier. Hinzu kamen gute Brettspiele wie Cluedo und Monopoly.

Das Alltägliche interessant machen, das war das Motto unserer Eltern. Einmal brachte Pop Kartons mit altem Briefpapier mit nach Hause, die die Fabrik loswerden wollte. Wir falteten sofort ganze Staffeln von Papierfliegern und verteilten sie auf jedem Fleckchen Fußboden im ganzen Haus. Als schließlich der Endkampf losbrach, schwirrte eine blendende, sirrende Flut von rosafarbenen, grünen, gelben und weißen Bombern und Kampfflugzeugen durch die Räume. In der Entstehungsphase des Papierfliegerspiels kochte Mom das Essen und beriet uns bei der Entwicklung unserer Strategien. Pop half uns derweil, neue Faltmethoden zu finden.

Mom hatte all unser Treiben ständig im Auge, denn sie hielt die Aufsichtspflicht für die elterliche Hauptaufgabe. Sie nahm auf zwei Arten an unserer Entwicklung teil. Erstens lobte sie uns unablässig. Mutter fiel immer eine positive Bemerkung zu unseren Unternehmungen ein. Hastig zusammengehauene Projekte bekamen den Kommentar, den sie verdienten – ein wohlbedachtes Wort über einen in Moms Augen erwähnenswerten Ansatz. Andernfalls wandte sie ihre zweite Methode der Anteilnahme an: Vorschläge. Wenn unsere kindlichen Energien sich über zehn verlockenden Projekten zugleich oder, später, in den Verwicklungen des gesellschaftlichen Lebens verzettelten, brachten uns Moms Kommentare immer wieder zur Besinnung. »Komm her, ich zeig's dir«, sagte sie dann. Oft fing sie so an: »Als ich in deinem Alter war, brachte meine Großmutter mir Nähen bei. Sie ließ mich nicht einfach Sachen zusammenschustern. Sie zeigte mir richtige Rollnähte, bei denen die Saumkanten umgeschlagen und festgenäht werden. Wir entwarfen unsere Kleider und machten unsere eigenen Schnitte. Die Sachen waren genauso fein wie diejenigen, die man in New York kaufen kann. Da habe ich gelernt, daß harte Arbeit sich bezahlt macht.« Dann leitete sie zu dem über, was wir gerade machten, und sagte: »Das wird dir auch bei deiner Arbeit so gehen, wenn du es nur langsam angehen läßt und so lange übst, bis du es richtig kannst.« Wir haßten unsere unbekannte Urgroßmutter. Das Problem war nur: Mom hatte recht! Es gab nichts Schlimmeres als die Trotzreaktionen, mit denen wir versuchten, ihre sanften Belehrungen Lügen zu strafen, nur um herauszufinden, daß das genau der falsche Weg war.

Moms Perfektionismus könnte als übertriebener Ehrgeiz interpretiert werden, wäre ihre angeborene Aggressivität nicht durch ihr mütterlich weiches Herz und ihre Loyalität uns gegenüber gemäßigt worden. Wir hätten sogar geglaubt, sie sei zu hart mit uns, wenn ihre Aktionen nicht die volle Unterstützung unseres Vaters gehabt hätten. Als ich einmal schmollte, weil ich eine Sache noch einmal machen mußte, hoffte ich, er würde meine Partei ergreifen. Er entspannte sich mit einem Buch auf seinem Feierabendplatz, einem braunen Ledersessel in seinem Zimmer. Damals vertraute er mir an, er habe selbst die Erfahrung gemacht, daß vor allem Durchhaltevermögen wichtig sei; er sei aus Mangel daran beinahe vom College geflogen. Mir blieb die Spucke weg. Das heroische Bild, das ich mir von meinem Vater gemacht hatte, geriet ins Wanken. In einer grauenvollen Sekunde sah ich das Standbild von George Washington in wertlose Marmorscherben zerfallen. Zurück blieb nur ein Mann.

Auf diese Weise wurde mir klar, daß inspirierte, harte Arbeit der *einzige* Weg zum Erfolg ist. Nicht meine Mutter oder mein Vater verlangten mir das ab, sondern die Welt erwartete es. Nichts war je vollkommen. Man konnte alles immer weiter verbessern. Manchmal machte uns das verrückt, denn ganz gleich, wie wir uns anstrengten, es gab immer noch mehr zu tun.

Mutter rechtfertigte ihre Einstellung zum Lernen mit einem charakteristischen Zitat aus unfehlbarer Quelle – Abraham Lincoln: »Man kann die Schwachen nicht stärken, indem man die Starken schwächt … Man kann nicht Charakter und Mut bilden, indem man dem Menschen Initiative und Unabhängigkeit nimmt. Man kann den Menschen nicht helfen, indem man immer das für sie tut, was sie für sich selbst tun könnten und sollten.« Es war immer schwer, Mom zu widerlegen, wenn sie so apodiktische Worte sprach.

Janis kam auf die Junior Highschool, und ihre Leistungen fielen respektabel, aber nicht außergewöhnlich aus. Sie war ein waches, intelligentes Mädchen, dessen Zeugnisse immer bestätigten, daß sie auf den meisten Gebieten ›annehmbare Fortschritte‹ machte. In ein paar Fächern war sie ›lobenswert‹. In der vierten Klasse wurden einige Fächer als ›verbesserungsbedürftig‹ beurteilt.

Janis war keine gute Verliererin und sorgte nicht immer für Ordnung in ihrer Arbeit oder ihrem Zimmer. Bei ihren Zeugnissen an der Junior High ging es jedoch um etwas anderes. Sie zeigten ein Mädchen, das immer weniger mit seinen Lehrern zurechtkam. Sie empfand die Schulroutine als unbefriedigend. Janis fragte Dinge wie: »Warum haben die Leute Haare auf den Zehen?« Sie bekam schlechte Noten in Arbeitshaltung und Bürgerpflichten, weil sie zuviel redete und ihre Arbeit nicht rechtzeitig schaffte. Die wenigen Lehrer, die sie kritisierten, taten das nicht, weil sie Janis nicht mochten. Im Gegenteil, die Frau, die ihr die größte Zuneigung entgegenbrachte, gab ihr zugleich die schlechtesten Noten in Folgsamkeit, Fleiß und Rücksichtnahme – das heißt, daß Janis redete, wenn sie nicht gefragt war. Janis lernte zu Hause, nach Höherem zu streben, und in der Schule wurde sie von den Lehrern gescholten, weil sie still und gehorsam sein sollte und nicht war. Sie war wißbegieriger und energiegeladener, als die Schule zuließ. Janis hatte ein anderes weibliches Ideal als die meisten Südstaatenmädchen. Ihre Mutter war stark, unabhängig, intelligent, ehrgeizig und lebensbejahend. Janis war nicht dazu erzogen worden, Frauen als passiv oder zurückhaltend zu sehen. Unsere Mutter hatte auf einer Farm gelebt, wo Frauenarbeit genausoviel wert war wie Männerarbeit, auch wenn man nicht das gleiche tat. In einer Farmerehe gab es keinen Platz für den Prinzessinnenthron, auf den Frauen in den Städten des Ostens gern gehoben wurden.

Das Selbstbewußtsein unserer Mutter wurde nicht von ihren Dessous bestimmt. Sie hatte einen Mann geheiratet, der sie um ihrer Stärke willen liebte und niemals versuchte, sie als sein Eigentum zu betrachten. Unsere Eltern kamen deshalb auch nie auf die Idee, bei der Erziehung ihrer Töchter weiblicher Attraktivität oder Willfährigkeit große Bedeutung beizumessen. Lieber konzentrierten sie sich auf die Eigenschaften, die sie für wichtig im Leben hielten: Charakter, Intelligenz und Talent.

In ihrer Zeit an der Junior Highschool betrug sich Janis ihrer gesellschaftlichen Position entsprechend. Zusammen mit Mom nähte sie ihr erstes Abendkleid, ein rosa Tüllding, zu dem sie als Weihnachtsgeschenk eine passende Abendhandtasche bekam. Sie trat dem Kulturlesekreis für Jugendliche bei, in dem sie zum ersten Mal außerhalb der Familie gute Literatur las und diskutierte. Ihre Publizistiklehrerin, Miß Robyn, bot ihr an, beim Tri Hi Y Club, dem Cheerleaderclub, mitzumachen. Janis willigte ein. Sie hielt regelmäßig ›italienische Abende‹ ab, bei denen sie unser Haus im Stil eines Straßencafés gestaltete. Sie legte rotkarierte Tischtücher auf Kartenspieltische und fing Wochen vorher an, Kerzenwachs auf Weinflaschen zu tropfen, um die richtige Atmosphäre zu erzeugen.

Janis war während ihrer gesamten Zeit an der Junior High im Schulchor. In der neunten Klasse sang sie ein Solo bei einer Weihnachtsaufführung – ihr erster öffentlicher Auftritt außerhalb der Kirche. Durch eine Verschiebung der Fristen für die Einschreibung beim Kindergarten ging Janis in eine Klasse, in der viele Kinder bis zu achtzehn Monate älter waren als sie. In der neunten Klasse war das ein peinlicher Unterschied, weil sie körperlich noch nicht so weit entwickelt war wie viele andere. Sie wog weniger als 45 Kilo und war noch nicht ganz in der Pubertät. Viele der anderen Mädchen waren schon recht üppig und präsentierten ihre frisch erblühte Weiblichkeit gern in tiefausgeschnittenen Kleidern und weit flatternden Röcken. Glücklicherweise war ihre beste Freundin, Karleen Bennett, fast gleichaltrig und ebenso gebaut wie sie. Zumindest war Janis nicht allein.

Mit der Hilfe unserer Eltern perfektionierte sie ihre große Leidenschaft: Bridge. Wir hatten die Grundlagen dieses Spiels gelernt, sobald wir auf zwei übereinanderliegenden, acht Zentimeter dicken Lexika sitzen und über den Tisch gucken konnten. Später lernten wir nach den Grundregeln zu reizen, Karten abzurechnen und zu bieten. Unsere Eltern bewiesen eine unvorstellbare Geduld dabei, uns eine Partie spielen zu lassen, berieten uns bei unseren zaghaften Strategien und ließen uns gleichberechtigt am Spiel teilnehmen. Als Janis zur Junior High ging, nahm sie Bridge-Stunden für Fortgeschrittene, spielte mit unseren Eltern und deren Bekannten und lud ihre Freunde zum Spielen ein.

Jack Smith war in der neunten Klasse Janis' Freund, ein großer gutaussehender Bursche, dessen auffallende Intelligenz und Höflichkeit seine leidenschaftliche Wißbegierde in die richtigen Bahnen lenkte. Jack schenkte Janis eine Halskette mit ihrem Initial, damals in der Junior High der letzte Schrei. Er kratzte sein ganzes Geld zusammen und schenkte ihr ein Exemplar für fünf Dollar; denn für den Überschwang seiner Gefühle reichte die übliche Ein-Dollar-Version nicht hin. Janis nannte ihn oft den ›großen Heuler‹. Erst Jahre später erklärte sie, was das bedeutete. Ein Heuler war ein Schluchzer – und Schluchzen heißt auf englisch ›sob‹, wie S.O.B. [Son of a Bitch, Hurensohn]; damals kam dieses Wort noch nicht über ihre Lippen.

Jack und Janis lasen in der Schule *Ivanhoe*. Die Geschichte beeindruckte sie tief. Der tapfere, verwundete Ritter Ivanhoe wurde vor seinen Feinden gerettet und von einer jungen Jüdin und ihrem Vater gesund gepflegt. Nach der Rückkehr zu seiner wahren Liebe mußte Ivanhoe diese wieder verlassen, um bei einem Turnier um das Leben der Jüdin zu kämpfen. Verräterische Adlige beschuldigten diese, eine Hexe zu sein, weil sie Ivanhoe geheilt hatte. Janis sehnte sich oft danach, daß Jack sie auf ähnliche Weise rettete. Was sie von den Männern erwartete, war nicht klar. Sie suchte einfach einen Ritter der Tafelrunde, einen Mann aus Camelot.

Eines Tages holte Janis Jack ab, um den Film *Die zehn Gebote* zu sehen. Beide hatten kein Geld, also besannen sie sich auf das Kleingeld in Jacks Spardose. Sie kamen mit einem Berg Kupfermünzen an der Kinokasse an. Janis trat höflich zur Seite, und Jack versuchte, der Kartenverkäuferin seine peinliche Lage zu erklären, während sie die

Münzen nachzählte. »Ich hab' eine Wette mit einem Freund verloren«, murmelte er. Janis trat herbei, knuffte ihn scherzhaft und sagte halb im Ernst: »Du solltest nicht lügen, besonders nicht bei einem Film über Gott.«

Janis, Jack und Karleen Bennett begannen sich für das Pubertätsthema Nummer eins zu interessieren: Sex. Sie tauschten zerlesene Ausgaben von *Die Leute vom Peaton Place* und *Splendor in the Grass*, in denen die besten Stellen durch Eselsohren markiert und in einem Index aufgelistet waren. »Auf jeden Fall Seite 89 lesen«, schrieben sie sich gegenseitig auf Zettel.

Janis' Geburtstagsparty in der neunten Klasse bestand aus einer Schnitzeljagd durch die Nachbarschaft. Sie machte einen Kurs an der Arthur-Murray-Tanzschule. Im Kreis der gesamten Familie sah sie sich die Miß-Amerika-Wahl im Fernsehen an und grübelte darüber nach, wie es wohl wäre, Miß Texas zu sein. Wir diskutierten über die Kleider, die die Teilnehmerinnen trugen, und dachten uns eines für Janis aus.

Obwohl Janis in der Schule einige Probleme hatte, machte sie dort auch positive Erfahrungen. Miß Dorothy Robyn war ihre Journalistik-Lehrerin in der neunten Klasse und leitete den Journalisten-Club. Janis tat sich hier wie dort hervor. Sie zeichnete für *The Driftwood*, die Literaturzeitschrift der Schule. Ihre Bilder bestanden aus eleganten Strichmännchen und feinen Skizzen, die die Geschichten und Erlebnisse illustrierten. Sie hatte die Fähigkeit, Emotionen in schnellen Strichen einzufangen. Janis klebte das Zertifikat eines Journalismus-Preises in ihr Album und schrieb daneben: »Miß Robyn kommt mitten in der Stunde zu mir und sagt so nebenbei: ›Oh, ich dachte, das interessiert dich vielleicht.‹ Ich bin fast vom Stuhl gefallen, so aufgeregt war ich.«

Janis schrieb für *The Driftwood* eine Geschichte mit dem Titel ›Ein ganz ungewöhnliches Gebet‹:

Zu meiner Familie gehören ein Bruder, eine Schwester, ein Vater, eine Mutter und ich. Wir sprechen jeden Abend abwechselnd das Tischgebet.

Einen Abend spricht es meine Schwester Laura. Den nächsten Abend ich. Michael, mein kleiner Bruder, hat uns zwei Jahre lang zugehört.

Vor etwa drei Monaten betete Laura: »Lieber Gott, wir danken dir für die Vögel, die Blumen und die Dinge, mit denen wir spielen. Lieber Gott, wir danken dir für die schönen Nächte und die schönen Tage. Amen.«

Als sie fertig war, hörten wir einen seltsamen Singsang aus Mikes Ecke:

»*Vögel, Pumen (Blumen), 'toffeln, Erbsen, Wasser, Bupper (Butter), Teller.*« Michael sagte sein Tischgebet.

Seitdem macht Michael immer beim Tischgebet mit. Als wir neulich meinten, er sei dran, sagte er kurz, aber allumfassend: »Danke für alles. Wiedasehn.«

Journalistik war Janis' Lieblingsfach, trotz der schlechten Noten in Bürgerpflichten, die Miß Robyn ihr gab. Sie konnte ihren Enthusiasmus nicht genügend im Zaum halten, um sich dem Unterrichtsablauf zu unterwerfen. Sie redete dazwischen, quasselte und malte. Ihre besten Freunde gingen in die gleiche Klasse: Karleen, Jack Smith und andere. Manchmal lockte sie Freunde und Mitschüler durch die Tür mit der Aufschrift KEIN ZUTRITT, die sich am hinteren Ende des Journalistikraums befand. Hinter dieser Tür führte eine schmale Treppe hinauf zur Kuppel des Gebäudes, von wo aus man einen Blick über die ganze Stadt werfen konnte.

Während Janis für *The Driftwood* arbeitete, begann ich, eine Zeitung für die Nachbarschaft zu schreiben. Ich eiferte Janis nach, wo es nur ging. Ich schrieb über Themen von solch aktueller Bedeutung für eine Achtjährige wie ›Woher kommt der Wind‹. Ich stellte jedem diese Frage, der mit mir zu reden bereit war, und kam zu dem Schluß, daß der Wind vielleicht etwas mit den riesigen Windrädern auf dem Feld gegenüber neben der Baptistenkirche zu tun hatte.

Janis manipulierte die Familie, wann immer sie konnte, und die Tatsache, daß ich ihr alles nachmachte, war ihr ein willkommenes Mittel dazu. Sie sagte: »Wenn du nicht tust, was ich dir sage, hab' ich dich nicht mehr lieb.« Also tat ich, was sie verlangte. Einmal war sie beleidigt und schrie: »Ich lauf' weg!« Füßestampfend polterte sie durchs ganze Haus. »Ich komm' mit!« rief ich ihr nach und fragte meinen Vater, was man tut, wenn man wegläuft. Er sagte, man nimmt einen Bambusstab – den hatten wir –, schnürt seine Habe in ein rotes Tuch und hängt es an das eine Ende des Stabs. Ich lief also durchs Haus und bereitete alles vor, bis Janis sagte: »Laura, ich hab's nicht ernst gemeint.«

Kunst wurde für Janis das Mittel, mit der Menschheit zu kommunizieren. Die Kunst verschaffte ihr Zugang zur Welt und ein Gefühl für die eigene Identität und Besonderheit. 1957 ging sie bei einem der häufigen Familienbesuche in der Bücherei zum Bibliothekar und fragte: »Brauchen Sie hier freiwillige Helfer?« – »Unbedingt«, war die Antwort. In jenem Sommer entwarf Janis Plakate für die Schwarzen

Bretter der Bibliothek. Die *Port Arthur News* veröffentlichten ein Foto von ihr vor ihrer Illustration der Vogelscheuche aus dem Lande Oz. Die Titelzeile lautete: VIELSEITIGKEIT EINES TEENAGERS BEI BÜCHEREIJOB ENTDECKT. Sie wurde zitiert: »Der Job gibt mir die Möglichkeit, Kunst zu machen und gleichzeitig etwas Nützliches für die Gemeinde zu tun.«

Port Arthur konnte eine sehr wohlanständige Stadt sein, in der rigorose Vorstellungen vom Betragen einer jungen Lady herrschten. Janis hatte zwar den allgemein akzeptierten Weg aller jungen Mädchen eingeschlagen, aber mit den Jahren schärfte sich ihr Bewußtsein. Das unverdorbene Image der Stadt stand im Gegensatz zu ihrer Rolle als Hafenstadt mit offener Prostitution und greller Plakatwerbung für Glücksspiele an den Häuserfronten. Natürlich wurde darüber in der anständigen Gesellschaft nicht gesprochen. Im ganzen Land waren die Zeitungen mit Titelzeilen gespickt, die Port Arthur die STADT DER SÜNDE nannten, bis ein neuer Staatsanwalt gelobte, damit aufzuräumen.

1954, als Janis in der siebten Klasse war, hatte der Oberste Gerichtshof die Rassentrennung in den Schulen aufgehoben. Wir im hochgradig segregierten Süden hielten den Atem an in der Erwartung, wohin dieses fantastische Schachspiel im Norden führen würde. Unsere Kindheit verlief völlig von Farbigen isoliert. Die Schwarzen der Stadt, mindestens 40 Prozent der Bevölkerung, lebten ›auf der anderen Seite‹. Sie blieben an ihrem Platz und wir an unserem. Die einzigen Schwarzen, die wir regelmäßig sahen, waren die Hausangestellten. Wenn unsere Familie an den Strand fuhr, was selten genug vorkam, mußten wir den schwarzen Teil der Stadt durchqueren. Man brauchte kein Genie zu sein, um die kleineren, baufälligen Häuser, die in Lumpen gekleideten Kinder und das allgemeine Mißverhältnis zu bemerken.

Unsere Eltern waren da ganz offen. »Die Gesellschaft behandelt die Neger falsch, aber da kann man nichts machen. Man schadet sich nur selbst, wenn man es versucht.« Es gab sowieso nicht viele Möglichkeiten, etwas zu tun, außer Schwarze auf der Straße anzulächeln und freundlich zu ihnen zu sein, wenn sie einen überhaupt ansahen. Trotzdem wurde die Kontroverse in allen Zeitungen und Magazinen geführt. Unsere Eltern abonnierten *Time* und erwarteten von uns allen, daß wir das Magazin von Anfang bis Ende durchlasen.

Wie alle im Lande, wurde auch Janis von den gärenden Rassenkonflikten beeinflußt. Hinzu kamen ihre schlechten Erfahrungen als

Verkäuferin in einem Spielzeuggeschäft. Sie war sehr stolz, als sie nach Hause kam und damit herausplatzte, daß sie den Job hatte: eine Weihnachts-Verkäuferin! Sie nahm ihre Arbeit ernst und bat Mom um Tips, wie man Kunden helfen konnte, das richtige Spielzeug in der richtigen Preisklasse zu finden. Dann wies ihr Chef sie an, den Preis eines Spielzeugartikels heraufzusetzen. Das war kein Problem... bis zum nächsten Tag. Sie kam mit einem schmerzlichen Gefühl der Unredlichkeit nach Hause. »Ich mußte denselben Artikel wieder herabsetzen und ein Ausverkaufsschild aufstellen! Das ist Betrug!« sagte sie. Sie schien überall nur gesellschaftliche Heuchelei zu sehen. Leute, die sie respektiert hatte, waren plötzlich nicht mehr bewundernswert. Der Kaiser hatte keine Kleider mehr.

Janis tat das einzige, was ein intelligentes, entschlußkräftiges, idealistisches Mädchen tun konnte: Sie begab sich auf die Suche. Sie verließ den vorgeschriebenen Pfad und wandte sich jenen Lebensformen zu, die die Gesellschaft jungen Mädchen untersagte. Sie vollzog noch keinen klaren Bruch, sondern war vorerst nur neugierig. Mit einfacher Logik erwog sie: Wenn die guten Menschen doch nicht so gut waren, dann waren vielleicht die angeblich schlechten Menschen auch gar nicht so schlecht. Sie machte sich auf den Weg, das selbst herauszufinden.

4

Jugend

Well I know that you got things to do
and places to be,
And I guess I'll have
to fight the thing you placed on me
I may wind up in the street a-sleeping in a tree,
Still I guess you know when I've gotta go

POWELL ST. JOHN, ›Bye Bye Baby‹

Auf der Suche nach neuen Horizonten nahm Janis gleich nach der neunten Klasse am Sommerprogramm des Port Arthur Little Theater teil. Sie malte vor allem Bühnenbilder und arbeitete auch als Türsteherin bei den Aufführungen. *Sunday Costs Five Pesos* war das einzige Stück, in dem Janis eine Rolle hatte. Sie spielte ihrem Alter entsprechend ein junges Mädchen. Leiterin des Little Theater war die Mutter von Grant Lyons, einem Schüler aus dem Jahrgang über Janis. Die Lyons waren eine Familie aus dem Osten, die wegen der Arbeit in den Raffinerien nach Port Arthur gezogen war. Sie sehnten sich nach einem breiteren kulturellen Angebot, als es im provinziellen Port Arthur verfügbar war.

Grant gehörte zu einer Gruppe von intellektuellen Schülern, die die Verachtung für das geistige Niveau ihrer Klassenkameraden und der Stadt im allgemeinen zusammenschweißte. Das Little Theater bot ihnen die Möglichkeit, sich mit der großen Welt der Künste zu identifizieren. Außerdem waren die Kurse eine gute Gelegenheit, Mädchen kennenzulernen. Der tägliche Programmablauf brachte eine große Zahl von Jugendlichen zusammen, die Partys feierten und ihre Zeit miteinander verbrachten. Das Herzstück dieser Gruppe war Grants Freundeskreis: Dave Moriaty, Adrian Haston, Jim Langdon und Randy Tennant. Es gab keinen Anführer, jeder genoß auf seine Weise gleich großes Ansehen.

Dave war ein schlanker Junge mit dickem, gewelltem Haar und großen, durchdringenden Augen. Er sparte das Geld, das er durch Rasenmähen und Bienenzucht verdiente, für eine Fünf-Meter-Schaluppe. Den sozialen Status, den diese ihm auf Anhieb verschaffte, nutzte er dazu, Mädchen abzuschleppen. Er wollte Wissenschaftler werden und baute in seiner Freizeit mit Randy Tennant Raketen. Randy war schmal gebaut und hatte blitzende Augen, ein Forschertyp mit einer künstlerischen Ader. Grant war Sportler. Er wurde später Baseball-Verteidiger in der Kreismannschaft und spielte auch in der Mannschaft des Staates Texas. Er war groß und kräftig, hatte rotblondes Haar und eine Leidenschaft für Folk-Musik.

Dave, Grant und Randy waren Mitglieder des Lateinclubs und des Theaterclubs und übernahmen verschiedene Aufgaben bei der Schülerzeitung. Jim Langdon war klein und untersetzt. Er hatte große blaue Augen, die mit so treuherzigem Basset-Hundeblick aus seinem Gesicht schauten, daß die Mädchen schwach wurden. Jim war unglaublich umschwärmt, die Mädchen rissen sich darum, mit ihm zu gehen. Seine Leidenschaft galt dem Posaunenspiel in der Schulband und in örtlichen Tanzkapellen. Adrian Haston schließlich war groß, schlank, dunkelhaarig und hatte hängende Augenlider, die zu seiner langsamen Sprechweise und seiner sanften Art paßten. Er war außerordentlich freundlich und intelligent. Auch er spielte in der Band und liebte Musik. In dem Jahr, bevor Janis sie kennenlernte, waren einige von ihnen im Schülerrat aktiv gewesen und hatten für ihre Arbeit Lobeshymnen geerntet. Was sie auch unternahmen, sie traten immer zusammen auf.

Sie nahmen in der Gemeinschaft der Little-Theater-Gruppe das Ruder in die Hand und machten sich einen großen Spaß daraus, jeden zu verspotten, der leichtfertig zugab, an irgend etwas Gutes zu glauben. Jugendlicher Zynismus war ihr Programm.

Die Little-Theater-Gruppe tat, was die meisten Jugendlichen in Port Arthur und anderen Kleinstädten taten: Sie quetschten sich in ein Auto, fuhren zu einem etwas abseits gelegenen Ort, saßen da und redeten. Ein beliebter Treffpunkt war die Sarah Jane Road, eine Sackgasse hinter der Atlantic-Richfield-Raffinerie, gesäumt mit großen Storaxbäumen, von denen unendliche Massen grauen Louisianamooses herabhingen. Die Straße regte sie zu Gesprächen über den Tod an, denn es ging das Gerücht um, daß sich eine Frau namens Sarah Jane an einem der Bäume erhängt hatte. »Ob Sarah wohl jetzt im Himmel ist und uns zuschaut?« fragte Janis dann. »Im Himmel? Wie kommst du darauf, daß es überhaupt einen Gott gibt, Mädchen? Die Religion ist doch nur Zuckerguß für erbsenhirnige Idioten, die nicht damit fertig werden, daß ihr Leben ein Ende hat!« Jim Langdon beherrschte mit seiner tiefen, dröhnenden Stimme und der Autorität, mit der er über jedes Thema zu reden vermochte, allzeit die Diskussion. Janis widersprach: »Wie kannst du nicht an Gott glauben? Du mußt!« Sie lachten alle und machten sich über ihre Naivität lustig.

Das war's! Die Menschen stellten Gott in Frage. Ihre Erfahrungen in der neunten Klasse brachten Janis zu Bewußtsein, daß die Gesellschaft nicht nach der Moral lebte, die sie der Jugend aufzwingen wollte. In jenem Sommer begriff Janis, daß coole Leute nicht einmal an Gott, die Zehn Gebote und die Hölle glaubten. Die Entdeckung, daß die bürgerliche Gesellschaft aus Heuchlern bestand und Gott die Dinge vielleicht gar nicht lenkte, befreite sie von dem Zwang, sich dem Status quo anzupassen. Wenn die angeblich ›guten‹ Menschen nicht wirklich gut waren, wenn es den Gott, von dem man sich leiten lassen sollte, gar nicht gab, dann konnte sie die Entscheidungen, wie sie ihr Leben führen sollte, nach eigenem Gutdünken treffen. Sie konnte die Welt mit neuen Augen sehen und alle Spielarten des Lebens verinnerlichen. Vielleicht waren die sogenannten ›schlechten‹ Menschen gar nicht so übel, vor allem, wenn doch die Hüter des örtlichen Gesellschaftskodexes bei jeder sich bietenden Gelegenheit auf ihnen herumhackten.

Als der Sommer zu Ende ging und Janis sich auf ihre Senior-Highschool-Laufbahn vorbereitete, entschloß meine Mutter sich, diesen Anlaß gebührend zu würdigen. Janis sollte ein schönes Zuhause haben, auf das sie stolz sein konnte, wenn sie ihre Freunde mitbrachte. Für Mutter hieß das: neue Möbel kaufen. Wir hatten immer noch die gleichen alten Ahornmöbel von Sears, die meine Eltern beim Einzug gekauft hatten. Mutter wollte das Haus unbedingt modernisieren.

Die Bewegung der Moderne war die Vorreiterin der Architektur und Kunst dieser Zeit. Sie verwarf mit frecher Sorglosigkeit den Schnickschnack der Vergangenheit und offenbarte die schlichte Schönheit der Strukturen darunter. Mutter gefiel das, sie sah sich gern als Pionierin in Design-Fragen. Wir fuhren zum Möbelgeschäft Fingers in Houston und kauften neue Wohn- und Eßzimmermöbel. Mutter suchte eine strapazierfähige braune Polstercouch mit einem Bezug aus grobem Tweed aus. Zu beiden Seiten plazierte sie Tischchen aus hellem Eschenholz mit schlanken dreieckigen Beinen und einer Glasplatte über einer Ablagefläche. Darauf standen zwei kegelförmige braune Aluminiumlampen, geschmückt mit einer Art Spirale aus glänzenden Messing und einem schmalen Streifen als Lampenschirm. Das Eßzimmer-Ensemble war, passend zu den Tischchen, aus hellem Holz mit Sitzbezügen aus braunem Tweed. Vor die Fenster hängte sie unverwüstliche Glaswolle-Gardinen.

Im Sommer des Jahres 1957 und bis in ihr erstes Jahr an der Highschool hinein schminkte sich Janis stark, trug gerade geschnittene Röcke und weiße T-Shirts, Söckchen und Loafer und sanft gelocktes Haar. Ihr zweites Highschool-Jahr wurde von ihren Komplexen wegen ihrer knabenhaften Figur überschattet. Sie war schließlich bis zu eineinhalb Jahre jünger als die meisten Mädchen in ihrer Klasse, und ihr relativ unentwickelter Körper gewann für sie zunehmend an Bedeutung. Er veränderte sich nur langsam. Später antwortete sie auf die Frage, warum sie in der Schule unglücklich war: »Weil ich mit vierzehn keine Titten hatte.« Sie sagte das in einem Ton, als wollte sie sich über sich selbst lustig machen, aber es steckte auch ein Körnchen Wahrheit darin. Als sie in die zehnte Klasse kam, war sie immer noch sehr schlank und wurde gerade um die Hüften etwas voller und bekam einen zarten Busen.

Unglücklicherweise blühte Janis' Gesicht in einer endlosen Folge schmerzhafter, leuchtendroter Pickel von der schlimmsten Sorte, die ein Mädchen heimsuchen kann. Zeitschriften wie *Seventeen* erklärten, daß Pickel durch Cola, Pommes frites, Schokolade und unzureichende Gesichtsreinigung verursacht würden. Sie verzichtete auf all diese Genüsse und schrubbte sich ohne Ende, aber die grellen Verunzierungen kamen immer wieder zum Vorschein. Mutter brachte sie zum Hautarzt, der sie obendrein tadelte: »Du bist selber schuld an den Pickeln. Hände aus dem Gesicht!« Dann piekte er in ihr Gesicht und quetschte ihre Haut, um die Pickel auszudrücken. Er versuchte, die großen mit Trockeneis wegzubrennen, aber es nützte alles nichts. Niemand wußte damals, daß Pickel von Bakterien und Hormonen verursacht werden und mit Antibiotika behandelt werden können. Als nichts half, wurde Janis wütend und glaubte sich von Gott und der Welt verlassen.

Die Jugend ist eine Zeit des Suchens und Durchspielens neuer Rollen. Bis zum Alter von etwa vierzehn verläuft die Kindheit nach einem vorhersehbaren Muster. Wenn die Pubertät zuschlägt, fängt man wieder bei Null an. Die meisten Mädchen erleben die Pubertät als Zeit des Hochdrucks, charakterisiert von Stimmungsschwankungen und irrationalen Gefühlsausbrüchen. Einige leiden stärker unter diesen Veränderungen, und Janis wurde praktisch von ihnen zerrissen.

Jeder junge Mensch stellt sich irgendwann die Frage: »Wer bin ich?« Normalerweise schließt sich ein »Wer will ich sein?« an. Janis war hinsichtlich der Bedeutung dieser grundlegenden Lebensfragen schon durch unsere Eltern gut geschult. In ihrem zweiten Jahr an der Highschool wurde sie von dem überwältigenden Bedürfnis getrieben, Antworten darauf zu finden. Sie war intelligent und wißbegierig und beschränkte ihren Blick nicht auf die Möglichkeiten, die die Gesellschaft ihr vorsetzte; sie hatte die ganze Welt im Auge.

Janis war zunächst überrascht und dann fassungslos, als ihr klar wurde, daß sie niemals dem gesellschaftlichen Ideal entsprechen würde. Sie hatte immer ein starkes Ego und ein stolzes Selbstbewußtsein gehabt, aber auf der Highschool fing sie an, all das in Frage zu stellen. Sie fand, sie hätte ›Schweinsäuglein‹, und glaubte, sie würde nie eine der langbewimperten Schönheiten sein, die für Glamour-Magazine so glanzvoll fotografiert wurden. Sie haßte ihren Namen und ihre Initialen. Voll Neid auf die Initialen ihrer Mitschülerin Arlene Elster, ACE (englisch für As), sagte Janis: »JLJ, das heißt gar nichts!« Noch peinlicher war ihr, daß sie an den Nägeln kaute. Sie tönte ihre Haare rot, in der Hoffnung, das würde ihr Aussehen verändern, aber alles, was sie im Spiegel sah, war Janis mit roten Haaren. Sie ging zum schicksten Frisör der Stadt und ließ sich von Mr. Allen eine neue Frisur verpassen, doch auch das änderte nichts an ihrer gesellschaftlichen Position.

In der Schule fiel Janis die hierarchische Aufteilung in Gruppen auf. An der Spitze standen die Mitglieder des Schülerrats, dann kamen die Sportler, die Cheerleader, die beliebten Kinder mit starker Persönlichkeit und zum Schluß die riesige Masse derer, die sich durch keine besonderen Eigenschaften auszeichneten. Sie fühlte sich deutlich der letzten Gruppe zugehörig, obwohl ihr Ego ihr sagte, daß sie es verdiente, zur Spitze zu gehören.

»Die Hauptsache an der Highschool war, *nicht* anders zu sein«, sagte Kristen Bowen, Janis' Mitschülerin und eine Freundin der Familie. »Clubs waren *das* Ding.« Im Januar 1958 trat Janis den Zukünftigen Lehrern Amerikas bei. Sie klebte das Clubabzeichen mit den roten, weißen und blauen Bändern in ihr Album. Sie war im Tri Hi Y Club aktiv, wo sie Festtafeln und Tanzveranstaltungen dekorierte. Sie entwarf Plakate für Kandidaten bei den Schulwahlen, veranstaltete Poster-Tauschbörsen und schloß gern Fünfzig-Cent-Wetten über den Ausgang der Wahlen ab.

Janis und Karleen wandten sich einer anderen hippen Clique zu. Sie hingen mit den Brillantine-frisierten harten Jungs herum, die die anderen damals ›Fonzies‹ nannten. Sie gründeten Autoclubs und trugen schwarze Lederjacken, auf deren Rücken Namen wie ›Nighthawks‹ oder ›Highway Prowlers‹ gestickt waren. Eine Zeitlang färbte Janis ihr Haar orange, wie die *tough girls*, die zu den Autoclubs gehörten. Janis war in einen der Jungen verliebt, Rooney Paul. Mit den Aktivitäten an der Schule hatte er nichts am Hut. Er lebte allein mit seiner Mutter und begann schon früh zu arbeiten. Als Janis ihn kennenlernte, jobbte er im Drive-In. Rooney, ein magerer Ein-Meter-achtzig-Typ, hing oft in einem heruntergekommenen Café gegenüber der Schule herum, dem Bucket, genannt ›The Bloody Bucket‹. Er war sehr gutaussehend und sexy. Sein dickes, langes Haar kämmte er zu einem Entenschwanz zurück und ließ eine Tolle in genau der richtigen Länge in die Stirn hängen. Seine vollen Lippen reizten die Mädchen zum Küssen. Janis und Rooney Paul gingen eine Zeitlang miteinander, aber nicht lange genug, um ein richtiges Paar zu sein. Dennoch hielt ihre Freundschaft die ganze Schulzeit.

Karleen Bennett war immer Janis' beste Freundin. Arlene Elster war ebenfalls mit Karleen befreundet, und so trafen sich die drei häufig bei Karleen. Arlene wohnte nur ein paar Blocks weiter. Die Freundinnen entdeckten, daß die Schlüssel für das Auto von Karleens Mutter zu dem von Arlenes Mutter paßten, und Karleen und Janis gingen immer die paar Blocks zu Arlene zu Fuß und fuhren dann mit dem Auto zu Karleen, nur um den Reiz des Verbotenen auszukosten. Auf dem Nachhauseweg legte Arlene den Rückwärtsgang ein, damit der Tacho keine zusätzlichen Kilometer anzeige. Oft saßen sie auch am Swimmingpool des Country Clubs und flirteten mit den Bademeistern.

Einmal zogen sie als Fotografinnen durch die Stadt. Mit der Kamera in der Hand steuerten sie auf den Kanal zu, um über die Zugbrücke zum Pleasure Pier zu gehen. Dabei stießen sie auf die Statue irgendeines verdienstvollen Stadtvaters, auf der sie abwechselnd posierten. Dieser gesellschaftliche Affront erregte das Mißfallen einer Spießerfamilie, die mit ihren Kindern spazierenging. Die zornigen Blicke, die sie den Mädchen zuwarfen, verstärkten jedoch den Reiz des Abenteuers nur um so mehr.

Janis fragte Karleen oft um Rat, und man konnte sie leicht auf den Arm nehmen. Als sie einmal im Winter in ein Drive-In-Restaurant gefahren waren, rauchte Karleen eine Zigarette im Auto. Janis sah die ausgeatmete Luft und sagte: »Ich kann gar nicht glauben, daß du soviel Rauch in dich reinkriegst.« Karleen schmunzelte und verriet Janis nicht, daß die Wolke, die sie sah, nur der in der eisigen Luft kondensierte Atem war.

Janis mußte während der Schulzeit abends früh zu Hause sein. Die Mißachtung des Zapfenstreichs bedeutete Hausarrest. Als sie einmal merkte, daß sie zu spät dran war, fragte sie Karleen: »Was ist der absolute schnellste Weg von hier zu mir nach Hause?« Karleen schlug eine Route vor, und Janis fuhr schleunigst mit Pops Firmenwagen heim. Später am selben Abend kam sie zurück und erzählte bedrückt, wie sie ein Stoppschild überfahren und einen Wagen gerammt hatte. »Du hast mir nicht gesagt, daß ich bei Stoppschildern anhalten muß«, klagte sie. Zum Glück wurde niemand verletzt, doch es war ein schlimmer Unfall, der allen Beteiligten Kummer bereitete.

Pop war extrem stolz auf seine Autos, wenn wir auch nicht mit besonderen Typen angeben konnten. Sie wurden immer gut gepflegt, gewaschen und gewachst. Er kaufte Gebrauchtwagen, Modelle, über die er gelesen hatte oder deren Zustand sein Ingenieursauge für gut befand. Außerdem erwartete er von anderen ein großes Verantwortungsbewußtsein. Er war mehr als ungehalten darüber, daß Janis so verantwortungslos gewesen war, ein Stoppschild zu überfahren. Dies war das größte Problem, das je eines seiner Kinder verursacht hatte, und er war vollkommen fassungslos und schrie: »Wie konntest du nur so dumm sein? Es hätte jemand verletzt werden können!« Janis war am Boden zerstört, verlegen, traurig und entsetzt darüber, so elend versagt zu haben. Das war nur ein weiteres Zeichen dafür, daß sie den Ansprüchen der Welt nicht gerecht werden konnte. Sie bekam Hausarrest, blies die ganze Zeit Trübsal und gab sich feindselig und verstockt. Unsere Eltern sahen ein, daß ihre strengen Zeitvorgaben zu dem Unfall beigetragen hatten. Sie versuchten, die Zügel zu lockern und die Schlafenszeit ins richtige Verhältnis zu ihren Sicherheitsbestrebungen zu bringen.

In der zehnten Klasse belegte Janis die Fächer Sozialkunde, Englisch, Geometrie, Biologie, Gymnastik und Latein. Sie bekam Einsen, Zweien und ein paar Dreien. »Es war mir ein Vergnügen, sie zu unterrichten«, schrieb einer ihrer Lehrer in seinem Kommentar.

»Janis ist eine exzellente Schülerin und Denkerin.« Trotzdem bekam sie weiterhin schlechte Noten für Verhalten im Unterricht. »Aus den Vieren (verbesserungsbedürftig) werden Fünfen (unbefriedigend), wenn sie nicht aufhört, sich während des Unterrichts zu unterhalten.« Diese Tendenz hielt die ganze Highschool-Zeit über an.

Die Schulen in Port Arthur waren hervorragend. Hier wurden höhere Gehälter gezahlt als in den meisten anderen texanischen Städten. Fünfundsiebzigtausend Menschen lebten in der Stadt, die das Zentrum des größten Ölraffinerie-Bezirks der Welt war. Viele der reichsten Ölfirmen hatten ihre modernsten und größten Raffinerien in dieser Gegend. Die Firmen investierten in das Schulsystem, um auf diese Weise qualifizierte Arbeiter für die örtlichen Fabriken heranzubilden.

Am 28. April 1958 führten die Vereinigten Staaten Atomtests im Enewetak-Atoll auf den Marshall-Inseln durch. Die Angst vor einer Katastrophe und einer möglichen Vernichtung der Menschheit war eine erschreckende Realität für alle, die hinzuschauen bereit waren. Für sie wurden sämtliche Entscheidungen unterbewußt und kaum merklich von dem Wissen um diese bedrohliche Situation beeinflußt.

In ihrem zweiten Jahr an der Highschool arbeitete Janis zusammen mit ein paar von den Jungen aus der Little-Theater-Gruppe am Schuljahrbuch mit. Diese Jungs wurden zu einem immer wichtigeren Bezugspunkt für sie. Sie eröffneten ihr einen neuen Horizont, und zwar einen, der insgeheim von ihren Gedanken und ihrem Leben bereits Besitz ergriffen hatte. 1957 veröffentlichte Jack Kerouac *On the Road (Unterwegs)*, den ersten irrwitzigen Roman eines neuen Lebensstils. Kerouac erzählte von der ›Beat‹-Generation und leitete damit die Ära der Beatniks ein. Janis' Clique sah in Dean Moriarty aus *On the Road* einen romantischen Vogelfreien der modernen Zeit. Kerouac benutzte den Ausdruck ›weißer Nigger‹.

Die Beats beschränkten ihre Lebensweise auf das Notwendigste, um sich wieder lebendig zu fühlen. Sie verklärten die Armut und diejenigen, die in diesem göttlichen Zustand der Gnade lebten, allen voran die schwarzen Jazzmusiker. Demut und das Verlangen nach Freiheit sollten die Grundpfeiler ihres Lebens und Handelns sein. Die Beats drückten in ihrer Kleidung ihre Verachtung für die Gesellschaft und deren Werte aus. Sie rauchten Gras, waren exzessive Trinker und sprachen und schrieben in einem unzusammenhängenden Stream-of-consciousness-Jargon, den nur Eingeweihte verstehen

1 Benjamin Jopling, unser Ururgroßvater, brachte die Familie aus Virginia über Alabama in den Osten von Texas. Er heiratete viermal und hatte zweiundzwanzig Kinder. Unter seiner Mithilfe wurde das Fort von Fort Worth gebaut.

2 Charles Alexander Joplin, unser Urgroßvater, war Benjamins sechzehntes Kind und Mitbegründer der Siedlungen in der Gegend von Lubbock, Texas. Er wurde C. A. genannt und rief auch seine sieben Söhne mit ihren Initialen.

3 C. A. und seine Braut, Margaret Elmira White, unsere Urgroßeltern. Stolz präsentieren sie den Besitz, mit dem sie ihr Leben in der Nähe von Joplin, Texas, begannen.

4 Seeb Winston (S. W.) Joplin – unser Großvater – war das älteste von C. A. und Margaret Joplins elf Kindern. Er leitete eine große Vieh-Ranch bei Tahoka, Texas, begleitete einen Viehtransport nach Montana, ging nach Alaska, kehrte dann zurück, heiratete Florence Porter und lebte in Amarillo, Texas, wo er eine Ranch bewirtschaftete.

5 Robert Ury Porter, unser Urgroßvater, brachte seine Familie nach Texas. Zuerst fuhren sie per Boot den Mississippi hoch und dann weiter nach Velasco. Von dort reisten sie mit einem Ochsenfuhrwerk ins Landesinnere, wo sie sich ansiedelten.

6 Florence Elizabeth Porter, unsere Großmutter, war die Tochter von Robert Porter und seiner zweiten Frau, Arminta Roberson Porter. Robert war bei ihrer Geburt zweiundsechzig Jahre alt. Sie war das vierzehnte von sechzehn Kindern.

7 Arminta Roberson Porter – unsere Urgroßmutter – und ihre Töchter nach Robert Porters Tod, als die Familie nach Georgetown, Texas, gezogen war. Florence sitzt unten links.

8 Ein Familientreffen der Porters in Robert Porters Haus auf Porter's Prairie. Das Foto wurde 1899 kurz vor Roberts Tod aufgenommen.

Die Easts – unser Großvater mütterlicherseits

9 Unsere Urgroßeltern Ulysses Sampson Grant East und seine Frau Anna Belle Bowman East mit ihren Kindern Violet, Cecil (unser Großvater), Vern und Floyd. Die Easts ließen sich Anfang des 18. Jahrhunderts in Illinois nieder. Grants Urgroßvater soll in den Stamm der Cherokee eingeheiratet haben.

10   John Milton Hanson (unser Urururgroßvater), der sich in der Wildnis von Henry County, Iowa, niederließ und seiner Frau die Farm überließ, während er sein Glück im kalifornischen Goldrausch versuchte.

11   Unten: Cecil und Laura East mit ihren vier Kindern. Dorothy steht in der Mitte. Die anderen sind (von links nach rechts) Barbara, Mildred (Mimi) und Gerald. Sie lebten in Nebraska, Oklahoma und Amarillo, Texas, wo sich unsere Großeltern nach Dorothys Heirat trennten.

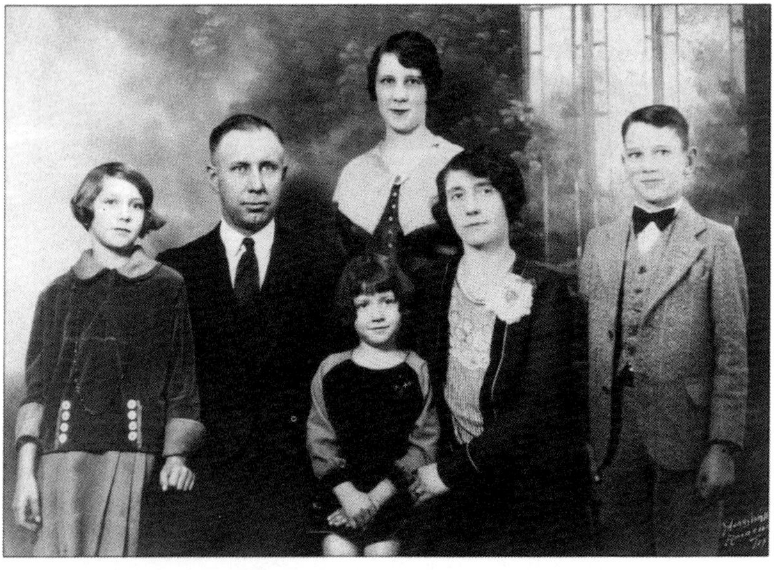

12 LINKS: Vier Generationen der Familie Hanson. Henry Hanson (unser Ururgroßvater, oben rechts) diente während des Bürgerkrieges als Offiziersbursche im Hauptquartier eines Generals. Sein Sohn Herbert heiratete Stella Mae Sherman. Ihre älteste Tochter Laura (unsere Großmutter) ist mit zweien ihrer Kinder zu sehen, dem kleinen Gerald und Dorothy, unserer Mutter.

13 Dorothy mit ihren Schwestern und ihrem Bruder auf ihrem Lieblingspferd Beauty in Nebraska, kurz bevor ihr Vater die Farm durch die Wirtschaftskrise verlor.

14 In der Abschlußklasse der Highschool sang Dorothy East (fünfte von rechts) die Hauptrolle in der alljährlich vom Lion's Club veranstalteten Show.

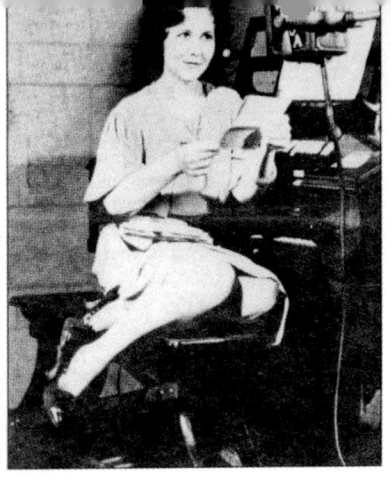

15 Unser Vater Seth Ward Joplin, der Sohn von Seeb und Florence Joplin. Dieses Foto entstand kurz vor seiner Heirat.

16 Dorothy East war zweiundzwanzig Jahre alt, als sie beim Radiosender von Amarillo arbeitete und ihren zukünftigen Ehemann kennenlernte.

17 Janis wenige Monate nach ihrer Geburt mit unserer Mutter zu Hause in der Procter Street in Port Arthur, Texas.

18 Janis und unsere Eltern bei einem Familienbesuch in Amarillo, Texas. Kurz bevor diese Aufnahme gemacht wurde, hatte Janis zu ihnen gesagt: »Wir fahren jetzt nach Hause. Ich muß anfangen, brav zu sein.«

20 Janis im Alter von etwa sechs oder sieben in dem neuen Zuhause der Familie an der Lombardy Street. Dorothy schneiderte Janis viele hübsche Sachen.

19 Ein Fotostudio-Porträt von Janis im Alter von ungefähr drei Jahren und unserer Mutter, die ihre kleine Tochter vergötterte.

21 Luftaufnahme von Port Arthur, Texas, in den vierziger Jahren. Im Vordergrund Pleasure Island. Das große weiße Gebäude in der Mitte ist ein Tanzsaal. Die Achterbahn und die Promenade direkt dahinter liegen am Pleasure Pier. Der an der Küste entlang verlaufende Kanal trennt die Insel von der Stadt. Im Hintergrund sieht man die Lagertanks der Raffinerien.

22 Janis im dichten St.-Augustine-Gras auf dem Hinterhof, im Arm ihren besten Freund.

24 Auf einer Besuchsreise zu Dorothys Familie in Los Angeles posieren Janis und ich mit unserer Mutter.

23 Janis in einem der Kleider, die unsere Mutter für sie genäht hat.

25 Janis liebte unseren kleinen Bruder Michael abgöttisch.

konnten. Ihre Werke stellten dem naiven Leser in Texas unterschwellig die Frage: »Bist du hip?«

Einige Leute meinen, der Ausdruck *Beat* käme von *beat-up*, kaputt wie ein *Deadbeat*, ein Penner. Kerouac dagegen leitete den Begriff von dem Wort *beatific* ab, glückselig, im Groove des Beats einer inneren Musik der Seele lebend. Die Clique in Texas versuchte verzweifelt, aus der hirnlosen Routine auszubrechen, die die Gesellschaft ihnen ihrer Meinung nach aufzuzwingen versuchte. Sie lechzten danach, Teil der *wirklichen* Welt zu sein, und sie wußten, daß diese, wo immer sie auch sein mochte, zumindest nicht in Port Arthur zu finden war. Die Beats versprachen ein Bewußtsein der *ganzen* Welt, nicht nur jenes Teils, von dem die Spießbürger ihren Kindern erzählten. Für Janis schienen sie Antworten auf die existentiellen Fragen zu versprechen, die ihr Leben so sehr bestimmten.

Das Lebensgefühl der Beat-Generation schlug sich auch in Teenager-Filmen nieder, allen voran in ... *denn sie wissen nicht, was sie tun* mit James Dean aus dem Jahr 1955. Der Film zeigt einen Helden, der gegen die Zwänge der Gesellschaft rebelliert und auf der Leinwand klagt: »Meine Eltern verstehen mich nicht.« Mit seinem bis zur Unverschämtheit aufsässigen Auftreten und seiner provozierenden Art, sich zu kleiden (Blue jeans), verhöhnt er die Welt der Spießer. Hollywood hatte das riesige jugendliche Publikum entdeckt. Erstmals waren die Teenager Zielgruppe spezieller Programme, eine Altersklasse, die bis dahin dieselben Sachen konsumiert hatte wie ihre Eltern.

Die Beats wurden zu Vorbildern für die Gruppe, die sich aus den Sommer-Workshops des Little Theater gebildet hatte. Janis schrieb in Karleens Jahrbuch:

An einen feinen Kerl: Ich habe vergeblich versucht, dich zu analysieren, aber ich schaffe es nicht, also dachte ich – was soll's, tappe ich eben weiter im dunkeln. Ich wünschte, ich wüßte, was ich von dir halten soll. Wen magst du jetzt – Mickey, Dennis, Jim oder David? Ich hoffe, ich werde dich nächstes Jahr besser kennen- und verstehen lernen. Vergiß mich nicht. Janis
PS: Denk dran – ICH BIN JUNGFRAU!

Im Sommer, zwischen der zehnten und elften Klasse, nahm Janis wieder am Workshop des Little Theater teil. Die Mitglieder waren dieselben, doch Janis war jetzt älter und konnte besser mit sich und ihren Problemen umgehen. Das Little Theater war der einzige Ort, an dem sie sich wohl und voll akzeptiert fühlte. Die dominierenden Persönlichkeiten des Workshops waren nach wie vor die Jungen: Dave, Jim, Adrian, Randy und Grant.

Diese fünf ließen Frauen nicht bis ins Innere ihres Kreises, sondern nur bis zu seiner Peripherie vordringen, als Freundinnen oder für Rendezvous. Janis war in ihrem zweiten Jahr an der Highschool gelegentlich mit Jungen aus der Gruppe ausgegangen. Sie begleitete Roger Iverson, ein loses Mitglied der Clique, zu einem Ball anläßlich der Einweihung der DeMolay-Studentenverbindung. Einmal ging sie mit Dave Moriaty segeln. Doch sie war niemandes Freundin.

Wenn Janis etwas wollte, kannte sie kein Halten. Als sie anfangs zu der einen oder anderen Unternehmung der Jungen nicht eingeladen wurde, verschaffte sie sich eigenhändig Zutritt. Sie ergriff die Initiative, rief einen von ihnen an und fragte: »Was liegt an? Ich würd' gern was unternehmen.« Langsam wurde sie zu einem anerkannten, festen Mitglied der Clique. »Janis war selbstbewußt und bestimmt genug, um sich mit fünf Typen anzufreunden, die sich selber nichts gefallen ließen«, sagte Adrian.

Die Hormone hatten ihr endlich auch zu der körperlichen Reife verholfen, nach der sie sich so sehr sehnte. Sie hoffte auf die Eieruhr-Formen einer Lana Turner. Ihr Körper erfüllte ihr jedoch nicht den Wunsch, ihre 45-Zentimeter-Taille zu behalten. Ihr Rumpf wurde dicker, und ihre Hüften hätten einer Bauersfrau alle Ehre gemacht, doch ihr Busen entwickelte sich nur zu einer sanften Kurve. Sie war während ihrer Highschoolzeit nicht fett, aber sie verlor die geschmeidige Grazie eines jungen Fauns und behielt eine weiche Babyspeckrolle direkt unter dem Bauchnabel zurück, die ihre Hoffnung auf einen flachen Bauch zunichte machte.

Entsprechend der Beat-Attitüde verspottete Janis voller Sarkasmus diejenigen, die sich über oberflächliche physische Schönheit identifizierten. Ein Mädchen, das hübsch oder beliebt war, mußte erst seinen Intellekt beweisen, bevor Janis sich zum Umgang mit ihm herabließ. Ein paar Mädchen bestanden den Test, und Janis war mit manchen der beliebtesten Schülerinnen recht gut befreundet.

Etlichen Mitschülern erschien meine Schwester als mürrisch und streitsüchtig. Mutter versuchte immer, ihr zu Anerkennung zu verhelfen, indem sie ihr hübsche Sachen nähte oder kaufte, die zu tragen sich Janis meist weigerte. Bei den lautesten Streitereien in Janis'

Highschoolzeit drehte es sich um Kleidung. Sie schrie und pöbelte, als unser Hausmädchen die Keds-Turnschuhe wusch, die sie mühevoll in genau dem richtigen Maß eingedreckt hatte.

Da die Schulordnung Mädchen untersagte, Hosen zu tragen, zog Janis schwarze oder lila Bodystockings an, während ihre Klassenkameradinnen immer noch brav in Socken und Loafer herumliefen. Ihre Röcke endeten kurz über dem Knie, die der anderen kurz darunter. Als 1959 die Barbie-Puppen eingeführt wurden, hatte Janis eine Garderobe, die Barbie vor Scham hätte erröten lassen. Janis war auf dem besten Wege, ein Beatnik zu werden.

Janis und ihre Freunde mischten das bißchen, was sie über den antibürgerlichen Lebensstil der Personen in Kerouacs Buch wußten, mit ihrem eigenen, bewußt anstößigen Auftreten. Sie waren keine Ausgestoßenen, sie waren Rebellen!

Im Juli 1958 erschien in *Time* ein Artikel über Jerry Lee Lewis und seine minderjährige Braut. Die folgende Ausgabe enthielt mehrere Leserbriefe, die Lewis' angeblich lose Moral und seinen erbärmlichen Charakter als repräsentativ für die ›Jugend von heute‹ anprangerten. »Dieser Leserbriefschreiber ist wahnsinnig!« wütete Janis durchs Haus, schäumend vor Wut über die ungerechte Aburteilung ihrer Generation. »Dann schreib doch selber einen Leserbrief und sag deine Meinung«, lautete Mutters Antwort. Janis schrieb einen Rechtfertigungsbrief und erhielt eine Antwort, in der man ihr dankte und mitteilte, daß außer ihr noch viele andere geschrieben hatten, um die Jugend von heute zu verteidigen. Sie war stolz auf den Brief und bewahrte ihn in ihrem Album auf.

Time, die wöchentliche Hauptlektüre unserer Familie, schrieb 1957 über die Beats. Wir sahen regelmäßig Steve Allens Talkshow im Fernsehen, und in einer Sendung stellte Steve die hippe neue Kunstform Free Jazz vor. Allen spielte Klavier, und Jack Kerouac las seine Texte dazu.

Janis wurde in einer Zeit zur Außenseiterin, in der niemand auffallen wollte. Ihre Mitschülerinnen entdeckten gerade die Massenbewegungen. Ihre Generation verschmolz im neuen Sound des Rock 'n' Roll, angeführt von Bill Haley and the Comets, die 1954 mit ›Rock Around The Clock‹ in dem Film *Die Saat der Gewalt* die Bühne stürmten. Bald folgte eine Schar weiterer Rock 'n' Roller – Elvis Presley, Buddy Holly, The Big Bopper und andere. Das Radio war für die Teenager das Mittel der Emanzipation, weil es ihnen die direkte Kommunikation miteinander ermöglichte. Rockmusik war wie geschaffen fürs Radio, weil sie nicht auf Orchester oder große Säle angewiesen war.

Rock war damals keine Musik zum Zuhören, sondern zum Tanzen. Die Beteiligung der Zuhörer war gefordert. Elvis schwang seine Hüften und machte den Jitterbug erotisch; das nannte man dann Bop. Twist, Loco-Motion, Pony, Mashed Potato und Watusi rekrutierten ebenfalls Hörer für den neuen Sound.

Die Wurzeln des Rock 'n' Roll lagen im Folk, im schwarzen Rhythm and Blues sowie in der Country-and-Western-Musik. Viele Schwarze fühlten sich betrogen, als weiße Kids ihre Songs aufnahmen und ein Vermögen damit verdienten. Aber diese weißen Kids fanden so auch einen Weg, Schwarze anzusprechen und deren Erfahrungen in ihr eigenes, von Rassentrennung geprägtes Leben einzubeziehen. Janis und ihre Freunde waren mehr an den Wurzeln des Rock interessiert als am Rock 'n' Roll von Elvis.

Als Janis zur Schule ging, war Port Arthur zu mindestens 40 Prozent schwarz, aber die einzigen Schwarzen, die wir regelmäßig sahen, waren Hausangestellte. Die Gegend war ein »Schmelztiegel von Arbeitern, Cajuns aus dem katholischen Süden Louisianas, protestantischen Rednecks aus dem Osten von Texas und ein paar Managern von der Ostküste«, erklärte Jim Langdon. Der internationale Seeschiffhafen zog viele Nationalitäten an – Holländer, Iren, Italiener, Mexikaner, Deutsche, Syrer, Franzosen und andere mehr. Die Schwarzen wurden in ihre Gemeinde im ältesten Viertel von Port Arthur gedrängt, in den unteren Teil der Stadt, begrenzt von der Houston Avenue.

Die Frage der Rassenintegration begann landesweit Aufmerksamkeit zu erregen. Am 4. September 1957 hinderte Orval Faubus mit Hilfe der Staatspolizei Schwarze am Besuch der Central Highschool in Little Rock, Arkansas. Am Ende ließ Präsident Eisenhower neun schwarze Studenten von Truppen der U.S. Army zum Unterricht eskortieren. Im September 1958 schloß Gouverneur Faubus entgegen dem Beschluß des Obersten Gerichtshofs vier Schulen. Erst im Juni 1959 entschied das Bundesgericht, daß das Gesetz, aufgrund dessen in Arkansas die Schulen geschlossen worden waren, verfassungswidrig war und daß Schwarze sich einschreiben durften. Im August 1959 versammelten sich 250 Demonstranten in der Nähe der Central Highschool in Little Rock, um gegen die Rassenintegration zu protestieren.

In Port Arthur herrschte eisenharte Rassentrennung, der Zeitgeist jedoch ließ zaghafte Kontaktversuche zwischen Schwarzen und Weißen möglich werden. Jeden Sonntagnachmittag fand ein Football-Spiel zwischen Schwarzen und Weißen auf einem Feld nahe der Trennlinie zwischen den Gemeinden statt. »Es war niemals aggressiv oder rassistisch, es war einfach Football, Schwarz gegen Weiß«, erklärte Jack Smith.

Trotz solcher Annäherungen gab es in den Behörden, die für beide Rassen zuständig waren, getrennte Wartezimmer. Das Krankenhaus hatte einen Flügel nur für Schwarze. Schilder mit der Aufschrift NUR FÜR WEISSE zierten die Trinkwasserspender.

Unsere Eltern waren stille Rebellen, die die Autorität der gesellschaftlichen Mehrheit anerkannten. Das höchste der Gefühle war, daß sie den Putzfrauen, die für uns arbeiteten, einen fairen Lohn zahlten und ihnen unsere alten Möbel schenkten, als wir neue kauften.

Das Verhältnis der Rassen zueinander spielte auch eine wichtige Rolle in der Beat-Literatur, die Janis mit ihrer Clique las. Sie verfochten Kerouacs Standpunkt, demzufolge der arme Schwarze moralisch wertvoller war als der Rest der Gesellschaft.

Janis' Sozialkundelehrerin war Miß Vickers, eine vollschlanke Witwe, die dem Klischee der Paukerin voll gerecht wurde, inklusive aller Eigenschaften, die eine hervorragende Lehrerin haben sollte. Miß Vickers behandelte gern aktuelle Ereignisse im Unterricht, und eines Tages schnitt sie das Thema der Rassentrennung und der aktuellen Gerichtsbeschlüsse an. Einer nach dem anderen erläuterten die Schüler die Zweckmäßigkeit der Rassentrennung und wiesen die Ansprüche der Schwarzen als nicht gerechtfertigt zurück. Janis und Karleen sahen sich an, und Janis stand auf. »Es ist falsch, wie die Gesellschaft die Schwarzen behandelt! Sie sind Menschen wie du und ich.« Sie brachte ihre tiefe Überzeugung von der Gleichheit aller Menschen zum Ausdruck und erntete dafür lautstarkes Gepöbel. Karleen sackte auf ihrem Stuhl zusammen, zu eingeschüchtert, um sich zu erheben und ihrer besten Freundin beizustehen. Nach der Stunde riefen die Schüler Janis im Gang hinterher: »Niggerfreundin! Niggerfreundin!« Sie fuhr empört zusammen.

Vergleichbare Erfahrungen machte sie, als sie es wagte, den Sinn der Gewerkschaften in Frage zu stellen. Unser Vater arbeitete im Management, und sie hörte oft Geschichten über Reibereien in den Fabriken. Die Entscheidung zwischen der Gewerkschaft einerseits und der Loyalität der Firma gegenüber andererseits ließ oft Freundschaften zerbrechen. Die Gewerkschaften am Ort waren mächtig und riefen häufig zu harten Streiks auf. Für Janis stellte sich die Frage, was richtig war. Wie sollte man das herausfinden, wenn man nicht über alles reden konnte, zum Beispiel auch darüber, ob der Standpunkt der Gewerkschaften fair und gerecht war? Für viele hieß Solidarität mit den Gewerkschaften entweder – oder: richtig oder falsch. Janis stand auf der Seite der Minderheit in unserer Arbeiter-Stadt.

»Janis und ich machten uns eine gewisse Härte zu eigen, um zu überleben«, erklärte Jim Langdon. »Port Arthur war eine feindselige Stadt. Mir leuchtete nicht ein, daß ich nach der Pfeife von Menschen tanzen sollte, die so viel dümmer waren als ich. Ich hielt es nicht aus, das Opfer der Neandertaler dieser Welt zu sein: Mit Härte hatte ich Erfolg. Ich kam durch.« Janis gewöhnte sich eine gewisse Gangart, Körperhaltung und einen Stil zu fluchen an, um in Ruhe gelassen zu werden. Ein paar Klassenkameraden machten sich einen Spaß daraus, ihr in der Schule hinterherzulaufen und sie um einen Fluch anzubetteln. Sie liefen lachend weg, wenn die Stichelei ihr schließlich eine Erwiderung entlockte.

Janis legte sich eigens für die Konfrontationen in der Schule ein Image zu. Wenn sie zu Besuch bei Karleen war, setzte sie sich mitten aufs Bett und übte ein spezielles Lachen. Sie gackerte und horchte auf den Effekt. »War es laut genug, Karleen? War es provozierend genug?«

Weil sie es wagten, gegen die bürgerlichen Normen und die allgemein herrschende Anpassung zu rebellieren, waren Janis und ihre Freunde ein leichtes Ziel für die unter Jugendlichen üblichen Bösartigkeiten. Die Jungen bekamen genausoviel ab wie sie, aber die gehässigen Worte trafen Janis tiefer als ihre Kumpane. Sie trafen sie so tief, daß es ihr schwerfiel, sich von ihnen freizumachen, damals und noch Jahre später.

Der Widerstand der Gesellschaft gegen eine offensichtlich gerechte Sache – die Rassenintegration – bestärkte Janis und ihre intellektuellen Freunde in der Ansicht, ihre Heimatstadt sei ziemlich zurückgeblieben. Sie sahen sich als Opfer einer ignoranten Welt. Der Rassenkonflikt spornte sie dazu an, sich der anderen Seite des Lebens zuzuwenden. Es schien fast so, als ob bestimmte Mitglieder der Gesellschaft nur darauf gewartet hätten, daß jemand das Rassenthema aufs Tapet brachte. Janis' Clique folgte diesem Ruf.

Das Familienleben – Pop arbeitete, und Mutter sorgte für die Kinder – veränderte sich in Janis' vorletztem Jahr an der Highschool radikal. Großmutter Laura East wurde zum Pflegefall, und unsere Mutter mußte Geld auftreiben, um die Krankenschwester zu bezahlen. Mom absolvierte einen Schreibmaschinenkurs am Wirtschaftscollege der Stadt, um ihre Kenntnisse aufzufrischen, bevor sie sich um einen Job bewarb. Sie erwies sich dabei als so begabt, daß die Schule sie, noch bevor das Semester zu Ende ging, als Lehrerin des Kurses einstellte! Sie mußte junge Mädchen zu Sekretärinnen ausbilden und sie auf ihrem Weg von der Jugend in den Beruf geleiten. Zur gleichen Zeit brach Janis systematisch mit allen gesellschaftlichen Regeln ihrer Umgebung, als würde sie eine nach der anderen auf einer Liste abhaken. Dieser Kontrast verschärfte die häuslichen Konflikte, die Janis' Trotzhaltung hervorrief, noch zusätzlich.

Unseren Eltern gefiel allerdings ihre Beharrlichkeit, eine Sache bis zum Ende durchzuziehen, egal, ob es eine Schulaufgabe war oder etwas anderes. Einmal setzte sie sich in den Kopf, Bier in der Badewanne zu brauen. »Du bist noch nicht alt genug, um zu trinken, Liebes«, sagten die Eltern zu ihrem enthusiastischen Plan. »Ich weiß. Aber das ist mir egal. Ich will es nur mal gemacht haben«, lautete die Antwort. Sie besorgte die Zutaten und versuchte, die Maische zu fermentieren. Irgend etwas klappte nicht, denn es kam eine fürchterlich saure Schmiere dabei heraus. Sie karrte das verdorbene Gebräu in den Hinterhof hinaus und vergrub es dort. Obwohl unser Vater oft von seinen schönen Erinnerungen sprach, wie er Gin in der Badewanne gebrannt hatte, schien niemand den Zusammenhang mit Janis' Bierbrauversuch zu bemerken. Vielleicht hatte sie auf ihre typisch unbeholfene Art versucht, sich seiner würdig zu erweisen.

Janis' Jahre an der Highschool zeichneten sich durch friedliche Phasen aus, die von Momenten ausfallenden Benehmens unterbrochen wurden. Die Folge: Verwirrung, Bestürzung und Geschrei zu Hause. »Sie hatte sich über Nacht einfach völlig verändert«, seufzte Mutter. »Sie hatte sich um 180 Grad gedreht, und ich wußte nicht, was ich tun sollte. Ich verstand es einfach nicht.« Vielleicht gehörte Janis zu jener Minderheit von Mädchen, für die das Ungleichgewicht der Hormone und die körperlichen Veränderungen in der Pubertät ein ernsthaftes Problem sind. Vielleicht war sie zu intelligent und hatte einen zu starken Gerechtigkeitssinn, um die zahllosen Kompromisse zu akzeptieren, die uns das Leben abverlangt. Sie war unfähig, das Leben zu nehmen, wie es kam. Als sie einmal begonnen

hatte, kulturelle Werte anzuzweifeln und für die Wahrheit einzuste-
hen, überschritt sie eine unsichtbare Linie, hinter die es kein Zurück
gab. Rebellion wurde zum Selbstzweck und Wert an sich. Jede Auf-
forderung oder Bitte, ihr Benehmen zu zügeln, hatte nur zur Folge,
daß sie noch hartnäckiger an ihrem jeweiligen Plan festhielt. Widerstand erzeugte Gegenwiderstand und ließ das Problem eskalieren.

Janis' Suche nach dem Sinn ihres Lebens hinterließ zu Hause
einen Strudel von Chaos. Die ständigen Streitereien waren für mich
emotionaler Terror, und ich tat das einzige, was eine Elfjährige tun
konnte: Ich rief eine höhere Autorität an, indem ich in die Kirche
ging und für sie alle betete.

Rückblickend war Janis' Verhalten gar nicht so fürchterlich
schockierend. Die meiste Zeit hing sie mit ihren Freunden herum
und redete. Sie trafen sich bei Jim Langdon, weil sein Vater nachts
arbeitete und seine Mutter bereit war, sich dünnzumachen. »Wir
hatten einfach Spaß, netten, harmlosen Spaß«, sagte Adrian Haston.
Die Gruppe kam abends oder am Wochenende zusammen und
dachte sich interessante Unternehmungen aus. Manchmal fuhren sie
an den Strand wie andere auch und hielten Lagerfeuer und Pick-
nicks ab. Gelegentlich trafen sie sich an dem verlassenen Leucht-
turm, schnüffelten dort herum und redeten. In dem flachen Marschland von Port Arthur gab es nur wenige erhöhte Wahrzeichen. Die
nahegelegensten waren die Wassertürme und die Rainbow Bridge.
Die Meute erklomm sie oft, saß da und sah sich die Welt von oben
an. Sie nahmen sich vor, jeden Wasserturm der Gegend mindestens
einmal zu besteigen.

Die Clique hatte ihre eigene Art Autorennen. Während andere
Kids in einem vier bis fünf Blocks umfassenden Teil der Stadt her-
umcruisten und sich gegenseitig beglotzten, fuhren sie auf den
Highway. Sie drehten ihre Runden immer im Dreieck von Port Arthur nach Beaumont und von dort nach Orange und zurück. Sie verbrachten ihr halbes Leben im Auto. In einem Diner am Weg tranken
sie Kaffee, atmeten die Atmosphäre der Arbeiterklasse und setzten
ihre heftigen Diskussionen fort. Sie redeten über Filme wie *Picknick*,
in dem die Heldin alles für einen Mann aufgibt, der sie wegen anderer Qualitäten als ihrer Schönheit liebt. Sie litten unter der typischen
Paranoia, ihre Eltern könnten sie bei einer unerlaubten Handlung er-
tappen. ›Gepäckträger‹ war das Signal für Dave, in Deckung zu
gehen, weil sich ein Auto mit einem Dachgepäckträger für Boote
näherte, wie sein Vater eines besaß. Das war immer ein gutes Mittel,

die Stimmung steigen zu lassen, egal, ob nun wirklich jemand einen Dachgepäckträger gesehen hatte oder nicht. Die meisten Diskussionen drehten sich um das Böse in der Welt, die verlogene Gesellschaftsstruktur, die Banalität der Schule, die langweilige Stadt und die prüden sexuellen Wertvorstellungen.

Janis begann, wie die Jungen *Mad* zu lesen. Sie lachte über Alfred E. Neumann, dessen Cartoon-Possen sich über die Welt der Erwachsenen lustig machten und ihr die Ahnung einer grenzüberschreitenden Underground-Kultur vermittelten, die das Leben aus satirischer Sicht betrachtete. *Mad* verspottete die amerikanische Mittelklasse, das Fernsehen, die Vorstädte und alles, was sonst noch nach kritiklos anerkannten Wertvorstellungen schmeckte. Eine Zeitlang gaben Jack Smith und Tary Owens an der Highschool eine Satirezeitschrift heraus, in der junge Kolumnisten ihre Meinung sagen konnten.

Sie verschlangen die Gedichte von Lawrence Ferlinghetti, dem Besitzers des berühmten City Lights Pocket Book Shop in San Francisco, der jungen Schriftstellern Starthilfe gab. Die Titel seiner Gedichte wie *A Coney Island of the Mind* regten ihre Fantasie an. Sie stürzten sich auf die wilden neuen Werke von Allen Ginsberg. Sein anfangs von William Blake und Walt Whitman beeinflußter Stil machte einer Performance-Dichtung Platz, deren erstes Beispiel sein berüchtigtes Gedicht *Howl (Das Geheul)* war. Sie lasen *Ein Leben in Leidenschaft* von Irving Stone, eine romanhafte Biographie über Vincent van Gogh, einen Maler, der völlig von seiner Kunst besessen war. D. H. Lawrences *Lady Chatterleys Liebhaber* wurde interessant für sie, als es vom amerikanischen Postminister als obszön verboten wurde. Janis und Karleen lasen *Schlachtruf* von Leon Uris, *Verdammt in alle Ewigkeit* von James Jones und die Detektivromane von Mickey Spillane. Manchmal suchte Janis ihre Bücher ausschließlich nach der Anzahl der darin enthaltenen schmutzigen Wörter aus.

Pop ging oft mit den Mädchen in die Bibliothek und machte ein Ritual daraus, ihre Wahl zu prüfen. Er nahm dann das Buch und sah sich den Titel an, und wenn er es nicht kannte, wog er es in der Hand. Er verriet ihnen seine geheime Methode, die Qualität eines Buches zu bestimmen: »Wenn das Buch schwer ist, wurde gutes Papier dafür verwendet, und dann ist es möglicherweise ein gutes Buch.«

Man redete natürlich auch über Mädchen und Sex. Denn eigentlich handelte es sich ja um eine Jungenclique, in die ein Mädchen eingedrungen war und deshalb deren Bedingungen akzeptieren mußte. Es wurde diskutiert, mit wem man ausgehen, welche Strategie man am besten verfolgen sollte, welches Mädchen einem auf die Nerven ging und ob man schon mit jemandem im Bett gewesen war oder nicht. In der bürgerlichen Gesellschaft wurde Sex nie öffentlich diskutiert. Highschool-Kids durften es nicht tun, sie sollten nicht einmal wissen, was es war!

Janis wurde von den Jungen an der Schule in alles eingeweiht, was sich beim Sex abspielte und was nicht, aber sie hatte keine praktischen Erfahrungen. Sie und Karleen redeten über Sex, Knutschen und mehr, aber Janis hatte keinen Liebhaber, mit dem sie alles ausprobieren konnte.

»O Janis, du gutes altes Mädchen«, sagten ihre Freunde aus der Intellektuellen-Clique oft zu ihr. »Nennt mich nicht gutes altes Mädchen, verdammt!« antwortete sie dann. Janis war eine Frau wie jede andere, wurde von der Gruppe jedoch nicht als solche angesehen. Frauen mußten weich und mütterlich sein, und das war nicht ihre Art. Das Verhältnis der Jungen zu Frauen war immer von sexueller Aggressivität geprägt. Die einzige andere Art von Beziehungen, die sie unterhielten, waren die untereinander, als Kumpel. Langsam begann Janis die Männer, die sie kennenlernte, auf die gleiche Weise zu behandeln, wie sie die Jungen mit Mädchen umspringen sah. Sie rutschte in die Rolle des burschikosen Mädchens, weil das der einzige Weg war, als gleichwertig anerkannt zu werden.

Während andere Mädchen der fünfziger Jahre sich darauf konzentrierten, einen Freund und Ehemann in spe zu finden, lehnte Janis diese Art von Paarungsritual ab. Die Gesellschaft ermutigte junge Frauen, sich einen Mann zu suchen, der sie vor den Unbilden des Lebens beschützte, und das war nichts für sie. Um die nötigen weiblichen Eigenschaften zu erlangen, die eine Beziehung funktionieren ließen, hätte sie den schicksalhaften Schritt tun müssen, ihre persönliche Identität zu verleugnen.

Grant Lyons liebte echte Folk-Musik – die Wurzeln des Folk, nicht den verwässerten Burl Ives, der bis in die meisten Haushalte durchsickerte. Er war immer auf der Suche nach Ten-Inch-Platten von obskuren Künstlern wie Huddie Ledbetter (Leadbelly), Woodie Guthrie, Odetta und Jean Ritchie. Jim, Adrian und Dave waren Fans des Jazz von Dave Brubeck und anderen. Ihre Gespräche konzentrierten sich immer mehr auf die Musik. Die Gang studierte und analysierte Techniken bestimmter Künstler, Perioden und Instrumente. Dave und Jim hatten beide auch große Klassiksammlungen.

Musik war für die Gruppe keine Untermalung; sie war der Mittelpunkt ihres Lebens.

Die Freunde quetschten sich in Jim Langdons Schlafzimmer und versammelten sich um seinen kleinen tragbaren Stereoplattenspieler. Jean Ritchies Musik erzählte von dem harten Leben der Bergarbeiter in den Appalachen und der schönen Gebirgslandschaft, die von gleichgültigen und ignoranten Bergwerksgesellschaften zerstört wurde. Diese Musik traf sie ins Herz, denn ähnliche Umstände bestimmten das Verhältnis unserer Stadt zu den Ölfirmen: Die Abgase der Raffinerien verpesteten täglich die Luft, ihre Öltanker hinterließen beim Verklappen des Ballasts regelmäßig Schmierklumpen auf unseren Sandstränden.

Die überzeugendsten Künstler für Janis waren die alten schwarzen Blues-Sänger. Ihre Schilderungen gesellschaftlicher Unterdrückung, wie sie auch in Kerouacs Büchern beschrieben wurde, beeindruckten sie tief. Blues-Platten gaben Janis die Möglichkeit, aus den Grenzen ihrer weißen Welt auszubrechen, für sich die Rassentrennung aufzuheben und die poetischen Herzen und Köpfe der schwarzen Kultur kennenzulernen.

Manchmal nahm die Gruppe ihre Platten mit zu einem Kirchfest oder einer anderen großen Versammlung, die sich nicht auf ihren kleinen Kreis beschränkte. Sie legten ihre Platten nicht ohne Hintergedanken auf. Während das Wehklagen eines Künstlers nach dem anderen den Raum erfüllte, gingen die Gäste langsam nach Haus, und die Clique hatte die Räumlichkeiten für sich allein. »Bist du hip?« war die Frage die hinter ihren Aktionen stand.

Das gleiche tat Janis zu Hause. Sie testete unsere Eltern, indem sie die vollen Klänge klassischer Symphonien durch Willie Mae Thorntons Version von ›Hound Dog‹ ersetzte. Sie fand heraus, daß diese Musik nicht auf Zustimmung stieß. Mit der Zeit gelang es ihr, genausoviel Spielzeit für ihre Musik wie für die der Familie durchzusetzen, aber nur, indem sie zwischendurch Klassikplatten auflegte.

Während die Gang mit dem Auto durch die ›große amerikanische Nacht‹ fuhr, wie Jim Langdon es nannte, sangen alle einstimmig die Folksongs, die sie tagsüber so andächtig hörten. Eines Abends, als sie einen Song von Odetta sangen, machte Janis nicht mit. Schweigend ließ sie die anderen ihre Geringschätzung spüren. Als sie das banausenhafte Gemetzel nicht mehr ertragen konnte, fiel sie mit einer Stimme ein, die genau wie Odettas klang. Die Jungs hörten auf zu singen. Sie waren perplex. Es hatte keinen Zweck, mitzusingen, wenn sie so sang. Später rief sie Jim Langdon an: »Weißt du was? Ich kann singen.« Er antwortete: »Ach, wirklich? Sonst noch was Neues?«

Die Gruppe entdeckte neue Klänge durch die Nachtsender von jenseits der Grenze – Memphis, Nashville, Chicago und Mexiko. Sie hörten immer The Big Boppers Sendung auf dem Lokalsender im nahe gelegenen Beaumont. Sein richtiger Name war Jay Richardson, ein Weißer, dessen Musik schwarz klang. Sie hörten Bobby ›Blue‹ Bland aus Houston. Das Radio verschaffte ihnen einen Einblick in die hippen Sounds der ganzen Gegend. Zur damaligen Zeit hatten viele der landesweit bekannten Acts ihre Wurzeln in dem Teil von Texas, in dem die Gang wohnte.

Zusammen mit Karleen vergrub sich Janis hinter dem Radio. Sie liebte alles daran, es war für sie das Kommunikationsmittel schlechthin, das es den Menschen ermöglichte, über große Entfernungen hinweg im ganzen Land verwandte Seelen zu finden. Das Port Arthur College, an dem Mutter arbeitete, hatte einen eigenen Radiosender, KPAC, wo Technikstudenten üben konnten. Roy May und John Robert aus dem Jahrgang über Janis waren zwei der Kids, die dort als DJs arbeiteten. Janis und Karleen schauten oft beim Sender vorbei, um ihnen bei der Arbeit zuzusehen. Manchmal gingen sie ins Studio eines anderen Senders, KOLE, um mit ›Steve-O the Night Rider‹, Steve O'Donohue, zu reden. Während er ins Mikrofon schwatzte, warteten sie still die kurzen Momente ab, in denen er sich auf ihre Fragen konzentrieren konnte. Er spielte Rhythm and Blues und Rock and Roll, und Janis fragte ihn über die Songs und Musiker aus. Manchmal brachten die Mädchen der Besatzung des Sendeturms Kaffee und unterhielten sich mit den Männern.

Janis entwickelte eine Courage, hinter die Karleen zurückfiel. Wie ihre Altersgenossen fuhren die beiden Mädchen an bestimmten Abenden ziellos die Rennstrecke rauf und runter. Sie spähten in die vorbeifahrenden Autos, deren Insassen zurückstarrten. Janis kauerte sich oft auf den Rücksitz und versteckte sich, denn sie wußte, wenn einer ihrer intellektuellen Freunde sie sähe, würde sie ewig damit aufgezogen werden. Mit Karleen unternahm sie, was sie mit ihnen nicht machte. Oft versuchte sie, Karleen nach Downtown zu dirigieren, in den Sündenpfuhl der Stadt, den Keyhole Club. Sie waren zu jung, um eingelassen zu werden, also bat Janis Passanten, hineinzugehen und ihr einen der Hot Dogs zu kaufen, die in der ganzen

Stadt so berühmt waren. Ihre Dreistigkeit war Karleen peinlich, und sie versteckte sich im Auto, bis Janis zurückkam und ihren Schatz wie eine Trophäe präsentierte.

In der Highschool betrachtete sich Janis als Malerin. Sie konnte stundenlang zeichnen. Ihr Hauptinteresse galt der Anatomie, und sie zwang Karleen, ihr Stunde um Stunde Modell zu sitzen, damit sie ihre Hände oder Füße skizzieren konnte. »Beweg dich nicht, ich hab's gleich«, sagte sie, um bei Karleen Verständnis für ihren Perfektionismus zu wecken.

Janis begann, in Öl zu malen – eine Herausforderung gleichermaßen für ihre Technik wie für ihren Geldbeutel. Die Farben und Leinwände waren teuer, und unsere Eltern hatten nicht genug Geld, um nur halb soviel zu bezahlen, wie Janis' künstlerische Leidenschaft verschlang. Gelegentlich nahm sie einen kleinen Job an, zum Beispiel als Ticket-Abreißerin im Port Theater, um Materialien für die Bilder zu kaufen.

Ihre Tage waren ausgefüllt mit Malen. Die Gefühle in ihr brauchten ein Ventil. Janis' Bilder zeigten Menschen, meistens nur eine Person männlich oder weiblich, und jeder Betrachter konnte darin das leidenschaftliche Verlangen der Künstlerin erkennen, die Menschheit zu begreifen. Sie malte sowohl religiöse Bilder, beispielsweise einen kubistischen Christus am Kreuz, als auch Sozialstudien, etwa einen alten schwarzen Banjospieler. Ihre Pinselstriche fingen Emotionen ein, und die Motive schrieen die Fragen heraus, die sie bedrängten.

Janis war fasziniert von menschlichen Formen, und sie wollte gern Aktbilder malen. Unsere Eltern fanden, das sei ein unpassendes Thema für ein junges Mädchen, und regten sich ziemlich auf. Sie sahen es lieber, wenn sie Landschaften und Gebäude malte. Pop und ich halfen ihr manchmal, Essen und Malzeug einzupacken, und fuhren sie zu einem Fleckchen am Pleasure Pier hinter dem alten Ballhaus am Wasser. Dort ließen wir sie fast den ganzen Tag allein, und sie malte Panoramen mit Wellen, Segelbooten, Fischern und tauchenden Vögeln.

Janis beschloß, ihr Zimmer mit ihrer Kunst zu schmücken, und nutzte dafür die beiden Füllungen ihrer Schranktür. Auf die eine malte sie einen Akt. Die Eltern waren bestürzt. Sie wollten Michael und mich nicht solchen Eindrücken ausgesetzt sehen. Janis stritt sich wieder und wieder mit ihnen über das bereits vollendete Gemälde, bis sie gezwungen wurde, es zu entfernen. Sie übermalte den Akt mit einer Unterwasserszenerie – tropische Fische und Ranken trägen Seetangs in der Strömung.

Die Kunst war für Janis immer noch ein Forum, auf dem sie mit der großen weiten Welt in Beziehung treten konnte. Für ein Football-Poster, mit dem sie in ihrem letzten Schuljahr einen Wettbewerb gewann, benutzte sie ein Tigerfell. Mit einem Modell des Verdauungssystems nahm sie an einem Modellierwettbewerb von Captain Kangaroos Knetmasse teil. Sie gewann eine lobende Erwähnung.

Bereits in ihrem ersten Jahr an der Highschool tauchte Alkohol in Janis' sozialem Umfeld auf. In Texas durfte man erst mit einundzwanzig trinken, aber wie viele Jugendliche verbrachte die Gang ihre Abende damit, genug Vierteldollars für ein Sixpack Bier zu sammeln und jemanden aufzutreiben, der es für sie kaufte. Wenn sie Erfolg hatten, bekam jeder von ihnen ein Bier, an dem er trotzig nippte, während sie über die dunklen Seitenstraßen der texanischen Küste kurvten.

Ihren ersten Alkohol trank Janis bei Karleen Bennett. Karleens Mutter wollte, daß die Mädchen in sicherer Umgebung mit Alkohol umgehen lernten, nicht in Clubs oder auf Autorücksitzen. Mrs. Bennett mixte ihr einen Whiskey Sour, den Janis voller Stolz schlürfte. »Das ist zu schön, um wahr zu sein, Karleen!« rief sie genießerisch. Weil in dem Drink eine Maraschinokirsche schwamm, fanden sich die Mädchen besonders *sophisticated*.

Port Arthur hatte einige kleine selbstverwaltete Viertel wie Griffing Park und Pear Ridge. Jedes hatte seine eigenen Alkohol-Gesetze, obwohl das texanische Staatsrecht Alkohol als Getränk verbot. Einige Gegenden waren ›feucht‹, andere ›trocken‹. Das System erlaubte einer kleinen Enklave, das Banner der Abstinenz mit Hilfe von Spirituosenläden jenseits der Stadtteilgrenze zu lüften. Selbst in den feuchten Gegenden waren jedoch Bars mit freiem Ausschank verboten. Der Gast mußte eine Flasche kaufen, die mit seinem Namen darauf verwahrt wurde und aus der der Barkeeper ihm seinen Drink ausschenkte. ›Privatclubs‹ konnten Alkohol servieren, wenn man an der Tür einen ›Mitgliedsbeitrag‹ zahlte. Der Zynismus, die Verlogenheit und der glatte Wahnsinn dieser Gesetze und der allgemein akzeptierten Wege, sie zu umgehen, verstärkte die Abscheu der jugendlichen Außenseiter gegenüber der Doppelmoral einer Gesellschaft, die offensichtlich Angst hatte, der Realität ins Auge zu sehen.

Ihre Informationen über das Trinken bezogen Janis und ihre

Freunde aus den Büchern, die sie lasen. Sie entdeckten die intensiven Verbindungen zwischen literarischem Genie und einer Anfälligkeit für übermäßigen Alkoholgenuß: F. Scott Fitzgerald, Thomas Wolfe, Dashiell Hammett, John Berryman, Jack Kerouac, Edgar Allan Poe, Ambrose Bierce, James Thurber, Stephen Crane und andere standen hierfür als Beispiel. Vier der acht amerikanischen Schriftsteller, die bis 1958 den Nobelpreis erhalten hatten, waren Alkoholiker: Eugene O'Neill, William Faulkner, Ernest Hemingway und Sinclair Lewis.

Schließlich entdeckte Janis' Gruppe die örtlichen Music Halls. Zum Glück – oder auch nicht – lag Port Arthur nahe der Grenze zu Louisiana, und dort durfte man bereits mit achtzehn trinken. Außerdem wurden im Nachbarstaat alkoholische Getränke offen ausgeschenkt. Die Kids in Texas glaubten, die Kneipen jenseits der Grenze servierten jedem Alkohol, der groß genug war, das Geld auf die Bar zu legen. Außerdem wurden sie von einer Happy Hour bei Buster's angelockt, in der jeder Drink fünfundzwanzig Cents kostete. Jim Langdon spielte bei Bands in Vinton, und seine Freunde kamen, um zuzuhören. Brave Mädchen in der Highschool tranken zwar Alkohol, aber sie fuhren nicht nach Vinton – und wenn doch, redeten sie nicht darüber.

Vinton in Louisiana bot Janis einen kleinen Einblick in eine andere Lebensart: das Cajun-Leben. Sprache und Sozialverhalten waren hier anders als in der Anglo-Kultur von Texas. Es gab eine ganze Reihe Bars eigens für die texanische Jugend: das Big Oak, Lou Ann's, Buster's, das Stateline und andere. Jede von ihnen verfügte über eine große Tanzfläche und mehrere Billardtische. Nachdem sie bisher nur an Radio und Plattenspieler geklebt hatte, fand Janis in Vinton die erste gute Live-Musik. Das mag Cajun-Soul gewesen sein, Rockabilly oder ähnliches. Auf jeden Fall gab es den weißen Soul von Jerry LeCroix and the Counts. Was es auch war, es klang gut und einzigartig louisianisch. In die Atmosphäre des Clubs floß die Devise der Cajuns ein, sich gut zu amüsieren. Die verklemmte angelsächsische Einstellung gegenüber dem Ausdruck von Gefühlen war diesen Menschen französisch-arcadischer Abstammung fremd. Sie ließen ihren Emotionen freien Lauf, und jeder akzeptierte das.

In Louisiana herrschte 1959/60 genauso Rassentrennung wie in Texas, aber in Lou Ann's Bar in Vinton trafen sich Schwarze und Weiße. Die ›Nur-für-Weiße‹-Bars waren für die Schwarzen tabu, doch es gab einige andere mit überwiegend schwarzem Publikum.

Dort hatten Weiße Zutritt, die kamen, um die schwarzen Bands zu hören. Symbole des Soul infiltrierten Janis' Leben, sie waren Teil jener Beat-Szene, die sie in Vinton wiederfand. Die Gruppe übernahm den Slang, nannte hippe Typen ›Cats‹, Afroamerikaner ›Spades‹ und füllte jeden möglichen Satz kunstvoll mit ›ain't‹ und ›man‹.

Janis sprach den neuen Jugend-Slang bald fließend. Sie und Karleen trainierten bei Karleen zu Hause, indem sie Fluchwettbewerbe abhielten. Ihre Eltern lachten darüber, daß die jungen Mädchen Wörter übten, die sie gar nicht verstanden, nur um in ihren Kreisen als *tough* akzeptiert zu werden. Janis und Karleen saßen mit einem Wörterbuch auf der Couch. Die eine sagte ein Wort und die andere seine Bedeutung, oder sie schlugen es beide im Wörterbuch nach.

Wenn sie nicht mit den Jungs zusammen war, benahm sich Janis schon eher wie ein Mädchen. Sie und Karleen lackierten sich gemeinsam die Nägel. Manchmal verstiegen sich die beiden zu solchen Kindereien wie zum Beispiel Pünktchen auf die Nägel malen. Zu Halloween besprühten sie ihr Haar einmal dosenweise mit lila und grüner Farbe. Karleen wusch ihres vor der Schule am nächsten Tag aus, Janis nicht.

Unsere Eltern versuchten, Janis Rückhalt zu geben und ihren Haß durch positive Erfahrungen auszugleichen. Im Sommer zwischen der elften und zwölften Klasse boten sie ihr Geld an, damit sie bei Michael und mir blieb, während Mutter arbeitete. Sie hofften, Janis würde dadurch ein größeres Verantwortungsbewußtsein entwickeln. Sie kokettierte mit dieser Rolle und lud die Familie Bennett zu einem großen Essen ein, für das sie Huhn auf hawaiianische Art kochte und es so förmlich wie nur möglich servierte.

Michael und ich genossen diese Zeit, doch Janis wollte ihre Freiheit wiederhaben und mit ihren Freunden losziehen. Mom engagierte schließlich jemanden, der sie tagsüber ersetzte. Das war zu der Zeit, als Janis sich für Sommerkurse am Port Arthur Business College einschrieb. Die Eltern ließen Janis nicht einfach die ganzen Ferien über faulenzen, besonders weil Mom arbeiten mußte und nicht auf uns aufpassen konnte. Janis begann am 7. Juli einen Halbtagskurs für Sekretärinnen und hielt bis zum 7. August durch, ehe sie sich wieder abmeldete. In dem einen Monat war sie an neun Tagen nicht zum Unterricht gegangen.

Janis paßte auf uns auf, wenn es nötig war. Eines Abends sahen wir alle drei *Vater ist der Beste* im Fernsehen. In der betreffenden Folge inszenierten die Kinder einen Mordkrimi für ihre Eltern. Wir beschlossen, dasselbe zu tun. Michael spielte die Leiche, Ketchup als Blut auf seinem Hemd. Janis malte Fußabdrücke auf die Eingangstreppe, und wir versteckten sorgfältig ein Rohr – die Mordwaffe – im Wohnzimmer. Unsere Eltern waren begeistert, als sie nach Hause kamen und in das Spiel einstiegen. Diese Art, mit der Tradition zu brechen, gefiel ihnen.

Janis hatte ihre eigenen, ganz realen Konfrontationen mit der Polizei. Eines Sommernachmittags organisierte Arlene für Janis und Karleen Verabredungen mit ein paar Freunden von außerhalb. Während sie durch die Gegend fuhren, zündeten die Jungen übermütig ein paar Chinaböller. Sie wurden bei der Polizei angezeigt, erwischt und zur Polizeiwache von Port Neches gebracht. Janis jammerte: »Was werden die nur mit mir machen?« Während die Beamten Arlene freiließen, weil ihr Vater Arzt war, und Karleen dadurch entschuldigt war, daß die Firma ihres Vaters die Rohre in der neuen Polizeiwache verlegt hatte, zitterte Janis fassungslos: »Mein Vater arbeitet bloß bei Texaco! Ich werd' hier nie rauskommen!« Nach einer strengen Verwarnung durfte aber auch sie gehen. Janis wandte sich an Karleen. »Was soll ich bloß meinen Eltern sagen!« In ihrer typischen coolen Art schüttelte ihre Freundin den Kopf über diese naive Frage und erwiderte: »Gar nichts!«

Janis' letztes Jahr an der Highschool verlief ganz anders als ihr erstes. Der Kern ihrer intellektuellen Clique hatte die Stadt verlassen. Die älteren Jungen waren mit der Schule fertig und gingen aufs College. Der jüngere Rest, dessen Zentrum aus Jack Smith, Tary Owens, Phillip Carter und Janis bestand, rückte nun noch enger zusammen.

Janis hielt sich gern bei Karleen auf. Die Bennetts behandelten sie eher wie ihresgleichen als wie eine Jugendliche. Karleens Vater unterhielt sich viele Stunden mit ihr über seine Lebensphilosophie. Er glaubte an die Wiedergeburt und hielt das Leben für die Hölle. Er erzählte ihr Geschichten von seinem Vater, der Erweckungsprediger gewesen war, und wie er geteert und gefedert wurde, weil er oft mit den Frauen anderer Männer zusammen war. Manchmal nahmen Janis und Karleen die Jungs, mit denen sie verabredet waren, bei Familienausflügen der Bennetts mit an den Strand. Sie grillten Steaks, schwammen und feierten ein richtiges Fest. Janis war so häufig bei den Bennetts, daß Karleens Großmutter kommentierte: »Läßt du sie denn nie zu Hause?«

Unsere Eltern mochten Karleen, und so bekam Janis problemlos die Erlaubnis, sie zu besuchen. Nicht so leicht war es, mit Jungen auszugehen. Im Winter ihres letzten Highschooljahres fuhr Janis oft zu Karleen und von da aus weiter in ein Café – das Sage –, das gerade von Elton Pasea eröffnet worden war, einem älteren Handelsmatrosen aus Trinidad. Er wollte einen entspannten Treffpunkt schaffen und servierte guten Kaffee zu guter Jazz-Musik. Er hängte Original-Gemälde an die Wände und legte Schachbretter auf die Tische. Als Vorbild dienten ihm ähnliche Läden in Los Angeles, San Francisco, New York und Paris. Die kulturelle Avantgarde versuchte, in Port Arthur Wurzeln zu schlagen.

The Sage war nur ein einfaches Ladencafé – der Traum eines einzelnen Mannes. Silvester 1959 feierte die Gang dort. Es war zwar kein offizielles Konzert, aber Janis sang ihnen etwas vor. Wie unsere Mutter vor so vielen Jahren tanzte auch sie auf dem Tisch. Im Sage konnte Janis ihre Bilder ausstellen und ein paar davon verkaufen. Sie hängte ihre Version der Drei Könige auf, die einem fernen Stern folgten. Jemand aus Galveston kaufte das Bild auf der Durchreise. Janis ging so oft sie konnte ins Café, obwohl sie fast immer mit den Eltern um die Erlaubnis dafür kämpfen mußte. Mindestens einmal schlich sie sich nachts aus dem Haus, nahm mein Fahrrad, radelte zum Sage und versteckte das Rad unter dem Kühlturm des A&P-Supermarktes gegenüber dem Café. Sie ließ sich von jemandem nach Hause bringen und mein Fahrrad stehen. Ich war entsetzt, als ich am nächsten Tag entdeckte, daß mein Fahrrad gestohlen worden war! Ich suchte überall danach, bis Janis, Pop und ich zum Einkaufen zum A&P fuhren. Janis schlug beiläufig vor, wir sollten hintenherum fahren, wo wir ganz sicher am Kühlturm vorbeikamen. Das taten wir, und ich schrie: »Mein Rad! Da ist es! Unglaublich!« Sie gab nicht zu, es geklaut zu haben, und wenn mir das klargeworden wäre, hätte ich ihr den Diebstahl womöglich übelgenommen. So aber erfuhr ich gar nichts davon, sondern war gerührt, daß sie geholfen hatte, es wiederzufinden.

Die Trips zum Sage und nach Vinton waren kleine Spritztouren in eine schöne neue Welt. Dabei wußte jeder, wo die wirklich gute Musik zu finden war: in New Orleans, weiter den Highway herunter. Im Januar 1960, kurz vor Mardi Gras und Janis' siebzehntem Geburtstag, überredete sie Jim Langdon und zwei andere Typen aus dem Sage, Clyde Wade und Dale Gauthier, zum Musikhören nach New Orleans zu fahren. Unsere Eltern hätten das niemals erlaubt, also fragte sie gar nicht erst. Sie lieh sich Pops Firmenwagen aus und erzählte Mom und Pop, sie würde bei Karleen übernachten. Sie glaubte, sie würden nie darauf kommen, daß sie die Stadt verließ. Wer sollte schon einen Wochenendausflug nach New Orleans vermuten? Die Hin- und Rückfahrt dauerte schon fast zwei Tage! Vielleicht wäre sie nicht erwischt worden, wenn nicht ein kleiner Unfall den Kühler beschädigt und den Wagen fahrunfähig gemacht hätte.

Die Polizei in Louisiana stellte bei der Ausweiskontrolle fest, daß Janis noch nicht volljährig war und mit volljährigen Jungen die Grenze überquert hatte. »Sie sprachen vom Mann Act, Sex mit Minderjährigen«, sagte Jim Langdon, »dabei war der Trip allein Janis' Idee!« Die Polizei rief Mom an, und die sagte ihnen, es sei keine böse Absicht gewesen. Sie erklärte, Janis und die Jungs unternähmen oft etwas zusammen. Nach Louisiana zu fahren sei nichts Ungewöhnliches für sie. Die Polizei eskortierte Janis zum Bus, die Jungen dagegen mußten zurücktrampen.

Niemand betrachtete das nur als einen Dumme-Jungen-Streich. Janis durchlebte auf der Rückfahrt Stunden des Elends und der Angst. Es war so schlimm, daß unsere Eltern nicht mehr wußten, was sie dazu sagen sollten. Janis akzeptierte offensichtlich nicht die Grenzen, die sie ihr setzten, aber sie war auch nicht besonders gut darin, sich ihre eigenen zu schaffen. Die Wunden schwärten noch eine ganze Zeit, während sie eine Lösung für die Probleme suchten, die Janis sich selbst schuf.

Die schlimmsten Folgen dieser Exkursion, fürchteten sie, standen Janis in der Schule bevor. Und sie hatten recht. Die Geschichte drang bis auf den Schulhof, wo sie in der Gerüchteküche hemmungslos ausgeschmückt wurde. Janis war empört. In der schmutzigen Fantasie der Leute hatte sie in New Orleans obszöne Dinge mit einer Gruppe von Jungen getrieben. In Wirklichkeit waren sie dort die ganze Nacht von Bar zu Bar gezogen und hatten verschiedenen Bands gelauscht. Später sagte sie darüber: »Diese Sexgeschichte, auf die sie mich festnageln wollten, existierte nur in ihrer eigenen schmutzigen Fantasie.« Die Gesellschaft gestand Jungen eine Freiheit zu, die sie Mädchen verweigerte: für die Jungs hieß es, ›sich die Hörner abstoßen‹, für Mädchen ›den Ruf beschmutzen‹.

Es muß grauenvoll gewesen sein, in der Schule von getuschelten Lügen umschwirrt zu werden. Vor diesem Zwischenfall galt Janis bei den anderen Kids nur als ein bißchen verrückt, weil sie Beatnik-Klamotten trug; durch den Klatsch über die Fahrt nach New Orleans trug sie in ihrem letzten Highschool-Semester den Stempel der gesellschaftlichen Außenseiterin – und sie begann, die anderen damit zu provozieren.

Die Schuldirektorin rief Janis in ihr Büro und sprach sie auf die Alkohol-Gerüchte und ihr schlechtes Benehmen an. Janis dementierte. Sie saß trotzig im Büro und erzählte Karleen später, die ganze Zeit sei eine Weinflasche in ihrer Handtasche versteckt gewesen. (Weder Janis noch ihre Freunde tranken viel auf der Highschool – an Alkohol war zu schwer heranzukommen. Wenn sie welchen in die Finger bekamen, gaben sie damit an, was zu widersprüchlichen Geschichten über das Maß ihres Alkoholkonsums führte.)

Die ungelöste Spannung lag zu Hause schwer in der Luft. Unsere Eltern konnten nicht glauben, was Janis für Dummheiten machte. Je mehr Probleme ihr Verhalten ihr eintrug, desto weniger schien sie bereit zu sein, es zu ändern. Sie blieb abends lange weg, lernte immer weniger und eignete sich ein Riesenrepertoire schmutziger Wörter an. Als sie und Karleen einmal morgens um eins nach Hause kamen, wurden sie von Mutter begrüßt, die über die Konventionsbrüche ihrer Tochter vor Wut schäumte. Mom schrie aufgebracht: »Du machst dein Leben kaputt! Die Leute werden dich für billig halten!« Janis knallte die Tür zu ihrem Zimmer zu und jammerte Karleen vor: »Wie kann sie das tun? Ich bin ihre Tochter!«

Im Texas der Fünfziger waren die Menschen intolerant. Unsere Eltern sahen, wie Janis sich ihren Ruf ruinierte, dieses so wichtige und nebulöse Attribut, das ein Mädchen um jeden Preis rein zu halten hatte. Mutter hatte alles versucht und war nun mit ihrer Weisheit am Ende. Sie sah ihre Tochter die Dinge tun, die sie selbst in ihrer Jugend so erschreckt hatten, und das machte alles nur noch schlimmer. Mutter wußte durch die stadtbekannten Liebesaffären ihres Vaters, wie deprimierend es sein konnte, seine Position in der Gesellschaft einzubüßen. Sie bebte vor Angst, Janis könnte das verlieren, was Mom in ihrem Leben so geschätzt hatte: ihre Reputation. Es war ihr unmöglich, Janis das zu erklären – die Bedrohung war zu real für sie. Mom redete in Allgemeinplätzen: »Sowas macht man einfach nicht!« Sie hatte den Zorn auf ihre eigenen Eltern nicht genug ausgelebt, um offen über ihre Sorgen und Ängste sprechen zu können. Immer noch spürte sie den Schmerz ihrer eigenen Jugend und konnte sich deshalb nicht in Janis einfühlen. Sie konnte nur aus der Angst heraus sprechen, die in dem festen Glauben daran wurzelte, daß man die Regeln der Gesellschaft nicht in Frage stellen durfte.

Unsere Eltern waren über Janis' Verhalten besorgt. Sie redeten schmeichelten, setzten Grenzen, bedrängten sie und versuchten alles, was ihnen einfiel. »Bitte bring nicht die ganze Welt gegen dich auf!« flehten sie. Sie schickten sie schließlich in eine Beratung, wo sie ihren Zorn auf die Gesellschaft überwinden lernen sollte. Erst erwogen sie eine Familientherapie, um die Auseinandersetzungen zu lindern, gaben dann aber einer Einzelberatung für Janis den Vorzug. Nach kurzer Zeit sah es so aus, als würde Janis besser mit ihrer Situation fertig werden, wenn die kathartische Erleuchtung auch ausblieb.

Pop bot Janis etwas Trost. Er respektierte die gesellschaftlichen Werte viel weniger als Mutter, doch er akzeptierte das Leben und riet Janis, das ebenfalls zu tun. Trotzdem glaubte Pop, die Welt müsse größer sein, als irgendein beliebiges lokales Wertesystem dies zulassen wollte. Die Art, wie Janis die Konventionen in Frage stellte, gefiel ihm, obwohl er ihr sagte, die Probleme, die daraus erwüchsen, seien den Preis nicht wert.

Pop hatte immer laut und oft mit seinen Kindern gelacht, bis die Mädchen begannen, Frauen zu werden. Da zog er sich zurück. Irgendwie hemmte ihn unsere Weiblichkeit, seine Gefühle auszudrücken, was ihm schon immer schwergefallen war. Er war schüchtern, und so reichte der Trost, den er Janis bieten konnte, nicht aus.

Auch Freunde versuchten, mit Janis zu reden. Kristen Bowen lud sie zu Partys ein. Sie war der Meinung, Janis brauche in Wirklichkeit nur mehr soziale Anerkennung. Aber selbst wenn sie zu den Partys hinging, fühlte sie sich als nicht dazugehörig. Roger Pryor rief sie eines Tages an und lud sie zu einer Cola ein. Wie man sich vorstellen kann, war es ein großes Desaster. Mutter sagte immer wieder: »Verdirb es nicht. Roger ist ein netter junger Mann.« Janis war insgeheim der Meinung, Roger interessiere sich nur wegen des Klatsches über ihre lose Moral für sie und wolle sie ins Bett bekommen. Statt dessen hielt Roger ihr Vorträge über ihr schlechtes Benehmen und beschwor sie, sich zu ändern. Wütend schnauzte sie ihn an: »Hau ab!«

Im März jenes Jahres erreichten die Dinge ihren Höhepunkt. Zwei Tage nach meinem Geburtstag wurde Janis für einige Tage der Schule verwiesen. Da drang ihr endlich ein kleines bißchen Realität ins Bewußtsein, und sie riß sich immerhin soweit zusammen, daß sie die Schule beenden konnte.

Karleen bekam Wind von einem Versuch, Janis die Einladung für den Schwarz-Weiß-Ball der Schulabgänger im Country Club zu verweigern. Karleen, deren Eltern Clubmitglieder waren und darum alle Einladungen überblicken konnten, rief Mary Carmen Fredeman an, und die beiden heckten gemeinsam etwas aus. Mary Carmen sagte dem Ballausschuß, sie würde Janis ihre Einladung geben, wenn Karleen es nicht täte. Mary Carmen war eines der beliebtesten Mädchen an der Schule – *ihr* konnte man nicht die Einladung verweigern. Außerdem kam sie aus einer prominenten und wohlhabenden Familie. Also wurde Janis doch eingeladen. Sie und Karleen gingen zusammen mit ihren Partnern zum Ball. Sie tanzten in großer Abendtoilette am Arm ihrer Begleiter, während die eisigen Blicke der narzißtischen, properen jungen Ladys um sie herum auf ihnen ruhten. Es gab keine Zwischenfälle, und dennoch war Janis verletzt.

Allmählich eroberte Marihuana die Highschool-Szene. Janis probierte es zum ersten Mal auf einer Tanzveranstaltung, wo sie von einem Jungen, den sie von der Schule kannte, einen Joint bekam. Karleen und Janis nahmen ein Auto und fuhren in die Proctor Street am Stadtrand. Obwohl es wie immer schwül und heiß war, drehten die Mädchen die Fenster hoch, bevor sie den Joint anzündeten. Karleen wollte nicht rauchen, aber Janis war ganz wild darauf. »Aber Karleen, alle Beatniks tun das!« drängelte sie. Sie nahm tiefe Züge von der verbotenen Droge und seufzte erwartungsvoll. Das Auto füllte sich langsam mit Rauch, während die Mädchen am Stadtrand im Kreis herum fuhren.

Am Abend ihres Abschlußballs machten Janis und Karleen eine Autotour. Sie lasen unterwegs ein paar Typen auf, die nach Port Neches wollten; also nahmen sie sie mit. Weiter aber geschah nichts. Dieses Nicht-Ereignis war ein passender Abschluß für eine dreijährige Phase jugendlicher Frustration. Über Port Arthur sagte Janis später: »Wenn etwas passiert, passiert es niemals da. Es besteht nur aus Autokinos und Cola-Ständen an den Straßenecken, und jeder, der, wie ich, was vom Leben erwartet, haut entweder ab, so schnell er kann, oder er wird überrannt, unterdrückt und gebrochen.« Zurückblickend grübelte sie: »Alles, was ich suchte, waren ein bißchen Freiheit und andere Leute, denen es genauso ging.«

Das Zusammenleben mit Janis während ihrer Highschool-Zeit stellte die Familie auf eine harte Probe. Janis entwuchs der Unschuld der Kindheit mit dem festen Vorsatz, sie nicht gegen ein Erwachsenenleben voller Kompromisse einzutauschen. Sie wollte, daß ihre Eltern wußten, was sie tat, und ihr Verhalten tolerierten. Als die Highschool hinter ihr lag, hatte sie einen wackligen Waffenstillstand erreicht: Unsere Eltern akzeptierten die Tatsache, daß Janis wahrscheinlich weiter Dinge tun würde, die ihnen nicht gefielen, und sie trösteten sich damit, daß sie durch ihren Schulabschluß immerhin ein gewisses Maß an sozialer Unabhängigkeit erreicht hatte. Es fiel ihnen jetzt leichter, sie ihre Probleme selbst lösen zu lassen. Zusammen beschlossen die drei, einander liebzuhaben und auch in Zukunft Meinungsverschiedenheiten zuzulassen.

5

College und die
Beat-Szene von Venice

Time keeps moving on
Friends they turn away
I keep moving on
But I never find out why ...
But it don't make no difference
And I know that I can always try

JANIS JOPLIN und GABRIEL MEKLER, ›Kozmic Blues‹

Niederlagen wurden in unserer Familie nie hingenommen. Vielmehr erdachten wir Strategien zur Lösung unserer Probleme. Janis' Traum zur Bekämpfung ihrer Highschool-Frustration war, in eine tolerantere und aufgeschlossenere Gemeinschaft zu ziehen. Im Alter von siebzehn Jahren, frisch von der Highschool entlassen, folgte Janis ihren Freunden zum Lamar State College of Technology im nahe gelegenen Beaumont, Texas.

Waren Colleges nicht Orte, an denen die Menschen um Wahrheit rangen? Hatte die Macht der intelligenten Ideen nicht die Oberherrschaft über die Studenten, die zur Feinabstimmung des Gebrauchs ihrer Geistesgaben hierher kamen? War das College nicht eine Gemeinschaft, in der es die Menschen mehr nach der Freiheit der Gedanken und des Lebens gelüstete als nach dem Leben selbst? War das College nicht ein Ort, der Janis' Begabungen zu würdigen wußte? Konnte sie hier nicht endlich den vielfachen Einschränkungen durch die elterliche Aufsicht entrinnen?

Wir halfen Janis im Sommer beim Umzug in ein zweistöckiges modernes Backstein-Studentenwohnheim. Die Zimmer waren in Suiten à zwei durch ein Bad verbundene Doppelzimmer angeordnet. Ein Laubengang an der Vorderseite der Zimmer diente als Flur.

Ich half, ihre Sachen in den ersten Stock zu schleppen, und beneidete sie um die jungfräuliche Frische des Zimmers mit seinen goldbraun gebeizten Holzschränken und großen Fenstern. In ihrem neuen Heim packte sie die alten Schätze aus, die in einer Welt voller unbekannter Möglichkeiten einen neuen Wert bekamen.

Janis vergoß keine Träne, als wir wegfuhren, sie hatte es fast eilig, uns loszuwerden. »Bis bald!« versprach sie. Dann machte sie sich voller Eifer daran, sich in ihrer neuen Wohnung einzurichten. Das zentrale Schmuckstück, das Glanz in ihren neuen Palast brachte, war ein frisch fertiggestelltes Gemälde. In Ermangelung einer Leinwand hatte sie die Ölfarben schichtweise auf ein großes Stück Sperrholz aufgetragen. Zuversichtlich schlenderte sie mit dem Bild in der Hand zum Holzgeschäft der Uni, bereit, einen Geistesverwandten zu begrüßen, einen Kunsttischler, der ihr die untere Kante der Sperrholzplatte abschneiden sollte. Als sie zurück auf ihr Zimmer kam, heulte sie, schlug gegen die Wände und fluchte wie ein Berserker. Sie hatte keinen Kunsttischler gefunden, der ihr Werk zu schätzen wußte, sondern nur eine gedankenlose Hand an einer Säge angetroffen, die das Holz splittern ließ und das Bild ruinierte!

Mitten in ihrem verbalen Sperrfeuer betrat Gloria Lloreda den Raum, eine feminine, dunkelhaarige Schönheit aus einer katholischen mexikanisch-amerikanischen Familie in Galveston. Gloria war bezaubert von Janis, ihrer Energie, Kraft und ihrem Talent, die Gloria vielversprechende Aussichten auf ein abwechslungsreiches College-Leben zu verheißen schienen. Ihre Freundschaft begann, als sie einfühlsam auf Janis' tiefe Enttäuschung über das Bild reagierte. Das war ein leichter Weg für die Mädchen, Verbindung zueinander aufzunehmen. Gloria und Janis wurden in jenem Sommer Freundinnen, im Herbst zogen sie zusammen.

Janis und ihre neuen Freunde blieben in der ersten Nacht lange auf und redeten ohne Ende über Träume und Lebensfragen. Janis' erster Tag am College ließ sie auf ein größeres Zugehörigkeitsgefühl hoffen, als sie es in all den Jahren erfahren hatte. Leider aber waren die Klatschtanten, die in der Highschool über Janis hergezogen waren, ihr aufs College gefolgt. Sie traten Studentinnenverbindungen bei und liefen in Trauben von gleichgesinnten und gleich frisierten Köpfen herum, deren Uniformität Janis und ihrem Auftreten bedeutete: »Sowas gehört sich einfach nicht!« Gloria wurde bald gewarnt, Janis sei ein loses Mädchen, und sie solle sich besser von ihr und ihren Freunden fernhalten. Zum Glück ließ sich Gloria von dem

Gerede nicht beeindrucken. Außerdem war sie dabei, sich in Adrian Haston zu verlieben, den Mann, den sie später heiratete. Gloria hatte in Janis bereits eine warmherzige und treusorgende Freundin gefunden. Aber der Klatsch muß für Janis' Wunsch, Kontakte zu weiteren Studenten zu knüpfen, eine ungünstige Atmosphäre geschaffen haben. Er verursachte ganz von selbst eine Distanz zwischen den Mädchen aus der Verbindung, die Gerüchte verbreiteten, und den intellektuellen Künstlern, die diese Mädchen verspotteten.

Jim Langdon und Adrian Haston kehrten beide für ihr zweites College-Jahr nach Lamar zurück. Ihr Intellektuellen-Netzwerk wuchs und umfaßte jetzt so viele neue Gesichter aus Beaumont wie die ursprüngliche Gang aus Port Arthur. Tommy Stopher, ein wunderbarer Künstler, und sein Bruder Wally gehörten dazu, genauso Patti Mock und deren zukünftiger Mann, Dave McQueen; außerdem Phillip Carter, Jack Smith und Tary Owens aus Janis' Klasse in der Highschool.

Janis belegte Kunst als Hauptfach und machte sich ernsthaft an die Arbeit. Sie besuchte Anatomie-Kurse, in denen Patti sich manchmal als Modell Geld verdiente, im prüden Beaumont natürlich immer mit einem Badeanzug bekleidet. Janis spielte mit den Stilen. Ihr gefielen die großflächigen, planen Farbfelder in vielen von Picassos Bildern. Auch die Frische von Braque und die Farbigkeit von van Gogh mochte sie. Ihr Lieblingskünstler war Modigliani, jener feurige italienische Maler und Bildhauer, der die Kunstwelt mit seinen unheimlichen, fließenden, deutlich afrikanisch beeinflußten Figuren revolutionierte. Seine kurzes Künsterleben verbrachte er in der aufgewühlten Welt von Paris während des Krieges. Janis studierte diesen Mann genauso wie seine Arbeit und fand heraus, daß er exzessiv getrunken und mit Haschisch experimentiert und damit sein Leben zerstört hatte. Seine Persönlichkeit wurde oft überlebensgroß dargestellt – ein Mann, der Dantes *Göttliche Komödie* und die Bibel mit sich herumtrug und mit den Worten zitiert wurde: »Deine wahre Pflicht ist es, deinen Traum zu bewahren.«

Janis fuhr mit Karleen, die eine Freundin besuchen wollte, nach Houston. Sie hatte vor, sich das Purple-Onion-Kaffeehaus anzusehen. Karleen setzte Janis in einem billigen Hotel ab, nicht ahnend, daß es sich um einen Puff handelte. Als der Geschäftsführer Janis die Augen öffnete, sagte sie: »Naja, es ist billig, oder?« Die Belegschaft nahm sie für einen Tag unter ihre Fittiche. Karleen holte sie am nächsten Tag ab, und sie fuhren nach Hause. Sie fühlten sich jung, frei, wild und zu allem fähig. Es war wie immer heiß und feucht, und Janis zog ihr Hemd aus, um sich vom Fahrtwind durchs Autofenster abkühlen zu lassen. Sie hielt eine Flasche Rotwein im Arm, die sie bei ihrem Abenteuer abgestaubt hatte. »Wir sind in Schwierigkeiten«, sagte Karleen zu Janis. »Hinter uns ist ein Cop, und er blinkt uns an.« Hastig zog Janis ihr Hemd an und versteckte die Weinflasche. »Wissen Sie, wie schnell Sie gefahren sind, junge Frau?« fragte der Polizist. Die Mädchen antworteten: »Wir haben uns verirrt.« Er war nett und begleitete sie ein Stück.

Patti und Janis schwänzten manchmal zusammen den Unterricht, gingen in eine Bar, tranken und redeten. Manchmal suchten sie sich so viele Leute, wie sie brauchten, um fünfzig Cents zusammenzubekommen, und fuhren zum Paragon Drive-In an der Houston Avenue, wo man eine Gallone Bier für fünfzig Cents bekam, wenn man seinen eigenen Humpen mitbrachte.

Unerhörtes Benehmen war ein Teil des Images, dem die Künstler-Clique sich verpflichtet fühlte. Wenn eine Situation sich nicht von selbst anbot, schufen sie sie. Eines Abends schlüpften Janis und ihre drei Mitbewohnerinnen zur Schlafenszeit in ihre Nachthemden. Das Jungenwohnheim lag direkt gegenüber auf der anderen Seite des Hofs und war durch ein großes Fenster zu sehen, nur von einer Gardine verhängt. Gloria gab mit der Zimmerlampe Zeichen, an und aus, an und aus und an. Vor dem Licht als Schatten sichtbar, taten die Mädchen so, als würden sie einen Striptease aufführen und zogen sich bis auf die Badeanzüge aus, die sie unter den Nachthemden trugen. Zu ihrem Schrecken äußerten sich am nächsten Tag einige der Jungen anerkennend über die Show. Die falschen Stripperinnen hatten nicht geglaubt, daß man erkennen konnte, wer sich da auszog. Sie versuchten es nicht noch mal.

Die Mädchen flogen fast vom College, weil eines von ihnen sich mit dem Kapitän eines Öltankers im Hafen traf. Auch Janis, Gloria und ein paar andere Mädchen waren zum Essen auf dem Schiff. Die Begeisterung löste sich in Luft auf, als die Frau des Kapitäns dahinterkam und sich beim Vorstand des Colleges beschwerte, die Studentinnen hätten die Nacht auf dem Schiff verbracht. »Wir haben nicht da geschlafen, wir haben nichts angestellt, und wir wußten nicht, daß er verheiratet ist«, jammerten sie in ehrlicher Verzweiflung. Als sie den Beweis erbringen konnten, daß sie tatsächlich im Wohnheim übernachtet hatten, ließ der Vorstand sie mit einer Warnung gehen: »Bemüht euch bitte in Zukunft um ein angemesseneres Verhalten.«

Partys waren selten geplant, sie fanden einfach statt, wenn sich drei oder mehr Leute versammelten. Einige Jungen hatten Apartments außerhalb des College, und hier feierten sie am liebsten. Jetzt, da ein paar aus der Gang alt genug waren, um legal Alkohol kaufen zu können, floß er in Strömen. Ein paarmal trank Janis zuviel, und ihre Freunde hatten ihre liebe Not, sie wieder ins Wohnheim zu schaffen. Es war nicht ganz einfach, die betrunkene Janis vom Rasen hoch übers Balkongeländer in die ausgestreckten Arme ihrer Freundinnen im ersten Stock zu hieven. Irgendwie schafften sie es aber immer, bei der abendlichen Kontrolle nicht erwischt zu werden.

Gelegentlich schlichen sich Janis und die anderen nur zum Spaß aus dem Heim. Oft machten sie sich dann auf den Weg, ›an der Grenze‹ abzuhängen – das war die Insider-Bezeichnung für die Bars gleich jenseits der Grenze zwischen Texas und Louisiana. Sie grooven zu der Musik in den Clubs von Vinton, besonders wenn Jim Langdon bei der Band mitspielte.

Am Ende des Herbstsemester hatte Janis ihre Illusionen übers College-Leben verloren. Die Schule sollte Ingenieure für die Arbeit in der ortsansässigen Ölindustrie ausbilden. Lamar war nicht das Treibhaus künstlerischer Stimulation, das Janis brauchte und suchte. An einem ihrer Wochenenden zu Hause sprach sie mit unseren Eltern. »Ich will nicht zurück.« – »Was willst du denn statt dessen machen?« fragten die. »Du hast nichts gelernt, um deinen Lebensunterhalt zu verdienen.«

Mutter arbeitete an einem Wirtschafts-College und sah in dessen Schnellkursen eine Lösung für Janis' Dilemma. Janis schrieb sich am Port Arthur College als Datentypistin für Tippen und andere Bürotätigkeiten ein. Nach der Ausbildung sollte sie ausreichende Fähigkeiten erworben haben, um in die tolerantere Atmosphäre einer größeren Stadt ziehen und sich selbst ernähren zu können. Janis blieb gerade so lange am College, bis sie genug beherrschte, um Arbeit zu finden. Sie begann im März 1961 als Halbtags-Sonderstudentin. In den vier Monaten, in denen sie eingeschrieben war, fehlte sie an neunzehn Tagen ganz oder teilweise. Die Entschuldigungen lauteten auf ›krank‹.

In jenem Frühling wohnte Janis zu Hause. Sie verbrachte viel Zeit mit Patti in der Stadt. Manchmal fuhren die beiden in einen Downtown-Plattenladen. 1961 hatten die Musikalienhandlungen Hörkabinen. Die Mädchen hörten sich stundenlang alles an, auch Jazz und Country, aber sie kauften nur Sachen wie Bessie Smith und ähnliches. Hin und wieder benutzten Janis und Patti das Webcor-Tonbandgerät von Pattis Vater. Janis sang auf Band, und sie hörten sich das Ergebnis kritisch an. Sie waren nie zufrieden.

Einmal holten Phillip und Janis Patti zu einem Garnelen-Fest unten am Pier ab. Es war ein typischer Regentag, und die beiden hatten auf dem Weg einen schwarzen Tramper aufgelesen, den sie bei seiner Wohnung in der Stadt absetzen wollten. Als Patti zum Auto stürmte, bemerkte ihr Vater den Schwarzen auf dem Rücksitz. Er machte ihr eine Szene, weil er glaubte, sie würde mit ihm ausgehen. Selbst Janis' gute Taten brachten sie in Schwierigkeiten.

Die Partys wurden immer zotiger. Nur wenige Leute kannten ihre Grenzen, was das Trinken anging. Sie tranken, soviel sie kaufen konnten. Mit steigendem Alkoholkonsum wuchsen sich viele Partys zu rauhen Arschgrapscher-Orgien aus, bei denen betrunkene Männer Janis und jeder anderen anwesenden Frau nachstellten. Es war ein erniedrigender Weg, körperliche Intimität kennenzulernen.

Sie feierten oft bei Freunden, deren Eltern nicht in der Stadt oder für den Abend ausgegangen waren. Ein Treffen bei Phillip Carter blieb unvergessen, weil dabei ein dreizehn mal sechsundzwanzig Meter großes Modell eines Öltankers, das Phillips Vater gehörte, kaputtging. Der Unfall war die Folge eines Wortgefechts zwischen Janis und G. W. Bailey, einem Typen aus Port Arthur, der später Sergeant Rizzo in der Fernsehserie *M*A*S*H** spielte. G. W. war ein guter Freund von Patti Mocks Bruder, und er warnte Patti davor, mit Janis herumzuhängen. Die Mischung aus Alkohol und Feindseligkeit provozierte eine Kette von Beleidigungen zwischen G. W. und Janis. Eingeschnappt trottete Janis hinüber zu Jack Smith und sagte: »Sei mein weißer Ritter. Tu was.« Jack nahm die Herausforderung an und prügelte sich schließlich mit G. W. um Janis' Ehre. Das Schiffsmodell war das unglückselige Opfer ihres Zorns.

Eines Abends wanderte eine Gruppe von acht Leuten – Jim, Dave, Adrian, Randy, Janis und drei andere Mädchen – den steilen Fußweg neben der schmalen zweispurigen Fahrbahn der Rainbow Bridge hinauf. Die Brücke führte über einen schmalen Fluß, aber sie mußte hoch sein, damit die Mastspitzen der Schiffe auf dem Weg zum Meer darunter durchpaßten. Am höchsten Punkt angekommen, schwangen sie ihre Beine über das Geländer und kletterten eine Leiter zum Steg darunter herab. Es war dunkel, still, sicher und verbo-ten. Weit unten bewegten die winzigen Schlepper schwere, mit Öl beladene Lastkähne. Schweigend lehnte sich jemand über die Brü-stung und ließ eine leere Bierflasche auf einen Schlepper fallen. Mit angehaltenem Atem warteten alle, ob sie ihr Ziel treffen würde. Plötzlich zerschnitten Sirenen die Luft – erst ein, dann zwei, drei und mehr schrille Heultöne. Ein vorbeifahrender Autofahrer hatte das letzte Mädchen beim Überklettern der Brüstung gesehen und befürchtet, sie wolle sich umbringen; deshalb hatte er die Polizei ge-rufen. Alle im Umkreis von zwanzig Meilen verfügbaren Polizeiwa-gen riegelten beide Straßenspuren ab, während die Kids auf die Oberseite der Fahrbahn gerufen wurden. »Das war's dann«, mur-melten die Jungen. Aber weiblicher Charme wirkt manchmal Wun-der, und die Polizisten wurden dermaßen umschmeichelt, daß sie sie gehen ließen.

Zu Silvester bei Phillip wurden Janis und Patti von den Jungs dazu angestachelt, weibliche Kampftechniken vorzuführen. Sie leg-ten auf dem Fußboden mit einem echten Damenringkampf los, zogen sich an den Haaren und rissen sich gegenseitig Knöpfe ab. Das Geraufe machte den Mädchen Spaß. Als sie die Treppe hinun-tersprangen, um eine neue Flasche Whiskey zu holen, ging die Ein-gangstür auf. Die Carters sahen sie aufgelöst und mit heraushän-genden Hemden Bourbon schlürfen und warfen die ganze Gang schleunigst hinaus.

Die Freunde begannen zu reisen. An einem Wochenende fuhren Jim Langdon und Rae Logan, seine zukünftige Frau, zusammen mit Adrian, Gloria und Janis nach Austin und wohnten in einem Hotel. Sie wollten ihren alten Kumpeln Dave Moriaty und Randy Tennant einen Besuch abstatten. In den Schulferien, als Adrian die Trennung von seiner großen Liebe nicht ertragen konnte, fuhr die alte Port-Ar-thur-Clique einmal zu Gloria nach Galveston. Als es Abend wurde, verabschiedeten sich Janis und die Jungs von Gloria und beschlos-sen, sich ein billiges Motel zu suchen, statt stundenlang zurück nach Port Arthur zu fahren. Sie warfen eine Münze darum, welche zwei auf dem Bett schlafen durften. Janis und Adrian gewannen. Die an-deren Jungen schliefen unbequem auf dem Fußboden neben dem Bett. Am nächsten Tag begleitete Gloria sie, um auf das Andocken der Fähre zu warten, die sie auf die Port-Arthur-Seite des Kanals bringen sollte. Im Auto saßen sechs übermüdete, verkaterte, ver-schlafene und gelangweilte Leute. Janis, immer darauf erpicht, ein bißchen Stimmung zu machen, sagte: »Gloria, rate mal, mit wem ich letzte Nacht geschlafen habe!« Adrian grunzte: »O nein!«, und alle anderen im Auto brachen über den dummen Scherz in Geheul aus. Sie waren alle dabeigewesen und wußten, daß außer Schlafen nichts passiert war.

Viele Mitglieder der Gruppe waren aus Port Arthur weggezogen. Dave Moriaty und Randy Tennant gingen zur University of Texas in Austin. Grant Lyons zog nach Tulane in Louisiana. Janis war ganz kribbelig vor Sehnsucht nach einer aufregenden Umgebung. Sie heckte mit unseren Eltern den Plan aus, nach Los Angeles zu ziehen, wo Mutters Schwestern Barbara und Mimi wohnten. Unsere Eltern hofften, Janis würde durch die Herauslösung aus dem Einflußbereich ihrer Gang eine andere Basis finden. Los Angeles schien hierfür der richtige Ort zu sein, denn Janis' Tanten konnten ein Auge auf sie haben. Die Stadt beherbergte außerdem eine blühende Künstlergemeinschaft, eine der drei größten Beatnik-Gemeinden der Vereinigten Staaten. Janis war begeistert von der Idee, nach Los Angeles zu gehen, an einen Ort, der ihr alle Möglichkeiten zu erschließen schien.

Wir brachten sie an einem Samstagmorgen in die Stadt und setzten sie in einen großen, stinkenden Greyhound-Bus. Ich war absolut dagegen, daß Janis mich alleinließ, aber machtlos, auf irgend etwas anderes als meinen eigenen Ärger und meine Trauer Einfluß zu nehmen. »Bitte geh nicht«, sagte ich immer wieder, doch meine Bitte stieß auf taube Ohren, die bereits das Rauschen des Pazifiks hörten.

Barbara und Mimi holten Janis am Busbahnhof in Los Angeles ab. Sie fanden sie neben einem Haufen schöner neuer Koffer und Taschen in ein Gespräch mit einem jungen Schwarzen vertieft. »Er war die ganze Zeit mit im Bus«, sagte Janis glücklich. Keine der beiden Tanten kommentierte ihren Geschmack in puncto Freunden, doch brauchten sie gar nicht erst auszusprechen, daß sie Janis' Kontakt zu einem Schwarzen als ungehörig empfanden. »Das sind aber hübsche Koffer«, sagten sie zu Janis. Sie antwortete: »Mutter bestand darauf, sie mir zu kaufen. Ich wollte sie gar nicht. Ich war bereit, meine Sachen in eine alte Tasche zu stopfen, aber sie hat nicht lockergelassen.«

Sie stiegen ins Auto, und Barbara und Mimi machten mit Janis eine Rundfahrt durch die Stadt, die sie liebten. Sie zeigten ihr die Sehenswürdigkeiten und gingen mit ihr in einem feinen Lokal nahe

Beverly Hills frühstücken. Janis war schüchtern und höflich, aber ein bißchen reserviert.

Janis machte es sich bald in einem Atelierhäuschen hinter Mimis Haus in Brentwood bequem, einem kleinen Gebäude, in dem Mimis Mann Harry malte. Er hatte immer einen großen Vorrat an Ölfarben und Leinwänden. Mimi wußte nicht, daß Janis auch malte, und war am nächsten Tag ganz erstaunt zu erfahren, daß Janis die halbe Nacht aufgeblieben war und gemalt hatte. Janis glaubte, sie wäre in den Himmel gezogen. Los Angeles gefiel ihr auf Anhieb.

Unsere Eltern bestanden darauf, daß Janis arbeiten sollte. Mit Hilfe ihrer Tanten fand sie bald einen Job als Datentypistin bei einer Telefonfirma. Meistens zog sie sich ins Hinterhaus zurück, aber einmal kam sie von der Arbeit nach Hause und ging in die Küche, um sich zu unterhalten. »Gleich kommt ein Typ vorbei, und ich will nicht, daß ihr denkt, ich sei verrückt nach ihm oder so. Das bin ich nicht. Ich benutze ihn nur. Ich hab' ihn gebeten, herzukommen und mir Modell zu stehen.« Dann brach Janis in Gelächter aus. »Der wird sich wundern, wenn er erfährt, daß ich nur seine Hände malen will. Er hat genau die Hände, die ich brauche, um das Bild, an dem ich arbeite, fertigzumachen.« Es war ihr zweiter Versuch, einen gitarrespielenden Mann zu malen.

Eines Abends ging Mimi mit ihrer Nichte aus, um sie besser kennenzulernen. Sie führte Janis in eine Pizzeria in der Nähe der Universität, weil sie dachte, daß Janis sich unter Leuten ihres Alters wohl fühlen würde. Es war ein lebhaftes Lokal, in dem eine kleine Band spielte. Bevor Mimi richtig saß, sah sie, als sie sich umwandte, wie Janis aufstand, ihre Schuhe wegkickte, auf der Stelle marschierte und lauthals ›When The Saints Go Marching In‹ sang. Fünf Minuten lang klatschten Mimi und alle anderen im Publikum mit, während das enthusiastische junge Ding aus Texas der Band die Show stahl.

Barbara half Janis schließlich, eine richtige Wohnung zu finden, aber da blieb sie nicht lange. Das Geld wurde knapp, und sie zog zu Barbara in ihre Dreizimmerwohnung. Das auf engem Raum eingepferchte Zusammenleben mit Jean, Barbaras Tochter im Teenager-Alter, war ziemlich unbequem. Das Leben in Barbaras Apartment und die ruhige Normalität von Mimis und Harrys Familienidyll mit ihrer Tochter Donna konnten kaum unterschiedlicher sein.

Barbara, die zweimal verheiratet gewesen war, verkaufte Immobilien und hatte ein ganz besonderes Verhältnis zu ihrem Börsenmakler, einem verheirateten Mann namens Ed. Die beiden arbeiteten gut zusammen, und der Tag fing oft damit an, daß Ed um zehn Uhr morgens auf einen Martini vorbeikam. Oft gingen sie mit Kunden essen oder einen trinken. Ed tauchte regelmäßig um vier Uhr nachmittags in der Wohnung auf, zur Cocktailstunde. Janis war beeindruckt. Sie fand Barbaras Leben wundervoll; sie hatte die Freiheit gefunden.

Janis und Barbara standen sich bald sehr nahe. Ihre Lebenslust und ihre zähe, entschiedene Umgangsweise mit der Welt verbanden sie. Janis unterhielt sich oft mit Ed und Barbara und nahm Drinks mit ihnen. Jean hingegen haßte Janis, und diese Spannung erschwerte das Leben für jeden in der Wohnung.

Eines Nachmittags unterhielt sich Janis auf dem Weg von der Arbeit zu Barbara mit einem Typen im Bus. Er wollte nach Venice Beach am Stadtrand von L.A. Janis stieg an ihrer Haltestelle nicht aus und fuhr mit ihm. Mit Venice hatte sich der Tabak-Millionär Albert Kinney seinen Traum verwirklicht: Er hatte die Vision einer Renaissance-Stadt wie Venedig in Italien gehabt, mit Gondeln und zauberhaften Brücken über sechzehn Meilen miteinander verbundener Kanäle. Die Gegend blühte auf, geschmückt von Hotels im Rokoko-Stil und Vergnügungsparks, ein Coney Island des Westens. Hunderte von Touristen genossen seinen Zauber. Dann jedoch stoppte ein Ölfund die Entwicklung dieser fantastischen Stadt. Bohrtürme und Ölgestank paßten einfach nicht zu der malerischen venezianischen Stuck-Architektur. Viele der Kanäle wurden zugeschüttet, und die Touristen blieben aus. In den fünfziger Jahren übernahmen die Beatniks die billigen Wohnungen in Venice entlang pittoresker enger Straßen und Gassen.

Venice hatte nie wie ein normaler Vorort von L.A. ausgesehen, und es schien auch nicht gewillt, in seinem Herzen einer zu werden. Es zog eine einzigartige Gruppe von Bewohnern an, die wenig Geld, aber einen ausgeprägten Sinn für Ästhetik hatten. Sie lebten in ›freiwilliger Armut‹. Ihnen gefielen die gewundenen Straßen, die autofreie Zone der Stadt und die Nähe zum schönen Pazifik. Alexander Trocchi, ein Amerikaner, der in Paris ein Literaturjournal herausgegeben hatte, kam nach Venice und schrieb *Cain's Book*, die Geschichte seines Kampfes gegen die Heroinsucht. Stu Perkoff war der berühmteste Dichter, der aus der Kaffeehausszene von Venice hervorging, einer Gruppe, zu der auch Charles Bukowski gehörte, der später die *Aufzeichnungen eines Außenseiters* schrieb, eine Kolumne in der *Los Angeles Free Press*.

Lawrence Lipton verhalf dem, was er ›Venice West‹ nannte, durch seine epische Darstellung des Beatnik-Lebens zu landesweiter

Berühmtheit: Sein Buch *Die heiligen Barbaren* wurde Ende 1959 veröffentlicht und veränderte die dortige Szene für immer. *Time* druckte eine große Rezension. Es war das neue Lexikon der Beat-Generation. Die Touristen kamen wieder nach Venice, um in einem ›echten‹ Kaffeehaus Kaffee zu trinken und die Beatniks bei der Verrichtung ihrer Kunst zu begaffen.

Lipton wollte Venice zum neuen North Beach machen. Dort hielt sein Freund Kenneth Rexroth vor den Beats von Nordkalifornien hof. Liptons Buch sollte die Aufmerksamkeit auf die südkalifornische Szene lenken. Das war allerdings nicht im Sinne der meisten anderen Beats. Der Großteil war dort hingezogen, um in Ruhe gelassen zu werden. Nun standen sie plötzlich im Rampenlicht.

In der Gegend von Los Angeles gab es in den sechziger Jahren ungefähr fünfzig Kaffeehäuser. Venice West Café Espresso war das erste hippe Kaffeehaus und Restaurant. Stu Perkoff hatte es eröffnet, um seine Familie versorgen und weiter Gedichte schreiben zu können. Er verkaufte es Anfang 1959, vor dem Erscheinen von Liptons Buch, zu einer Zeit, als das Café meist leer stand und ein Verlustgeschäft war. Ende 1959 war es immer brechend voll und rentabel.

Das Gas House, das bekannteste Kaffeehaus von Venice, war zur Zielscheibe einer Gruppe von Einheimischen geworden, die den Zustrom von Touristen und Künstlern verabscheuten und dieses Lokal als erstes schließen wollten. Seine Betreiber hatten beabsichtigt, eine Kunstgalerie zu schaffen, in der die Touristen nicht nur die Kunst an den Wänden sehen, sondern auch die Künstler bei der Arbeit an neuen Werken beobachten konnten. Es sollte auch als Forum für Dichterlesungen dienen und Übernachtungsmöglichkeiten für Mitglieder der Szene bieten. Es war ein harter Kampf, das alles zu erreichen, aber der Rechtsstreit um das Lokal war eine derart gute Werbung, daß einfach jeder kam.

Ein weiteres Produkt der Beatnik-Szene von Venice war Henry Millers *Alptraum mit Klimaanlage*, die Geschichte einer Familie, die mit dem Auto über Land reist. Millers Helden glaubten, Kalifornien sei der einzige Teil des Landes, in dem noch Hoffnung für die Kultur bestand, wo die Menschen noch Lust und Spaß am Leben hätten.

In den Kaffeehäusern war die Vermischung der Rassen gern gesehen. Die literarische Szene von Venice verdankte sehr viel den früheren Boheme-Bewegungen, aber sie profitierte nicht minder von der schöpferischen Energie der Leute aus Watts, einem Stadtteil von Los Angeles. In den dreißiger Jahren waren viele frustrierte

Schwarze aus dem Süden in Richtung Westen geströmt und hatten in Los Angeles eine blühende Gemeinschaft gegründet. Langston Hughes, der große schwarze Schriftsteller, kam aus Watts, auch Arna Bontemps schrieb über diesen Stadtteil, und Jelly Roll Morton verbrachte dort seine besten Jahre.

Janis zog in den billigen Bezirk von Venice. Tante Barbara und Ed besuchten sie in ihrer neuen Wohnung. Barbara klappte der Unterkiefer herunter, als sie ihren Blick durch das schmutzige Loch streifen ließ, das Janis sich ausgesucht hatte. In der Mitte des Wohnzimmers stand eine große Stahltonne, in die aller Abfall geworfen wurde. An der Wand hing eine Collage, die Janis aus einem eingetrockneten Topf Erbsensuppe mit einem an einem alten Seil befestigten Schinkenknochen gemacht hatte. Sie wandte sich Janis zu und fuhr sie an: »Du bist nicht aufgezogen worden, um so zu leben!« Es folgte ein Wortgefecht zwischen Janis und ihrer Tante – eine Kunstform, die die beiden perfektioniert hatten und bei der Bewältigung ihrer Differenzen für nützlich zu halten schienen. Diesmal aber ging Barbara böse und unerbittlich. Sie würde Janis nicht mehr zu Hause besuchen.

Als Janis nach Venice zog, war die große Zeit des Viertels längst vorbei. Sie kam mit dem letzten, kläglichen Schwappen der Welle von durch Werbung angelockten Zugereisten, die Liptons Buch gelesen hatten. Ein übler Geist durchwehte die Gegend. Kriminalität war zum Alltag geworden – Mord, Raub und Vergewaltigung. Der Vergnügungspark verrottete. Nachts gehörte der Strand den Dieben. Venice lag nicht mehr am Rande der Drogenwelt, es war jetzt eines ihrer Zentren. Gras, Benzedrin, Heroin und Kodein-Hustensaft – jede Droge hatte ihre Anhängerschaft.

Die Beat-Szene von Los Angeles und Venice war durchdrungen von Drogen und ihren Auswirkungen auf die Kunst. Es war der Bewegung heilig, ganze Nächte wachzubleiben und Kunst in jeglicher Form zu schaffen. Wein und Marihuana waren am beliebtesten, aber von einem kleinen Teil der Gruppe wurde auch Heroin genommen. Malen, Musizieren oder Schreiben füllte die Tage der meisten Szene-Mitglieder aus. Janis wurde zweifellos von dem Reichtum an Fähigkeiten beeinflußt, dessen sie dort Zeuge wurde. Sie sah sich immer noch als Malerin und konzentrierte sich auf diesen Bereich. Darüber hinaus tat sie sich ein wenig als Sängerin hervor, trat spontan im Gas House auf oder bei spätabendlichen Treffen mit Freunden.

Die Erforschung der Sexualität faszinierte und verband diese Jünger der Ästhetik. Hemmungslose Vergnügungen zwischen Männern und Frauen war ihnen willkommen, ebenso zwischen Männern und Männern, Frauen und Frauen oder ganzen Gruppen von Enthusiasten. Die Unschuld war oft das erste, was ein Novize verlor, der neugierig zu dieser Szene stieß. Ein noch auffälligeres Symbol der hier herrschenden Freiheit war gemischtrassiger Sex. Die bürgerliche Gesellschaft entwickelte angesichts dieser Zustände eine regelrechte Beat-Paranoia, die zusätzlich genährt wurde, nachdem die Polizei 1956 Lawrence Ferlinghetti verhaftete, weil er *Howl* verlegt hatte, das aufrüttelnde Gedicht von Allen Ginsberg.

Janis ging oft ins Gas House und traf sich mit ›Big Daddy‹, dem offiziellen Sprecher des Lokals. Sein richtiger Name war Harry Hilmuth Pastor, aber er war auch als Eric Nord bekannt. Big Daddy war zwei Meter dreißig groß und wog hundertvierzig Kilo. Er hatte in der Gemeinschaft von North Beach gelebt, wo ihm der Co-Existence Bagel Shop gehörte. Im Zusammensein mit ihm und anderen erfuhr Janis von der Szene in North Beach. Eines Tages rief sie Mimi und Barbara an und sagte: »Ich fahre nach San Francisco, und ich wollte mich verabschieden.« Sie antworteten: »Wie kommst du da hin?« Janis seufzte und sagte einfach: »Ich werde trampen.« – »O nein«, schrien unsere Tanten, »wir geben dir Geld für den Bus!« Janis blieb hart. »Ich will euer Geld nicht. Ich will fahren, und zwar auf *meine* Art.«

Sie kam in North Beach an und schlenderte die Grant Street entlang. Dann betrat sie den City Lights Book Shop und damit das Reich von Lawrence Ferlinghetti.

1961 zur Weihnachtszeit kehrte Janis nach Port Arthur zurück. Sie trug eine Bomberjacke aus dem Zweiten Weltkrieg, die sie falsch herum angezogen hatte, mit dem Lammfellfutter nach außen. Sie kam unangekündigt mit einem Taxi, das vor unserem Haus hielt, was sonst nie vorkam. Pop ging nach draußen, um sie zu begrüßen, und sah erstaunt, daß seine Tochter aus dem Fond auftauchte und kleine, verschnürte Schuhkartons auf den Rasen schleuderte. Dort umarmte sie ihn mit einem warmen, frohen Lächeln und überging einfach die seltsamen Begleitumstände ihrer Ankunft. Wir waren froh, sie wieder zu Hause zu haben.

Janis kam als reiferer Mensch zurück und konnte die alte Gang mit ihren Geschichten vom wahren Leben in Kalifornien beeindrucken. Silvester ging Janis mit Jim Langdon in einen Privatclub, um sich einen seiner Freunde aus Lamar anzuhören, Jimmy Simmons und seine kleine Jazzband. Jim brachte Janis zur Bühne, und Jimmy bat sie, ein paar Stücke mit ihnen zu singen. Nach dem ersten sagte er: »Das reicht.« Janis' rauher Stil entsprach ganz und gar nicht der wohlklingenden Stimme, die er erwartet hatte.

Janis hatte in Los Angeles die Freiheit geschmeckt und fühlte sich unter erneuter elterlicher Aufsicht nicht wohl. Sie und Jack Smith fanden eines Tages, als sie durch die Stadt kutschierten, ein verlassenes Autokino. Sie war ganz begeistert von der Wohnung im Sockel unter der Leinwand und stritt sich mit unseren Eltern, weil sie dort hinziehen wollte. Für die war das ausgeschlossen, und Janis wütete und zeterte, weil sie ihr im Weg standen.

Sie schrieb sich als Studentin in Lamar ein und pendelte hin und her, denn sie wohnte weiterhin zu Hause. Janis betrachtete Jim Langdon zunehmend als ihren Mentor. Jim war ein talentierter Musiker, der in Lamar seinen Weg machte. Er spielte im Symphonie-Orchester von Beaumont, in verschiedenen Jazzclubs der Stadt und bei Tanz-Bands wie denen von Johnny und Edgar Winter, die in Beaumont wohnten. Manchmal, spätabends, wenn Jim spielte und die Zuschauermenge geschrumpft war, konnte Janis überredet werden, auf die Bühne zu steigen und etwas wie ›Cherry Pie‹ zu singen.

Janis und ihre Clique lernten George Alexander kennen, einen Jazz-Trompeter, der bei Gatemouth Brown und vielen anderen gespielt hatte. Er lebte wieder in Port Arthur und war dort Lehrer an der Highschool. Am Wochenende spielte er Jazz und gab seinen Fans Unterricht.

Jim Langdon arbeitete bei einer Gruppe namens Ray Solis, die einen Vertrag für einen Radio- und Fernsehwerbespot zum fünfzigsten Geburtstag einer Bank in Nacogdoches, Texas, hatte. Die Band nahm eine Instrumentalversion von Woodie Guthries ›This Land Is Your Land‹ auf. Sie baten Janis, die Vocals zu singen.

> *This bank is your bank*
> *This bank is my bank*
> *From Nacogdoches*
> *To the Gulf Coast waters*
> *Fifty years of saving*
> *Fifty years of service*
> *This bank belongs to you and me.*

Der Gesangspart wurde allerdings nie verwendet.

Im März, direkt vor Mardi Gras, heirateten Patti Mock und Dave McQueen. Ihre Flitterwochen verbrachten sie in New Orleans, und Janis und Phillip Carter fuhren mit, um mal wieder etwas Aufregendes zu erleben. Sie reisten mit dem Wagen von Phillips Vater und hatten, abgesehen von dessen Kreditkarte, insgesamt nur zehn Dollar bei sich. Die vier schliefen schichtweise im Auto, das in der Pirate's Alley geparkt war: einer auf dem Vordersitz, ein anderer auf dem Rücksitz; die beiden übrigen zogen in der Stadt umher. Als Janis und Phillip ans Fenster klopften, weil sie mit Schlafen an der Reihe waren, ließ Dave sich nicht wecken. Genervt mischte sich Janis unter die Menschenmenge. Am Morgen kam sie zurück mit einer Geschichte, daß sie einen Matrosen getroffen und mit ihm in einem Motel übernachtet hätte. Sie sagte das ganz trocken, als sei es selbstverständlich, ein Problem so zu lösen.

Janis fand einen Job bei der Bowlingbahn von Port Arthur, als Servererin im Restaurant. Ihr eigenes Geld zu verdienen gab ihr ein Gefühl der Unabhängigkeit, und das brauchte sie. Sie arbeitete bis Mitternacht und war dann bereit, auszuspannen. Oft traf sie sich mit Jack Smith, wenn der von der Arbeit im Drugstore kam. Sie fuhren oft über den Kanal zum Pier am See und redeten. Der Anblick sanft plätschernder Wellen unter dem weiten Himmel stimulierte tiefgründige Gedanken.

»Warum gehen alle als Paar, nur ich nicht?« fragte sich Janis. Da waren Jack und Nova, Jim und Rae, Adrian und Gloria und so weiter. »Ich wünschte, ich könnte mir ein weißes Haus mit einem Lattenzaun voll Kletterrosen wünschen, aber ich kann es einfach nicht«, seufzte sie oft.

Eine Hubbrücke über den Kanal verband den Pier auf Pleasure Island mit der Stadt. Wenn ein Tanker kam, mußten die Autos etwa zwanzig Minuten warten, bis er sich vorsichtig unter der schmalen, hochgeklappten Brücke durchlaviert hatte. Eines Nachts, als sie wartend in Jacks Wagen saßen, hatte Janis plötzlich die Idee, einen der tragbaren Scheinwerfer zu klauen, die am Fuß der hochgeklappten Brücke aufgestellt waren. Sie nervte Jack so lange, bis er ein kaputtes Exemplar auf dem Rücksitz versteckte. Dabei hatten sie nicht bedacht, daß der Brückenwärter die Polizei rufen würde. Auf der anderen Seite der Brücke wartete ein Streifenwagen auf sie. Jack wurde festgenommen und ins Gefängnis gesteckt. Janis war verzweifelt; sie gab sich die Schuld an seinem Pech, ging zur Polizeiwache und redete drei Stunden lang auf den wachhabenden Sergeanten ein. Sie probierte es auf jede Tour, bettelte, redete von Verantwortungsbewußtsein und demonstrierte sogar, daß die Lampe schon nicht mehr funktioniert hatte, als sie sie mitgehen ließen. Schließlich wurde Jack freigelassen. Beim Hinausgehen brachte er seine Dankbarkeit zum Ausdruck, und das furchtlose junge Mädchen sagte: »Ich hatte zuviel Angst, um so spät nachts noch meine Eltern anzurufen.«

Unsere Eltern ließen den Großteil von Janis' Aktionen durchgehen solange sie nur ihre Arbeit machte. Ihre Unternehmungen reichten immer noch vom folgsamen Kirchgang bis zum völligen Aus-der-Rolle-Fallen. Mom und Pop hofften, Janis würde wie die meisten rebellischen Teenager eine Kehrtwendung machen und zu ihrem früheren Ich zurückfinden.

Sie zogen eine unsichtbare Grenze zwischen Janis auf der einen und Michael und mir auf der anderen Seite und tolerierten in ihrem Verhalten Dinge, die sie uns untersagten. Mit kochender Wut reagierten sie nur auf Janis' Versuche, Michael und mich zu ermutigen, ihr nachzueifern. Ansonsten bemühten sie sich, das Verhalten ihrer Ältesten zu akzeptieren.

Es muß auch Diskussionen übers Trinken gegeben haben, denn Michael nahm Janis einmal beiseite und fragte sie, ob sie schon mal einen Betrunkenen gesehen habe. Er wollte wissen, wie man sich dann verhielt. Sie lachte schallend und sagte: »Hey, ich war schon betrunken. Das ist cool.« Unser Bruder war schockiert, er hatte keine Ahnung gehabt, daß sie überhaupt trank. »Das nächste Mal, wenn du was getrunken hast, sag mir Bescheid«, bat er. Kurze Zeit später klopfte sie an seine Tür. »Na«, sagte sie, »merkst du was? [Pause] – Ich bin betrunken.« Er war verblüfft und merkte gar nichts.

Die Partys entwickelten sich zu angespannten Angelegenheiten, bei denen der Bewußtseinsstand und die Grenzen des Intellekts sondiert wurden. Grant Lyons warf beispielsweise Darts durchs Zimmer. In seiner Nähe lag Jim Langdon Kopf an Kopf mit jemand anderem. Entlang der Wand standen Schallplatten, und eine weitere Person suchte bedachtsam welche aus. Lag die Platte auf dem Plattenspieler, wurde die Frage gestellt: »Wer spielt die Dreivierteltakt-Flügelhorn-Passage im ersten Abschnitt?« Jim war ein ernsthafter Musiker, und seine Leidenschaft war tonangebend.

Ein typischer Abend begann damit, daß Münzen geworfen wurden, um Newtons Wahrscheinlichkeitsgesetz zu testen, oder mit ein paar Partien Bridge. Janis dachte sich einen neuen Wettbewerb im

Reizen aus, den sie Googly nannte, nach einem Täuschungsmanöver beim Cricket. Sie sagte beispielsweise: »Ich spiele ein Googly-Herz.« Das hieß, sie wußte, daß sie eigentlich nicht reizen durfte, aber sie wollte es, also nannte sie es Googly, um das Fehlen einer Grundlage dafür zu rechtfertigen. Bald schon wurden sie der Karten müde und fingen an zu trinken und Musik zu hören. Um zehn Uhr abends wurde zum letzten Mal Bier geholt. Wenn das Energielevel um Mitternacht herum noch reichte, fuhren sie nach Vinton, um zu sehen, was dort so los war.

Der Alkoholkonsum bestimmte oft den Ton der Party-Einlagen. An einem verschwommenen Abend in der Garagenwohnung von Patti und Dave McQueen umarmten sich Patti und Janis mitten in einem kameradschaftlichen Geplänkel und küßten sich auf den Mund. Das war bis dahin die einzige ansatzweise homosexuelle Begegnung, die in der Gruppe stattgefunden hatte. Der Kuß erschreckte beide Mädchen, und sie fuhren einen Schritt zurück. Es war spät, etwa Mitternacht, und Dave McQueen, Pattis Mann, sowie Jim Langdon waren nach ihrem Spätdienst zur Tür hereingekommen, gerade noch rechtzeitig, um Zeugen des Kusses zu werden. Niemand sagte etwas. Die Party ging weiter, als wäre nichts geschehen.

Janis und Patti küßten oder umarmten sich nie wieder. Zwischen ihnen entspann sich keine sexuelle Beziehung. Patti sagte, sie hätten einander sehr liebgehabt, aber ihre Gefühle hatten nichts mit Sex zu tun. Janis war heiß darauf, die Welt zu erkunden, und sie wollte, daß Patti für ein Traumleben in Kalifornien alles hinter sich lassen sollte; aber Patti war verheiratet und sah ihre Zukunft in der Beziehung zu ihrem Mann.

Viel später am selben Abend unterhielten sich Jim, Dave und ein paar andere im kleinen Flur vor dem Bad im hinteren Teil der Einzimmerwohnung. Zu der Zeit, um zwei oder drei Uhr morgens, waren nur noch wenige Leute da, und die meisten tranken, waren blau oder schon nicht mehr bei Bewußtsein. Patti war voll bekleidet zwischen zwei ähnlich lahmgelegten Männern auf dem Bett in der Ecke eingeschlafen. Da explodierte Dave, trank sein Bier aus und schleuderte die Flasche mit der ganzen Kraft seines mächtigen Körpers in Pattis Richtung. Die Flasche verfehlte ihr Ziel, traf statt dessen den Kiefer des schlafenden Jack Smith und schlug ihm ein paar Vorderzähne aus.

Janis betrat die Szene, klemmte sich Jack völlig aufgelöst unter den Arm und fuhr ihn ins Krankenhaus. »Das durfte nicht passieren. Das ist schrecklich! Warum ist das passiert?« murmelte sie immerfort.

Im Frühjahr 1962 fuhr Janis mit ihren Freunden Dave Moriaty, Randy Tennant, Grant Lyons, Adrian Haston und Bob Clark zum Garnelen-Festival nach Cameron. Bei so einem Fest zog man durch die Stadt und kaufte an Ständen gekochte Garnelen und Krebse. Die Leute streiften umher, aßen und tranken Bier. Janis trug ein ›69‹-T-Shirt, mit dem sie gern die Ortsansässigen provozierte. Einige Besucher des Festivals versuchten, mit ihren Freunden zu verhandeln, um Janis' Dienste zu ›kaufen‹. Die Jungs fanden das sehr lustig, und sie feilschten aus Spaß um einen Preis. Adrian versuchte, der Posse ein Ende zu bereiten, aber schließlich mußten Janis' Freunde sich prügeln, um aus der Sache wieder herauszukommen. Zum Glück wurde niemand verletzt.

Janis und Patti wurden Expertinnen darin, mit den Typen zu spielen, die sie in den Bars von Louisiana trafen. Manchmal hatte die Gruppe nicht genügend Geld für die Tischgebühr. Die Mädchen verstanden es meisterhaft, Fremde zu übertölpeln, damit die ihren Eintritt bezahlten. Drinnen flirteten sie weiter mit ihnen, nahmen sie auf den Arm und ließen sich Drinks ausgeben. Sie fühlten sich sicher, weil sie wußten, daß eine ganze Gang vertrauenswürdiger männlicher Beschützer bei ihnen war. Wenn sie die Sache weit genug getrieben hatten oder es Zeit zu gehen war, deuteten sie entweder an, daß sie mit anderen Männern da waren, oder stahlen sich leise davon. Mehr als einmal kam es fast zu einer Prügelei, aber die Gang aus Texas wußte offensichtlich, wie sie mit den heißblütigen Cajuns und den in der Nähe stationierten Matrosen, die sich von den Mädchen gedemütigt fühlten, umgehen mußten. Sie bauten sich entweder vor ihnen auf oder entwischten und rannten zum Wagen, so schnell sie konnten.

Eines Abends, als sie im Restaurant des Shady Motel Billard gespielt und Bier getrunken hatten, flirtete Patti für Dave McQueens Geschmack ein bißchen zuviel. Er hielt seinen Zorn im Zaum, bis alle in seinem gebrauchten Oldsmobile saßen. Während er schweigend, aber innerlich vor Wut schäumend nach Hause fuhr, trat er immer fester aufs Gaspedal. Der Tacho zeigte 190 Stundenkilometer, aber das Auto schaffte nur 160. Er brüllte und drosch mit der Faust aufs Armaturenbrett. In einer Kurve geriet der Wagen außer Kontrolle und stürzte, sich mehrmals überschlagend, eine Böschung hinunter. Als er endlich still lag, riefen die sieben einander beim Namen und kletterten hinaus. Unglaublicherweise war niemand verletzt.

In jenem Frühling half Janis Jack Smith, eine Bewerbung für die West-Point-Militärakademie auszufüllen. Sie war traurig über seinen Wunsch, wegzugehen. Es war für sie, als würde er sie verlassen. Möglicherweise war Jack für sie mehr als nur ein Freund. Manchmal schien es, Janis sei auf Jacks Freundin Nova latent eifersüchtig. Aber Janis und Jack sprachen nie darüber, ob es vielleicht einen romantischen Grund für ihren Wunsch gab, er möge dableiben. Statt dessen debattierte sie mit ihm darüber, daß sie es für verlogen von ihm hielt, nach West Point zu gehen, obwohl er Bier trank und rauchte. »Du kannst nicht ehrenvoll deine Pflicht als Soldat tun, wenn du dich so verhältst wie wir«, warf sie ihm vor.

Die Reinheit jeder Handlung bestimmte Janis' Verhalten. Wenn sie gut war, war sie sehr, sehr gut. Wenn sie schlecht war, stürzte sie ins Bodenlose. Wenn man sich nicht vollkommen einer Idee oder Tätigkeit verschrieb, war man ›verlogen‹, das schlimmste Adjektiv, das man in ihren Augen jemandem an den Kopf werfen konnte.

Der Frühling 1962 war eine Zeit des Nachdenkens über einen neuen Anfang. Die Aktivitäten der Clique aus Port Arthur und Beaumont ließen nach. Jim und Rae Langdon heirateten und bekamen ein Baby. Andere planten bereits ihr Leben nach dem letzten noch verbleibenden Jahr am College. Jack Smith sagte zu Janis: »Man kann nicht einfach nur hier herumhängen und Partys feiern.«

6

Austin, Texas

Home of the brave and land of the free
I don't want to be mistreated by no bourgeoisie
It's a bourgeois town
I got the bourgeois blues
I'm gonna spread the news all around

LEADBELLY, ›Bourgeois Blues‹

Gerüchte über ein Grüppchen aufgeweckter Leute in Austin sickerten bis nach Port Arthur. Janis wollte sich das ansehen und nahm an einem Wochenende heimlich Pops Wagen. Eigentlich hatte sie das gar nicht vorgehabt, aber etwa um Mitternacht während einer Wochenend-Party, als alle anderen sich nach Vinton aufmachten, fuhren Janis und Jack nach Austin. Jack brachte sie direkt in das Mietshaus an der Nueces Street 2812½. Es wurde liebevoll ›das Getto‹ genannt, eine Anspielung auf die selbstgewählte Außenseiterrolle der Gruppe im Universitätsleben. Janis trat durch die Küchentür einer Wohnung und fand Bier in Strömen und eine angeregte Konversation vor. John Clay, ein ortsansässiger Folkie, saß auf dem Kühlschrank und spielte Banjo. »Du hast recht, Jack«, rief sie aus. »Mir wird es hier gefallen!«

Ihr Musik- und Party-Wochenende wurde nur von gelegentlichen Anfällen verspäteter Schuldgefühle unterbrochen, weil sie ohne Erlaubnis dort war. Also säuberte sie Pops Auto von herabgefallenem Laub, als ob es ihr Vergehen wieder gutmachte, wenn sie besonders auf das Fahrzeug achtgab. Als sie nach Hause kam, mußten sie sich den Konsequenzen stellen, aber das stand zu diesem Zeitpunkt ihres Lebens eigentlich schon regelmäßig auf der Tagesordnung. Ihre lautstarken Meinungsverschiedenheiten mit den Eltern mündeten immer in die Frage: »Was willst du nur mit deinem Leben anfangen?« Dieses Problem war so gravierend, daß

Janis sie überredete, sie an der University of Texas (UT) studieren zu lassen.

Mutter und ich fuhren mit meiner Schwester nach Austin und halfen ihr ein weiteres Mal beim Umzug in ein neues College. Janis war aufgeregt und freute sich auf das, was sie dort erwartete. Sie schleifte Mom und mich begeistert zum Getto, als glaubte sie, Mutter würde diese Umgebung je als Heim für Janis gutheißen. Die Anlage bestand aus einem kleinen Haufen heruntergekommener Apartments, die für vierzig Dollar im Monat vermietet wurden und ein Mischmasch unkonventioneller Studenten anzogen, die immer zu viert zusammenwohnten und das Haus wie eine Kommune nach dem Rotationsprinzip nutzten. Mutter legte Wert darauf, daß wir eine andere Wohnung für Janis fanden. Die Universität entschied schließlich die Frage, wo Janis wohnen sollte. Wie die meisten Institutionen für höhere Bildung jener Zeit sah die Verwaltung der UT ihre Verantwortung gegenüber den Studenten in dem Konzept des ›in loco parentis‹ (an der Eltern Stelle). Sie verlangte, daß Mädchen im ersten und zweiten Studienjahr in Heimen unter Aufsicht wohnten.

Wir fanden ein angemessen vergammeltes Haus für Janis, ein großes Schindelgebäude, das dringend gestrichen werden mußte. Wie überall, wo es im insektenverseuchten Klima des Südens keine Klimaanlagen gab, war die Fliegentür mit dem Fliegengitter aus dunklem Draht versehen. Die Tür knallte und quietschte, als ich mich hinein- und hinausquälte und die Sachen meiner Schwester in deren neues Heim hinauftrug. Wie viele andere vor mir streifte ich mit der Schulter an der glänzenden, vom Alter vergilbten Farbe entlang, die die Wände des Treppenhauses bedeckte. Alles dort sagte mir, daß Janis in eine neue Welt eintrat, und ich sang im Rhythmus des Treppensteigens: »Leb wohl, leb wohl.«

In Texas hieß die UT nur *die* Universität, denn 1962 gab es hier keine andere. Sie hatte etwa vierzigtausend Studenten, vor allem Texaner, die von der geringen Gebühr – fünfundzwanzig Dollar pro Semester – angezogen wurden. Die Hochschule war im Besitz von reichem Weideland, unter dem Öl gefunden worden war, was ihr ermöglichte, zu expandieren.

Janis war die Uni ziemlich egal, aber sie war ganz wild auf die alternative Gesellschaft. Die Uni lag am Rande der malerischen texanischen Berglandschaft, Jim Langdon beschrieb sie als ›Oxford am Perdenales River‹. Die Universitätsleitung hatte allerdings nicht mit all den seltsamen Cliquen gerechnet, die durch die Aussicht auf eine gute Ausbildung angezogen wurden. 1962 waren die Stadtoberen außer sich vor Empörung und Verwirrung, weil eine kleine Fraktion gesellschaftlicher Erneuerer an der UT Fuß gefaßt hatte. Die Verantwortlichen waren so überrascht, daß sie die Aktivitäten der Gruppe polizeilich überwachen ließen. Sie fürchteten subversive Aktionen, aber alles, worauf sie stießen, waren minderjährige Trinker und Schülerstreiche.

Janis wurde von der Aussicht auf einen größeren sozialen Zusammenhalt und die kulturellen Möglichkeiten an der Universität zu neuem Leben erweckt. Sie genoß all das in vollen Zügen, wie ein einsamer Farmer, dessen Kehle von der Suche nach Wasser bereits ausgedörrt ist, als er endlich beim Brunnenbohren auf eine Wasserader stößt. Die Kunstfilme und Musik-Performances schrien es heraus: Sie hatte das Nirvana gefunden! Austin war aber nicht nur eine Universitätsstadt, sondern auch ausgesprochen texanisch. Schon die schroffe Widerspenstigkeit des Landes sorgte dafür, daß halbherzige Bildungsbürger es hier nicht lange aushielten. In Austin mußten neue Ideen sich lauthals Gehör verschaffen, wenn sie sich durchsetzen wollten.

Janis glitt problemlos in eine Gruppe, für die ungebührliches Verhalten Programm war. Ihre Partys waren berüchtigt dafür, daß sie mit fünfundzwanzig auf die Wände abgefeuerten Pistolenschüssen, demolierten Schranktüren und mit bloßen Fäusten eingeschlagenen Fenstern endeten. Zur allgemeinen Freude unbeteiligter Zuschauer wurden Leute in einen Springbrunnen auf dem Campus geworfen. Graffiti blühten aus ihren Pinseln, die, vom Alkohol beflügelt, »Oh, verfickt«, »Scheiß drauf« und den Insider-Slogan »Poddy regiert die Welt« – nach einer Comicfigur von Gilbert Shelton – an die Wände schmierten. Joe E. Brown kletterte auf ein Flachdachgebäude und schrieb »Fick dich, Himmelskönig« darauf, damit er es sehen konnte, falls er vorbeiflog.

Die neue Gruppe bestand aus einer losen Verbindung von Musikern, Schriftstellern, Cartoonisten, die für das Satireblatt *Texas Ranger* arbeiteten, und einem Höhlenforscherclub. Sie waren die Opposition, Außenseiter mit einem geschärften Sinn fürs Absurde, deren größtes Vergnügen darin bestand, sich über die Gesellschaft lustig zu machen und sie durch den Kakao zu ziehen. Ein großes Maß an Toleranz, Respekt für individuelle Unterschiede und überschäumendes Lob für Kreativität waren für die Zugehörigkeit zur Gruppe unerläßlich.

Wally Stopher, der mit der Beaumont-Gang nach Austin gezogen war, war ein markantes Symbol für jene Zeit. Er wurde ›Hafer-Willie‹ genannt und war Austins inoffizielles Maskottchen. Ein Foto von Wally, der mit einer Fliegerkappe und gepunkteter Unterwäsche in einem Eimer voll Hafer stand, bekam die Bildunterschrift: ›Vorwärts durch den Nebel‹.

Eines Abends wurde eine Gruppe von Mädchen, die sich für den Eintritt in eine Studentenverbindung vorbereiteten, in einem Haus eingesperrt; gegenüber fand eine Getto-Party statt. Janis und ihre Freunde machten sich einen Spaß daraus, die Anwärterinnen zu piesacken, und versuchten sie dazu zu bewegen, das Haus zu verlassen und zur Party zu kommen. Janis ging hinüber und sang ihnen ein paar Songs vor, und einige von den Mädchen kamen tatsächlich mit. Nach Mitternacht erschienen die Cops, wandten sich an ein paar Musiker, die auf der Veranda saßen, und fragten sie vorwurfsvoll: »Wißt ihr, daß nebenan eine arme alte Frau im Sterben liegt?« Lieuen Adkins, einer der Musiker und ein guter Freund von Janis, sagte: »Nein, aber summt ein paar Takte mit, und wir tun so, als ob.« Janis fand die Antwort zum Schreien und schrieb spontan einen Text, den die beiden später vortrugen. Janis und John Clay wurden in einem Handbuch mit Party-Tips im *Ranger* karikiert; der Beitrag trug den Titel: »Was man tun muß, bis die Cops kommen«; geschrieben hatte ihn Lieuen Adkins, die Zeichnungen stammten von Hal Normand.

Janis' Zeit in Austin fiel mit einer turbulenten Phase der amerikanischen Geschichte zusammen, die durch Rassenkonflikte und die Kubakrise geprägt war. Die Sorge über die atomare Bedrohung überschattete die meisten Gespräche. Im Bewußtsein eines jeden war immer die Frage präsent, ob sie die Zukunft, über die sie so hitzig debattierten, überhaupt erleben würden, bevor die Atombombe fiel. Die Frauen begannen damals, für gleichen Lohn und das Recht auf den Orgasmus zu kämpfen. Die Rassenintegration griff auch auf Texas über. An den Universitäten waren Schwarze zugelassen, aber wenn man sich im Rahmen eines Kurses einen Film im Kino ansehen sollte, durften sie wegen ihrer Hautfarbe nicht hinein. 1962 nahm der Staat die Rassentrennungsschilder an den Toiletten des Kapitols ab, und die Restaurants bewirteten nun auch schwarze Gäste. Diese Veränderungen veranlaßten Janis' und ihre Freunde zu heißen Party-Diskussionen und gemischtrassigen Exkursionen in die Welt der Musik. Janis gestand einer guten Freundin: »Ich wünschte, ich wäre schwarz. Schwarze haben mehr Gefühl.«

(4) GESCHREI. Dieses Spiel besteht, wie sein Name impliziert, wirklich aus Schreien. Die Regeln sind sehr einfach: Alle setzen sich auf die Veranda und schreien. Das ist alles. Alle sitzen einfach da und schreien. Das hält man durch, bis die Cops kommen. Man kann bei diesem Spiel sogar einen Wettbewerb zwischen mehreren Partys austragen: Welche lockt am schnellsten die meisten Cops an? Das dient später als nützliche Klassifizierung für Partys, wenn jemand einen fragt: »Wie war die Party am letzten Samstag?«

»Ganz nett«, sagt man dann, »es war eine Drei-Wagen-Party.«

Der Standard, an dem alle Schrei-Partys gemessen werden, ist die unsterbliche Party des Geologie-Seminarchors am 17. April 1959. Die Feiernden waren so inspiriert, daß ihr Geschrei 14 Polizeiwagen anlockte, einen Feuerwehrwagen, sechs Taxis, zwei Rettungswagen, den Hundefänger, die Heilsarmee und einen Mann aus derselben Straße, der in seinem Pyjama, ausgerüstet mit einer Hacke, auftauchte.

Janis kam voll mit aufregenden Geschichten aus Austin nach Port Arthur zurück. Sie überbrachte mir die neuesten Mode-Nachrichten aus der großen Stadt: »Man trägt jede Menge gelbe Oberteile und Hosen und Röcke aus grau-weißem Bezugsstoff.« Ich nahm mir das zu Herzen und schaffte mir bis zu ihrem nächsten Besuch ein entsprechendes Outfit an.

Sie bevorzugte einen anderen Look und hob sich damit von den typischen UT-Studenten ab. Janis und ihre Freunde trugen häufig weiße Männer-Oberhemden über Blue jeans. Manchmal bestand die Uniform auch aus einem schwarzen Rollkragenpullover, engen schwarzen Hosen und Stiefeln oder Sandalen. Janis tat sich zusätzlich mit ihrer Bomberjacke aus dem Zweiten Weltkrieg hervor, die sie mit der Innenseite nach außen trug. Sie hatte die Ärmel abgerissen, um es in der Hitze von Texas in diesem Kleidungsstück aushalten zu können; dadurch wurde das verlotterte Aussehen des abgetragenen Lammfellfutters noch verstärkt. Janis trug kein Make-up, wenn sie sich auch für Verabredungen hin und wieder etwas femininer zurechtmachte. Die meisten Mädchen an der UT hatten aufgetürmte Frisuren; der *Ranger* verspottete sie deshalb als ›Blasenköpfe‹. Janis ließ ihr Haar lang wachsen und offen herabhängen.

Ihre Gruppe lag im Streit mit den Studentenverbindungen und umgekehrt. Die gegenseitige Abneigung führte gelegentlich zu Prügeleien, ausgelöst durch so unerhörte Provokationen wie die Tatsache, daß einer von Janis' Freunden einen Schnurrbart trug. Die texanischen Studenten wußten, daß man selbst mit abgeschlossenem Studium keinen Job bekommen konnte, wenn man mit Bart zum Vorstellungsgespräch ging. Sich nach der Einstellung einen wachsen zu lassen war ein Kündigungsgrund.

All ihre Freunde bekamen ihr Fett weg, aber Janis' lebhaftes Temperament machte sie zur bevorzugten Zielscheibe der Gehässigkeiten. Jeder konnte Geschichten erzählen, wie er beim Gang durch Austins Straßen angepöbelt worden war. Janis war eine der wenigen, die zurückpöbelte. Sie war »sehr streitsüchtig und radikal feindselig«, sagte Tary Owens. Anders als Janis spickten die meisten Menschen in den Fünfzigern ihre Sätze nicht mit ›fuck‹. Janis schrie das Wort in voller Lautstärke heraus und setzte es gezielt ein, um den Spießern um sie herum eine Reaktion zu entlocken. Sie provozierte ihre Umgebung mit ihren Auftritten, obwohl sie andererseits unter der gesellschaftlichen Ächtung litt.

Welche Gruppe hatte die *richtigen* Ideen? In jener Zeit gab es wenige Menschen, die ›verrückte Ideen‹ tolerierten. Powell St. John, ein schlanker, gutaussehender und freundlicher Junge aus Laredo, Texas, der Janis' Freund, Liebhaber und musikalischer Partner werden sollte, redete oft mit ihr über die Häme, die sie von den Bürgern ernteten. »Janis«, sagte er, »du bist nicht auf diese Leute angewiesen. Du weißt doch, du bist cool und sie nicht. Was schert es dich? Warum sind sie dir nicht egal?« Sie wußte nicht, warum es ihr nicht egal war, aber sie konnte sich von dem heftigen, rechtschaffenen Zorn über die gegen sie gerichteten Kränkungen nicht freimachen.

Die Gruppe wußte, daß die bürgerliche Gesellschaft sie nicht verstand. Dennoch sorgte ein Gerücht für große Unruhe. Ein FBI-Agent war ins Getto gekommen, um Powell über einen ehemaligen Zimmergenossen zu befragen, der angeblich ein polizeiliches Führungszeugnis brauchte. Später hörten sie, daß das FBI in Wirklichkeit die Bewohner des Gettos ausforschte. Den FBI-Leuten gefiel die Bezeichnung ›Getto‹ nicht, sie beunruhigte sie. Sie fragten: »Wofür steht die Getto-Gruppe? Wer sind ihre Sprecher?« Als die Gang das hörte, wußte sie nicht, ob sie lachen oder weinen sollte. Das FBI hatte gar nichts verstanden. Die Gruppe war keineswegs politisch.

Im Sommer 1962 kaufte Ted Klein ein Haus am Lake Travis, in einem nahegelegenen Erholungsgebiet. Er gab eine Einweihungsparty mit fünfzig Getto-Bewohnern und ein paar anderen Bekannten. Es war eine ganz normale texanische Sause mit Singen und Biertrinken, bis Janis brüllte: »Laßt uns nackt baden« und sechs oder mehr Leute »den Berg hinunterrannten und sich dabei die Kleider vom Leib rissen«. Der kühle See bot in der Hitze von Texas eine angenehme Erfrischung.

Am nächsten Tag wurde Ted vom Büro des Sheriffs wegen einer Beschwerde über »eine Party voller ›nackter Beatniks‹« kontaktiert. Sie versuchten ihn einzuschüchtern, trampelten auf seinen Nerven herum und warfen sich in Pose, bis Klein sich entschuldigte und hinzufügte: »Wir haben rein aus Versehen vergessen, auf die Einladungen zu schreiben, daß die Gäste Badezeug mitbringen sollten.«

Nach wenig mehr als einem Monat in der Stadt hatte Janis sich schon so sehr hervorgetan, daß in der Studentenzeitung *The Summer Texan* vom 27. Juli ein Artikel über sie erschien. Die Überschrift lautete: SIE WAGT ES, ANDERS ZU SEIN! Pat Sharpe, eine Redakteurin von *Campus Life,* schrieb den Artikel, der mit einem Foto von Janis beim Autoharpspielen abgedruckt wurde.

Sie geht barfuß, wenn ihr danach ist, trägt Levi's im Seminar, weil sie bequemer sind, und nimmt ihre Autoharp überall mit hin, damit sie zur Hand ist, wenn sie den Drang spürt, ein Lied zu singen.

Ihr Name ist Janis Joplin, und sie sieht aus wie ein Mädchen, das ein Spießer (ihr treffender Terminus: ein ›Leadbelly‹, d. h. Bleibauch) einen ›Beatnik‹ nennen würde. [Ms. Sharpe scheint eine Äußerung von Janis über Huddie ›Leadbelly‹ Ledbetter mißverstanden zu haben, einen ihrer liebsten Bluessänger. Das Wort leadbelly wurde von Janis oder ihrer Gruppe nie als Bezeichnung für etwas anderes gebraucht.]

›Jivey‹ nennt Janis sich selbst, nicht ›Beat‹. Sie führt ein Leben, das beneidenswert ungehemmt ist.

Sie macht sich nicht die Mühe, jede Woche zum Friseur zu gehen oder die neuesten Modefetzen zu tragen, und wenn sie Lust hat zu singen, singt sie mit einer vibrierenden Altstimme.

Unausgebildete Stimme

Da sie nie Musikunterricht gehabt hat und keine Noten lesen kann [Janis sang mehrere Jahre im Schulchor und konnte sehr gut Noten lesen], ist ihre Stimme nicht ausgebildet. Aber das scheint eher ein Pluspunkt als ein Mangel zu sein, denn Janis singt mit einer gewissen Spontaneität und Lust, mit der ausgebildete Stimmen manchmal ihre liebe Not haben. Am besten ist sie bei Folksongs, die sie auf eine erdige, nasale Art vorträgt.

Zur Zeit möchte Janis Folksängerin werden, obwohl sie eigentlich den Blues vorzieht. Sie ist im Gas House in Venice, Calif., und in Port Arthur, ihrer Heimatstadt, aufgetreten. Aber erst seit sie in diesem Jahr als Erstsemester mit dem Hauptfach Kunst an die Universität gekommen ist, denkt sie ernsthaft übers Singen nach.

Sie sagt, die Menschen in Austin hätten mit Sicherheit einen besseren Draht zum Folk als die Trottel in den anderen Städten, die sie besucht hat. Erst hier hat ein Freund sie überzeugt, Autoharp zu lernen.

Autoharp

Dieses Instrument ist längst nicht so verbreitet wie das Klavier oder die Gitarre. Es ist ungefähr so bekannt wie das Glockenspiel. Auf den ersten Blick sieht es wie eine Zither aus, aber länger und schmaler und mit weniger Saiten. Am rechteckigen Ende befinden sich zwölf Tasten, die herabgedrückt werden, um Akkorde zu erzeugen.

Zur Zeit steht Janis' Karriere als Folksängerin und Autoharp-Spielerin noch am Anfang. Sie ist derzeit das weibliche Mitglied einer hiesigen Band,

die sich die Waller Creek Boys nennt. Die anderen beiden Mitglieder sind
Lanny Wiggins und Powell St. John Jr.

Getto
Wenn sie nicht an der Uni oder zu Hause sind, halten sich Janis und ihre
Freunde am liebsten in einer Wohnung auf, der sie den Spitznamen ›Getto‹
gegeben haben.

An den Wänden hängen modernistische Orginale von hiesigen Künst-
lern, und das Mobiliar spottet jeder Beschreibung. In Ermangelung einer
treffenderen Bezeichnung könnte man es zeitgenössisches amerikanisches
Mischmasch nennen.

Das Kennwort im Getto ist ›hemmungslos‹. Mann, wenn jemand nicht
hemmungslos ist, ist er bescheuert. Wann immer jemand den Drang ver-
spürt, aufzustehen und einen kleinen Spontantanz hinzulegen, steht er auf
und tut es. Und wenn er plötzlich Lust hat, ein Stück moderne Kunst ab-
zusondern, tut er das.

Schaffensdrang
Wenn ihn auf der anderen Seite die Inspiration für ein Stück Lyrik über-
kommt, sei es Beat oder etwas anderes, Mann, dann schreibt er. Wenn hin-
gegen jemand nicht wenigstens hin und wieder den Drang verspürt, etwas
Verrücktes zu tun, dann ist er ein Leadbelly.

Alle Tätigkeiten, die den Leadbellies heilig sind – wie kegeln, Twist tan-
zen oder sich die Haare aufrüschen –, sind für Cats tabu. Infolgedessen be-
schränken sich die Cats darauf, hemmungslos zu sein und stundenlang zu-
sammen Folk-Musik zu singen, was sich etwa genauso aufregend anhört
wie eine durchschnittliche Studentenverbindungsparty.

Schlagwörter wie ›zuvorkommend‹, ›swingend‹ und ›Ich kann's nicht
glauuuben!‹ werden von den Hemmungslosen mit ausgesprochener Ver-
achtung gestraft, aber gleichzeitig ist es interessant, die Häufigkeit zu
betrachten, mit der die Wörter wie ›Man‹, ›Chick‹ und so weiter in ihrem Ge-
spräch auftauchen.

Kurz gesagt, die große Mehrheit der Studenten mit der zahlreichen Min-
derheit der Beatniks zu vergleichen, hieße, einen großen Sack Kartoffeln mit
einem kleinen Sack Zwiebeln zu vergleichen. Die Zwiebeln mögen ein
wenig schärfer sein, aber dennoch sind es nur Zwiebeln.

Trotz Janis' Neigung, den Zorn der Menschen außerhalb der Gruppe
zu erregen, sagte Tary Owens, sei sie mit jedem ganz gut zurechtge-
kommen. Selbst die Wortgefechte, die sie und John Clay austrugen,

wenn sie tranken, waren Teil ihrer Beziehung. Jack Jackson, ein Buchhalter, der für den *Ranger* einen Comic mit dem Titel ›JAXON‹ schrieb, sagte: »Wenn Janis einen Raum betrat, dominierte sie ihn vollkommen.« Sie hatte eine starke Präsenz, die durch ihre unübersehbaren und von der Gang hochgeschätzten Begabungen auf künstlerischem Gebiet noch an Attraktivität gewann.

Als Janis nach Austin kam, waren ihre Interessen Malen und Musik. Eines Tages lief sie in Austin Tommy Stopher, einem Freund aus Beaumont, über den Weg. Er war von seinem Studium an der National Gallery in Washington, D.C., zurückgekehrt. Seine Technik hatte sich extrem verbessert, und Janis waren ihre Schwächen peinlich. Zur gleichen Zeit wandte sie sich von der isolierten Arbeit des Malens ab und dem Massenspektakel der Liveauftritte zu; neben dem Erlebnis, vor Publikum zu spielen, verblaßte ihre Begeisterung fürs Malen. Die Macht des Beifalls, der Adrenalinstoß und die Kameradschaftlichkeit bei der Arbeit in einer Gruppe nahmen sie gefangen.

Janis' wirkliche Ausbildung fand nicht an der Universität statt, sondern in der Musik-Szene von Austin. In jenem Sommer tat sie sich mit Powell St. John an der Mundharmonika und Lanny Wiggins an Gitarre und Banjo zusammen. Beide lebten und vergnügten sich im Getto. Sie verbrachten unzählige Stunden damit, im Hinterhof des Hauses zu sitzen und Songs zu spielen. Sie sangen Bluegrass, alte Country-Stücke, Gewerkschaftslieder und traditionellen Folk. Bald hatten sie sich ein so großes Repertoire aufgebaut, daß sie damit auftreten konnten.

Powell St. John verliebte sich Hals über Kopf in Janis. Er war zwei Jahre lang zum Reserveoffizier ausgebildet worden, bis er ausschied und sich auf sein Kunststudium konzentrierte. Er wollte nicht nur Maler sein, sondern sein größter Wunsch war es, eine einzigartige Persönlichkeit zu sein. Powell wurde von Janis' ungestümem, freimütigem Charakter angezogen. Er mochte sie, *weil* sie anders war.

Die Antikriegsstimmung wuchs, aber Janis' Gruppe war entschieden unpolitisch. Janis zeigte Verständnis für Powells Vorgeschichte und sagte ihm: »Wenn es Krieg gäbe, würde ich in einer Munitionsfabrik arbeiten, damit die Männer in den Kampf ziehen könnten.« Janis hatte durchaus eine konventionelle Seite, die neben ihrem exzentrischen Wagemut, so sehr dieser auch ins Auge stach, doch immer präsent war.

116

Ihre Romanze in jenem Sommer war kurz, weil Janis einfach kein Interesse hatte. Sie sagte Powell: »Ich tue, was ich tue, weil es ein gutes Gefühl ist, Mann.« Als ihre körperliche Beziehung zu Ende war, blieben sie gute Freunde. Sie standen sich nahe genug, daß Janis ein paar Monate später zu ihm gehen und verkünden konnte: »Weißt du was? Ich komme gerade vom Studenten-Gesundheitszentrum, und sie haben gesagt, ich hätte eine spontane Fehlgeburt gehabt. Es war dein Baby!«

Das Austin Parks and Recreation Department hielt im Zilker Park einen Talentwettbewerb ab. Es gab viele Kategorien, auch für Gesangsgruppen und Tanz. Janis, Powell und Lanny nahmen teil und gewannen in der Gesangskategorie den ersten Preis. Es ging los!

Die Gruppe sang im Cliché Coffeehouse an der Guadalupe, wo eine offene Bühne Folkmusikern die Möglichkeit bot, in den Pausen zwischen Dichterlesungen aufzutreten – ohne Gage. Die Auswahl wurde von ihrem Freund, dem Getto-Bewohner Ted Klein, getroffen.

Sie sangen zunächst donnerstags bei den von der Uni gesponserten Folk-Abenden der Studentengewerkschaft. Janis war in Austin gedrängt worden, Autoharp zu lernen, und trat nun damit auf. Powell St. John, Lanny Wiggins und Janis nannten sich The Waller Creek Boys. Ein Drittel einer ›Boys‹-Band zu sein machte Janis die meiste Zeit nichts aus. Sie sagte oft: »Ich bin halt einer der Jungs.« Manchmal tat es jedoch weh, als unweiblich zu gelten, also nannten sie sich die Waller Creek Boys featuring Janis Joplin. Powell erklärte später, wenn Janis sang, hätten keine Zweifel bestanden, daß sie nur die Begleitband waren.

Die Folk-Abende zogen alle angehenden Musiker und Sänger der Gegend an. Die Regeln besagten, daß jeder einen Song gesungen haben mußte, bevor jemand zum zweiten Mal drankam. Janis hatte Spaß am Singen, nicht am Sitzen und Warten. An einem Abend brachte es ihre Gruppe auf zwei oder drei Songs. Dazwischen schnulzte ein unaufhörlicher Strom weinerlicher Frauenstimmen ›Barbara Allen‹.

Janis haßte Konkurrenz, besonders, wenn es sich um eine attraktive Frau mit Talent handelte. Lolita war ihre größte Rivalin. Sobald diese Frau sang, drängte Janis die Jungs in ihrer Gruppe, sich auf der Bühne breitzumachen. Sie mußten versuchen, Lolitas Geträller mit ihrer harschen Intensität auszustechen. Aber Janis hatte keinen Grund zur Sorge. Die Menge liebte die Waller Creek Boys, sie gehörten ganz klar zu den talentiertesten Musikern dort.

Janis versuchte, aus ihrer Popularität Kapital zu schlagen, indem sie einen Job als Barsängerin suchte, aber die Bars suchten Frauen wie Lolita – ein hübsches Gesicht mit einer Joan-Baez-Stimme. Als Maria Muldaur einmal in der Stadt war und zu einer Getto-Party kam, blieb Janis im Hintergrund. Sie weigerte sich, zu singen und sich an dieser zierlichen Schönheit messen zu lassen, die bereits eine erfolgreiche Sängerin war.

Janis' Lieblingsstücke waren ›Careless Love‹ und ›Black Mountain‹, ein Song, den sie immer mit den Worten ansagte: »Ich singe ihn jedesmal, wenn ich singe.« Im Text ging es um das Leben auf dem Black Mountain, wo die Leute gemein waren, so gemein, daß »ein Kind dir ins Gesicht schlägt«. Am Ende des Liedes verläßt die Frau den Berg mit einem Gewehr, um sich an ihrem nichtswürdigen Liebhaber zu rächen.

Die Leute im Getto sangen ständig. Janis und Gilbert Shelton, ein begabter Musiker und Cartoonist, schmetterten oft gemeinsam alte Kirchenlieder. Wieder und wieder sangen sie das alte Lied: »You better start reading your B-I-B-L-E./There's comfort, hope, and joy in the book of G-O-D./It's there in simple language, so P-L-A-I-N,/ that the D-E-V-I-L gets those who live in S-I-N.« (»Du solltest besser anfangen, die Bibel zu lesen./Im Buch Gottes findest du Trost, Hoffnung und Freude./Es steht dort in einfacher Sprache, so leicht verständlich,/daß der Teufel die kriegt, die in Sünde leben.«)

Fast jede Art traditioneller Musik wurde von der Gruppe gesungen. Stücke von Flatt & Scruggs wurden gemischt mit Songs, die die Stanley Brothers populär gemacht hatten.

Die Folkabende, die Jazz- und Blues-Clubs auf der Ostseite der Stadt und das ständige Spielen im Getto hinterließen ihre Spuren, aber ein singender Barkeeper beeinflußte Janis am meisten. Kenneth Threadgill war ein Country-Sänger, der eine Bar für die echte Landbevölkerung führte; Lastwagenfahrer und ein paar Studenten von der UT gehörten ebenfalls zu seinen Stammgästen. In seiner Bar lebte und atmete die Realität im Rhythmus des Schwungs ihrer beiden Eingangstüren. Janis sagte, Threadgill »war alt, ein großer, dicker Mann mit einem fetten Bauch und zurückgekämmten weißen Haaren. Er stand hinter der Bar und teilte polnische Würste und hartgekochte Eier, Grand Prizes und Lone Stars aus.« Threadgill war ein Mann ohne Dünkel. Für ihn war ein Folkmusiker ein New Yorker in Bermuda-Shorts. Er hielt sich nicht für einen Teil des Folk-Revivals. Ihm lag die Country-Musik am Herzen, die er immer gekannt hatte. In den Augen seiner Bewunderer vom College spielte er die Rolle des ›Echten‹, er verkörperte für sie die authentischen Wurzeln jener Musik, über die sie alles wissen wollten.

Threadgills Bar in einer umgebauten Tankstelle war die erste in Texas, die nach der Aufhebung der Prohibition eine Alkohollizenz bekam. Tabakqualm hatte die geweißten Wände verfärbt, die die Geschichte der Barkundschaft erzählten. Die obligatorische Jukebox war purer Threadgill: *Alle* Platten waren von seinem Lieblingssänger, Jimmie Rodgers. Der Raum war voll von zusammengewürfelten Tischen und Stühlen, und auf der einen Seite befand sich eine alte Bar aus schönem Holz. In der hintersten Ecke war eine kleine Bühne. An den meisten Abenden konnte Threadgill hinter der Bar hervorgelockt werden, um ein paar seiner liebsten Jimmie-Rodgers-Stücke zu singen. Er »legte die Hände auf den Bauch, lehnte den Kopf zurück und jodelte wie ein Vogel ...«

Jimmie Rodgers machte Country populär, er schuf den Nashville-Sound und brachte Jodeln zu internationalem Ansehen. Der Musiker reiste nicht viel, sein Erfolg basierte fast ausschließlich auf seinen Platten. Rodgers war der erste, der in die Country Music Hall of Fame aufgenommen wurde. Er sang über Eisenbahnen und Wandern und verlorene Liebe und war berühmt für seine tränentreibenden Lieder über Mom und Dad. Der ›Singing Brakeman‹, der singende Bremser, wie er auch genannt wurde, bediente sich rückhaltlos bei den Schwarzen, bei Blues-Texten und der Stimmung von Klageliedern. Durch Threadgills Rodgers-Verehrung lernte Janis noch mehr über die leidenschaftliche Hingabe an einen musikalischen Stil.

Einmal pro Woche, meistens mittwochs, ließ Threadgill ein paar Bluegrass-Musiker auftreten. Diese Tradition war 1961 von einem englischen Professor namens Bill Malone und vier seiner Abschlußstudenten begründet worden. Viele begabte Musiker an Mandoline, Gitarre, Banjo und Mundharmonika traten dabei auf. Später übernahm Threadgill die Veranstaltung, und 1962 dominierte Janis' Clique sie. Jede Band erhielt pro Abend zwei Dollar und soviel Bier, wie sie trinken konnte. Kens Zahlungsweise brachte Janis dazu, Gitarre zu lernen. Wenn sie sich selbst begleitete, mußte sie das Geld nicht teilen. Ein anderes Problem war natürlich, daß sie in Texas immer noch nicht volljährig war und Threadgill sich streng an die Vorschrift hielt, keinen Alkohol an Minderjährige auszuschenken.

Threadgill erzählte Janis, wie es war, in Fernfahrerkneipen zu spielen, sich mit der Prohibition rumzuschlagen, und von den vielen Musikern, die er dadurch kennengelernt hatte, daß er seit den vierziger Jahren eine Live-Musikkneipe betrieb. Er erkannte, daß sie ein außerordentliches, aber noch ungeschliffenes Talent war, und nahm ihr gegenüber eine Art Vaterrolle ein. Kein Kommentar ihrer Freunde war ihr soviel wert wie sein Lob. Er sagte: »Du kannst es schaffen, Janis. Du hast es in dir.«

Auch Mrs. Threadgill schloß Janis in ihr Herz und ergänzte Kens musikalisches Lob um eine mütterliche Komponente. Mrs. Threadgill setzte Janis hin und bürstete ihr ungepflegtes Haar. »Zeig doch, wie hübsch du bist«, lautete ihr Rat.

So sang Janis mehr und mehr. Obwohl Threadgill meistens Country- und Bluegrass-Stücke hören wollte, ließ er sie auch in eine Blues-Nummer rutschen, wenn sie auf der Bühne war. Die Melodien, die Janis auswählte, erlaubten der Kraft ihrer Stimme, sich den Tönen zu unterwerfen und sie durch ihren Körper zur Resonanz zu bringen. In ihrem Kopf erzeugten sie ein Echo wie der pulsierende Gong in einem buddhistischen Tempel. Ihr Talent hatte es ihr endlich ermöglicht, den Respekt und die Anerkennung von Rednecks und Lastwagenfahrern zu gewinnen – von Menschen also, die sie sonst ausgelacht hätten.

Die Musik, die in Threadgills Bar gespielt wurde, hatte tiefe Wurzeln. Es war eine Mischung aus Eisenbahnliedern, Blues, den Folksongs der Carter Family und Country and Western aus den zwanziger, dreißiger und vierziger Jahren. Gepaart mit Rhythm and Blues, legten diese Stile den Grundstein für die Rockmusik, die die Sechziger später hervorbringen sollten. Zu Janis' Zeit in Austin gab es schon Rock, aber er war musikalisch einfach und textlich banal, verglichen mit dem, was später passierte. Während jener Zeit fanden sich die ernsthaft interessierten und die besten Musiker noch in der Folk-Szene.

Die Folk-Musiker erwarteten von ihrem Publikum, daß es sich mit den Songs identifizierte und emotional reagierte. Die Künstler waren darauf angewiesen, daß die Zuhörer sich im Rhythmus wiegten, klatschten und mitsangen. Folk erlaubte der Jugend, die Erfahrungen der Gegenwart im Kontext der Geschichte zu sehen. Diese historische Kontinuität und die Bestätigung, die sie bot, waren lebenswichtig für die Fähigkeit der Musik, das Herz und den Intellekt ihrer Hörer zu fesseln.

Austin war den Wurzeln dieser Musik sehr nahe. Die kommerzielleren Bands wie das Kingston Trio unterschieden sich merklich von dem rauhen, direkten Stil, den Janis in Austin sang. Nur ein einziger erfolgreicher Musiker gewann den Respekt der Gruppe aus Austin: Bob Dylan. Janis glaubte lange Zeit an Dylan und dachte, er und die Folk-Musik seien die definitive Antwort auf ihre Frage nach der ›richtigen‹ Musik.

Aber der Folk war nur ein Schritt auf ihrem Weg zur Entdeckung der verborgenen Aspekte des Lebens, die Janis unbedingt finden wollte. Später beschrieb sie ihre Situation so: »Es gab eine Zeit, wo ich alles wissen wollte. Ich war eine Intellektuelle. Gefühle machten mich sehr unglücklich.« Ihre intellektuelle Gang in Port Arthur hatte unbewußt die in unserer Kultur vorherrschende Trennung des Intellekts von den Gefühlen und den spirituellen Aspekten des Lebens übernommen. Selbst wenn sie Musik hörten, analysierten Janis und ihre Freunde sie mit dem Verstand. Diese Widersprüchlichkeit durchzog Janis' Leben, bis sie auf die Gruppe in Austin stieß. In Threadgills Bar fand sie die emotionalen Wurzeln der Musik und damit auch einen Weg, ihre Gefühle auszudrücken – indem sie den Blues sang. Blues ersetzte sogar Dylans Folk-Stil, er erlaubte Janis, die Fülle des Lebens zu zelebrieren, anstatt Spontaneität mißtrauisch abzulehnen, wie die angelsächsisch geprägte Kultur das predigte. Musik war eine unwiderstehliche Erfahrung, und Folk erzählte die Geschichten des Alltags. Er war zutiefst demokratisch, indem er den Wert eines jeden Individuums pries. Musik und die Bühne waren das Transportmittel, die Reaktion des Publikums der Reiseführer. Die Blinden führten die Blinden.

Daß dies so spontan in Texas passierte, ist kein Zufall. Texas war einer der letzten Außenposten des ursprünglichen amerikanischen Geistes. Große Träume waren Teil der Kultur, zusammen mit dem inbrünstigen Glauben an die Fähigkeit des einzelnen, zu handeln und die Früchte seines Handelns zu ernten. Das ungebrochene Beharren auf den Grundlagen des amerikanischen protestantischen Glaubens ließ die texanische Gesellschaft Jahre hinter den Veränderungen zurückbleiben, von denen der Rest des Landes betroffen war. Schon geographisch war Texas weit von New York und Los Angeles entfernt. Auf ihrer Insel im tiefsten Hinterland, völlig unbeleckt von Erfahrungen mit der Ellenbogengesellschaft, die in den großen Städten regierte, hegten Janis' Freunde hochfliegende Träume vom Erfolg. Eines ihrer Ziele war gesellschaftliche Veränderung. Sie erwarteten von ihrem Land, daß es war, wie es ihrer Meinung nach sein sollte. Sie forderten die sofortige Auferstehung Camelots!

Die Ansichten der Gruppe wurden durch die gesellschaftskritischen Kommentare des *Texas Ranger* verbreitet, Satiren auf die Verrücktheiten der etablierten Kultur. Janis' Freunde kleideten ihre Vorwürfe in eine humorvolle Sprache, nicht in wütendes Geschrei. Der 1923 gegründete *Ranger* war ein frühes Beispiel einer endlosen Folge von Satiremagazinen, die Anfang der Sechziger an den Universitäten erschienen. Er war das beste und wurde von den Redakteuren der College-Satirezeitschriften im ganzen Land auf Platz eins gewählt. Hinter dem Erfolg der Zeitschrift stand das Engagement ihrer Macher, deren gemeinschaftliche Hingabe an das Projekt – bei armseliger oder überhaupt keiner Bezahlung – sich allein auf die Liebe zur Arbeit und zueinander gründete.

Bill Helmer, der scharfsinnige Redakteur der Jahre 1959/60, sagte: »[Wir] haben den *Ranger* von einem exklusiven, elitären Magazin zu einem populären, kommerziellen Magazin gemacht.« Die Zeitschrift wurde von einem Verlag namens Texas Student Publications herausgegeben. Der Redakteur wurde nur ein Jahr lang beschäftigt. Normalerweise hätte das eine Rotation innerhalb der Redaktion bedeutet, doch 1962 hatte es zur Folge, daß der Job innerhalb einer Gruppe weitergereicht wurde und die Redaktion aus altgedienten und äußerst fähigen Mitarbeitern bestand.

Janis wurde Zeugin der Entwicklung eines sozialen Phänomens, als die Auflage des *Ranger* von fünftausend auf fünfundzwanzigtausend stieg. Ein Versuch der Universitätsleitung, den *Ranger* zu zensieren, trug maßgeblich zu diesem sprunghaften Anwachsen der Popularität bei. Anlaß des Zensurversuches war die Kontroverse über ein Gedicht, mit dem angeblich das Recht auf Meinungsfreiheit mißbraucht worden war: »Der Bäcker, der Schlachter, der Kerzenständermacher. Warum nicht ich?« Die Obrigkeit war der Meinung, das Wort Kerzenständer sei auf obszöne Weise verwendet worden, die Autoren dagegen hielten es für ein lustiges Wortspiel.

Die steigende Auflage des *Ranger* lehrte Janis eine wirkungsvolle Strategie, um sich gekonnt in Szene zu setzen: Skandale leisteten gute Dienste für den künstlerischen Durchbruch. Der *Ranger* war ein ebenso wichtiger Impuls für Janis' Entwicklung wie ihre Erfahrungen mit dem Folk.

Janis brachte ihre Lieblingsseite der Septemberausgabe des *Ranger* mit nach Haus, als sie zu Besuch kam. Sie klebte stolz einen von Gilbert Sheltons Cartoons an die Wand. Er traf den Nagel auf den Kopf; die Beziehung seines Malers zum Modell illustrierte treffend Janis eigenen Unmut über die Gesellschaft.

Shelton, der Chefredakteur des Magazins, war in Austin berühmt für seinen ›Wunder-Warzenschwein‹-Comic mit einer Art Underground-Superman namens ›Schwein aus Eisen‹. Foolbert Sturgeon verwandelte sich in das Schwein, »den kampfeslustigen, furchtlosen, großmäuligen Wächter der Gerechtigkeit«, während seine quellenden Muskeln durch den Anzug brachen, den er bei seinem Alltagsjob trug.

Während die Gruppe in Port Arthur eher mit sich selbst beschäftigt gewesen war, lautete das Motto der Freunde in Austin nach Jack Smith: »Wozu diese Sache auch gut sein mag, laßt sie uns auf den Kopf stellen.« Spaß und Spannung waren ihr Ding. Sie kehrten in ihrem Leben das Unterste nach oben und schreckten ihre Zuschauer für einen Moment aus dem Alltagstrott auf.

Vielen Kulturen ist der Clown heilig. Ein gutes Beispiel hierfür sind die Legenden der Navajo-Indianer über den listigen Koyoten, der die ehrgeizigsten Anstrengungen des Menschen vereitelt und ihm eine Lektion in Bescheidenheit erteilt. Janis' Umfeld bestand aus Schwindler-Koyoten, die die Lektion der Navajo-Kultur den Anglos erteilten. Einige Indianer spielten mit vertauschten Rollen, sie wuschen sich mit Schmutz und trockneten sich mit Wasser ab, nur um die Menschen zum Nachdenken zu bringen. Die Gefahr, daß man sich auf die Routine konzentrierte und darüber das Grundlegende verpaßte, war sehr groß. Indem sie die Langweile durchbrach, eröffnete die Gruppe anderen neue Sichtweisen. Der *Ranger* schenkte Janis die Gabe des Clowns und des Koyoten.

Es muß wohl der Koyote gewesen sein, der Janis 1962 als Häßlichsten Mann des Campus nominierte; mit diesem Ulk-Wettbewerb wollte eine Studentenverbindung ihre Kasse auffüllen. Für einen Tag errichteten die Angehörigen der Verbindung eine Bühne auf dem Campus und schrieben Namen an eine große Tafel. Jede Stimme kostete einen Vierteldollar, und die Studentenverbindungen konkurrierten zum Spaß darum, daß ihr Mann gewinnen sollte. Traditionell wurden Persönlichkeiten der Uni nominiert, zum Beispiel sämtliche Dekane und so weiter. Janis' Bande von Scherzkeksen betrachtete den Wettbewerb als Herausforderung, sich in Szene zu setzen. Eine Frau als Kandidatin für den Wettbewerb um den Häßlichsten Mann aufzustellen wäre die perfekte Verarschung! Jack sagte,

Janis zum Häßlichsten Mann zu küren sei so gewesen, als würde die Rice University einen Kühlschrank zur Ballkönigin wählen – was einige Jahre nach Janis' Studium in Austin auch tatsächlich geschah. Und er ergänzte, Janis habe sich aus Jux selbst nominiert. Andere waren der Meinung, es sei die billige Rache eines Mitglieds der Studentenvereinigung gewesen, das Janis sexuell provoziert hatte.

Janis selbst beklagte sich in einem späteren Interview bitter über ihre Rolle in diesem Wettbewerb: In Austin habe man sie damals nicht zu würdigen gewußt und sie sogar zum Häßlichsten Mann des Campus wählen wollen! Nun, Janis gewann nicht, auch wenn sie gut im Rennen lag. Ihre Freunde erzählten widersprüchliche Geschichten. Mehreren war der Wettbewerb als guter Witz in Erinnerung geblieben, aber Powell St. John wußte noch, daß Janis mit Tränen in den Augen zur Studentengewerkschaft kam, weil sie Stimmen erhalten hatte. Auch wenn alles als Parodie und Scherz gedacht war – für Janis war es eine schlimme Erfahrung.

Janis hatte dieselben emotionalen Bedürfnisse wie jedes heranwachsende Mädchen: sie wollte geliebt und akzeptiert werden, so wie sie war. Aber sie lebte das Leben des Wunder-Warzenschweins als ›kampfeslustige, furchtlose, großmäulige‹ Frau. Sie kopierte die Verhaltensweisen, die ihre Freunde beim Wunder-Warzenschwein beklatschten, aber sie weigerte sich zu akzeptieren, wie andere auf ihre weibliche Kratzbürstigkeit reagierten. In ihrem Herzen war sie genauso weich und liebevoll wie jede andere Frau.

Ihre männlichen Freunde in Austin behandelten sie als Frau, nicht nur als ›einen der Jungs‹, der sie in Port Arthur gewesen war. Sie hatte Liebhaber, zuerst Powell St. John von der Band und später Bill Killeen, einen Redakteur des *Ranger*. Bill war ein cooler, empfindsamer, intelligenter, einen Meter achtzig großer dünner Mann mit dunklen Haaren und Augen. Er stammte aus Massachusetts, war früher Mitarbeiter eines Satiremagazins an der Oklahoma State University gewesen und platzte in einem klapprigen 1950er Cadillac Superior, einem Leichenwagen mit rotsamtenen Polstern, nach Austin hinein. In diesem Wagen fuhr er Frauen zu seltsamen Stelldicheins auf Friedhöfen. Janis lernte Bill auf einer Party bei Gilbert Shelton kennen, bei dem Bill wohnte. Sie gingen in ein Restaurant in der Nähe des Kapitols und sahen zu, wie eine Fledermaus herumflog und die speisenden Gäste terrorisierte. Janis fand das ungeheuer lustig. In jener Nacht schliefen sie auf dem Rasen des Kapitols in der Nähe eines Denkmals. Ein Wächter unternahm einen schwachen

Versuch, sie wegzuscheuchen, aber sie stellten nicht viel an, knutschten nur, und so machte er sich bald davon.

Die Romanze wurde dadurch kompliziert, daß keiner von beiden einen Platz hatte, an dem sie ungestört Zärtlichkeiten austauschen konnten. Janis wohnte in einem Heim, in dem männliche Besucher verboten waren, und Killeen hatte gerade Krach mit Shelton. Da tat ein Freund namens Wynn Pratt Janis einen Gefallen. Sein Vater war Professor an der UT und besaß ein leerstehendes Mietshaus. Wynn gab ihnen den Schlüssel. Im September und Oktober wohnten sie dort.

Eines Abends gaben sie eine Party, die laut genug war, um die Aufmerksamkeit der Polizei zu erregen. »Wer wohnt hier?« fragten die Cops. Killeen sagte: »Ich.« – »Und wie heißen Sie, bitte?« wurde er gefragt. »Foolbert Shelton«, antwortete er; das war das Pseudonym des Wunder-Warzenschweins. Es machte Bill Spaß, die Obrigkeit zu verspotten. Er fuhr ohne Führerschein, berichtete der *Ranger*. »Wozu brauche ich einen Führerschein? Ich kann auch ohne gut fahren.« Er war lustig, ernst und redegewandt, und Janis liebte ihn.

Für Bill war Janis eine faszinierende Alternative zu den meisten Mädchen, die er kannte. Sie hatte mehr Antriebsstärke und Lebenslust, sie wollte Spaß haben, und er war ein zu allem bereiter Gefährte. Janis wollte nichts versäumen. Als er ihr aus einem Zeitungsartikel vorlas, LSD würde die Menschen dazu verleiten, von Häusern zu springen, bemerkt er: »Mit dem Zeug will ich nichts zu tun haben.« Janis sagte: »Also, ich will sofort was davon.« Janis war schwerer als in ihrer Highschool-Zeit, sie wog vielleicht dreiundsechzig Kilo und hatte ein rundes Gesicht, das durch die Art, wie sie ihr Haar trug, noch runder erschien; ihre Vorliebe für weite Kleidung ließ sie noch fülliger erscheinen, als sie tatsächlich war.

Bei Bill lebte Janis ihre feminine Seite aus. Sie machte sich fein, frisierte ihr Haar und zog Schuhe mit hohen Absätzen an, als sie mit einem befreundeten Paar zum ersten Football-Spiel der Saison, UT gegen Oregon, gingen. Hinterher veranstaltete der *Ranger* eine Party, und gegen Ende des Spiels grummelte Janis: »Warum zum Teufel bin ich überhaupt hergekommen? Wenn wir zur Party kommen, ist bestimmt nichts mehr zu trinken da.«

Janis und Bill machten zusammen mit Gilbert Shelton und Karen Kay Kirkland einen Wochenendausflug in die Grenzstadt Nuevo Laredo. Es war eine schöne Zeit, obwohl Karen beinahe eine Prügelei verursachte, als sie ein paar mexikanische Rowdys ›Angeber-Ärsche‹ nannte.

Janis' Beziehung zu Bill zerbrach – nicht allein durch den Verlust der Gratis-Wohnung. Der letzte Anstoß war das Football-Wochenende zwischen UT und der Oklahoma University. Es war ein knallhartes Lokalderby, für das die Studenten zum Spiel mit anschließender Sauftour extra nach Dallas fuhren. Janis wollte zu der Party gehen, Bill nicht. Trinken interessierte ihn nicht. Janis fuhr mit anderen hin, und als sie zurückkam, hatte Pratt senior sie aus ihrem Liebesnest geworfen, und Bill schlief auf einer unbeheizten Veranda. Es gab keinen Platz mehr für ein romantisches Beisammensein. Sie zog zurück in das Heim, für das unsere Eltern die ganze Zeit bezahlt hatten.

John Clay war ein Mann, dessen journalistischer Stil in der Oktoberausgabe des *Ranger* so beschrieben wurde: »Texanisch, langsam und mit gutturalem Akzent zu lesen…« Er sagte, die Beziehung zwischen Janis und Bill sei zuerst der siebte Himmel gewesen. Janis war Bills Mädchen. Er war stark und älter und hielt sie laut John ›im Zaum‹. Auch eine Romanze mit einem aus der Gang führte also noch immer zu der vagen Vorstellung, ein Mann müsse seine Frau im Zaum halten. Und was lernte Janis daraus?

Außerhalb einer festen Beziehung betrachtete Janis sexuelle Eroberungen als Party-Sport. Eines Abends bei Threadgill machte sie sich einen Spaß daraus, mit einem Mitglied der Studentenverbindung zu flirten. Wahrscheinlich war es dieser Flirt, der später beim Häßlichster-Mann-Wettbewerb eine Rolle spielte. Er folgte ihr zurück ins Getto, während die Party weiterging. Im Gehen warf er seinen Kumpeln von der Studentenverbindung einen Blick zu, der besagte: »Na, wie hab' ich die rumgekriegt?« Doch dann machte sich Janis aus dem Staub und ließ ihn mit mächtig angeknackstem männlichen Stolz stehen.

Sexuelle Experimente beinhalteten für Janis auch Beziehungen zu Frauen. Als sie zu einer Gruppe ihrer Freunde, unter anderem Ted Klein, in die Studentengewerkschaft geschlendert kam, verkündete sie: »Ich habe beschlossen, lesbisch zu werden.« In Anbetracht ihres offensichtlichen Appetits auf Männer brachen alle in schallendes Gelächter aus. »Ihr werdet schon sehen«, konterte sie auf ihre Witze. Die anderen wünschten ihr Glück für ihren Entschluß. Ein paar Tage später kehrte sie zu der Clique in der Gewerkschaft zurück und wurde nach ihren lesbischen Erfahrungen gefragt. Wie sich Ted

Klein erinnerte, zuckte Janis »mit den Schultern, murmelte ein ziemlich neutrales ›mmmh‹ und fing wieder an, die Jungs zu kneifen«.

Es gab einige Frauen in der Gruppe, die als homosexuell galten, allen voran die kleine, muskulöse Juli Paul. Jeder akzeptierte sie, möglicherweise auch, weil sich die Gruppe darin gefiel, durch den Umgang mit Juli ihre eigene Unkonventionalität zu unterstreichen. Juli war freundlich, weichherzig und besonnen. Sie konnte aber auch aggressiv sein und neigte zu heftigen Gefühlsausbrüchen, besonders, wenn sie trank.

Juli Paul beschrieb ihr erstes Treffen mit meiner Schwester so: »Als ich Janis zum ersten Mal sah, fuhr ich die Rennstrecke runter, die Guadalupe. Janis, Lanny und Powell gingen mit Mundharmonika und Banjo vorbei. Ich mußte einfach anhalten und sehen, was sie vorhatten, wo sie hingingen. Und ich bin sicher, daß es Janis mit ihrer derben Stimme war, die sagte, sie wären auf dem Weg zu einer Party, ob ich nicht mitkommen wollte.«

Ihre Beziehung war dauerhaft und stürmisch – manchmal waren die beiden ein Liebespaar, manchmal nur Freundinnen. Die Skala reichte von der Bekundung, sie seien ›Freunde fürs Leben‹, bis hin zu besoffenen Schreiereien. Eines Abends war Juli sehr betrunken. Janis war mit ihr im Getto. Sie lieferten sich ein Wortgefecht in mehreren Runden, und Janis nannte Juli schließlich unecht und verlogen. Das war zu viel! Juli stolperte Janis in ihrem blinden, wutschäumenden Rausch hinterher, um sie zusammenzuschlagen. Sie jagte sie durch die Apartments, bis Janis entwischte. Juli begann damit, jedes Apartment zu durchsuchen, und brachte die Leute zur Weißglut, weil sie ihnen die Stimmung des entspannten Beisammenseins verdarb. Die Situation schaukelte sich hoch, und ein paar Kabbeleien später fiel Juli die Treppe hinunter. Myra Friedman schrieb in *Buried Alive – Janis Joplin*, Janis habe Juli die Treppe hinuntergestoßen. Es gibt aber auch Leute, die sich daran erinnern, daß jemand anders ihr den schicksalhaften Schubs gegeben hat. Wie auch immer, Juli landete am Fuß der Treppe, überrascht und verschrammt, aber okay.

Stan Alexander aus der Gang von Austin sagte, Juli sei »wild, aber interessant (gewesen), eine verlorene Seele«. Janis erzählte ihm, sie und Juli seien nach Port Arthur getrampt. Mitfahrgelegenheiten zu organisieren war die Stärke der beiden, sie trieben es so weit, sich auf den Highway quer über die Fahrbahn zu legen, damit die Leute anhielten und sich ihre Bitte anhörten. Die Gang in Port Arthur

26 Janis (links) verkleidete sich gern mit den Mädchen aus der Nachbarschaft.

27 Seth und seine Kinder vor einer Hekke, die er an einer Kuhweide gegenüber ausgegraben und im Hinterhof wieder eingepflanzt hatte. Janis war damals dreizehn.

28 Großvater Seeb Joplin mit seinen drei Enkeln bei einem Besuch in Port Arthur, etwa 1957. Janis war damals ungefähr vierzehn Jahre alt.

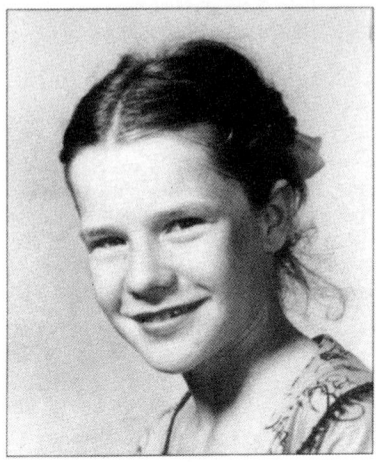

29 Janis auf einem Schulfoto, wahrscheinlich in der neunten Klasse.

30 Janis (zweite von links) nutzte ihr künstlerisches Talent, um gegnerische Mannschaften bei Schulsportveranstaltungen in Angst und Schrecken zu versetzen. Hier rüsten sie und ihre Freunde sich für ein bevorstehendes Football-Spiel. Die zweite von rechts ist unsere Freundin Kristen Bowen.

31 Janis vor einer Federzeichnung, die sie während ihres Ferienjobs in der Bibliothek von Port Arthur anfertigte. Sie zeichnete Plakate für die Schwarzen Bretter der Kinderbuchabteilung.

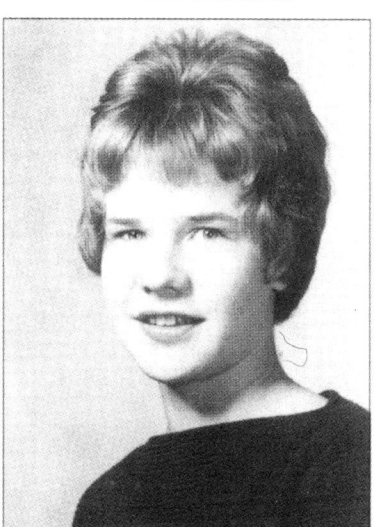

32 Im Sommer nach der neunten Klasse wurde Janis (zweite von links) Mitglied des Port Arthur Little Theater. In *Sunday Costs Five Pesos* spielte sie ein junges Mädchen.

33 Janis' Foto aus dem Jahrbuch der ersten Klasse an der Highschool. Nach dem Vorbild der Beat-Künstler trug sie oft Schwarz. Sie zog mit ein paar Jungen herum, die Folk und Jazz hörten und über intellektuelle Themen diskutierten.

34 Großvater Joplin kam 1960 nach seiner zweiten Heirat zu Besuch. Janis war damals in der letzten Klasse der Highschool. Sie trägt eines ihrer Lieblingskleider.

35   Ein Fotostudio-Porträt aus den Jahren 1960/61, als Janis zum Lamar State College of Technology im nahe gelegenen Beaumont, und zum Port Arthur Business College ging.

37   Janis lebte im Sommer und Herbst 1961 vorübergehend in Los Angeles und Venice. Anfangs wohnte sie bei den Schwestern unserer Mutter. Hier sitzen sie am Tisch ihren Töchtern gegenüber. Von links: Jean Pitney, Mildred »Mimi« Krohn, Janis, Barbara Irwin und Donna MacBride.

36   Janis posiert in Kalifornien zum Spaß als ultimatives Beach-Girl.

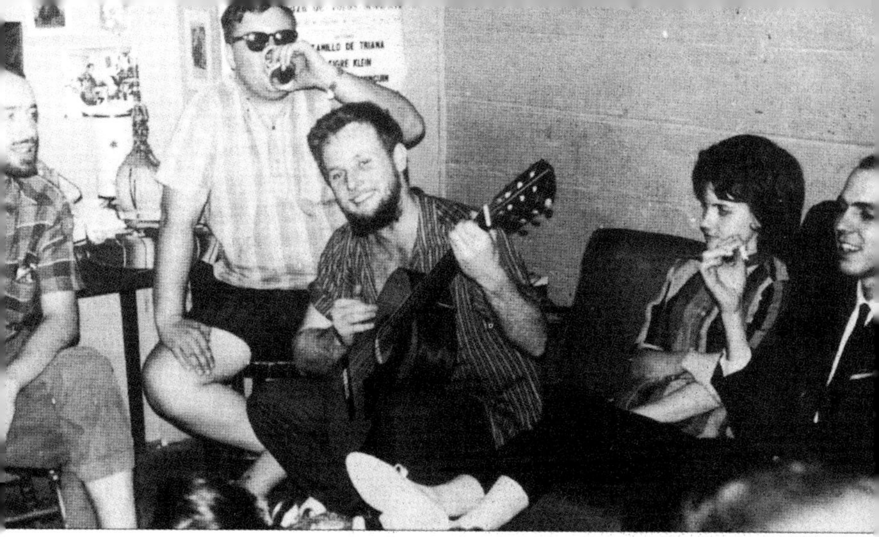

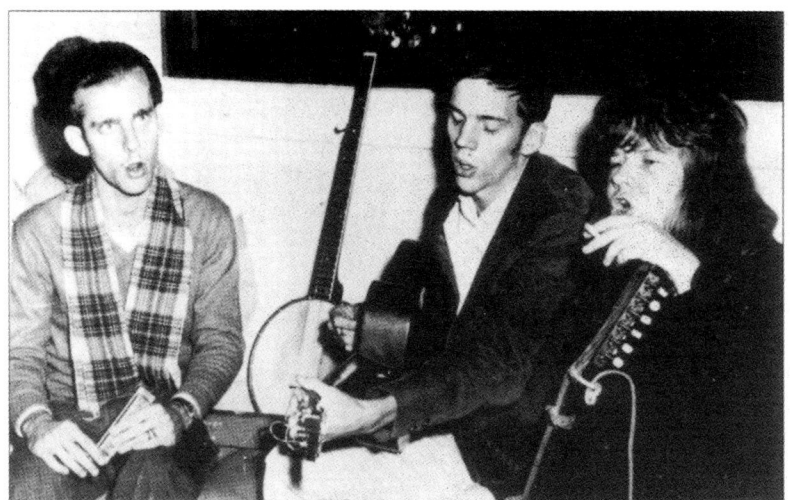

38 An der University of Texas zog Janis mit einer Gruppe von Folkmusikern und Schreibern der Zeitschrift *Ranger* herum. Sie trafen sich oft in ihren Apartments mit dem Kosenamen »das Getto«. Hier sieht man in Ted Kleins Getto-Apartment von links nach rechts: Ted Klein, Ray »Papa« Hansen, Gilbert Shelton sowie Pat und Bill Helmer.

39 LINKS: Im Sommer 1962 schrieb sich Janis an der University of Texas in Austin ein. Ihr Hauptfach war Kunst, aber sie verbrachte die meiste Zeit in der aufkommenden Folk-Szene. Sie lernte Autoharp und fiel so auf, daß in der Studentenzeitung *Summer Texan* ein Artikel über sie mit der Überschrift SIE WAGT ES, ANDERS ZU SEIN erschien.

40 Oben: Mittwoch abends sang die Gruppe bei den Universitäts-Folkabenden. Hier ist Janis bei einem Auftritt mit Powell St. John und Lanny Wiggins zu sehen.

41 Donnerstag abends sangen Janis und ihre Freunde aus Austin oft in Ken Threadgills Bar, einer umgebauten Tankstelle am Stadtrand.

42 Kenneth Threadgill erhielt nach der Aufhebung der Prohibition die erste Alkohollizenz in Austin und begann, Alkohol auszuschenken und ortsansässige Musiker auftreten zu lassen. Durch seine jahrelange Erfahrung bot er Janis das Wissen und die Unterstützung, die sie brauchte.

43 Janis zog im Januar 1963 von Austin nach San Francisco. Sie hielt sich mit Gelegenheitsjobs über Wasser und führte auf der Suche nach sich selbst das Leben eines Beatniks. Ihre ersten professionellen Konzerte gab sie in den dortigen Clubs.

44 Janis besuchte uns auf der Durchreise und brachte mir Gitarrespielen bei. Hier trägt sie die typischen Beatnik-Klamotten.

45 1965 kehrte Janis nach Hause zurück, nachdem sie in San Francisco schlimme Erfahrungen mit Drogen gemacht hatte. Mädchenhaft probierten wir stundenlang neue Frisuren, Make-up und Kleider aus.

46 Janis zeichnete diese flüchtige Skizze ihres Klassenkameraden und Freundes Rooney Paul in der zweiten Klasse der Highschool.

47 Ich bettelte Janis an, mich zu porträtieren, in der Erwartung, daß sie mich wie eine Südstaatenschönheit vor einem Kamin darstellen würde. Statt dessen malte sie das, was sie sah: eine gelangweilte Elfjährige.

48 Im College schwärmte Janis besonders für Modigliani. Dieses Bild, das jahrelang im Eßzimmer unserer Familie hing, malte sie in seinem Stil.

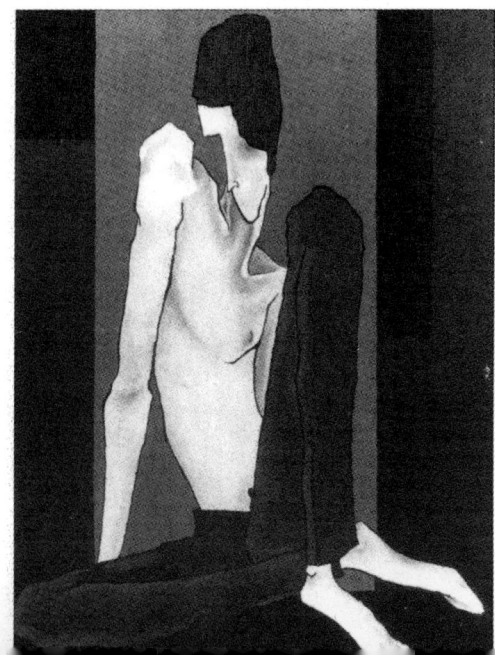

nahm Juli keineswegs mit offenen Armen auf. Die rauhen Manieren, mit denen Juli sie konfrontierte, fanden zumindest einige abstoßend.

Zwischen Austin und den Außenposten der Gruppe in Beaumont und Port Arthur herrschte ein reger Pendelverkehr. Mehrmals nahmen Freunde aus Port Arthur die Clique aus Austin mit auf eine Tour durch die Clubs in Vinton. Einmal fuhr Janis mit Wally Stopher, Dave Moriaty, Travis Rivers, Tary Owens, Johnny Moyer und Wynn Pratt nach Vinton. In alter Gewohnheit spielte sie ihre Anmachspielchen mit den Cajuns, weil sie glaubte, die Jungs aus Austin würden ihr die gleichen Dienste erweisen wie ihre frühere Clique. Aber die Austiner kannten die ungeschriebenen Gesetze des Cajun-Landes nicht. Sie hielten nichts von demonstrativ hartem Auftreten, um sich vor den Pöbeleien der Einheimischen zu schützen. Hart waren sie nur, wenn es unbedingt nötig schien.

Wynn Pratt war ein Golden-Gloves-Boxer. Als die Typen aus Louisiana anfingen, ihn herumzuschubsen, wollte er erst einlenken und einer Konfrontation aus dem Weg gehen. Sie hielten ihn für einen Feigling und drängten ihn an die Wand. Er boxte mit seiner von einem Highschool-Ring gekrönten Faust zurück und schlitzte einem seiner Gegner den Kiefer auf. Auf bestürztes Schweigen folgte ein Höllenlärm und eine Massenkeilerei. Travis versteckte sich unter einem Billardtisch, während die Gang sich ihren Weg zur Veranda der Bar bahnte. Dave und Tary saßen auf der Kühlerhaube eines 53er Chevy und beobachteten, wie irgendein Idiot versuchte, mit seinem Oldsmobile Leute umzufahren. Jemand zerschmetterte eine Bierflasche in Johnny Moyers Gesicht und brach ihm den Kiefer. In Austin erntete die Schilderung dieser Schlacht nur Stirnrunzeln und Kopfschütteln. Was früher ein großer Spaß gewesen war, begann nun zum Ärgernis zu werden.

Unter dem Einfluß von Alkohol eskalierte der Sinn für das Unkonventionelle, bis es zu echten Problemen kam. Bei den Exzessen der Gruppe spielten Drogen der einen oder anderen Art immer eine Rolle. Der *Ranger* druckte eine Geschichte mit dem Titel ›Wie man sich in Dallas betrinkt‹, die verdeutlichte, daß die Gruppe Besäufnisse nicht nur für erwünscht, sondern für notwendig hielt. Männer bewiesen ihre Männlichkeit, indem sie sich regelmäßig vollaufen ließen, und sie versprachen sich von den anschließenden Eskapaden den gesellschaftlichen Ruf rasender texanischer Bullen.

Alkohol war regelmäßig Anlaß für Geldbeschaffungsmaßnahmen und unerläßlich, um Partys in Gang zu bringen. Außerdem war er bevorzugtes Thema großmäuliger Geschichten, die hemmungslos unter den Freunden verbreitet wurden. Bier und Spirituosen verschlangen den mageren Verdienst, den die Gruppe durch den Verkauf des *Ranger* erwirtschaftete: Das Geld wurde bei der monatlichen Redaktionsparty nach Erscheinen des neuen Heftes sofort versoffen. Der Preis eines samstäglichen Fahrradrennens, das der *Ranger* sponserte, war eine Flasche Schnaps. Das Rennen war ein irrer Sprint durch die Stadt auf der Suche nach einem verborgenen Schatz: Whiskey. Zwölf Teilnehmer radelten wie die Wilden um die Polizeiwache herum, ums Capitol und um Scholz's [Bier]-Garten, immer nach dem Glitzern bernsteinfarbener Flüssigkeit unter Glas ausspähend. Gilbert Shelton gewann.

Die Währung, in der Kenneth Threadgill seine Musiker bezahlte, war Bier. Alkohol war überall, er machte aus gesunder Ausgelassenheit unbeherrschte Exzesse. Die Dinge gerieten oft außer Kontrolle. Juli Paul hielt ihren Triumph einmal in Austin auf der Straße an und stieß Janis regelrecht aus dem Wagen. Juli heizte weiter, und Janis mußte zu Fuß gehen.

Gemeinsam mit Freunden spielte Gilbert Shelton Lieuen Adkins einen Streich. Adkins hatte eine volle Ginflasche vor den gierigen Lippen seiner Freunde in Sicherheit gebracht. Sie fanden die durchsichtige Flüssigkeit in seinem Schrank und ließen sie sich schmecken. Dann ersetzten sie sie durch Wasser und warteten auf Lieuens Rückkehr. Als er zurückkam, goß er sich einen Drink ein. Ehe er einen Schluck nehmen konnte, erklärte sich Bill Killeen bereit, die ganze Flasche Gin auszutrinken, wenn Lieuen ihnen ein Essen ausgeben würde. Lieuen zog bei der Aussicht, Bill, den maßvollen Trinker, im Gin-Rausch zu sehen, die Augenbrauen hoch und willigte ein. Bill trank den ›Gin‹, aber Lieuen merkte, was los war. Dennoch lud er sie zum Essen ein. Um sich zu rächen, kaufte er eine neue Flasche Gin, leerte sie und füllte sie mit Wasser. Sie kamen ihm wieder auf die Schliche, fanden den echten Gin, tranken ihn und ersetzten ihn durch Wasser.

Ein paar Leute nahmen Peyote, das damals legal war. Draußen am Highway 183, erklärte John Clay, konnte jeder zu Hudsons Kaktusgärten gehen und Peyotepflanzen für zehn Cents das Stück kaufen. »Pflanzen im Wert von vierzig Cents ergaben eine wirksame Dosis.« Man kochte sie auf dem Herd zu einer fauligen grünen Brühe ein. Gut hundert Gramm brauchte man, um high zu werden.

Die Indianer in den westlichen Staaten der USA und Mexiko hatten seit Jahrhunderten Peyote genommen. Nach der Entdeckung durch die Weißen fand das Rauschmittel seinen Weg über die Wissenschaftler zu den Intellektuellen und von da zu den Bohemiens, ein Prozeß, der dreißig Jahre dauert. Die Psychiater glaubten, das Meskalin, der aktive Bestandteil des Peyote, simuliere Schizophrenie. Sie setzten es in der Therapie ein, um Patienten dabei zu helfen, ihre Emotionen und Visionen aus den Tiefen des Unterbewußtseins hervorzuholen. Andere sahen es als Hilfsmittel, um der rationalen Ebene der nüchternen Welt zu entkommen. Psilocybin, dem Meskalin ähnlich, wurde 1958 entdeckt und war 1961 zur Droge des Jetsets von New York geworden, der sich an Wochenenden in visionären Glanz flüchtete. Es dauerte lange, bis die neuen Trends auch in Texas ankamen, dort herrschte noch immer Peyote. Janis wird es sicherlich probiert haben, aber sie erlebte keine spirituelle Wiedergeburt, und ihr Interesse wurde noch nicht einmal ausreichend geweckt, um es öfter zu nehmen.

Marihuana wurde von einigen Leuten geraucht, aber weil es illegal war und die Gang unter Beobachtung stand, war das Paranoia-Level hoch. Meistens wurde der Joint auf der Toilette bei heruntergezogenem Rollo angezündet. Janis und Tommy Stopher gaben Powell St. John seinen ersten Joint. Er war extrem dünn, aber die drei teilten ihn ehrfürchtig. Janis und Tommy sagten, sie würden davon high, aber Powell spürte keine Wirkung.

Janis mochte Gras, weil es etwas Verbotenes war, aber Alkohol war ihre eigentliche Droge. Sie hielt sich an Bier, wie die meisten anderen. Trinken vor Erreichen der Altersgrenze war ihr häufigstes Vergehen. Alkohol war auch ihr größtes Problem. Niemand schien zu wissen, wann er mit dem Trinken aufhören mußte.

Im Winter 1962 kam ein Neuer in die Stadt: Chet Helms, ein Texaner und früherer Student der UT, der jetzt in San Francisco wohnte. Er war nur auf der Durchfahrt und schwer beeindruckt von der Qualität der Folk-Musik am Ort. Diese Musiker hatten etwas entwickelt, das in San Francisco fehlte, einen echten Roots-Sound. Die Musiker in Nordkalifornien klebten am Pop-Folk-Sound und lechzten nach Authentizität. Chet sagte Janis, in San Francisco wäre sie der Hit.

Der Funke zündete, Janis schmiedete Umzugspläne. Sie brauchte Geld, und eine Sparmaßnahme war, Nahrungsmittel nicht zu kaufen, sondern zu stehlen. Viele aus der Getto-Gang begingen gelegentlich Ladendiebstähle, die meisten aber nur um des Kitzels willen. Janis klaute gern ein Glas Maraschino-Kirschen oder ein paar T-Bone-Steaks aus dem Checker Front Store auf der anderen Straßenseite unterhalb des Gettos. Mit ihrer Beute paradierte sie dann fröhlich vor der Gang. Bill Helmer ersann eine Rechtfertigungstheorie: Man sollte Avocados klauen, die durch überhöhte Preise unerschwinglich waren. Außerdem war er der Meinung, wenn er eingelocht würde, wäre das eine gute Schlagzeile: ›FÜR AVOCADODIEBSTAHL EINGELOCHT! Wir brauchten sie für den Avocado-Dip!‹

Janis liebte die Spannung des Lebens auf dem Drahtseil zwischen dem Bekannten und dem Unbekannten. Port Arthur mag ihre Anlagen geformt haben, aber erst in Austin wurde sie flügge und entwickelte ihren eigenen Stil. Austin lehrte sie das öffentliche Auftreten, gab ihr den nötigen Auftrieb und die Anerkennung und formte ihren typisch texanischen Zynismus. Janis' Leben in Austin war das geeignete Sprungbrett. Es war der richtige Ort, den Zeh ins Wasser zu stecken und Erfahrungen zu sammeln, um bereit zu sein, wenn eine Chance winkte.

Die Beat-Szene von San Francisco

I ain't got no reason for living
I can't find no cause to die ...
I ain't got no reason for going
I can't find no cause to stay here
I got the blues
I got to find me that middle road

JANIS JOPLIN, ›No Reason for Living‹

Mitte Januar 1962, als das Wintersemester an der University of Texas zu Ende war, streckten Janis und Chet Helms ihre Daumen in den Wind und trampten nach San Francisco. Janis wollte mehr, als Austin ihr bieten konnte. Kerouacs *On the Road* war ihre Landkarte auf der Suche nach dem vollen Leben, und sie war bereits in Venice gewesen. Ihr nächstes Ziel war die North-Beach-Community in San Francisco.

Janis und Chet landeten zuerst in Fort Worth, wo Chets Eltern wohnten. Das reisende Paar wurde höflich empfangen und durfte zum Essen bleiben, aber die Sympathie der Eltern gewann Janis nicht. Ihre ungehobelte Ausdrucksweise und ihr Wilde-Frau-Gehabe stießen sie ab. Janis und Chet wurde keine Übernachtung gewährt. Sie machten sich auf den Weg zum Highway und hielten Trucker an, die nach Kalifornien fuhren. Knapp fünfzig Stunden später kamen sie in San Francisco an.

›Wand-an-Wand-Leute‹ war der Ausdruck, mit dem Nick Gravenites die Szene im nördlichen Kalifornien umschrieb. Nick war groß, sanft und voller leidenschaftlicher Gefühle, die er in plötzliche Ausbrüche kanalisierte, um seinen Standpunkten mehr Nachdruck zu verleihen. Er stand seit 1955 auf Folk. 1959 ging er von der University of Chicago nach San Francisco. Die Leute in North Beach waren denen, die Janis in Austin und Port Arthur kannte, sehr ähnlich, aber um einiges zahlreicher.

Die Szene verdankte ihre Existenz den literarischen Soireen, die Kenneth Rexroth, ein bekannter radikaler Dichter, seit den vierziger Jahren abgehalten hatte. Die Stadt auf dem Hügel und ihr kultiviertes Umfeld zog 1951 den Dichter Lawrence Ferlinghetti an. 1953 stolperte er über das, was der City Lights Pocket Book Shop werden sollte, 1955 war Ferlinghetti sein einziger Inhaber. Der Laden war von morgens bis Mitternacht geöffnet, sieben Tage die Woche – der erste Buchladen, der ausschließlich Taschenbücher führte, und das zu einer Zeit, als Hardcover noch die Norm waren. Von Anfang an wollten die Inhaber den Buchladen zum Herzstück einer intellektuellen und künstlerischen Gemeinschaft machen.

In den Fünfzigern wurden Bücher wie Sloan Wilsons *Der Mann im grauen Anzug* und William Whytes *Herr und Opfer der Organisation* veröffentlicht. In einer Zeit, in der amerikanische Konzerne jeden zweiten Dollar des gesamten amerikanischen Umlaufvermögens kontrollierten, griffen sie das Thema der bedingungslosen Hingabe an die Firma auf. Im Gegensatz zu den begeisterten Zeitschriftenartikeln über wirtschaftlichen Aufschwung hetzten sie gegen einen Führungsstil, der die Arbeiter versklavte.

In den fünfziger Jahren wurden nichtangepaßte Menschen gehaßt und gefürchtet, weil sie das Boot ins Schwanken brachten, in dem alle saßen und eifrig ruderten. Die Nicht-Angepaßten wurden vom City Lights angezogen, und eine Alternative zu bieten war schließlich der ganze Sinn des Unternehmens.

Mit einer Dichterlesung in der Six Gallery am 13. Oktober 1955 erregte die Szene von San Francisco bundesweite Aufmerksamkeit. An diesem Abend lasen sechs Dichter, als zweiter Allen Ginsberg, der aus *Howl* die Klage vortrug: »Ich sah die besten Köpfe meiner Generation zerstört vom Wahnsinn, ausgemergelt hysterisch nackt/wie sie im Morgengrauen sich durch die Negerstraßen schleppten auf der Suche nach einer wütenden Spritze ...« Jack Kerouac war da und brüllte mit dem Publikum – einer einzigen klatschenden und stampfenden Rhythmusgruppe – »Go! Go! Go!« zu Ginsbergs schnellem Geschnatter. Dies war der Wendepunkt! In welchem Maße die Gesellschaft Ginsbergs Gedicht als Herausforderung empfand, wurde deutlich, als der Zollbeamte Chester MacPhee 520 Exemplare von *Howl* bei ihrer Ankunft aus Großbritannien, wo das Buch gedruckt worden war, beschlagnahmte und das Werk für ›obszön‹ erklärte. Ferlinghetti, der Verleger, wurde verhaftet. Von diesem Moment an war Ginsberg Pflichtlektüre für jeden, der auch nur einen Funken von Kritik am Establishment in sich spürte. Der City Lights Book Shop erlangte nationale Bekanntheit.

Die Szene, die Janis betrat, wurde von einer Gruppe geleitet, die Ferlinghetti ›New Yorker Karrieristen‹ nannte. Rexroth bezeichnete sie als ›die Renaissance von San Francisco‹. Als Janis im Januar 1963 ankam, hatte die Kunstszene ihren Höhepunkt bereits überschritten. Viele von denen, die den Herzschlag der Bewegung bestimmten, waren aus North Beach an weniger überlaufene Schauplätze geflüchtet. Michael McClure, ein bekannter Dichter des Ortes, zog nach Haight-Ashbury. Lawrence Ferlinghetti nahm eine Zweitwohnung in Big Sur. Bustouren der Gray-Linie durch die Beatnik-Szene deuteten bereits auf das Ende einer vitalen Underground-Kultur, die nur aus sich selbst heraus gelebt hatte. Janis kam an einen Ort, der voll war mit Menschen wie sie selbst: Suchende aus dem ganzen Land, die von dem verlockenden Ruf der Gegend angezogen wurden. Sie kamen als Vogelfreie und suchten nach Wurzeln. Janis blieb kurze Zeit bei Chet Helms und seinen Freunden, dann zog sie weiter.

North Beach war für Janis die erste echte gemischtrassige Erfahrung, mit einem vielseitigeren Angebot an ethnischen und sozialen Gruppen, als sie je kennengelernt hatte. Es war eine der ersten Gemeinden in Amerika, in denen die Rassentrennung aufgehoben worden war. George Wallace war mit dem Slogan: »Heute Rassentrennung, morgen Rassentrennung, immer Rassentrennung!« zum Gouverneur von Alabama gewählt worden. Die Rassenintegration in San Francisco wurde in der Presse verteufelt und von der Polizei observiert. Die Überzeugungen der Menschen, die Anteil an diesem Prozeß hatten, vertieften sich dadurch nur um so mehr. Ihre avantgardistische Einstellung schweißte sie schnell zu einer verschworenen Gemeinschaft zusammen, die für die meisten auch deshalb lebenswichtig war, weil sie alle Brücken hinter sich abgebrochen hatten.

Die Beats schliefen auf Betonfußböden oder in Lofts über den Warenlagern in der Nachbarschaft und kultivierten so einen Sinn des ›Alle für einen und einer für alle‹. Wer gerade Geld hatte, sorgte fürs Essen, und jeder trug etwas dazu bei, wann immer er konnte. Janis schloß sich einer Gruppe an, die sich oft in der Wohnung ihres guten Freundes Kenai traf, eines begabten Künstlers. Kenai war Filipino, aber seine Eltern waren Diplomaten, und so wuchs er überall auf, nur nicht auf den Philippinen. Mit dreizehn Jahren ging er zur Northwestern University in Illinois. Er wechselte mehrmals das College und machte schließlich seinen Abschluß in englischer Geschichte und in Psychologie. 1956 brach er die Architekturschule ab, um Beatnik zu werden und in North Beach zu wohnen. Eine Zeitlang arbeitete er bei der Herausgabe eines Zwanzig-Seiten-Magazins namens *Beatitude* mit, das in der Bay Area verkauft wurde. Er lebte das Leben eines Künstlers, stellte geringe Ansprüche und gab alles, was er hatte, immer mit einem Lächeln auf seinem freundlichen Gesicht. Um drei Uhr morgens zog er durch die Bars und holte alle zu sich nach Haus. Die Leute brachten etwas zu essen mit, und immer ging jemand zur Bäckerei an der Ecke Union und Grant und kaufte Massen von Baguette. Manchmal waren diese Ereignisse richtige Festmahle, wenn ein Freund fünfzig Pfund Garnelen oder Hummer von seinem Job am Fisherman's Wharf spendete. Bei anderen Gelegenheiten gab es nur sehr wenig, aber was auch immer da war, es wurde mit allen geteilt.

Es gab nichts, was nicht akzeptiert wurde – außer Spießertum. Sie machten alles mit, nur um der Erfahrung willen. Im Mai 1960 wurde das erste orale Verhütungsmittel von der FDA, der amerikanischen Gesundheitsbehörde, freigegeben. Dieses Medikament der Firma Searle ebnete den Weg für die sexuelle Revolution, die Janis miterlebte.

Im August 1963 fiel Allen Ginsberg wieder in die Stadt ein. Er war in Indien herumgereist und brachte jetzt frischen Wind in die Szene: Seine Botschaft war die freie Liebe, die die Welt retten sollte. Er propagierte Sex-Orgien. Durch körperliche Vereinigung sollte die ganze Welt zu einer großen Familie verschmelzen. Experimente waren das Stichwort, egal, ob hetero- oder homosexueller Art.

Die Begeisterung darüber, Teil einer vitalen künstlerischen Bewegung zu sein, wurde durch den Gebrauch verschiedener Drogen angefeuert, die in der Beat-Szene kursierten, vor allem Speed. Speed zu nehmen bedeutete, ungleich größere Intensität zu spüren als in den alten Tagen, da Kaffee noch die verworfenste Droge gewesen war. Dieses starke, vor Koffein strotzende Gebräu hatte zur Jahrhundertwende durch den sogenannten ›Kaffeekult der Boheme‹ die Bürger in Schrecken versetzt. Die Konsumenten wurden gewarnt, das Getränk könne sie ihre Selbstkontrolle kosten und sie würden Opfer von Nervosität und Depressionen werden. Speed war ein deutlicher Fortschritt in diese Richtung.

Jack Kerouac schrieb seinem Biographen Tom Clark zufolge 1951 eine Version von *On the Road* in zwanzig kaffee- und benzedringeladenen Tagen. Der Schriftsteller folgte damit einem Konzept, das in der Gemeinschaft von North Beach entwickelt worden war: Er arbeitete und lebte eine Zeitlang relativ normal, warf dann alles hin, igelte sich mit seiner Schreibmaschine ein, schluckte Speed und schrieb wirre Erinnerungen an vergangene Lebensphasen nieder. *Big Sur*, erschienen 1962, entstand etwa auf die gleiche Weise.

Auch Alkohol war in North Beach eine verbreitete Droge. Janis vertrug mittlerweile so viel, daß auch große Mengen Alkohol wenig sichtbare Wirkungen auf sie hatten. Tatsächlich zeigte sie mit nur zwanzig Jahren bereits eine zwanghafte Beziehung zu ihrem flüssigen Freund.

The Coffee Gallery wurde einer ihrer Lieblingsläden. Sie sang oft dort, wenn das auch keine ernst zu nehmende Einkommensquelle war. Kenai ließ manchmal bei ihren Auftritten den Hut herumgehen, aber er bekam nie mehr als acht Dollar zusammen. James Gurley, der später mit Janis zu Big Brother and the Holding Company gehörte, trat ebenfalls häufig dort auf. Er spielte eine unheimliche, selbstkomponierte Musik und hob sich durch seinen rasierten Schädel von den anderen ab. Sam Andrew, ein weiteres zukünftiges Mitglied von Big Brother, spielte in der Coffee Gallery Jazz mit Steve Mann.

In diesem Lokal lernte Janis ihre spätere Zimmergenossin und langjährige Freundin Linda Gottfried kennen. Linda, ein Mädchen aus Los Angeles, war gerade neunzehn geworden und empfand ihr Leben als trostlos. Ein Liebhaber sagte zu ihr: »Geh nach San Francisco. Du bist nicht die einzige, die so fühlt. Geh zur Coffee Gallery und frag nach meiner Freundin Janis Joplin.« Sie folgte diesem Rat und erschien eines Abends in der Coffee Gallery, als Janis gerade einen Auftritt hatte.

Janis wohnte damals in einem Keller in der Sacramento Street. Es war keine Kellerwohnung, sagte Linda, sondern der Keller eines Hauses, dessen Mieter Fans von Janis waren. Sie ließen sie dort umsonst wohnen, weil sie gern hörten, wie Janis im Hause sang. Linda zog ein und wohnte von da ab – mit Unterbrechungen – mit Janis zusammen.

Der Wunsch, ihre Kreativität zu steigern, bestimmte den Tagesablauf der beiden. Sie fanden neben Janis' Vorliebe fürs Malen noch viele andere Möglichkeiten, sich auszudrücken: Fotografieren, Dichten, Singen und mehr. Es gab Orte anzuschauen, Dinge zu tun und Leute kennenzulernen. Abends ließen sie sich zu Hause fallen und teilten sich SpaghettiOs (eine Art Miracoli) und Fudgsicles (Karamel in Eiszapfenform).

Künstler zu sein hieß, eigene Erfahrungen für andere zu interpretieren. Je mehr man sich auf die charismatischen Kräfte des Lebens oder eines Kunstwerks einließ, desto mehr erfuhr man jenen ekstatischen Zustand voller Energie, den wir Leben nennen.

1963 trat Janis in einer lokalen Radioshow zusammen mit Peter Albin auf, einem der Gründungsmitglieder der Band, zu der sie 1966 stoßen sollte: Big Brother and the Holding Company. Janis war ein bißchen übergewichtig, und ihr Gesicht war zu der Zeit ziemlich verpickelt. Sie trug ein weit aufgeknöpftes Männerhemd, das einen Blick auf ihren Busen gestattete. Ihr rauher Gesangsstil unterstrich die Derbheit und den Trotz ihrer äußeren Erscheinung.

Janis sang mit Roger Perkins, Larry Hanks und Billy Roberts. Sie traten überall in der Stadt auf, im Folk Theater und anderswo. Auch für das bevorstehende San Francisco State Music Festival, das von Peter Albins Bruder organisiert wurde, waren sie eingeplant. Sie tauchten jedoch bei dem Festival gar nicht erst auf, vielleicht weil Janis sich am Bein verletzt hatte, als sie betrunken versucht hatte, auf ihre Vespa zu steigen.

Möglicherweise war es aber auch der Ruf der Straße, der sie dazu verführte, das Festival sausen zu lassen. Gerüchten zufolge trampte Janis irgendwann 1963 nach New York, um sich Greenwich Village anzusehen, die Geburtsstätte der Beat-Bewegung. Chet Helms berichtete, Janis sei auf der Reise von Austin nach San Francisco im Januar 1963 starr vor Angst gewesen. Sie vertraute ihm an: »Ich bin noch nie so weit getrampt.« In weiblicher Anschmiegsamkeit klammerte sie sich an ihn und suchte männlichen Schutz. Ein Trip durchs ganze Land im selben Jahr wäre ein mutiger Schritt aus der Furchtsamkeit gewesen, die sie Chet gegenüber gezeigt hatte.

Daß sie den Trip gemacht haben könnte, ob allein oder mit jemandem zusammen, erscheint wahrscheinlicher, wenn man bedenkt, was für ein Netzwerk von Folk-Musikern von Küste zu Küste entstanden war. Die Beat-Bewegung hatte im Lauf der Jahre eine ganze Reihe von übers Land verstreuten Kaffeehäusern ins Leben gerufen. Die meisten waren lose mit Universitäten verbunden. Da Trampen *die* Erfahrung für die jungen Beats war, fand ein reger Austausch statt. Jede Enklave kannte die heißesten Talente an den anderen Fleckchen. Janis könnte diese Underground-Eisenbahn genutzt haben.

Am 22. November 1963 wurde John F. Kennedy in Dallas erschossen, was eine Ära von anti-texanischen Ressentiments einleitete: »In Texas wohnen die Verrückten.« Das muß Janis in ihrem Glauben bestärkt haben, daß Texas nicht mehr zu helfen war; wenn man JFK am hellichten Tag erschießen konnte, war hier unten gar nichts mehr sicher. Es fiel ihr wohl nicht schwer, in einer Bar in San Francisco zu sitzen und ihren Heimatstaat zu verurteilen.

Auch Folk-Musik hatte Nachrichtenwert. Das Magazin *Look* schrieb in seiner Ausgabe vom 27. August: »Früher bekamen die jungen Leute ihre esoterischen Kicks, indem sie zu Geschichtsexperten und Musikgelehrten wurden. Heute hält dafür das Showbusineß her. Mit großem Brimborium hat die Folk-Musik von den Kaffeehäusern über den Campus die Hauptsendezeit des Fernsehens erobert.« *Hootenanny*, eine Folk-Show im Fernsehen, wurde regelmäßig Samstag abends ausgestrahlt. Peter, Paul and Mary bekamen für ein Konzert siebentausendfünfhundert Dollar. Die bekannten Folk-Bands traten immer seltener an den Universitäten auf und verdienten statt dessen großes Geld durch Zigaretten-Werbespots und in Nachtclubs.

Die landesweite Popularität der Folk-Szene mag Janis in dem Entschluß bestärkt haben, nach New York zu fahren und sich Greenwich Village mit eigenen Augen anzusehen. Sie machte auf der Durchfahrt im Dezember in Port Arthur halt und tauchte unerwartet bei einer Weihnachtsfeier ihrer Freunde im Haus von Jim Langdon in Lafayette auf. Jim hatte das College abgebrochen und einen Job bei der Lokalzeitung angenommen, um seine wachsende Familie zu ernähren. Die meisten von Janis' Freunden waren in ihrem dritten College-Jahr, sie gingen entweder zur University of Texas, zur Lamar Tech oder anderen guten Schulen im Süden. Mehrere waren verheiratet und hatten Kinder.

Damals muß ihr klargeworden sein, daß ihr Leben grundverschieden von dem ihrer Freunde war. Während sie für einen Abschluß in Beatnik-Erfahrung lernte, dachten die anderen an einen geregelten Lebensunterhalt und ans Kinderkriegen. Ihre sozialen Ansichten und ihre künstlerischen Interessen ähnelten sich noch, aber die Schwerpunkte im Leben eines jeden einzelnen hatten sich verändert.

Janis wurde als gleichwertig akzeptiert, aber eher als den Männern gleichwertig. Die Frauen in der Gruppe waren zum großen Teil verheiratet, viele hatten Kinder. Sie arbeiteten, damit ihre Männer ihre Ausbildung beenden konnten, sie kochten und räumten nach den nächtlichen Trinkgelagen auf, bei denen geredet und Musik gehört wurde.

Janis pendelte zwischen Venice, San Francisco und New York. Sie hatte männliche und weibliche Geliebte, und ihr Leben war offensichtlich davon bestimmt, ihre künstlerische Ausdrucksfähigkeit weiterzuentwickeln. Ich frage mich, wie sie sich fühlte, als sie nach Hause kam. Die meisten Frauen, die sie in Port Arthur kannte, waren keine Vorbilder für sie, nicht mal mehr Freundinnen oder Vertraute. Oft waren sie nur die Anhängsel des wahren Mittelpunktes der Gruppe, der Männer mit ihrem jovialen und intellektuellen Gerede. Rae Logan und Gloria Haston erklärten, daß die Diskussion über die traditionellen Geschlechterrollen noch nicht bis überallhin vorgedrungen war. Das kam später, aber noch nicht 1963.

Bald machte sich Janis auf den Weg nach New York. Wie Linda Gottfried sagte, wollte Janis dort Geld verdienen und sparen, damit ihr Image als Künstlerin in San Francisco nicht dadurch getrübt würde, daß sie arbeitete. Sie hatte vor, nach San Francisco zurückzukehren und dort weiter ihre Kreativität auszuloten. In New York fand sie einen Job als Datentypistin bei einer großen Firma. Sie zog in ein Apartmenthotel voller Musiker und Drogentypen. Ihr Leben war ein Drahtseilakt, sie verdiente ihr eigenes Geld und führte im Village ein Boheme-Leben. Zufällig traf sie Gilbert Shelton und Joe E. Brown, ihre Freunde aus Austin. Sie sah genauso aus wie in Austin, berichtete Gilbert, nur ein bißchen dünner; sie hatte die Pummeligkeit verloren, die im Getto ihr Markenzeichen gewesen war.

In jenem Jahr war New York von Methedrin überschwemmt. Das war die neueste Droge, und sie war überall zu haben. Im Februar 1963 schrieb Allen Ginsberg an Timothy Leary, von Barry Miles in seiner *Ginsberg*-Biographie zitiert: »All die jungen Kids fixen (Nadel) eine Droge namens Methedrin. Ein Amphetamin-Semi-Halluzinogen – ich hab's noch nicht ausprobiert. Es ist der letzte Schrei.« Es gab auch riesige Pot-Liebeszirkel mit hemmungslosen sexuellen Experimenten, verstärkt durch die stimulierenden Eigenschaften des Marihuanas.

In *Buried Alive – Janis Joplin* zitierte Myra Friedman Erzählungen von Linda Knoll, einer Bekannten von Janis während dieser Zeit in New York. Laut Linda fixte Janis den ganzen Sommer 1964 über

Speed in einem Apartment an der Lower East Side. Meine Quellen widerlegen die Behauptung, daß Linda Knoll und Janis sich nahestanden, ihre Beziehung soll vielmehr nur oberflächlicher Natur gewesen sein. Janis hat wahrscheinlich tatsächlich gelegentlich Speed genommen, aber Linda Gottfried glaubt, daß ihr Konsum erst sehr viel später wirklich extrem wurde.

Janis gab auch Konzerte in New York. Sie lud Gilbert Shelton und Joe E. Brown zu ihrem Auftritt in einen Club ein. Die beiden gingen hin, genossen die Musik und bemerkten erst dann, daß sie in einer Schwulenbar gelandet waren. Sie fühlten sich unwohl und setzten sich höflich, aber hastig ab. Sexuelle Experimente waren ein Teil von Janis' Leben; später prahlte sie vor Freunden mit ihrer schwarzen Bettgenossin.

Im August verließ Janis New York am Steuer eines gelben Morris-Minor-Cabrios, das aussah wie ein VW-Käfer. Sie machte einen Umweg von mehreren hundert Meilen, um uns wieder zu besuchen. Ich war damals in der neunten Klasse und nahm an Sommer-Orchesterproben teil. In der Reihe der vielen Chrysler-Limousinen und Chevrolet-Kombis, die darauf warteten, meine Musikerkollegen abzuholen, stand ein Cabriolet mit heruntergelassenem Verdeck. Eine Hand winkte, und eine aufgeregt und glücklich klingende Stimme rief meinen Namen.

»Wie geht's dir?« fragte Janis mich und ging dann schnell dazu über, von ihrem eigenen Leben zu berichten. »New York war toll!« schwärmte sie. »Ich mußte einfach herkommen und dir alles erzählen. Ist mein Auto nicht wunderbar? Ich liebe es! Es ist so toll, einfach mit im Wind flatternden Haaren über Land zu fahren.«

Wir fanden es wunderbar, Janis daheim zu haben. Das Haus war immer sehr viel lebendiger, wenn sie da war. Die alltäglichen Dinge waren aufregender. Die Tischgespräche, eigentlich immer interessant, bekamen eine grandiosere Note, Gelächter und Wortspiele würzten die Scherze.

»Ich habe eine Überraschung für dich«, sagte Janis lachend. »Ich habe mir in New York eine zwölfsaitige Gitarre gekauft, und du kannst meine alte sechssaitige haben.« Ich war überwältigt. Sie erweiterte meinen Horizont weit über Orchestermusik fürs Saxophon hinaus! Der Hals der Gitarre war verbogen, und die Saiten standen so weit vom Bund ab, daß ich einen Kapodaster benutzen mußte, um überhaupt spielen zu können, aber es war meine erste Gitarre, und meine Schwester hatte sie mir geschenkt.

Wir übten im vorderen Schlafzimmer neben der Küche. Janis sang einen kehligen Blues und zeigte mir, wie man Akkorde griff und über die Bünde glitt. Sie sagte: »Spiel mal ein bißchen«, und ging ins Nebenzimmer. Ich war vierzehn und beneidete sie um ihre größeren, kräftigeren Hände, aber ich fand alles einen Versuch wert. Ich warf meinen Kopf zurück, grölte ›Highway Fifty-one‹ und griff die Akkorde auf der Gitarre: »done turned its back on me«. Nach drei Zeilen sprang Janis lachend um die Ecke. »Ich hab's gehört!« Okay, meine Stimme war damals eher ein Kirchensopran ohne die gutturale Kraft, die dieser Song brauchte, aber es machte Spaß. Janis war mein einziger Zugang zu solcher Musik, und ich schwelgte darin, solange sie zu Hause war.

Pop schüttelte den Kopf, als sie aus der Einfahrt steuerte und winkte, auf dem Weg zurück nach San Francisco. Er drückte die Daumen und hoffte, sie würde es schaffen, aber er war besorgt, wie ein Vater es eben ist. Ihr Wagen war vergammelt und kaputt und verlor so viel Öl, daß Pop befürchtete, ihr würde das Geld fürs Nachfüllen ausgehen.

Auf dem Weg nach Kalifornien machte sie in Austin halt. Sie beeindruckte die Gang dort mit den Geschichten, wie sie für Geld in den Clubs von New York gesungen hatte. Sie waren stolz, daß eine der Ihren aus der Routine der Gratis-Auftritte bei College-Versammlungen ausgebrochen war und mit Musik Geld verdiente. Pat Brown machte ihr Komplimente wegen ihres neuen Looks. Janis trug ein einfaches Kleid, hatte abgenommen und ihr Haar aufgesteckt. Sie war froh und optimistisch und offensichtlich stolz auf sich selbst.

Sie kam in guter Verfassung in San Francisco an, nachdem sie während der Fahrt zwei Postkarten nach Hause geschickt hatte.

September 1964

Hab' die Nacht in Reno verbracht – leider war das Nugget voll, und so mußte ich auf dem Rücksitz meines Autos auf einer Royal-Tankstelle schlafen – aber trotzdem – eine Nacht in Reno! Habe 60 Cents am Spielautomaten verloren – puuh. Mittags in San Francisco. Brief folgt hoffentlich bald.

XXX

September 1964
Do. – 10.30 Uhr

SEUFZ!!

XXX

Janis fühlte sich schnell wieder in der West-Coast-Szene zu Hause. Je länger sie in Kalifornien war, desto mehr verinnerlichte sie das Credo der Beats, nur für den Tag zu leben. Sie konsumierte Alkohol in rauhen Mengen. Saufen bedeutete für sie Spontaneität, weil es dem Menschen erlaubte, für kurze Zeit die Fesseln der gesellschaftlichen Ordnung abzustreifen. Mit der Künstlergemeinschaft testete sie auch andere Drogen auf ihre Tauglichkeit für die Suche nach grenzenloser Freiheit.

Janis wollte die Wahrheit finden, aber sie vergaß nicht den Spaß dabei. Linda Gottfried sagte, sie sei ›sardonisch, sarkastisch und komisch‹ gewesen. Janis brachte sie zum Lachen. Es war ein sozialkritischer Humor – Insider-Witze, in denen sich hintersinnige Wahrheiten versteckten. »Wir *wußten*, daß J. Edgar Hoover schwul war« – das war ihre Art von Humor. Janis' Gang zweifelte nicht daran, daß die ›normalen‹ Mitglieder der bürgerlichen Gesellschaft ihre Wünsche, ihre Schwächen und ihren Hang zu Ehebruch, homosexuellen Handlungen und bewußtseinserweiternden Mitteln wie Alkohol und anderen Drogen nur verdrängten. Nach ihrer Überzeugung unterschieden sie sich vom restlichen Amerika nur dadurch, daß sie zu ihren Sünden standen, und das spiegelte sich auch in ihrem Humor wider.

1964 verabschiedete der Kongreß den Civil Rights Act, die Aufhebung der Rassentrennung wurde damit endlich Gesetz. Linda Gottfried erinnerte sich an Janis' radikalen Standpunkt zu diesem Thema: »Janis nannte sich den ersten schwarzweißen Menschen.« Es reichte nicht, schwarze Musik zu machen oder den edlen Lebensstil der Schwarzen aus Kerouacs Büchern nachzuahmen. Janis war auf der Suche nach einer Aufhebung der *inneren* Rassentrennung, es widerstrebte ihr, nur weiß zu sein. Sie wollte das Gute aus allen Kulturkreisen in sich vereinigen. Im Februar 1964 brachte Bob Dylan seine LP *The Times They Are A-Changin'* heraus, eine adäquate Beschreibung der aktuellen Ereignisse.

Musik war wesentlich für Janis' Erfahrungen in North Beach. Für Nick Gravenites, der in den dortigen Clubs spielte, war Musik ein Weg, Dinge zu erklären, die anders nicht mitteilbar waren. »Es ist ein Weg, dem Leben einen Sinn zu geben«, stellte er fest, wobei seine tiefe, mächtige Stimme und sein bedeutungsvoller Blick die Schlichtheit seiner Worte Lügen straften. Janis, Nick und viele andere traten in den Clubs auf. Es gab keine Profimentalität. Man tat alles für Liebe, drei Dollar und einen Cheeseburger, sagte Nick.

Der City Lights Book Shop gab ein Literaturmagazin mit dem Titel *Journal for the Protection of All Beings* heraus, eine ›revolutionäre Literaturzeitschrift‹ und ein offenes Forum für den unzensierten Diskurs über jedes Thema. Die zweite Ausgabe erschien 1964, und die Titelseite zierte ein Bild von Ezra Pound. »Die Künstler sind die Antennen der Rasse«, schrieb Pound in *The Teacher's Mission*. Janis' Antennen waren auf allen Kanälen empfangsbereit.

Mitten in dem Bemühen der Beats um die offene Diskussion kam Pop zu Besuch. Er gab in Port Arthur vor, auf Geschäftsreise zu gehen, aber sein einziges Ziel war, nach seiner Tochter zu sehen. Er wollte Janis helfen, sich selbst zu finden, und sich vergewissern, daß es ihr gut ging. Pop sah Janis in die Augen, ohne ein Urteil über ihren Lebensstil zu fällen. Er äußerte sich sehr zurückhaltend und konstruktiv, machte ihr Komplimente für ihre Kunstwerke und die wunderbaren Songs, die sie schrieb. Und er versicherte ihr, sie sei ein schöner Mensch. Schließlich sagte er zu Janis: »Du wirst es zu was bringen.«

Allerdings mußte er auch um sein liebes Leben fürchten, als er die Welt seiner wilden jungen Tochter betrat. Sie zeigte ihm in ihrem Morris Minor die Stadt und fuhr genauso schnell bergab wie bergauf. »Fahr langsamer«, bat er. »Niemals«, lachte sie.

Pop lud Janis und Linda zum Essen ein und riet ihnen, sich nicht zu sehr vom gesellschaftlichen Mainstream zu entfernen – dem Publikum, das Janis' Bücher kaufen und ihre Songs hören sollte. Er machte einen Vorschlag, wie sie die Verbindung zur Gesellschaft halten könnten: »Ihr solltet jede Woche das *Time*-Magazin kaufen und es von Anfang bis Ende lesen. Durch *Time* erfahrt ihr alles, was ihr über die Welt wissen müßt, und könnt trotzdem noch unabhängige Entscheidungen treffen.«

Auch als Pop wieder abgereist war, wurde sein Ratschlag streng befolgt. Donnerstags nach dem Nachmittagsfilm und einer kurzen Kontrolle, ob sie bei *Dialing for Dollars* gewonnen hatten, gingen Janis und Linda zum Zeitungsstand, kauften *Time* und lasen das Magazin von Anfang bis Ende.

Ohne Pops mäßigenden Einfluß wurde Janis zunehmend von ihren künstlerischen Ambitionen verzehrt. »Janis sprach von sich als einer Kerze, die an beiden Enden brennt«, sagte Linda Gottfried. Janis fragte: »Wann werde ich ausgebrannt sein?« Linda hatte den Eindruck, Janis wüßte, daß sie jung sterben würde, weil sie so oft davon sprach.

Ahmte Janis mit ihrem exzessiven Trinken die Frauen nach, die sie inspiriert hatten, Billie Holiday und Bessie Smith? Billie Holiday war eine spontane, emotionsgeladene Sängerin, die ihre tragischen Lebenserfahrungen in eine Musik einfließen ließ, die ihre Zuhörer bewegte. Sie hatte ihr Leben lang gegen ihre Heroinsucht angekämpft und war deshalb sogar ins Gefängnis gekommen. Als sie im Alter von vierundvierzig Jahren starb, war ihre Stimme von Alkohol- und Drogenmißbrauch gezeichnet. Sicher verinnerlichte Janis die Einzelheiten des Lebensstils dieser Blues-Sängerin, als sie Billie Holidays 1956 erschienene Autobiographie *Lady Sings the Blues* las.

Linda Gottfried glaubt, Janis sei die Reinkarnation von Bessie Smith gewesen, Bessie wurde ›die Kaiserin des Blues‹ genannt. Sie nutzte ihre innere Dramatik und Kraft, um ihre Persönlichkeit auf die Musik zu projizieren. Die Sängerin trug leuchtende seidene Sachen und Federn im Haar, hatte ein loses Mundwerk und war bisexuell. Die kurze Zeit ihres Erfolgs fiel in die Jahre von 1923 bis 1928. Als der Geschmack des Publikums sich änderte, begann in Bessies Leben eine Ära des übermäßigen Trinkens, der Prügeleien mit Männern und Frauen und anderer Exzesse. Sie starb im Alter von dreiundvierzig Jahren bei einem Autounfall. Ich bin sicher, Janis war gefühlsmäßig auf ihrer Seite, als sie hörte, daß Bessie durch zu großen Blutverlust gestorben war, wahrscheinlich, weil man ihr die Behandlung in einem Weißen vorbehaltenen Krankenhaus verweigert hatte. Ich frage mich, ob Janis Bessie und Billie nur dadurch gebührende Ehrfurcht erweisen konnte, daß sie sie einschließlich aller Schwächen der beiden Vorbilder kopierte?

Janis wanderte oft mit einem Lied auf den Lippen durch die Wohnung, die sie mit Linda teilte: ›Ruhm, Glück und Bescheidenheit‹. Das wurde ihr Motto und Ziel. Erfolgreich und hochmütig zu sein war zu weiß, zu elitär. Janis' intellektuelle Seite forderte Bescheidenheit, während ihr innerer Antrieb und die angelsächsische Kultur ihr einen unbändigen Ehrgeiz eingeimpft hatten.

Janis sagte: »Viele Künstler haben einen Stil in der Kunst und einen anderen im Leben. Bei mir bilden sie eine Einheit.« War es die Kunst, die Janis dazu trieb, Speed zu probieren, oder zerfraß Speed ihre Kunst? Linda erzählte, sie und Janis hätten 1964 angefangen, unregelmäßig Speed zu nehmen, und später im selben Jahr hätten die Drogen schon von ihnen Besitz ergriffen gehabt. »Ich weiß noch, wie uns das klar wurde«, sagte Linda. »Wir wollten ins de-Young-Museum gehen und dann in den Waschsalon. Auf dem Weg sahen wir uns an und sagten: ›Laß uns nach Hause gehen und Meth nehmen.‹« Linda fuhr fort: »Niemand wußte damals über Drogen Bescheid. Sie waren ein Experiment. Wir dachten, wir wüchsen mit Riesengeschwindigkeit. Wir arbeiteten Tag und Nacht. Wir schufen mehr Gemälde, mehr Gedichte und mehr Songs.« Durch Meth hielten sie sich für kreativer.

1964 verstärkte Janis ihren Speed-Konsum. Wie viele Drogenkonsumenten begann sie ein wenig zu dealen. »Ich hörte, wie jemand an die Tür meines Mietshauses pochte«, erinnerte sich Pat Nichols. Pat, eine großknochige Frau von beeindruckender Präsenz und erdiger Schönheit, war in Los Angeles aufgewachsen, wo sie eine ähnliche Außenseiterrolle wie Janis in Texas gespielt hatte. Die beiden wurden gute Freundinnen. Janis kannte Pat damals kaum, und dennoch klopfte sie mit Nachdruck an ihre Tür. Als Pat rief: »Wer ist da?«, erwiderte Janis ohne Rücksicht auf neugierige Zuhörer: »Hier ist Janis Joplin. Ich will dir Speed verkaufen!«

Pat Nichols, Kenai und andere Freunde sagten, Leute, die Speed nahmen, gingen oft zu Heroin über. Meth war damals so einfach zu bekommen, daß man immer versucht war, zuviel des Guten zu tun. Wie sollte man wieder runterkommen? Ahhh, man nahm ein bißchen Heroin. Wie eine sich selbst regulierende Emotionsmaschine nahmen die Leute ein Mittelchen, um draufzukommen, und ein bißchen von etwas anderem, um wieder runterzukommen. Ihr blinder Glaube an die Naturwissenschaften verleitete die meisten Amerikaner zu äußerst sorglosem Umgang mit chemischen Drogen. Die Drogen gaben Janis anfangs das Gefühl, weiterzukommen, einfach, weil alles so anders wirkte. Das Leben sah heller aus, die Klänge hörten sich lauter an, und sie fühlte sich kreativer. Es ist gut möglich, daß Janis ihr erstes Heroin im Rahmen ihrer rückhaltlosen Speed-Erfahrung probierte.

Das angelsächsische Amerika wurde mit den emotionalen Aspekten des Lebens fertig, indem es sie verbarg, unterdrückte oder problematisierte. Janis rebellierte gegen diese Gepflogenheiten, aber sie hatte keinen anderen Leitfaden als Kerouacs wirre Romane. Jahrelang unterdrückte Gefühle plötzlich zu entfesseln war aber ein sehr gefährliches Experiment.

Janis' Sehnsucht, die emotionalen Aspekte des Lebens zu erforschen, muß zum Teil auch eine Reaktion auf unsere analytische Familie gewesen sein. Unsere Eltern fühlten sich wohler, wenn sie über Leidenschaften nachdachten, anstatt sie auszuleben. Mutter sagte immer: »Denk, bevor du redest, Janis«, als ob das an dem, was sie sagte, etwas ändern würde. Mom und Pop versuchten, Janis' Gefühle zu würdigen aber letztendlich rieten sie ihr oft, ihre Gefühle zu beherrschen, um die Welt nicht vor den Kopf zu stoßen. Das hatte bei ihnen funktioniert, aber für Janis war es nicht genug. Sie brauchte mehr. Janis war auf die strukturelle Schwäche unseres kulturellen Erbes gestoßen. Die Suche nach Orientierung, Bedeutung und einem Weg, die ganze Spannbreite der Gefühle auszuleben, führte Janis zu anderen, die ebenso verwirrt waren wie sie selbst.

Anfang 1965 lernte Janis einen Mann kennen, der sich genauso für Meth begeisterte wie sie selbst. John Smith (Name geändert) war etwas Besonderes. Er trug Anzüge, hatte Geld, las die internationale Presse und fuhr ein schickes Auto. John war vornehm und darüber hinaus charismatisch und intelligent, wenn sein Verhalten auch oft manisch wirkte, besonders nach exzessivem Speed-Konsum. Er hielt es mit der korrekten Etikette und umwarb Janis so sehr, daß sie sich reizend, weich, sanft und weiblich fühlte. Janis' neuer Freund war nicht perfekt, aber er hatte von allem, was Janis in einem Freund suchte, ein bißchen. Er war kreativ und gewinnend und sprach von großen Lebensträumen. Linda sagte: »Das war eine großartige Liebesaffäre! Damals habe ich zum ersten Mal erlebt, daß Janis sich ganz hingab. John war ein Gentleman… Sie haben einander geliebt.«

Janis ließ sich von seinem intensiven Speed-Konsum mitreißen. Sie schlitterten beide über die Grenze des Kontrollierbaren in jene Maßlosigkeit, die schließlich zur Sucht führt. Eine Dosis wirkt bis zu sieben Stunden und gibt dem Konsumenten ein Gefühl von Energie und geistiger Schärfe. Er verliert das Bedürfnis zu essen, eilt durchs Leben, hält nebensächliche Aufgaben für ungeheuer wichtig und wird verzehrt von den Gedanken, die durch seinen Kopf flirren. Es ist unvermeidlich, daß er irgendwann wieder in eine Welt voller Harmlosigkeit und Langeweile zurückfällt. Langfristiger oder intensiver Konsum führt fast immer zu Depressionen und Zermürbung.

Johns Leben drehte sich bald ausschließlich um Speed. Das führte schließlich zu Verfolgungsangst und Wahnvorstellungen. John rüstete seinen Wagen mit Waffen aus und erzählte Freunden von Botschaften, die er vom Mond erhalten hatte. Zuletzt landete er wegen seines drogenbedingten Realitätsverlusts in einer Klinik.

Während dieser Phase der Unsicherheit soll Janis noch einen anderen jungen Mann kennengelernt haben, Tom Jones (Name geändert). Tom, der auf der Straße lebte, fand Janis im Nieselregen im Park sitzend, erschöpft vom Wandern durch die Straßen von San Francisco, dünn, hager, kränklich und von der nervösen Energie des Speed getrieben. Tom war schüchtern und still, er stotterte so schlimm, daß er nicht arbeiten konnte. Er war auf der Flucht vor seiner eigenen emotionalen Zerrissenheit. Als Kind war er mißbraucht worden, und seitdem befand er sich auf der Suche nach einer Erlösung, von der er allerdings selbst nicht wußte, wie sie aussehen sollte. Einige Tage lang lehrte er meine Schwester die Tricks des Lebens auf der Straße, wie man sauber blieb und Ärger aus dem Weg ging und wo man etwas zu essen fand.

Tom war der perfekte Partner für einen zum Zerreißen gespannten Speed-Freak, der ständig quasselte. Janis redete, während er zuhörte. Ungehindert durch Kommentare von Tom, der ja nicht sprach, konnte sie ihren Gedanken ohne Unterbrechung freien Lauf lassen. Nach der anfänglichen freundlichen Kumpelei fing Janis bald an, über die wichtigsten Fragen in ihrem Leben nachzugrübeln: Was ist Freundschaft? Warum behandeln die Menschen einander so und nicht anders? Wo ist mein Platz im Universum? Es trat viel Wut zutage, als sie ihrer Empörung über die verlogene Haltung der Gesellschaft zur Rassentrennung, über das Verhalten der Politiker und anderes Luft machte.

Aber Janis war nur Gast im Leben ihres Straßenfreundes, und beide wußten das. »Sieh mal, Mann, es gibt Dinge, die ich in dieser Welt tun muß, und die kann ich nicht mit dir und dieser Lebensweise tun.« Tom zog sie an sich und hielt sie, so fest er konnte. Beide weinten, aber Janis blieb hart und sagte: »Laß mich einfach gehen.« Sie wanderte die Grant Street hinauf, um die Probleme in Angriff zu nehmen, über die sie mit Tom tagelang hatte reden können.

Tom wurde kurz danach von der Polizei aufgegriffen, und ein besonnener Richter veranlaßte eine psychiatrische Behandlung und Sprechtherapie. Janis wurde eines seiner Vorbilder, das ihn motivierte, sprechen zu lernen. Es war sein Traum, seine Gedanken mit der Frau zu teilen, die ihm so viel von ihrem Innersten preisgegeben hatte.

Einige Tage später besuchten Janis und Linda John im Krankenhaus, der auf dem Wege der Besserung war. Dort erzählte Janis ihren Freunden: »Eines Morgens bin ich aufgewacht und wußte, daß ich sterben würde.« Die Mädchen beschlossen abzuhauen. Sie versuchten, Johns Entlassung aus dem Krankenhaus zu erreichen, aber während Janis mit ihm die Straße entlangging, wurde ihr klar, daß er noch in Behandlung gehörte. Wochen später wurde er als geheilt entlassen. Als er wieder draußen war, planten die drei Reformer ihre Zukunft. Linda wollte nach Hawaii reisen, um mit ihrem Freund Malcolm Wauldron zusammenzusein. Janis beabsichtigte, nach Port Arthur zu fahren, um ihre Hochzeit mit John vorzubereiten.

John gab eine Party, um das Fahrgeld für Janis zusammenzubekommen. Jeder, den sie kannten, war eingeladen. Das Eintrittsgeld war eine Spende für Janis' Heimreise mit dem Greyhound. Alle, die kamen, wußten, daß Janis dringend fort mußte. Die Gefährdung durch ihre Umgebung war für jeden nur zu offensichtlich. Die letzten Monate waren ein seltsamer, triumphaler Mißerfolg gewesen. Janis war wirklich ganz unten. Sie wog nur noch vierzig Kilo und erkannte mit Schrecken, was sie sich selbst angetan hatte. Das Speed war wichtiger geworden als die Suche nach Wahrheit und Kreativität. Drogen waren zu ihrer Lebensgrundlage und damit zum Problem geworden.

Janis stand am Eingang zur Hölle, noch ein paar Schritte in dieselbe Richtung hätten wohl den sicheren Tod bedeutet. In den Romanen, die sie verschlang, starben alle Heldinnen, oder sie heirateten. Drang das in ihr Unterbewußtsein? War der einzige Ausweg, der Janis aus ihren Bohemien-Drogen-Wirren blieb, eine Rückkehr zu den Konventionen, zu Hochzeitsglocken und dem Wenn-sie-nicht-gestorben-sind ...?

Janis verließ San Francisco Anfang Mai 1965. Wir hießen sie mit offenen Armen willkommen.

8

Wieder daheim

I guess I'm just like a turtle
Hiding underneath its horny shell ...
But you know I'm very well protected,
I know this goddamned life too will

JANIS JOPLIN, ›Turtle Blues‹

Als Janis im Mai 1965 heimkam, zog sie zunächst in mein Zimmer, das ich in Weiß, Pflaumenfarben und Grün eingerichtet hatte, inspiriert durch einen Artikel in *Seventeen*. In diesen ersten Tagen, in denen sie sich akklimatisieren mußte, ging ich mit ihr zum Jefferson City Shopping Center, um ein paar neue Sachen zu kaufen. Ich konnte nicht verstehen, warum sie darauf bestand, daß alle Kleider lange Ärmel haben mußten. In Port Arthur? Im Mai? Sicher hatte sie das Klima vergessen. »Ärmel«, wiederholte sie hartnäckig. Ich wußte nicht, daß sie versuchte, die Einstiche aus der Zeit ihres Speed-Konsums zu verbergen. Sie erwähnte sie nicht, und wenn sie es getan hätte, hätte ich es nicht verstanden.

Janis fühlte sich in diesem Mittelklasse-Laden sichtlich unwohl. Ich spielte fast die Rolle einer Aufsichtsperson. Als wir bei der Anprobe feststellten, daß Janis keine Unterwäsche anhatte, ging ich zu Woolworth's und kaufte ihr ein paar Slips, während sie im Umkleideraum wartete. Ich kaufte 38er Slips, da ich nicht wußte, welche Größe sie trug, und mich nur erinnerte, daß sie fülliger war als ich. Sie lachte. »Für wie dick hältst du mich?« Der Slip hing lose um ihre schlanke Gestalt – ein Zeugnis ihres Drogenmißbrauchs.

Meine Schwester war in der Überzeugung nach Hause gekommen, daß ihre bisherige Lebensweise falsch gewesen war. Zum ersten Mal bat sie unsere Eltern um Rat und hörte sich ihre Antworten an. Sie war nicht länger nur auf der Durchreise und mit sich und der Welt ungewöhnlich zufrieden. Sie wollte etwas wiedergutmachen und kitten. Ihre Haltung brachte einen wunderbaren, angenehmen Frieden in die Familie, zum ersten Mal zogen alle am gleichen Strang.

Janis wurde eine ernsthafte College-Studentin und plante eine Laufbahn in der Soziologie. Sie schrieb sich beim zweiten Teil der Sommerkurse an der Lamar Tech ein und belegte zusätzlich Schwimmen, um fit zu werden, Weltgeschichte und einen Kurs in britischer Literatur, eine ihrer Vorlieben. Sie lernte und bekam in allen Kursen eine Zwei. Janis schwebte ein Beruf vor, in dem sie anderen helfen konnte, da sie die Bedeutung der sozialen Berufe während des Krankenhausaufenthalts ihres Liebhabers in San Francisco schätzen gelernt hatte. Sie wußte aus erster Hand, wie sehr sie selbst während der vergangenen Jahre Hilfe gebraucht hatte. Wenn sie nun anderen half, glaubte sie, damit etwas Sinnvolles aus ihrem Leben machen zu können. Ihr früheres Engagement in den Kunstkursen war für sie plötzlich nichts als eine pubertäre Verirrung.

Pop kaufte einen 1961er VW Käfer in Beige, mit dem Janis zum College fahren und den sie den Rest der Zeit mit mir teilen sollte. Sie war damals zweiundzwanzig Jahre alt. Ich war gerade sechzehn geworden und hatte meinen Führerschein bekommen. Egal wie oft wir das in Altweiß gehaltene Innere des Autos putzten, der Schmutz schien entschlossen auf seinen Platz in den zerfurchten Bezugsstoffen des Autos zu beharren, als ob er für dessen Atmosphäre unentbehrlich wäre. Das treue Auto konnte nie etwas anderes als Arbeiterklasse sein. Für Janis war dieser Wagen optimal; er entsprach ihren Idealen von Bescheidenheit und Funktionalität.

Janis sprach oft von John, fast immer mit einem nachdenklichen, verliebten Ausdruck in den Augen. Er kam kurz nach ihr in Port Arthur an, groß, schlank und mit einer würdevollen Ausstrahlung. Er hatte glattes, blondes, seitlich gescheiteltes Haar, das ihm ins Gesicht fiel. Seine Versuche, es sich aus den Augen zu halten, hatten einen gewissen nervösen Rhythmus. Janis' Freund trug einen zerknitterten Anzug, doch er strahlte ruhige Kraft aus. Er stand höflich im Wohnzimmer, ein bißchen steif, aber mit der Zeit wurde er mit uns warm. Er war schrecklich ordentlich und schien Janis hingebungsvoll zu lieben.

John bat darum, allein mit Pop sprechen zu dürfen, und so zog sich der Rest von uns in das vordere Schlafzimmer zurück. Wir flüsterten und versuchten, ihre Unterhaltung zu belauschen; schließlich merkten wir, daß irgend etwas im Gange war. Pop rief uns wieder herein und gab bekannt: »John hat um die Hand meiner Tochter angehalten, und ich habe meine Zustimmung gegeben.« Janis machte Luftsprünge, umarmte John und klammerte sich an seinen starken Arm, als wäre dies ihre Verbindung zur Realität. Der Augenblick versetzte uns alle in freudige Erregung. Alles schien richtig so, wir mochten John wirklich.

Er blieb einige Tage bei uns, um sich darauf vorzubereiten, Mitglied unserer Familie zu werden. Mutter entschuldigte sich dafür, daß sie kein schöneres Gästezimmer hatte und den Kaffee direkt aus der Aluminium-Kaffeemaschine anstatt in einer richtigen Kaffeekanne servierte. Pop verbrachte einige Zeit mit John und bildete sich diskret eine Meinung über seinen Intellekt und seine Ansichten. Janis war sauer, weil John mit der Familie zusammensein wollte. Er ging drei Stunden lang mit Michael schwimmen, machte einen ausführlichen Rundgang durch die Fabrik, in der unser Vater arbeitete, und hörte sich dabei Pops amüsanten Diskurs über Mechanisierung am Arbeitsplatz an. Janis ärgerte sich darüber, auf welche Weise ihr Verlobter seine Zeit in Port Arthur verbrachte. Er schaffte es nicht einmal, einen Nachmittag mit Mom Golf zu spielen, und hatte keine Zeit, allein mit Janis ins Kino zu gehen.

John fuhr ziemlich plötzlich wieder ab. Er deutete an, er müsse wegen eines kürzlichen Todesfalls in der Familie ein paar Familienangelegenheiten regeln. Er redete davon, daß er alles klären wollte, damit er die Hochzeit im Gesellschaftsteil der Detroiter Zeitung ankündigen konnte. Seinem guten Benehmen treu, schrieb er nach dem Besuch einen langatmigen Dankesbrief mit dem Inhalt, wir hätten ihm das Gefühl gegeben, unser Haus sei genauso das seine wie Janis'. Er sei überrascht und zutiefst dankbar, daß er so mit ganzem Herzen willkommen geheißen worden war. Ein paar Tage später kam ein Paket an. John schickte Mutter ein schönes versilbertes Kaffee- und Tee-Service.

Auch mit meinem Vater wechselte er Briefe, in denen er seine Pläne für die Hochzeit erläuterte. Er schrieb, Janis und er liebten einander sehr, und trotz gelegentlicher Auseinandersetzungen bestehe eine starke Bindung zwischen ihnen. Er wollte, daß Janis ihre Ausbildung zu Ende brachte, und versprach, dafür zu sorgen, daß sie das, was sie vor der Hochzeit nicht geschafft hatte, danach erreichen würde.

Janis ließ durchblicken, daß Johns Familie in der Detroiter Gesellschaft eine bedeutende Rolle spielte. Deshalb wünschte John, unsere Eltern möchten die Verlobung nicht in den Zeitungen von Port Arthur bekanntgeben, bevor er das in Detroit getan hatte.

Er wollte etwas klären? Kurz nachdem Janis im Mai San Francisco verlassen hatte, lernte Linda Gottfried Johns schwangere Frau kennen! Linda schrieb sofort an Janis. War der Brief angekommen, bevor John die Zeremonie mit unserer Familie durchzog? Wußte Janis da schon Bescheid? Ist das wichtig? Wie es scheint, glaubte sie an sein ernsthaftes Vorhaben, alles zu klären, das hieß, sie rechnete damit, daß er sich scheiden ließ, um sie heiraten zu können.

Die beiden schrieben einander und telefonierten regelmäßig. Mom, wie immer ganz Hüterin der Tradition, wollte Janis helfen, ihre Aussteuer zusammenzustellen. Janis fing an, eine Steppdecke zu nähen. Sie wählte Türkis und Grün für einen großen funkensprühenden Stern aus länglichen Rauten. Dann fuhr sie zu Dave und Patti McQueen nach Houston und kaufte mit Patti am Pier 1 Porzellan, Tischwäsche und Besteck ein.

Bei ihrer College-Fahrgemeinschaft mit Adrian Haston, der ein Studienkolleg in Lamar besuchte, sprach Janis oft über John. Sie glaubte, sie würde jetzt besser zu der aus Ehepaaren bestehenden Gang passen. Sich die Zugehörigkeit zu einer gesellschaftlichen Gruppe zu sichern schien ihr genauso wichtig wie das Glück der Beziehung an sich. Mit einfacher, naiver Logik sagte Janis zu Karleen, wenn John sie liebe, müsse diese Heirat einfach das Richtige sein. Karleen schüttelte den Kopf und dachte, die eigentliche Frage sei doch, ob Janis John liebte und das gleiche Leben wie er führen wollte. Für Janis stellte sich jedoch nur die Frage, ob er sie liebte.

Sie erzählte ihren Freunden von ihren Erfahrungen mit Speed – wie sie hineingeschlittert war und wie schlimm alles geendet hatte. Ihre Geschichten machten Adrian Angst, es war das erste Mal, daß er von jemandem hörte, der so weit gegangen war. »Wenn ich da wieder reinrutsche«, sagte Janis ihm, »hätte ich wohl nicht mehr lange zu leben.« Ihre Angst vor Speed war die Angst vor dem Tod. »Kalifornien liegt hinter mir«, beteuerte sie sich selbst und jedem, der es hören wollte.

In diesem Sommer ging Janis auch zu einer psychologischen Beratung in Beaumont bei einem Sozialarbeiter in der Psychiatrie namens Bernard Giarratano, der bei der von United Way finanzierten Agentur Children and Familiy Services arbeitete. Als sie zu ihm kam, sagte sie, sie wolle wie die normalen Menschen sein, aber das stimmte nicht: Sie wollte sich nur zu Teilen von ihrer Vergangenheit lösen. Einem anderen Vorbild nachzueifern hielt sie für die richtige Lösung. Damals dachte sie, unsere Eltern und ich böten dieses Vorbild, aber sie spürte auch, daß wir zu restriktiv dafür waren. Sie suchte auch im Leben ihrer Freunde nach Mustern, nur den schlechten Gewohnheiten, die sie aus der Musikwelt kannte, hatte sie unwiderruflich abgeschworen. Sie wollte glücklich werden, indem sie, wie sie es nannte, normal war.

Sie steckte voller innerer Konflikte und Ängste. Im Studienprogramm von Lamar fand sie keine Ruhe. Sie wollte härtere Kurse, anspruchsvollere Texte und Unterrichtsdiskussionen, die die Grenzen der Themen ausloteten. Gelangweilt und ungeduldig wartete Janis darauf, daß im Unterricht etwas Interessantes passierte. Die Seichtigkeit und Gleichförmigkeit des amerikanischen kulturellen Lebens frustrierten sie. Sie fürchtete, ihre hungrige, impulsive Natur würde sie im sozialen Umfeld der Universität in Schwierigkeiten bringen.

Ihr einziger Lichtblick war die Kreativität. Wenn sie in irgendeiner Art von kreativer Tätigkeit aufgehen konnte, sei es Singen oder Briefe an Freunde schreiben, fühlte sie sich lebendig wie sonst nie.

Giarratano riet ihr, sich selbst und ihre kreativen Fähigkeiten zu akzeptieren. »Kreative Menschen sind in Ordnung, auch wenn sie exzentrisch sind«, sagte er und ermutigte sie, zu experimentieren, sich – wie sie es nannte – zwischen dem normalen und dem kreativen Leben einzupendeln.

Emphatisch erzählte Janis dem Therapeuten von ihrer Identifikation mit Bessie Smith, Odetta und anderen Sängerinnen dieses Genres. Sie brachte ihre Gitarre mit zur Sitzung und sang ein paar Songs, damit er begriff, wie radikal ihr Verständnis von Kunst als einer Lebenshaltung war. Obwohl sie fürchtete, ihr würde das Talent zu einer wirklich großen Bluessängerin fehlen, hinderte sie das nicht darin, in der Musik Befriedigung zu finden.

Oft redete sie auch über philosophische und kulturelle Fragen. Janis erzählte Giarratano, sie habe in Kalifornien versucht, so zu leben, wie es ihrer Meinung nach nötig war, um den Sprung in die Welt zu schaffen, in der sie Erfolg haben wollte. Drogen hatte sie als Bestandteil dieser Kultur betrachtet. Eine Zeitlang stand sie auf Pillen, Quaaludes, Heroin, Demerol (ein Opiat-Derivat) und andere Dinge, die ruhiger machten, vor allem, wenn man erregt war und Angst hatte, die Kontrolle über seine Gefühle zu verlieren. Nach dieser Phase, erzählte sie Giarratano, habe sie viel Speed genommen. Die Folgen dieser Sucht hätten sie schließlich zurück nach Hause gebracht. Während ihrer Beratungssitzungen in jenem Jahr verschrieb ihr ein Arzt ein Beruhigungsmittel – eine Droge, die einigen der Straßendrogen, die sie genommen hatte, nicht unähnlich war.

Auch Sex tauchte in ihren Gesprächen auf, aber für Janis war das nie das zentrale Thema. Ihre Probleme waren philosophischer und kultureller Natur. Die Ehe war nur als Teil des Ideals wichtig, nach dem sie ihr Leben gestalten wollte. Sie wollte mehr vom Leben, als sie bisher gefunden hatte, und sie wußte nicht, wo sie danach suchen sollte, außer in der Befriedigung, die die Kreativität ihr gewährte.

Janis wurde fleißig und verantwortungsbewußt. »Ihr Leben als Nonne«, witzelte Jack Smith. Gloria sagte, sie sah gut aus. Janis' Teint hatte sich geklärt, sie achtete mehr auf ihr Äußeres, schminkte sich, drehte sich das Haar auf Lockenwickler und kleidete sich betont unauffällig. Bei Treffen mit Freunden sagte sie häufig: »Trink nicht so viel« oder: »Hör auf zu fluchen.«

Wie ein moderner Samson nahm Janis das sichtbarste Zeichen ihrer Freiheit, ihr wildes, offenes Haar, und band es fest an den Kopf. Wenn sie zu Hause war, experimentierten wir in unserem Zimmer stundenlang mit neuen Techniken, unsere langen Zöpfe zu verschiedenen Schlingen und Knoten zu frisieren. Sie entschied sich für eine Knotenunterlage, zog ihre feinen braunen Haare sorgfältig durch den Ring und steckte sie darunter fest. Manchmal trug sie sie offen in weichen Wellen ums Gesicht.

Janis' neuer Look war nicht nur ein Zeichen des Abschieds von ihrer früheren Wildheit, er enthüllte auch die eine klassische weibliche Schönheit, die in der Form ihres Gesichtes und dem Ausdruck ihrer Augen lag. Jeden Abend löste sie ihren Dutt und bürstete ihr Haar. Sie stand vorm Spiegel und erzählte mir, wie sie sich ihr zukünftiges Leben vorstellte. Sie würde noch längere Haare haben und sie niemals schneiden. Pop erzählte uns oft, daß Männer Frauen mit langem Haar liebten, weil sie gern zusahen, wie sie es bürsteten. Wenn sie alt war, wollte Janis ihr Haar schön geflochten um den Kopf herum aufgesteckt tragen. Jeden Abend zur Schlafenszeit wollte sie sich mit ihrem Mann ins Schlafzimmer zurückziehen. In einem langen, seidenen Morgenmantel würde sie dann am Frisiertisch sitzen, langsam und methodisch alle Nadeln aus dem Haar nehmen und es herabfallen lassen. Nur ihr Mann dürfte das sehen. Mit hundert Bürstenstrichen wollte sie es allabendlich für ihn bürsten. Während Janis mir diese Geschichte erzählte, wußte ich, daß sie sich nicht die Haare bürstete, sondern mit den Perlen im Schatzkästchen ihrer Träume spielte.

Wir hatten die gleiche Konfektionsgröße, also tauschten wir Kleidungsstücke aus. Wir redeten viel über Mode, unseren Körper und darüber, was an unserer Figur gut aussah. Wir mochten beide gerade Röcke und Kleider mit einfachen Gürteln oder Pullovern in einer passenden Farbe. Wir redeten über Strümpfe und Schuhe, die sich davon abheben sollten. Weejun-Loafer waren damals in, aber Janis trug am liebsten schlichte Pumps mit niedrigem Absatz. Uns beiden gefiel die Kette venezianischer Glasperlen, die Mutter uns gekauft hatte, und so mußten wir häufig darum streiten, wer an der Reihe war, sie zu tragen.

Janis und Patti sprachen oft über das Leben und den Tod: »Gibt es einen Gott oder nicht?« Von dieser essentiellen Frage kamen sie zu deren alltäglichem Gegenstück: »Was ist denn überhaupt ein Mensch?« Die Menschen waren für die beiden Freundinnen nicht einfach Egos mit menschlichen Eltern und unberechenbaren Persönlichkeiten, sie waren fleischgewordene Seelen auf der Suche nach dem Ungewissen.

Hin und wieder geriet Janis ins Träumen. Sie schrieb ein Lied für mich und brachte es mir bei. ›Come Away With Me.‹ Später lachte sie: »Sing es, so oft du willst, Laura, aber erzähl niemandem, daß ich das geschrieben habe.« Es war zu idealistisch für ihr zynisches Image.

Come away with me
And we'll build a dream
Things will seem
Like they never seemed
they could be

VERSE 1:
The grass will be green
The trees will be tall
(Zeilen vergessen)

VERSE 2:
(Zeilen vergessen)
There'll be no hunger no sorrow at all
No one will cry alone in their sleep
There'll be no loneliness hidden down deep, inside

VERSE 3:
Just like the Pied Piper
l'll walk through the streets
Gathering all the happy people I meet
We'll all join hands and
Fly through the sky
Leaving our troubles
Here to die, all alone

Janis setzte die langen Diskussionen mit ihren Freunden über das Leben und seine Möglichkeiten fort. »Janis und ich unterhielten uns mit Jim Langdon«, erinnerte sich Jack Smith. »Jim sah das Leben als einen Quader mit begrenzten Möglichkeiten, Janis und ich sahen es eher als ein offenes Dreieck mit unendlichen Seiten. Es gab ein paar Dinge, die man nicht tun konnte, wie in China zur Welt kommen und aufwachsen. Ansonsten waren die Möglichkeiten unbegrenzt.« Manchmal, besonders wenn sie mit Jack zusammen war, ließ Janis in sich die Gefühle des Mädchens aus der neunten Klasse widerhallen, das *Ivanhoe* las und über Prinzessinnen und Ritter in Rüstungen sprach.

Janis versuchte, sich von ihren früheren wilden Vergnügungen fernzuhalten, aber Musik mochte sie immer noch. Sie begann, für Freunde zu spielen, und trat hier und da auf. Diese Konzerte halfen ihr, sich einen Lebensstil zurechtzuzimmern, der sich auf die Musik konzentrierte, aber frei von den Exzessen war, die sie zum harten Trinken und zum Drogenkonsum verleitet hatten. An den Feiertagen zu Thanksgiving hatte sie einen Gig im Half Way House in Beaumont. Jim Langdon schrieb damals eine Musikkritik-Kolumne für den *Austin American-Statesman:* ›Jim Langdon's Nightbeat‹. In dieser Kolumne besprach er Janis' Auftritt.

Aber solange es mir noch frisch im Gedächtnis ist, würde ich lieber über ein außergewöhnliches Erlebnis sprechen, das ich am Wochenende hatte.

Es ereignete sich in Beaumont, wo ich die Gelegenheit hatte, eine junge Dame zu hören, die ich für die beste Blues-Sängerin im Lande halte.

Ihr Name ist JANIS JOPLIN, *und sie hat früher in Austin gewohnt. Ihre Heimat ist Port Arthur, aber sie hat ihren Weg von Austin über San Francisco nach New York und zurück gemacht, bevor sie, als Sängerin immer noch relativ unbekannt, nach Hause zurückgekehrt ist.*

Das ist ein Zustand, der sich hoffentlich bald ändern wird, denn ihr Ta-

lent kann sich meiner Meinung nach mit dem jedes anderen im heutigen Folk-Genre messen.

Ich habe sie am Wochenende in einem Club, einer Art Kaffeehaus, in Beaumont namens Half Way House singen gehört. Es war das erste Mal seit langem, daß sie öffentlich aufgetreten ist, aber dieses Wochenende reichte, um ihr für Dezember ein Engagement in einem Kaffeehaus in Houston zu verschaffen.

Als ich den Club betrat, sang sie gerade einen ›Cocaine Blues‹ mit eigenem Text und einem aus dem Schmerz, dem Leid und den Narben der Erfahrung geborenen Wissen ...

Sie ist also nach Hause zurückgekehrt, um noch einmal ganz von vorn zu beginnen.

Von vorn beginnen bedeutete in dieser Phase, nicht zu singen, also sang sie nicht. Aber bald ist alles wieder beim alten.

Sie spielt ein bißchen Gitarre – gerade genug, um sich selbst zu begleiten –, und es widerstrebt ihr immer noch, sich um Engagements zu bemühen, aber bald ist alles wieder beim alten.

Von ihrer Odyssee von Küste zu Küste sind viele Narben zurückgeblieben, von denen einige sich nicht auslöschen lassen. Aber eben diese Narben sind in ihrer Interpretation des Blues Fleisch geworden, und in diesem Sinne hoffe ich, daß sie für immer erhalten bleiben.

Texas war die harte Schule für eine Menge Bluessänger, angefangen mit Leadbelly, aber gerade deswegen sind daraus ein paar große hervorgegangen.

In meinen Augen ist Janis Joplin eine der Großen.

Selbst in ihrem gesellschaftlichen Leben paßte Janis sich der Tradition an. In jenem Winter beschloß sie, zu Hause eine Party zu geben. Sie wollte unbedingt John dabei haben, aber er sagte, gewisse Ereignisse zwängen ihn, seinen Besuch zu verschieben. Mom holte sogar Garnelen für eine Vorspeise. An einem Samstagabend bewirtete Janis ihre alte Clique sowie interessante Neulinge und einige ihrer Professoren. Ich saß in der Scheune, um nicht im Weg zu sein, und sah fern. Ein Gast brachte mir einen Teller Essen, und wir unterhielten uns einen Moment. Alles in allem war die Party ein großer Erfolg. Janis war zufrieden und die Eltern auch. Janis' Freunde gefielen ihnen. Daß jemand eine Party im Haus seiner Eltern feiern konnte, machte auf Gloria großen Eindruck.

Janis hatte die Malerei schon lange aufgegeben, aber sie ließ sich zu einer Ausnahme erweichen, um Mom eine Freude zu machen, die zur Weihnachtszeit ein Wandbild mit der Geburt Christi auf der Vorderterrasse haben wollte. Das Familienporträt mit Josef, Maria und Jesus auf Sperrholz schmückte in jenem Jahr unser Haus. Janis beeindruckte Michael, der zehn Jahre jünger war als sie, durch die Leichtigkeit, mit der sie etwas so Schönes, Elegantes und Liebevolles zustande brachte. Sie malte mit entschlossenen, fließenden Strichen und wählte warme, erdige Farben, um die Figuren hervorzuheben.

Janis verbrachte einen Teil der Weihnachtsferien mit Jim und Rae Langdon und deren kleinen Kindern in Austin. Sie wohnten auf einem Berg in der Nähe der Stadt. Die Gruppe verteilte die Weihnachtsdekoration, schmückte den Baum und drehte im dunklen Haus die Festtagsbeleuchtung an. Dann saßen alle um den Baum herum, und Janis spielte Gitarre und sang Weihnachtslieder.

Im nächsten Semester studierte Janis Mathematik, industrielle Soziologie, Physik, amerikanische Geschichte und Soziologie der Ehe. John hatte geschrieben, er habe vor, in den Ferien nach Port Arthur zu fliegen und Janis einen Verlobungsring zu schenken, aber er schaffte es nicht. Es wurde langsam offensichtlich, daß er seine romantischen Versprechungen nicht halten würde. Janis versuchte, sich nicht unterkriegen zu lassen, aber es brach ihr das Herz. Sie hatte versucht zu heiraten und ein normales Leben zu führen, aber nicht einmal das klappte bei ihr. Warum klappt es bei mir nicht? dachte sie immer wieder.

Janis traf sich jetzt häufig mit einem Soziologiestudenten von Lamar. Sie erzählte uns, wie sie frühmorgens bei ihm hereingeplatzt war und ihn schlafend im Bett gefunden hatte – einen dermaßen schmächtigen Typ, daß sein Körper nicht größer als eine Falte in der Bettdecke zu sein schien.

Janis fuhr gelegentlich nach Austin oder nach Houston, wo sie Patti und Dave McQueen besuchte. Sie saß mit Guy Clark und anderen Musikern herum, spielte Gitarre und sang. »Bring it on down to my house, daddy, there ain't nobody home but me«, schmetterte sie. Sie hatte ein paar Gigs in einem R&B-Club an der West Alabama namens Sand Mountain. Vielleicht hat sie auch im Jester gespielt, obwohl Patti glaubt, daß sie vom Geschäftsführer abgewiesen wurde. Ihre Auftritte in Houston erregten nur wenig Aufmerksamkeit, dennoch machten sie ihr riesigen Spaß.

Janis schrieb an Jim Langdon in Austin und bat ihn, ihr einige Auftritte zu verschaffen. Jims Beziehung zu ihr war immer noch die eines Mentors. Er weckte ihr Interesse an neuen Sängern, die sie hören mußte, und stellte sie Leuten vor, die sie kennen mußte. Seine Freundschaft erlaubte Janis, Kontakt zur Musikwelt zu halten, ohne dabei ihren Entschluß, ernsthaft zu studieren, aufs Spiel zu setzen.

Am Wochenende des 5. und 6. März spielte Janis im 11th Door in Austin. Die Hälfte des Publikums war verrückt nach ihr, die andere Hälfte wußte nicht, was sie denken sollte. Viele waren verwirrt, weil Janis so gar nicht der Joan-Baez-Klon war, den sie erwartet hatten.

Am 13. März 1966 spielte Janis bei einem Wohltätigkeitskonzert für Teodar Jackson, einen bitterarmen blinden Fiedler, der sehr krank war. Jim Langdon war der Organisator des Ereignisses und besprach es in seiner Kolumne im *Austin American-Statesman*.

Bei dem Konzert, das im unbestuhlten Methodist Student Center vor über 400 Leuten stattfand, trat vielleicht die beste Auswahl an Blues-Talenten auf, die in Austin jemals unter einem Dach versammelt war. Es ist praktisch unmöglich, irgendeinen der Auftretenden besonders hervorzuheben – alle waren in selten guter Form.

Auf der Ankündigung standen Allan Dameron, Kenneth Threadgill, Mike Allen, Tary Owens und Powell St. John, Mance Lipscomb, Robert Shaw, Roky and the 13th Floor Elevators und Janis. Jim schrieb:

Aber den beeindruckendsten Teil des Programms verdanken wir vielleicht JANIS JOPLIN, *der Bluessängerin aus Port Arthur – der einzigen weiblichen Künstlerin des Abends –, die am Ende der zweiten Hälfte der Show mit ihrer kraftvollen, aufrüttelnden Blues-Präsentation das Publikum geradezu elektrisierte.*

Als erstes Stück spielte sie das finstere, saftige ›Codine‹, und dann wechselte Miß Joplin zu ihrer ›weichen Stimme‹ und einer zarten Version von ›I Ain't Got a Worry‹, das eine fast verzaubernde Wirkung hatte.

Dann wieder eine rauhe Interpretation von ›Going Down to Brownsville‹ und als Zugabe eine ihrer eigenen Kompositionen mit dem Titel ›Turtle Blues‹, die sie als ›semiautobiographisch‹ bezeichnet.

Am 5. Mai spielte Janis im Texas Union Auditorium bei einem Blues-Festival mit dem Titel ›An Evening of Barrelhouse and Blues‹. Sie wurde zusammen mit Robert Shaw als eine der Hauptattraktionen angekündigt. Es war ihr erster professioneller Auftritt vor einem breitgefächerten Publikum, und die Menge lag ihr zu Füßen, wie Jim danach in seiner Kolumne versicherte. Sie liebten sie.

Jim Langdons Kritiken halfen ihr, für weitere Auftritte in Houston und Beaumont gebucht zu werden. Janis fuhr nicht gern allein zu Gigs und wollte, daß ich mitkam. Ich war Feuer und Flamme, aber ich wußte, daß den Eltern das nicht gefallen würde. Dennoch fragten wir. Trotz unseres Bettelns und unserer Versicherungen, es gäbe dort keinen Alkohol und Janis würde auf mich aufpassen, setzten sie hier Grenzen. Sie sagten, sie fänden nicht, daß Janis' musikalisches Leben gut für sie gewesen sei, und sie wollten nicht, daß auch ich unter diesen Einfluß geriet.

Den ›Turtle Blues‹ hatte Janis in jenem Jahr geschrieben. Sie nahm ihn auf Pops Tonbandgerät auf und schickte ihn an ihre frühere Zimmergenossin, Linda Gottfried, die mittlerweile verheiratet war, Wauldron hieß und auf Hawaii lebte. Im Song ging es darum, sich abzukapseln, und ich glaube, Janis fühlte sich in Port Arthur eingesperrt. Sie hatte keinen Weg gefunden, ihren schützenden Panzer abzuwerfen und zu leben; und so klagte sie:

> I'm a mean, mean woman
> I don't need no one man, no good
> I just treats 'em like I wants to
> I never treats 'em, honey, like I should
>
> I guess I'm just like a turtle
> Hiding underneath its horny shell
> But you know I'm very well protected
> I know this goddamned life too well

Janis fing an, eine Zukunft für sich allein zu planen. Sie wollte alle Möglichkeiten, die Männern offenstanden und die die meisten Menschen Frauen nicht einräumten. Trotz seiner Freundschaft zu Janis und allem, was er für ihre Karriere tat, wollte Jim Langdon doch eine mütterliche Hausfrau und nicht eine auf Gleichstellung pochende Emanze zur Frau.

Die Sommerferien kamen, und Janis brauchte eine Abwechslung von ihrer strengen Studiendisziplin. Sie schrieb Jim, und er besorgte ihr einen Auftritt im 11th Door, wo sie schon einmal gesungen hatte. Sie sagte den Eltern: »Ich fahre nur für eine Woche nach Austin, bis die Sommerkurse anfangen.« Das gefiel ihnen gar nicht, aber sie akzeptierten, daß Janis erwachsen war und ihre eigenen Entscheidungen traf. Außerdem war sie das ganze Schuljahr über so fleißig gewesen, daß Mom und Pop annahmen, es sei ihr mit dem College wirklich ernst.

In Austin taten sich jedoch weitere Chancen auf. Die 13th Floor Elevators suchten eine Sängerin, und Janis ließ sich diese Möglichkeit durch den Kopf gehen. Dann rief Chet Helms an, weil sie eventuell bei einer Band in San Francisco namens Big Brother and the Holding Company singen konnte. Travis Rivers, ein texanischer Folkie, der sich auch in San Francisco schon einen Namen gemacht hatte, war gerade in der Stadt und bestätigte Chets Geschichte. Janis erwog sorgfältig ihre Zukunftsaussichten. Jim riet ihr, nicht nach Kalifornien zu gehen, es sei noch zu früh für sie. Er fand, Janis solle ihr Talent langsam entwickeln, sie brauche Zeit, um das volle Potential ihrer Stimme aufzubauen. Außerdem müsse sie noch Kraft sammeln, um mit der Verrücktheit des Business fertig zu werden. Ihre Karriere werde sich besser und schneller entwickeln, wenn ihr Talent geschliffen sei, bevor sie unter den Druck des Musikgeschäfts gerate.

Dann lauerte da noch das Drogenrisiko. Bei allen Erfahrungen, die Janis in der Musikszene gemacht hatte, hatten immer Drogen eine Rolle gespielt, und sie hatte eine Heidenangst davor, daß sich das wiederholen könnte. Jim Langdon sagte: »Die beiden sind nicht verheiratet, weißt du.« Was? Musik machen und keine Drogen nehmen? Wenn sie das nur könnte. Immerhin hatte sie in den letzten zwölf Monaten bewiesen, daß sie in der Lage war, clean zu bleiben.

Janis blieb eine Woche bei Langdon, bevor sie zu anderen Bekannten in der Stadt zog. Ihr alter Freund Dave Moriaty war wieder in Austin und wollte sich noch einmal richtig amüsieren, bevor er mit der Marine den Anker lichtete. Er war bei einem Freund, als er »jemanden mit großem Lärm die Treppe hinaufstürmen hörte. Es war Janis mit Travis Rivers, und sie sagte, sie ginge an die Küste, um bei einer Band zu singen.« Als sie wieder weg war, fingen die Leute auf der Party an zu stöhnen: Sie hatte doch gesehen, daß sie mit Kalifornien nicht fertig wurde. Warum ging sie wieder zurück?

Als Janis nicht nach Hause kam, rief Mom Jim in Austin an. Er mußte ihr sagen, wohin Janis gegangen war. Meine Mutter geriet in Panik. Ihr Herz lief ihrem Kopf entsetzt davon, es funkte nur noch: »Gefahr! Gefahr! Tochter in Gefahr!« Sie war hilflos und wollte unbedingt verhindern, was nicht mehr zu verhindern war. Mom konzentrierte ihre ganze Wut auf Jim und beschimpfte ihn, er habe Janis mit seinen Artikeln und seiner Hilfe beim Organisieren von Auftritten zu diesem Schritt ermutigt. »Ohne deinen Einfluß wäre meine Tochter noch zu Hause!« schrie sie. Jim war schockiert und aufgebracht über diese Vorwürfe. Er versuchte einzuwerfen, daß er Janis geraten habe, nicht zu gehen, aber das war für Mom gleichgültig: Janis war weg, und sie hatte Angst um ihre Tochter, die bereits einige der schlimmen Dinge erlebt hatte, die zur musikalischen Subkultur in Kalifornien dazugehörten.

Wir trugen Janis' Sachen in die Scheune in der Hoffnung, sie würde im Herbst zurücksein. Ich stibitzte ihre Bücher aus dem Regal und erlebte durch Henry Millers *Wendekreis des Krebses* meine erste Begegnung mit einer anderen Lebensweise als derjenigen, die ich durch meine Eltern kennengelernt hatte. Alles, was wir tun konnten, war hoffen und bereit sein zu helfen, wenn es nötig sein sollte.

Die klebrige Sommerhitze des Südens nahm zu, und das Leben verlief wieder träge in seinen alltäglichen Bahnen. Janis hatte uns wieder verlassen. Fernab von der Familie und den Freunden, die sie kannten und liebten, war niemand da, der sie bei der Hand nehmen konnte, wenn sie wieder zu weit gehen würde. Einmal war sie heimgekommen und hatte um Hilfe gebeten. Sie hatte alles bekommen, was wir ihr geben konnten, aber ihre Fragen waren unbeantwortet geblieben.

....

9

Die Hippie-Bewegung
von San Francisco

Work me, Lord
Please don't you leave me
I feel so useless down here
With no one to love

NICK GRAVENITES, ›Work Me, Lord‹

Als Janis im Juni 1966 in San Francisco eintraf, muß sie einen Moment lang Panik überkommen haben bei all den Veränderungen, die sie dort vorfand. Die ernsthafte Folk-Enklave, die sie nur ein Jahr zuvor verlassen hatte, gab es nicht mehr. Chet brachte sie in eine neue Szene und weg von North Beach, wo steigende Mieten, Ärger mit der Polizei und der ständige Zustrom gaffender Touristen die Künstler vertrieben hatten. Viele waren nach Westen gezogen, in ein Viertel, das nach der Kreuzung zweier Straßen benannt worden war: Haight-Ashbury. Während Janis sich nach Texas zurückzog, hatten sich diejenigen, die dortgeblieben waren, kopfüber in die Zukunft gestürzt. Neue Drogen und neue Musik machten aus dem ausschließlich schwarzen Motiv der Beats eine wilde, wirbelnde Kakophonie von Farben und Klängen. Überspannte, halbverrückte Rocker cruisten jetzt durch die Straßen von San Francisco und forderten die Zukunft heraus, sie in ihre Arme zu schließen.

6. Juni 1966

Mutter & Dad ...

Mit Zittern und Zagen bringe ich Euch die Nachricht: Ich bin in San Francisco. Laßt mich erklären – als ich nach Austin kam, hab' ich mit Travis Rivers geredet, der mich überzeugt hat, ich solle hier bei einer

Band singen. Sieht aus, als wäre Chet Helms, ein alter Freund, jetzt eine große Nummer in S. F. Ihm gehören drei große erfolgreiche Rock-'n'-Roll-Bands mit bizarren Namen wie Captain Beefheart & his Magic Band, Big Brother & the Holding Co. etc. Nun ja, Big Brother etc. brauchen eine Sängerin. Also hab' ich Chet angerufen und das mit ihm besprochen. Er hat mich ermutigt herzukommen – sähe so aus, als sei die ganze Stadt nur noch Rock 'n' Roll (stimmt!) – und mir Ruhm und Reichtum versprochen. Ich sagte, ich hätte Angst, hier ohne Rückfahrkarte festzusitzen, & er hat mir eine Busfahrkarte nach Hause zugesagt, wenn ich nur herfahren und es auf einen Versuch ankommen lassen würde. Und so bin ich hier.

Die Fahrt war nett – nachts habe ich am Rio Grande gezeltet, Steine gesammelt etc. Jetzt wohne ich bei ein paar alten Freunden aus Austin, Kit und Margo Teele – er arbeitet bei Dunn & Bradstreet, sie bei der Telefongesellschaft.

Ich weiß wirklich nicht, wie es jetzt weitergeht. Heute nachmittag soll ich mit der Band proben, danach werde ich wohl wissen, ob ich hierbleiben und das eine Weile machen will. Im Moment ist meine Haltung ambivalent – ich bin froh, hier zu sein, die Stadt & ein paar Freunde wiederzusehen, aber ich will es nicht darauf anlegen, eine Cher für Arme zu werden. Wir werden schon sehen.

Ich möchte Euch nur sagen, daß ich wirklich versuche, einen kühlen Kopf zu behalten & nicht vor lauter Enthusiasmus über Bord zu gehen. Ich bin sicher, Ihr seid beide überzeugt, daß meine selbstzerstörerische Seite wieder die Oberhand gewonnen hat, aber ich gebe mir alle Mühe. Ich will wirklich wieder zurückkommen und zur Schule gehen – außer, das muß ich zugeben, wenn aus der Sache hier etwas wird. Chet ist jetzt ein sehr wichtiger Mann hier, und er wollte speziell mich als Sängerin für diese Band. Ich habe es noch nicht ausprobiert, deshalb kann ich nicht sagen, was ich tun werde – bis jetzt bin ich in Sicherheit, bekomme genug zu essen, und gestohlen wurde auch nichts.

Ich glaube, Ihr könnt mir an diese Adresse schreiben, obwohl ich nicht weiß, wie lange ich hier bleiben werde. Ich erwarte einen Brief von Linda – und vielleicht von John –, wenn sie angekommen sind, schickt sie mir bitte nach. Die Adresse ist c/o C. L. Teele, 23rd St., S. F.

Es tut mir furchtbar leid, daß ich solch eine Enttäuschung für Euch bin. Ich verstehe Eure Befürchtungen, was mein Herkommen angeht & muß zugeben, daß ich sie teile, aber ich glaube wirklich, die Chancen stehen ziemlich gut, daß ich es diesmal nicht vermaßle. Mehr kann ich jetzt wirklich nicht sagen. Ich schreibe lieber mehr, wenn ich mehr Neuigkeiten habe, bis *dahin richtet bitte alle Vorwürfe an die obenstehende Adresse. Und bitte glaubt mir, daß Ihr mich unmöglich noch lieber auf der Gewinnerseite sehen wollen könnt als ich..*

Love, Janis

Sobald ich aufhöre, mich schuldig zu fühlen, schreibe ich einen langen glücklichen & enthusiastischen Brief. Grüße an Mike & Laura. Ich will Laura schreiben & ihr von den großen Partys – FANTASTISCH –, den Klamotten & den Leuten erzählen. Mach' ich bald.

Ich hab' Euch so lieb, es tut mir leid …

Big Brother and the Holding Company, die Band, zu der Chet Helms Janis gelockt hatte, war mit ihrem ›Freak Rock‹ in San Francisco bereits eine Kultband mit eigener Fangemeinde. Die Leute groovten zu dem irrwitzigen Gitarrenspiel von James Gurley, aber die Band war der Meinung, sie bräuchte eine dominierendere Sängerin als Gegengewicht zu ihrem wilden Sound. Zwei der vier Mitglieder, Peter Albin und James Gurley, kannten Janis schon von der Szene in North Beach und hatten den anderen beiden, Dave Getz und Sam Andrew, von ihr erzählt. Sie glaubten, Janis würde perfekt zu der Gruppe passen.

Peter Albin, der Bassist, war in San Francisco geboren. Er war ungefähr einen Meter fünfundsiebzig groß und hatte feines, weichgelocktes braunes Haar. Seine schlanke Gestalt und sein offenes Lächeln ließen ihn geradlinig wirken, ungeachtet seiner Kleidung und der schrillen Szene um ihn herum. Die Folk- und Country-Blues-Musik von San Francisco war schon immer seine heimliche Leidenschaft gewesen, obwohl er eigentlich als Postbote arbeitete, um seine Frau und seine Tochter zu ernähren.

James Gurley spielte Lead-Gitarre und stammte aus Detroit. Er stand auf Blues, die Musik von Lightnin' Hopkins und auf Free Jazz, zum Beispiel auf Ornette und Coltrane. Er war einen Meter achtundachtzig groß, hatte rotblondes Haar, blaue Augen und war lang und dünn. Sein Sex-Appeal wirkte vor allem auf Frauen, die von leidenden Künstlern fasziniert sind. Er und seine Frau Nancy hatten einen kleinen Sohn, Hongo.

Dave Getz, der Schlagzeuger aus New York, war in die Bay Area gezogen, um am San Francisco Art Institute zu lehren. Dave, ein talentierter, kreativer Typ und ehemaliger Fulbright-Stipendiat, war mittelgroß – einen Meter achtundsechzig –, athletisch und wog 68 Kilo. Er hatte schmutzigblondes, dichtgelocktes Haar und strahlte eine fröhliche Intensität aus.

Sam Andrew entsprach in der Gruppe am ehesten dem klassischen Schönheitsideal: Er war einen Meter dreiundachtzig groß und hatte langes, dickes, glattes blondes Haar, das verführerisch herabhing. Seine skeptischen blauen Augen und seine sanfte Art ließen spüren, daß er als Kind eines Army-Angehörigen viel in der Welt herumgekommen war und einiges erlebt hatte. Er hatte in Okinawa gelebt, aber viele seiner Verwandten stammten aus Texas. Sam hatte einen Abschluß in Linguistik und las gern Klassiker im Original. Außerdem war er musiktheoretisch sehr beschlagen. Er hatte das absolute Gehör und konnte auf Anhieb jeden Akkord erkennen. Sein Background war der frühe Rock 'n' Roll.

Chet Helms war kein musikalisches Mitglied der Band, sondern ihr geistiger Führer, der Inspiration und moralische Unterstützung zur Musik beisteuerte. Seine langen rotblonden Locken kontrastierten mit seinem Lieblingskleidungsstück, einem knielangen Uniformmantel mit einer langen Reihe Messingknöpfe auf der Vorderseite. Die anderen kannten Janis aus den Tagen, als sie in North Beach gesungen hatte. Sie waren begeistert von der Idee, daß sie zur Band gehören sollte. Allein Chet mit seinen Verbindungen nach Austin war jedoch in der Lage gewesen, Janis zu finden und sie zurück nach San Francisco zu locken.

Janis traf die Jungs in ihrem Proberaum im unteren Stockwerk einer alten Feuerwehrwache an der Henry Street. Im oberen Stockwerk befanden sich eine Wohnung und ein Künstlerstudio, wo Mouse alias Stanley Miller wohnte, ein außergewöhnlicher Plakatkünstler, der Ankündigungen zeichnete für die Partys einer Gruppe von Leuten, die sich The Family Dog nannte. Janis ging durch zwei riesige Schwingtüren, durch die ein Lastwagen hineinfahren und das Equipment aufladen konnte, das die Gruppe zu ihren Auftritten transportierte.

David Getz hatte einen prophetischen Traum gehabt, in dem Janis strahlend und schön wie eine Göttin zu ihnen kam. Als sie in Fleisch und Blut vor ihnen stand, trug sie die leichten Baumwollsachen, die sie für ihren Wochenendtrip nach Austin eingepackt hatte. Im kühlen San Francisco waren sie jedoch fehl am Platze. Ihr verpickeltes Gesicht glänzte vor unschuldiger Schüchternheit. Dann sang sie, und ihre reinen Töne schlugen alle in ihren Bann. Mit ihrer dominanten Stimme, das wußten sie, hatte Janis – wenn man alles andere mal außer acht ließ – den Sound, den sie brauchten. Die Band war komplett.

Am 10. Juni, sechs Tage nach ihrer Ankunft, stand sie erstmals mit ihnen auf der Bühne. Big Brother spielten den neuen Rock-Stil. Janis, Peter und James kannten ein paar Standards aus den Folk-Tagen, und so fanden sie ihren gemeinsamen Nenner anfangs in Songs wie ›Blindman‹ und ›I Know You Rider‹. Janis wartete noch mit ein paar von ihren Lieblingsstücken aus Texas auf, unter anderem mit ihrem ›Turtle Blues‹ und Powell St. Johns ›Bye Bye Baby‹. Diese Blues-Stücke fügten sich in ein Repertoire, das auch solche humorvoll satirischen Songs enthielt wie Peter Albins ›Caterpillar‹, den er für seine Kinder geschrieben hatte. Eine Zeile lautete: »I'm a caterpillar, crawling for your love«.

Juni 1966

Liebe Mutter & Dad ...

Habe lange nichts mehr von Euch gehört, nehme aber an, daß wir noch miteinander reden, also hier noch ein Brief. Diesmal, um Euch meine Adresse mitzuteilen – ich habe ein Zimmer in einer Pension gefunden. Sehr nettes Plätzchen mit Küche, einem Wohnzimmer & sogar einem Bügeleisen & Bügelbrett. Hier wohnen noch vier andere Leute – ein Lehrer, ein Künstler, den Rest kenne ich nicht. Die Adresse ist jedenfalls Pine St., S. F.

Ich arbeite immer noch mit Big Brother & the Holding CO. & es macht wirklich Spaß! Zur Gruppe gehören vier Jungs – Sam, Peter, Dave & James. Wir proben jeden Nachmittag in einer Garage, Teil eines Lofts, das einem Künstlerfreund von ihnen gehört, & ständig kommen Leute vorbei und hören zu – jeder scheint von meinem Gesang sehr angetan zu sein, obwohl ich nicht ganz auf dem laufenden bin. Diese Musik ist anders als die, an die ich gewöhnt bin. Oh, ich habe noch mehr bizarre Bandnamen für Euch gesammelt – (sind die nicht unglaublich?) The Grateful Dead, The Love, Jefferson Airplane, Quicksilver Messenger Service, The Leaves, The Grass Roots.

Chet Helms ist Leiter einer Rock-'n'-Roll-Firma namens The Family Dog – richtig mit Briefkopf und Telefonzentrale. Sehr schick. Da er mein Chef ist (und vor allem weil er mich ohne Geld hierhergelockt hat – ich habe noch $ 30 als Notpolster auf der Bank), hat er mir diese Wohnung für einen Monat gemietet. Er sagt, wenn die Band & ich es nicht schaffen, soll ich's vergessen, & wenn doch, werden wir jede Menge Geld haben. Chet ist ein alter Freund – jetzt mit einer Schauspielerin namens Lori verheira-

*tet. Morgen abend kommen ein paar Leute von Mercury zu seiner Party,
um sich Grateful Dead anzuhören (mit dem Namen müssen die einfach
gut sein ...), und Big Brother etc. und ich werden singen! Mann, bin ich
aufgeregt! Wir haben diese Woche fünf oder sechs Nummern erarbeitet –
eine, die ich wirklich mag, heißt ›Down on Me‹, ein altes Spiritual, das
wir wiederbelebt und durch eine neue Bearbeitung leicht aufgemotzt
haben.*

*Ich bin immer noch okay – macht Euch keine Sorgen. Hab' was von 'nem
Einsiedler. Habe nicht ab- oder zugenommen, & mit meinem Kopf ist alles
in Ordnung. Und ich denke wirklich daran, zum College zurückzukom-
men, also gebt mich noch nicht auf. Ich liebe Euch alle.*

XXXX
Janis

Haight-Ashbury war eine Gegend mit reich verzierten, aber heruntergekommenen viktorianischen Häusern, die entweder das Erdbe-
ben von 1906 überstanden hatten oder im zweiten Jahrzehnt des
Jahrhunderts gebaut worden waren. Das Viertel war früher eine
noble Gegend und die Heimat einflußreicher Persönlichkeiten gewesen, befand sich aber schon seit Jahren auf dem absteigenden
Ast. Als in den Sechzigern die ersten Künstler zuzogen, waren die
Häuser in je zwei oder drei Apartments aufgeteilt worden, in denen
Schwarze wohnten, deren angestammtes Viertel der Stadtsanierung
zum Opfer gefallen war; außerdem hatte sich ein Mischmasch anderer ethnischer Gruppen auf der Suche nach billigem Wohnraum hier
angesiedelt.

Die neue Szene auf der Haight bestand aus direkten Nachfahren
der Beats von North Beach, und noch immer standen dieselben
Ideen im Vordergrund: Kreativität und Erforschung des Ich, freier
Sex als einigende Kraft, Aufhebung der Rassentrennung, Anti-
Establishment-Haltung und Musik als Ekstase. Aber die Szene hatte
sich unzweideutig durch die Einführung einer neuen Droge verändert – LSD, Lysergsäure-Diäthylamid.

Die Wirkung von LSD wurde 1943 zufällig von Dr. Albert Hof-
mann entdeckt, einem Forscher der Schweizer Pharmazie-Firma
Sandoz. Auf der Suche nach einem Mittel gegen Migräne fand er die
Formel im fünfundzwanzigsten einer Reihe von Präparaten aus den
Derivaten eines Pilzes, der auf verschiedenen Getreidearten wuchs.
Dr. Hofmann lernte die psychedelische Wirkung von LSD-25 ken-

nen, als er die Chemikalie bei einem Experiment versehentlich einnahm.

Auf äußerst verschlungenen Wegen war das LSD schließlich von der Schweiz in die Körper der jungen Leute in Haight-Ashbury gelangt. Bewußtseinsverändernde Drogen faszinierten auch eine kleine Schar unorthodoxer Wissenschaftler, die psychische Anomalien erforschten. Man glaubte, die Wirkung der Psychedelika simuliere Psychosen. LSD verändert die Wahrnehmung von Grund auf, speziell den Tastsinn und das Erleben von Farben und Details. Diejenigen, die sich aus künstlerischen Beweggründen der Droge zuwandten, beschreiben ihre Wirkung als Schritt durch eine unbekannte Tür zu einer neuen Sicht der Wirklichkeit; man badet anscheinend im reinen Licht allumfassenden Wissens. Die immer wiederkehrenden Grundmuster und die Struktur der Welt werden zum ersten Mal sichtbar.

Viele Psychiater waren hocherfreut, daß ihnen die Droge endlich tieferen Einblick in die Probleme ermöglichte, mit denen ihre Patienten zu kämpfen hatten. Ihrer These zufolge konnte LSD die Gefühlsbarrieren durchstoßen, hinter denen die Menschen sich im Alltagsleben verschanzten, und erlaubte so einen direkten Zugriff auf die verborgenen Wahrheiten des Unbewußten. Therapeuten fingen an, manchen Patienten LSD zu geben, um verdrängte Erinnerungen freilegen und analysieren zu können. Sie glaubten, die Patienten könnten sich erst dann aus der Herrschaft ihres Unbewußten befreien.

Es dauerte nicht lange, bis LSD seinen Weg in die Hände der Künstler fand. Aldous Huxley, dessen Interesse an psychedelischen Drogen durch Meskalin geweckt worden war, nahm 1955 seinen ersten LSD-Trip und war tief beeindruckt von seiner starken Wirkung. Dr. Timothy Leary aus Harvard, der ein LSD-Forschungsprojekt leitete, fand in Dichtern und Musikern willige Testpersonen. 1960 gab er Allen Ginsberg die Droge, und beide gemeinsam erstellten eine Liste von Personen, die ebenfalls angeturnt werden sollten. Ken Kesey, der Autor von *Einer flog übers Kuckucksnest,* gelangte durch die Experimente von Dr. Leo Hollister in Menlo Park in Kalifornien an LSD. Nachdem sie die Droge einmal kennengelernt hatten, führten Leary, Ginsberg und Kesey ihre Experimente außerhalb des Labors weiter. Die LSD-Erfahrung prägte bei den Konsumenten tiefe neue Überzeugungen hinsichtlich des Seelenlebens und der Welt. Ihre Eindrücke waren so überwältigend, daß die Experimentierenden sich den Anfeindungen und Gehässigkeiten der Außenstehenden noch widersetzten, nachdem die Wirkung der Droge längst abgeklungen war. Sie waren dermaßen begeistert von ihren Erlebnissen, daß sie sie mit anderen teilen wollten.

Zwischen den dreien herrschten allerdings grundlegende Differenzen über die Frage, ob man LSD weitergeben sollte oder nicht. Huxley riet, das Mittel nur einer Elite von Menschen zugänglich zu machen, die diese radikale Erfahrung verkraften konnten. Leary glaubte, unter Aufsicht und in Anwesenheit eines erfahrenen Führers sei LSD für jeden geeignet. Kesey schließlich war überhaupt nicht mehr zu bremsen und fand, daß gar keine Kontrolle nötig sei.

Kesey nahm das Mittel mit Freunden bei sich zu Hause, und durch die gemeinsamen Erfahrungen wuchs allmählich eine regelrechte LSD-Gemeinde zusammen. Während andere Konsumenten LSD und seine Wirkung analysiert und anschließend zu beschreiben versucht hatten, spielte Keseys Gruppe mit ihren Visionen. Sie nannten sich die Merry Pranksters. Mit comichaftem Humor erdachten sie einen Ort namens Edge City, eine Stadt ähnlich der, die Robert Heinlein in *Ein Mann in einer fremden Welt* beschrieben hatte. Dieses Buch handelt von einem Marsbewohner, der auf der Erde lebt.

Kesey und seine Freunde entwarfen ihre Kleidung neu, um ihre Drogenvisionen auch in Design und Mode widerzuspiegeln. Besonders gefiel ihnen phosphoreszierendes Orange und Grün. Sie tauften ihre neuen Alter egos auf Namen wie Gretchin Fetchin, Mal-Function und Cool Breeze. Im Juli 1964 verließen sie Kalifornien in einem umgebauten Schulbus Baujahr 1939 – vorne mit dem Schild WEEEIITER und hinten mit VORSICHT: IRRE LADUNG – in Richtung New York, um Learys Gruppe zu besuchen. Ende 1964 kehrten die Pranksters nach Kalifornien zurück.

Nach und nach wurde LSD allgemein bekannt. 1954 hatte Aldous Huxley in *Die Pforten der Wahrnehmung* seine Erfahrungen mit Meskalin beschrieben. 1963 erschien der Text zusammen mit *Himmel und Hölle*. Bereits 1962 war Huxleys *Eiland* herausgekommen, ein Roman über eine fiktive psychedelisch erleuchtete Gesellschaft. Andere Bücher über die Erforschung des Ichs waren Adelle Davis' *Exploring Inner Space* und Alan Watts' *The Joyous Cosmology*. Die Massenblätter druckten erste Artikel über LSD. Den Menschen wurde bewußt, daß etwas im Gange war.

Die Pranksters machten es sich zur Aufgabe, eine kleine Auswahl von Bürgern in die neue Kultur einzuführen. Sie hielten Veranstaltungen ab, die sie ›Acid Tests‹ nannten. Anfangs fanden die Versammlungen in Privatwohnungen statt und wurden nur durch Poster beworben, auf denen stand: ›Bestehst du den Acid-Test?‹ Zuerst nahmen nur Prankster und ihre Freunde teil, später hörten auch andere davon, und die Teilnehmerzahl wuchs beständig.

Der Organisator der Veranstaltungen, Stewart Brand, der später den *Essential Whole Earth Catalog* entwickelte, übernahm das Management eines großen Acid-Tests in San Francisco. Er mietete in der Hippie-Metropole die Longshoreman's Hall, ein beliebtes Kongreßzentrum, und engagierte einen Werbefachmann, der unter anderem drei Wetterballons aufsteigen ließ, die das Wort NOW bildeten. Der Test wurde für die dritte Januarwoche 1966 angesetzt, und zehntausend Menschen bezahlten dafür, Grateful Dead und Big Brother and the Holding Company zu hören, verschiedene Theatergruppen zu sehen und zwischen Ständen zu bummeln, die Sweatshirts, Weihrauch und psychedelische Literatur verkauften.

Keseys Experimente zogen nicht nur Nonkonformisten an, sondern schufen neue in großer Zahl. Der Moment der gesellschaftlichen Aktion war gekommen, und die konservativen Kräfte schossen bereits zurück. Kesey wurde drei Tage vor dem Januar-Test wegen Marihuana-Besitzes festgenommen. Nach diesem umwälzenden Ereignis erschien er einfach nicht zur Gerichtsverhandlung, sondern verschwand nach Mexiko.

Janis stieß im Juni 1966 zur Szene von Haight-Ashbury. Zu diesem Zeitpunkt hatte sich das Acid-Ritual zu einem Multimedia-Ereignis mit Rockmusik und anderen Bild- und Bewegungs-Effekten entwickelt. Die Menschen, die sich in großen Ballrooms zu Rock-'n'-Roll-Partys versammelten, waren in Samt und Brokat, Madras aus Indien und Paisley gehüllt. Normalerweise waren sie zwischen achtzehn und zwanzig und entdeckten durch die Einnahme von LSD-Tabletten die Tiefen des Ichs.

Big Brothers modernisiertes Spiritual ›Blindman‹ ließ die Sehnsucht der Zuhörer in den Zeilen widerhallen: »Blindman stood by the way and cried, cryin', ›Show me the way, the way to go home.‹« Ihr Publikum wußte, daß ›heim‹ hieß, zur Wahrheit zurückzukehren, in Liebe und Harmonie zu leben und den leeren Tand der Bourgeoisie abzuschütteln. Die Zuschauer waren ständig auf Drogen. Acid war legal und im Bezirk von Haight-Ashbury praktisch frei erhältlich.

Die Bewohner der Haight hatten das kontrollierte, saubere Territorium der amerikanischen Mittelklasse verlassen und begannen, unterstützt durch Acid, mit den in der Erinnerung eingeschlossenen Bildern ihres Lebens zu spielen. Sie verwandelten sich in kunstvoll ausgeschmückte Abbilder ihrer Visionen. Sie durchwühlten den Ausschuß aus den Schränken der Gesellschaft, der problemlos in den örtlichen Goodwill-Läden zu finden war, und schufen aus Altem Neues. Bewundernd betrachteten sie die Stoffmuster, die an die prunkvolle viktorianische Ära erinnerten. Sie entdeckten ihr Interesse an komplizierten Feinheiten, so, wie einst ihre Eltern Freude an den einfachen, direkten Linien der Moderne und des Bauhaus gehabt hatten. Die jungen Leute schmückte alles mögliche, von Perlenstickereien auf den Schuhen bis hin zu Zöpfen, Federn und Perlen im Haar, Unmengen von Ringen, Arm- und Fußreifen sowie Schichten von Kleidung, die verschmolzen, aber niemals zusammenpaßten.

Ganz gleich, ob die allgegenwärtige Droge im Spiel war oder nicht – die Musik, die in San Francisco gespielt wurde, hatte sich verändert. Obwohl sie jetzt Rock and Roll statt Folk genannt wurde, hatte sie die Bubblegum-Leichtigkeit des frühen Rock abgeschüttelt, die in Songs wie dem Hit ›Earth Angel‹ von 1955 noch überdeutlich gewesen war. Folksongs zeichneten ein wahrheitsgetreues *Bild* des menschlichen Schauspiels, aber erst der neue Rock mit seinen psychedelischen Einflüssen wies den Weg, das Publikum mit einer sinnlichen *Erfahrung* der Realität zu konfrontieren.

Der neue Rock war mehr als nur Musik: Zuhören allein vermittelte noch nicht seine vollständige Erfahrung – alle Sinne sollten angesprochen werden. Carl Belz schrieb in *The Story of Rock,* die neuen Rockkonzerte seien den Happenings der New Yorker Künstler in den fünfziger Jahren, Claes Oldenburg und Alan Kaprow, sehr ähnlich gewesen, weil sie Musik, Kunst, Theater und das Leben an sich miteinander verknüpften. Die Musiker steigerten ihre elektrischen Rhythmen zu solcher Lautstärke, daß die Moleküle in der Luft sich zu entzünden schienen und das Publikum umgaben wie prickelnde Vibrationen, die sie zum Tanzen zwangen.

Janis brachte ihre Wurzeln, den Blues, ein. Der Blues war ihr vertraut, und sie wollte, daß das Publikum ihn durch sie kennenlernte. Wenn die Zuschauer erwarteten, daß bei einem Konzert all ihre Sinne gereizt würden, dann widmete sich Janis, als Meisterin der Trance, mit totaler Hingabe ihrer Musik. Die entsprang ohnehin nicht nur ihren Stimmbändern, sondern war allein durch ihre physische Präsenz schon eine Art Mehrpersonenstück. Sie preßte die Töne mit drängenden Armen und tänzelnden Schritten heraus, holte sie tief aus ihrem Inneren, so daß Partikel ihrer Seele zu den Harmonien zu tanzen und auf den Klangwogen zu reiten schienen, die ihre Stimme ausmachten.

Big Brother and the Holding Company begannen langsam, ihre Songliste auszumisten. Ihr lauter Freak-Rock überrollte sogar eine so starke Sängerin wie Janis. Bei diesen Nummern blieb ihr nur übrig, hinten zu stehen und Tamburin zu spielen. Die Gruppe veränderte ihr Repertoire, spielte mehr Blues und ermöglichte damit ihrer Leadsängerin, in den Vordergrund zu treten. Da alle in der Band sangen, kam Janis bei den Auftritten nur bei etwa einem Drittel der Songs zum Zuge.

Ihr erster Gig außerhalb der Stadt war eine Party in einer Galerie an den Monterey County Fairgrounds. Das Plakat kündigte an: »Karma Productions & Brotherhood of the Spirit Presents: Big Brother and the Holding Company, Quicksilver Messenger Service, The Gladstones, Bill Ham's Lightshow, berühmte Underground-Filme. Dieses tolle Ereignis sollte niemand versäumen. 2. & 3. Juli.« Karten wurden im Psychedelic Shop in Haight, dem City Lights Book Shop in North Beach sowie in Berkeley, San Carlos und Menlo Park verkauft.

3. Juli 1966

Hallo!

Bin dieses Wochenende in Monterey bei einer ›Unabhängigkeits-Party‹. Schöne Landschaft – schicke zur Veranschaulichung ein Foto aus der Zeitung von diesem Sonntag. Die Arbeit läuft gut, außer einer Menge Ärger mit der Gewerkschaft (ich glaube, ich werde Republikaner). Ein Brief, der vor Neuigkeiten strotzen wird, kommt, sobald ich Zeit zum Schreiben habe. Würde gern von Euch hören – Love

XX
Janis

Die Künstler des New Rock luden das Publikum ein, an ihrer Musik teilzuhaben. Zuhörer und Musiker schufen eine Feedback-Schleife, die auf beiden Seiten immer neue Reaktionen hervorrief. Die Künstler waren auf die spontane Anteilnahme des Publikums angewiesen. Sie setzten Baba Ram Dass' Worte »Sei jetzt hier« in die Realität um. Dies war endlich die wahre Initiation in ein neues Leben, außerhalb einer geordneten, geplanten und logischen Kultur. Nur einmal aus deren strikter Selbstbeherrschung auszubrechen bedeutete, eine Wahrheit zu erfahren, die einen fürs ganze Leben prägte. Spontaneität war mehr als eine Charaktereigenschaft, sie war eine eigene Religion.

Die Presse prägte den Ausdruck *Hippie* als Verballhornung des Wortes *Hipster*. Nur wenigen in der Haight gefiel das Wort, aber es blieb an ihnen kleben. Im Juni 1966 lebten etwa fünfzehntausend Hippies in der Gegend von Haight-Ashbury und brachten hier eine eigene Kultur hervor. Im September 1966 gründeten sie ihre eigene Zeitung, *The Oracle*, die echte Hintergrundgeschichten brachte. Ihr Vorbild war die *Village Voice* in Greenwich Village, die ihnen den Weg gewiesen und gezeigt hatte, daß die richtige Gesinnung und inspirierte Amateure eine einflußreiche Alternativpresse hervorbringen können, wie Abe Peck in *Uncovering the Sixties: The Life and Times of the Underground Press* schrieb. Weiteren Auftrieb gab dem *Oracle* auch die Entwicklung der *Los Angeles Free Press*, die Art Kunkin mit seinen engagierten Berichten über die Aufstände der Schwarzen in Watts zu einer einflußreichen und darüber hinaus auch finanziell gesunden Zeitschrift gemacht hatte.

The Oracle war dazu geschaffen, die neue Gesellschaftsordnung der Haight zu verkünden, und er unterschied sich von den anderen Zeitungen dadurch, daß er seine Basis in der sich entwickelnden Hippie-Kultur hatte. Abe Peck zitierte Allen Cohen, den Geschäftsführer: »*The Oracle* sollte den Leuten auf ihren LSD-Trips beistehen.« Im weiteren beschrieb Cohen als Anliegen der Zeitung, »eine bewußtere, liebevollere, intimere, nicht entfremdete Welt zu schaffen…« Ein Ausdruck ihrer Andersartigkeit war der unkonventionelle Gebrauch bunter Druckfarben in der Zeitung, die manchmal einfach aufs Papier gespritzt und mit Duftstoffen versetzt wurden.

Im Zuge der neuen Kultur entstanden auch neue ›Fachgeschäfte‹, die sich speziell an der Hippie-Kundschaft orientierten. Der Psychedelic Shop wurde im Januar 1966 eröffnet und verkaufte Underground-Zeitungen, Zigarettenpapier und Pfeifen aller Art zum Gras- und Hasch-Rauchen sowie andere Dinge, die notwendig zum Hippie-Alltag gehörten. Die erste Hippie-Boutique, Mnasidika, gehörte Peggy Caserta und ihrem Partner, die beide Janis' Freunde wurden; in der Gegend von Haight-Ashbury war jeder Mitglied eines weitläufigen Familienclans.

Janis muß gespürt haben, daß die Reaktion des Publikums sowohl ihr als auch ihrer Musik galt. Dies war endlich die Gemeinschaft, die sie zu finden oder zu schaffen gesucht hatte, seit sie im Alter von vierzehn Jahren mit den Konventionen der Gesellschaft gebrochen hatte. Welch ein Segen! Diese Leute akzeptierten sie um ihrer selbst und um ihrer Seele willen. Sie erkannten in ihr den Menschen, der sie wirklich war.

Als sie sich in James Gurley verliebte, fand Janis schließlich auch persönliche Anerkennung. James war groß und knochig und hatte einen entrückten, unheimlichen Blick. Monatelang hatte er in den Bergen von Mexiko mit den Indianern psychedelische Pilze gegessen, und diese Zeit mit Menschen, die seit Jahrhunderten von Psychedelika gelernt hatten, verstärkte die unheimliche Faszination, die von James ausging – obwohl er kein LSD nahm! Manchmal trug er die komplette Wildledermontur der Männer aus den Bergen und steckte Federn in sein langes, gelocktes Haar. Für Janis verkörperte James alles, was sie von dem Mann erwartete, dem sie ganz gehören wollte. James verließ sogar seine Frau Nancy, um eine Weile mit Janis zusammenzuleben. Wochenlang schmusten sie und machten Musik. Bei ihm konnte sie die zarte, sanfte Janis hervorkehren, die nicht den Schutz der rauhen, draufgängerischen Mama brauchte. Ahhh, ihr Leben war ein einziger Traum. Janis hatte Austin aus einer Laune heraus verlassen, war im Zauberland gelandet und erlebte nun eine Romanze mit einem seiner mächtigsten Bewohner.

Die Musik von Big Brother and the Holding Company entfaltete sich langsam. Wohlmeinende Kritiker sagten den Jungs: »Ihr müßt diese Mieze loswerden!« Aber für die fünf Bandmitglieder stand es außer Frage, daß sie füreinander bestimmt waren.

San Francisco war genau der richtige Ort, um ihre Musik zu vervollkommnen. Chet Helms hatte durch die Family-Dog-Kommune mit Hilfe von Bill Graham die ersten Partys im Fillmore organisiert. Als Kopf der San Francisco Mime Troupe hatte Graham einen langfristigen Mietvertrag für das Haus. Später wollte er die Partys lieber allein veranstalten, und Chet & Co. zogen in den Avalon Ballroom um. Die kreative Atmosphäre, die hier herrschte, war ein guter Nährboden für musikalische Experimente; häufig entfalteten sich neue Stile in kleinen Konzerten im spontanen Zusammenspiel zwischen den Künstlern und ihrem Publikum.

Big Brother wurde zur inoffiziellen Hausband des Avalon Ball-room, eines großen, offenen Raums im ersten Stock eines typischen Geschäftshauses an der Sutter Street 1268, Ecke Van Ness Avenue. Das Avalon war 1911 gebaut worden und faßte etwa zwölfhundert Leute. Ursprünglich war es ein Tanzstudio gewesen, das zu einer Ballroom-Kette der dreißiger Jahre gehört hatte. Verzierte und ver-goldete Galerien liefen oben an den Wänden entlang, typisches Art déco mit goldenen Säulen, Spiegeln und roten Samttapeten. Oben gab es eine voll ausgestattete Bar, aber es wurde kein Alkohol aus-geschenkt. Im Erdgeschoß befanden sich eine Tanzfläche und Sitz-plätze. Hier und da wurden die Gäste auch mit anderen Attraktio-nen unterhalten: Lightshows, Stroboskope, Kreide für Gesichtsbe-malungen und anderes mehr. Die Akustik war wunderbar, denn man hatte die Decke des Sounds wegen mit Stoff bespannt.

Das Avalon bot Big Brother die Möglichkeit, ihrer Kunst den letz-ten Schliff zu geben, aber zu einer Einheit verschmolzen sie erst, als die fünf Mitglieder der Gruppe ein großes Sommerhaus in der Canyon-Stadt Lagunitas mieteten. Zuvor waren bereits andere Rock-bands aus der Stadt nach Lagunitas gezogen. Das Haus von Big Bro-ther mit dem Kosenamen ›Argentina‹ stand in der gleichen Straße wie das der Grateful Dead. Umgeben von vielen Hektar Waldland, probten die Musiker täglich im Wohnzimmer ihres weitläufigen Jagdhauses, das Gerüchten zufolge einmal Teddy Roosevelt und John Muir beherbergt haben soll. In dieser Umgebung festigte sich der musikalische Zusammenhalt der Gruppe, weil ihre Mitglieder zusammen lebten und redeten, atmeten, spielten und die Musik ge-nossen.

13. August 1966

Liebe Familie …

Endlich ein ruhiger Tag, um all die guten Nachrichten zu schreiben. Ich bin nun sicher in mein neues Zimmer in unserem schönen Haus auf dem Lande eingezogen. Bis jetzt bin ich das erste Bandmitglied hier draußen. Unsere Vermieterin & eine ihrer Töchter sind noch hier, aber sie sind essen gegangen, und so bin ich ganz allein, sitze in einem gemütlichen Sessel am Kamin, bei weit geöffneten Türen und einem großartigen Blick auf ein 180°-Panorama von Bäumen: Rotholz & Fichten. Welch ein Segen! Ich habe mich noch nie in meinem Leben so entspannt gefühlt. Was Fantasti-scheres als dieses Haus & diese Umgebung kann es kaum geben. Ich wünschte wirklich, Ihr könntet es sehen. Natürlich kommt ein Teil meines

Wohlbefindens daher, daß ich mich heute zum erstenmal seit zehn oder elf Tagen richtig entspannen kann. Wir haben elf Tage lang jeden Abend gearbeitet. S. F., Vancouver, wieder S. F. – und wir haben wirklich gearbeitet! Gestern hatten wir zum Beispiel einen Benefizauftritt. Es waren Unmengen von Talenten da – fünf Rockbands, zwei Dichter, zwei Komödianten, ein Puppentheater etc. Ging von drei Uhr nachmittags bis ein Uhr morgens. Wir sind um fünf aufgetreten und noch mal um Mitternacht. War aber wirklich aufregend ... Zwei der Bands haben gerade Hit-Singles draußen – die Grass Roots (die zufällig große Fans von uns sind und sogar unsere Buttons tragen, wenn sie spielen) und Jefferson Airplane – und kamen sehr gut an, aber ich/wir bekamen für einen langsamen Blues in Moll einen größeren Applaus als jede andere Band. Wow, ich kann mir nicht helfen – ich liebe es! Die Leute behandeln mich wirklich mit Ehrerbietung. Ich bin jemand Wichtiges. SEUFZ!!

Es gibt hier in Lagunitas ein Postlager, aber ich weiß die Nummer nicht – werde sie in einem P. S. schreiben. Ich habe das beste Zimmer im Haus (war zuerst hier), Sonne den ganzen Tag. Hier ist es viel wärmer als in der Stadt. In S. F. muß man sogar nachmittags einen warmen Mantel tragen, aber hier ist es geradezu perfekt. Ich will wunderbar braun werden. Und es ist nicht zu heiß wie in Texas. Gerade angenehme 24/25°, seid Ihr nicht neidisch? Wenn Ihr eine Landkarte habt, sucht Stinson Beach an der Küste – wir sind etwa zehn Meilen landeinwärts.

Die Jungs aus der Band spielen in einem Film mit – einem Kurzfilm über zwei Mädchen, die sich in eine Rock-and-Roll-Band verlieben. Ich kann nicht mitspielen, weil ich ein Mädchen bin & und deshalb logischerweise für zwei Mädchen nicht von romantischem Interesse. Die Band heißt im Film The Weasels. Gibt nicht viel Geld, aber es macht bestimmt Spaß. Auch noch in der Mache: Wir verhandeln mit ESP Records – sie wollen eine LP mit uns machen. Habt Ihr in TIME über das neue Aufkommen von Underground-Zeitungen gelesen – die East Village Other, Barb in Berkeley etc.? Nun ja, ESP gehört ihnen entweder oder besitzt sie & ist eine Art Underground-Plattenfirma. Nicht groß und protzig, macht nur LPs & nur leicht abartige Gruppen, was wir, wie ich zugeben muß, sind. Wir hätten keine große landesweite Fangemeinde wie die Lovin' Spoonful, aber wir hätten treue Fans unter den Hippies.

Und damit Ihr nicht glaubt, das sei nicht viel – Beatniks machen heutzutage richtig Geld. Und wenn man ein Beatnik ist, ist das wirklich unglaublich. Es gibt so eine Welle von Teenagern, die hip sein wollen bzw. es versuchen. Ein paar von meinen Freunden haben Boutiquen und machen wirklich irre Sachen für sie, andere machen Perlenschmuck & verkaufen *ihn, wieder andere machen Ledersachen, aber die meisten sind im Rock-&-Roll-Busineß. Wirklich fantastisch – ein echtes gesellschaftliches Phänomen. Die Gesellschaft scheint von sich selbst wegzudriften zum Vorhof der Hölle, an den Abgrund, wißt Ihr. Zumindest bei uns hier in Kalifornien. Na,* das *ist vielleicht eine qualifizierte Behauptung ...*

Später, Sorry. Adresse ist P.O. Box 94, Lagunitas, Kalif.

Wie ich vorhin schon erwähnte, haben wir vor zwei Wochen in Vancouver gespielt, beiliegend etwas, das ich für Mike & Laura mitgebracht habe. Einen kanadischen Dollar für Lauras Schmuckmünzensammlung, einen kanadischen Nickel für Mikes Münzensammlung. Beachtet die Ränder.

Eine Modemeldung – ich dachte, Ihr wollt sicher alle wissen, wie die Leute hier aussehen. Die Mädchen sind natürlich jung & hübsch mit langem, glattem Haar. Der Beatnik-Look, wie ich ihn nenne, ist definitiv in. Hosen, Sandalen, Capes aller Art, irrer handgearbeiteter Schmuck oder weite Schlabberkleider & Sandalen. Die jüngeren Mädchen tragen sehr enge Schlaghosen, die ganz tief auf den Hüften sitzen, & kurze Tops – bauchfrei. Aber die Jungen sind die wahren Pfauen. Alle tragen ihr Haar mindestens auf Beatles-Länge (Zeichnung von kinnlangen Haaren), die meisten Rock-&-Roll-Typen tragen ihrs so lang [schulterlang], & einige, zum Beispiel unser Manager Chet, so lang [überschulterlang], viel länger als ich. Und angezogen sind sie ultra-Mod-mäßig – Stiefel, immer *Stiefel, enge Hüfthosen mit Hahnentrittmuster, Streifen und sogar Punkten! Sehr ausgefallene Hemden – Drucke, sehr schrill, hohe Kragen, weite Tom-Jones-Ärmel. Fantasievoll bedruckte Krawatten, Bob-Dylan-Mützen. Einfach too much – ganz wie in den Magazinen, Leute.*

Ich passe mich dem Stil an, soweit es mein Budget erlaubt, und habe ein neues Paar Hüfthosen aus sehr breitem Cord, die ich mit geborgten Stiefeln trage. Sieht sehr in aus. Auf der Bühne trage ich immer noch meine schwarzgold gesprenkelte Bluse, entweder mit einem schwarzen Rock & hohen Stiefeln oder mit schwarzen Levi's & Sandalen. Aber sobald ich Geld habe ... sagte sie und reckte die Faust gen Himmel. Rock & Roll ist so salopp geworden – alle ziehen sich nett an, aber straßenmäßig & ganz anders. Und die Mädchen tragen alle Schlaghosen & Stiefel, also will ich etwas aus Goldlamé. Sehr einfach, aber richtig nach Showbiz soll es aussehen. Ich will, daß das Publikum mich als echte Künstlerin betrachtet, und zur Zeit ist der Look eher ›nur eine von uns, die zufällig auf der Bühne steht‹. Nun ja, wir werden sehen ... Eine Freundin von mir hat eine Boutique – sie macht Sachen nach den Entwürfen der Kunden. Sie oder ich werden mir etwas machen. Wenn *ich jemals dazu komme.*

Dieses Wochenende filmt Bell Telephone Hour die ›San Francisco Szene‹ (weil hier wirklich was passiert, das nirgendwo anders passiert) im Fillmore Aud. Leider spielen wir im Avalon. Verflucht! Aber ein paar gute Freunde, Grateful Dead, spielen dort – sie sind auch unsere Nachbarn, eine der beiden anderen Bands, die hier draußen wohnen. Nur ein Stück die Straße runter.

Oh, Laura, darf ich dir einen Lesetip geben? J. R. R. Tolkien hat den Hobbit *geschrieben und danach die Trilogie* Herr der Ringe *– wirklich ganz entzückende Bücher. Ich lese sie gerade.*

Letzte Woche hatte ich Besuch aus Texas – Jim, Tary Owens & seine Frau & ein paar andere Freunde vom College. Jim wollte sich eigentlich einen Job suchen, ist aber schon in der ersten Woche zurück zu den geheiligten Traditionen und Annehmlichkeiten geflüchtet, die Texas und seine Frau ihm bieten.

Keine weiteren Nachrichten – denke, ich werde zum Postamt runterbummeln & den Brief aufgeben. Alles Liebe, schicke Fotos von unserer Zuflucht, so bald ich kann.

XXX
Janis

Die Gruppe war in der Hoffnung nach Lagunitas gezogen, Geld zu sparen, indem man die Miete teilte; gleichzeitig schien dies ein geeigneter Ort zum Proben zu sein, denn eine höllisch laute Rockband kann nicht einfach überall üben. Einen guten Proberaum zu finden war für Big Brother immer ein Problem gewesen.

Alle fünf Mitglieder der Band lebten mit ihren jeweiligen Ehepartnern, Liebhabern, Kindern, Hunden und Katzen unter einem Dach. James war wieder zu Nancy zurückgekehrt und wohnte mit ihr und ihrem gemeinsamen Sohn Hongo im oberen Stockwerk. Auf der anderen Seite des Flurs lebten Peter und Cindy Albin mit ihrer Tochter Lisa. Janis hatte das Sonnenzimmer am Ende des Gangs, Dave Getz wohnte in einem Zimmer im Erdgeschoß, das von der Küche abging. Sam Andrew und seine Freundin Rita schließlich lebten in einer kleinen Hütte hinter dem Haus. Gemeinsam stellten sich alle den Realitäten einer ›Großfamilie‹.

Spaß war die wahre Parole jener Zeit. »Frühling, Sommer, Herbst oder Wintern, 'n saurer Apfel ist ein Tritt in den Hintern«, war der Unsinn, den Janis mit Dave Getz reimte, nachdem sie in einen schlechten Apfel gebissen hatte. Er erklärte: »Dieser Spruch wurde zum Synonym für viele Dinge und bei jeder Gelegenheit wiederholt.« Insiderwitze, Zitate und Spaß – genau das brauchte es, um aus einer Gruppe eine homogene Band zu machen.

Janis identifizierte sich immer mehr mit der Gruppe. Sie malte das ›Gottesaugen‹-Symbol der Band, einen Entwurf des Plakatkünstlers Mouse, auf ihr Auto. Die Plakate, die die Partys in der Stadt ankündigten, fanden künstlerische Anerkennung. Museen in der ganzen Welt kauften die Originalentwürfe für ihre Sammlungen. Die professionellen Mitglieder der Kunstszene, die Janis in ihrer Kindheit zu respektieren gelernt hatte, kamen jetzt in ihre Szene und sagten, hier finde zur Zeit die spannendste Entwicklung statt. Das bestärkte sie in ihrer Überzeugung, daß alles seine Richtigkeit hatte.

»Janis war eine unkomplizierte Mitbewohnerin«, sagte Peter Albin. In ihrem Sonnenzimmer mit den zum Wald hin geöffneten Fenstern und der durch das volle Laub ihrer sorgfältig gepflegten Zimmerpflanzen hereinströmenden Sonne war Janis glücklich. Entspannt schrieb sie in ihrem Solarium Songs für die Band. Ihre Stimme wehte durchs Haus, wenn sie neue Melodien auf der Gitarre spielte und neue Texte ausprobierte.

In James Gurleys Frau Nancy fand sie eine gute Freundin – trotz der unvermeidlichen Spannung, die wegen Janis' früherer Affäre mit James zwischen den beiden herrschte. Nancy, die einen Magister in englischer Literatur hatte, war eine Gefährtin, die sich in tiefschürfenden Diskussionen über Bücher erging, die Janis ebenso wichtig waren wie ihre Musik. Wie die Frauen in Janis' texanischer Gruppe verkörperte die verheiratete Nancy, die zudem Mutter eines Kindes war, die andere, traditionelle Frauenrolle; aber sie offenbarte doch mehr als die Ehefrauen in Texas jene Kraft, die Janis bei einer modernen Frau voraussetzte.

Nancy stand auch auf Speed, Janis' Dämon aus der Vergangenheit. Janis wand sich vor Angst, wenn sie nach ihrer Ankunft in San Francisco jemanden irgend etwas spritzen sah. Dave spürte, daß die Anziehung der Drogen auf Janis so stark war, daß jede Erinnerung daran eine zu große Versuchung darstellte. Eine Zeitlang blieb Janis standhaft und trank nur gelegentlich Alkohol, aber durch das Leben in Lagunitas änderte sich das. Freigeistige Experimente mit irren Drogen waren untrennbar mit dieser Zeit und diesem Milieu verbunden. Ständig wurden große Partys gefeiert, auf denen es Massen von berauschenden und bewußtseinserweiternden Chemikalien gab. Nun gut, dann nahm sie also Drogen. Sie waren nicht der Mittelpunkt ihres Lebens, Janis wollte nur dazugehören. Manchmal blieben Nancy, Rita und Janis die ganze Nacht auf, nahmen Speed und zogen wie besessen Perlen zu Halsketten und komplizierten Wandbehängen auf.

Die freigeistige, erdmütterliche Speed-Lebensweise von Nancy Gurley vertrug sich nicht mit dem anständigen Leben der Albins, die früh zu Bett gingen und keine Drogen nahmen. Für Peter und Cindy mußte es um zehn Uhr abends leise im Haus sein, damit ihre Tochter schlafen konnte. Viele andere wollten bis tief in die Nacht Rock and Roll üben, entsprechend der Zeitrechnung, die auf der Bühne herrschte, wo man um neun Uhr abends anfing und um ein Uhr morgens aufhörte.

Nancy war eine der ersten Lehrerinnen an der Summerhill-Schule in Los Angeles gewesen. Sie erzog Hongo sehr frei, vor allem im Vergleich zu den Vorstellungen, die Cindy über Lisas Erziehung hatte. Alle hielten Hunde, aber die Welpen, die James' und Nancys Hündin bekam, erkrankten an Staupe. Eine Zeitlang schien es, als bestünde alles nur aus halb angezogen herumlaufenden schmutzigen Kindern, toten Welpen, zuviel Gerümpel, zuwenig Leuten, die saubermachten, und ständigen Rock-and-Roll-Partys. Die allgegenwärtige Spannung zwischen acht Erwachsenen, zwei Kleinkindern und unzähligen Tieren schuf ein entnervendes Chaos für jeden, der genauer hinsah.

Obwohl sie ganz in der Band und ihrer Rolle aufging, gab es immer noch die unabhängige Janis, die nicht sicher war, ob es ihr schon genügte, nur ein Teil von Big Brother zu sein. Während ihrer frühen Tage in der Coffee Gallery hatte Janis einige in der Musikwelt aufhorchen lassen. Als sie wieder in Kalifornien war, hatte man ihr eine weitere Karrieremöglichkeit in Aussicht gestellt. Paul Rothchild, damals Aufnahmeleiter bei Elektra Records, hatte ein Budget, um eine Blues-Roots-Band zusammenzustellen. Er holte sich Taj Mahal, Stefan Grossman und Al Wilson, den späteren Gründer der Canned Heat. Janis probte ohne das Wissen von Big Brother mit diesen Musikern in San Francisco, und Paul kommentierte: »Die Musik ist toll!«

22. August 1966

Mutter ...

Habe noch nichts von Dir gehört, aber ich platze vor Neuigkeiten, da bin ich also.

Zuerst einmal: Vom nächsten Dienstag an haben wir ein Engagement für vier Wochen Chicago – für $ 1000 pro Woche!! Also schreib nicht, bevor Du von mir hörst. Freue mich riesig auf Chicago ... Chicago ist der Himmel des Blues, & ich kann ein paar wichtige Leute hören & sie mich. Sie (der Club, in dem wir spielen – Mother Blues) bezahlen uns ein Flugticket, und so fliegen wir Dienstag morgen los. Ich liebe fliegen – & in einer R&R-Band zu sein & zu einem Gig zu fliegen, ist noch aufregender. SEUFZ!! Und eine Freundin hat mir ein Kleid & Cape geschenkt, die ich bei dem Anlaß tragen soll – bordeauxroter Samt, alt, aus einem Goodwill-Laden, aber schön! So 'ne Art Queen-Anne-Ärmel & ein sehr tiefer und breiter Ausschnitt. Wirklich fantastisch.

Also, ich habe ein Problem. Ich hoffe, der Job in Chicago wird es lösen, aber im Moment quält es mich. Letztes Wochenende haben wir in der Stadt gespielt, & ein Mann von Elektra, einem guten Label, hat mich hinterher angesprochen. Ich/wir haben ihm sehr gefallen. In der Woche hat mich dann jemand angerufen ... Sieht so aus, als wäre Rothchild (der Typ von Elektra, der Paul Butterfield entdeckt hat, der jetzt sehr erfolgreich ist – er macht altmodischen Blues) daran interessiert, eine Bluesband zusammenzustellen, und er will mich. Die beiden Gitarristen & der andere Sänger & Rothchild & der Besitzer (!) von Elektra & ich hatten heute eine Besprechung. Ziemlich kompliziert alles, aber, um es kurz zu machen – Rothchild meint, die Popmusik könne nicht immer ausgefallener & lauter & chaotischer werden, so wie jetzt. Er glaubt, daß es eine Gegenreaktion geben wird & altmodischer Blues, Shuffles und melodisches Zeug wiederkommen werden. Also, Elektra stellen sich ihre neue Gruppe genau so vor – und sie wollen mich. Sie wollen uns ein Haus mieten – in L. A. – & unseren Lebensunterhalt bezahlen, bis wir genug Material erarbeitet haben, dann wollen sie uns zuerst eine Single und eine LP machen lassen. Nun, es ist eine gute Plattenfirma – & da wir ihre Gruppe wären, würden sie uns wie verrückt pushen ... Und er sagt, wir könnten gar nicht anders als Erfolg haben. Jetzt weiß ich nicht, was ich tun soll! Ich muß herausfinden, ob R&R bald out sein wird, wie groß meine Verpflichtungen Big Brother gegenüber sind (die Band ist jetzt schon sehr sauer auf mich, weil ich zu der Besprechung gegangen bin, & ich kann's auch verstehen), & überhaupt, was ich tun soll. Der Blues ist zum einen meine ganz große Liebe, und zum anderen wäre ich von Anfang an bei einer Plattenfa. unter Vertrag – ich würde quasi schon an der Spitze anfangen, und ich bin nicht sicher, ob der Rest der Band (Big Brother) überhaupt bereit ist, hart genug zu arbeiten, um gut genug zu werden, das zu schaffen. Im Moment tun wir das jedenfalls meiner Meinung nach nicht. O Gott, ich kann mich nicht entscheiden!

Und natürlich muß ich zugeben, daß ich geschmeichelt bin. Rothchild hat gesagt, ich sei eine der zwei oder vielleicht drei besten Sängerinnen des Landes, & sie wollen mich. Na ja, ich hoffe, daß der Job in Chicago mir zeigen wird, wie gut Big Brother wirklich sind ... & dann kann ich meine Entscheidung fällen. Wow, das ist echt too much. Ich hoffe, es macht Dir nichts aus, daß ich dich so vollquassele, aber ich mußte einfach mit jemandem reden. Ich wünschte, ich könnte jemanden um Rat fragen, der sich auskennt und in jeder Hinsicht unparteiisch ist. Ach, träum weiter, Janis.

Ich schreib' und ruf' vielleicht sogar aus Chicago an.

Viele Grüße an alle
XXXX
Hilfe!!
Janis

Als die Bandmitglieder herausfanden, daß Janis mit Paul Rothchild verhandelte, dachten sie anfangs, Paul sei an ihnen als Gruppe interessiert. Die Entdeckung, daß Paul nur Janis wollte, war verheerend für ihren frisch entwickelten Familiensinn. In hitzigen Diskussionen warfen sie ihr Verrat vor. Janis schrie zurück: »Hört auf, auf mir rumzuhacken!« Sie wünschte, sie hätte gewußt, was wirklich das Beste für sie war. Big Brother waren gerade auf dem richtigen Weg. Wenn sie die Band jetzt verließ, würde sie ihnen jede Möglichkeit nehmen, ihr neuentdecktes Potential bis an die Grenzen auszutesten. Die anderen stritten mit Janis und bettelten sie an. Immerhin hatte ESP, eine kleine Plattenfirma, schon Kontakt mit ihnen aufgenommen. Schließlich überredeten sie Janis, ihre Entscheidung bis nach dem großen Gig in Chicago zu vertagen.

Mother Blues war ein alter Folkclub, der sich auf Rock and Roll verlegt hatte, weil die Konkurrenz beim normalen Blues zu groß war. Big Brother trafen in ihrem Haight-Szenen-Aufzug ein und betraten die ›Bevor-es-Acid-gab‹-Welt. Jungs mit langen Haaren ernteten die typischen Spötteleien: »Ist das ein Junge oder ein Mädchen?« Samtklamotten, Stiefel, Perlen, Federn und fliegende Haare entsprachen einfach nicht der Norm in der ›windigen Stadt‹. Nick Gravenites fielen fast die Augen aus dem Kopf, als er die fünf die Straße entlangschlendern sah. Als er hinüberging, um seinen alten Freunden Hallo zu sagen, zuckten sie zusammen, als seien sie nicht sicher, ob er ein Einheimischer war, der Hippies verprügeln wollte, oder nur ein Gaffer. Aber es war Nick, ein Vagabund wie sie, der nach seiner

Zeit in der Boheme-Szene von North Beach wieder nach Chicago heimgekehrt war.

Nick brachte einen Freund, den Plattenproduzenten George McGowsky, mit zum Konzert: Wie viele andere in Chicago verwirrte auch ihn der Sound der Gruppe. »Schade, daß sie keinen Erfolg haben werden«, vertraute George Nick an. »Sie sind einfach zu abgefahren fürs Business.« Trotzdem gab es gut Geld, und die Reise war ein großer Spaß. Fernab von Lagunitas frischten Janis und James ihre Romanze wieder auf.

Mit der Post kam ein Brief mit elterlichen Fragen an Janis.

Da Du das Thema so geschickt umgangen hast, nehmen wir an, Du hältst Deine derzeitigen Aktivitäten für erfolgversprechend und wirst im nächsten Monat nicht zum College wieder hier sein. Wenn diese Annahme falsch ist, gib uns sofort Bescheid, denn wir müssen es wissen. Auf der anderen Seite, wenn unsere Annahme richtig ist, ist wohl alles, was wir tun können, Dir viel Glück zu wünschen und all den Erfolg, den Du Dir erhoffst. Alles Liebe, Vater.

September 1966

Liebe Mutter ...

Wir spielen jetzt in Chicago – fünf Sets pro Abend, sechs Abende pro Woche. SCHLUCK! *Wirklich harte Arbeit. Wir sind im Mother Blues in der Altstadt. Unsere Musik kommt allerdings nicht so gut an. Es gibt in Chicago so viele gute Bluesbands, daß wir neben ihnen verblassen, und das macht das Spielen um so härter.*

In einem Punkt hatten wir Glück – Peter hat eine Tante & einen Onkel, die in Chicago leben, & wir wohnen bei ihnen. Sie sind wirklich nett – mit drei superkreativen & intelligenten Kindern. Haben ein großes Haus mit Klimaanl. in der Vorstadt & uns ein Auto geliehen. Echt fantastisch. Wir sind allerdings alle ein bißchen traurig, daß wir unser Haus auf dem Lande verlassen mußten.

Die Plattensache, über die ich Dir geschrieben habe, hat ein ganz schönes emotionales Trauma bei der Band ausgelöst. Alle möglichen Loyalitätsfragen sind aufgekommen. Ich habe mich entschlossen, bei der Band zu bleiben, denke aber gern noch über die andere Sache nach. Versuche rauszufinden, welche musikalisch vermarktbarer ist, weil es nicht reicht, daß ich gut bin, ich brauche auch ein gutes Vehikel. Aber ich weiß gar nichts übers Musikgeschäft, also schufte ich so vor mich hin.

Daddy hat das Thema College angesprochen, und das ist gut so, denn sonst hätte ich es wahrscheinlich weiter umgangen, in meiner so unnachahmlich erwachsenen Weise, bis es sich in Luft aufgelöst hätte. Ich denke nicht, daß ich jetzt zurückkommen kann. Ich weiß nicht genau warum, aber ich merke einfach, daß ich bei allem hier ein größeres Gefühl der Wahrheit habe. Wahr für mich. Viele von den Problemen, die ich hatte und wegen denen ich zu Mr. Giarratano gegangen bin, habe ich gelöst. Nehme meine Beruhigungsmittel nicht mehr. Ich habe nicht mehr das Gefühl, zu lügen. Das ist alles prima & gut & wirklich ernst gemeint, aber das Problem ist – ich würde gern wieder studieren. Ganz ehrlich, aber irgendwie habe ich das Gefühl, ich muß das hier erst zu Ende bringen und mich, wenn ich kann, durchsetzen. Wenn ich das nicht tue, würde ich immer ans Singen denken & daran, gut & bekannt zu sein, & glauben, daß ich mich um etwas betrogen habe – verstehst Du? Also, obwohl es mir um viele Aspekte des Studentenlebens und des Zu-Hause-Wohnens leid tut, muß ich wohl weiter versuchen, eine Sängerin zu sein. So schwach es auch ist, ich bitte Euch um Verzeihung, daß ich so rundweg schlecht zur Familie bin. Ich weiß, daß meine sich ständig verschiebenden Wertvorstellungen mich nicht sehr zuverlässig machen und daß ich eine Enttäuschung bin, und, na ja, es tut mir einfach leid.

Wir haben hier eine Adresse, an die Du mir schreiben kannst – ich wünschte, Du würdest es tun. Letzten Sonntag habe ich versucht anzurufen, aber es war keiner zu Hause – danach ist mir eingefallen, daß Ihr wahrscheinlich in Bandera seid und in der Sonne liegt. Werd's wieder probieren – oder Ihr könnt hier anrufen, wenn Ihr mal Lust habt. Die Adresse ist Pleasant Lane, Glenview, Ill. Ich dachte, ich könnte hier vielleicht John Smith treffen. Habe ihm ein Telegramm aus Rochester geschickt, aber nichts von ihm gehört. Wahrscheinlich ist er umgezogen.

Oh, noch eine Neuigkeit vergessen. Mainstream Records wollen, daß wir bei ihnen unterzeichnen – wir haben einen Vertrag und lassen ihn gerade überprüfen. Werden sehen.

> *Schreib bitte – Ich hab' Dich lieb*
> *Viele XX*
> *Janis*

Wie wunderbar! Janis hatte nicht mehr das Gefühl, zu lügen. Sie hatte ihre emotionale Heimat gefunden. Wie armselig dieses Leben sich auch entwickeln mochte, im Augenblick sah es so aus, als würde es ewig dauern.

Janis stolzer Hinweis darauf, daß sie keine Beruhigungsmittel nahm, war ein wenig kurios. Damit deutete sie an, daß sie dem Rausch einen klaren Kopf vorzog. Sie unterließ es allerdings, die anderen Drogen zu erwähnen – die geselligen Drogen, die jetzt unverzichtbarer Bestandteil des Hippie-Alltags waren. Tranquilizer waren keine In-Drogen, denn sie betäubten die Sinne. Die Hippies wollten dagegen ihr Bewußtsein erweitern. Und doch lehnte Janis psychedelische Drogen im Grunde ab und zog Sedativa vor, vor allem Alkohol.

Janis hatte ihren Dämonen immer ins Auge gesehen, auch wenn sie sich damit Probleme schaffte. Jetzt machte sie den ersten von vielen Schritten, um den Grundfragen ihres Leben aus dem Weg zu gehen. Janis kannte die Gefahren der Drogen durch ihre früheren Speed-Erfahrungen, aber 1966 entschloß sie sich, die Drogenszene zu tolerieren, weil sie nicht auf die Zugehörigkeit zur Musikwelt verzichten konnte. Eine gesellschaftlich akzeptierte, politisch korrekte Droge nahm den Platz der legal verschriebenen Tranquilizer ein: Alkohol! Sie konnte sich nicht über das Motto unserer Kultur hinwegsetzen, das einzige Problem sei, die richtige Droge zu finden. Wenige stellten damals die Rolle in Frage, die Drogen in unserer Gesellschaft spielen. Wenige fragten, warum Drogen gebraucht werden. Damals waren Drogen *die* Entdeckung – wer wollte es wagen, diesen neuen Schamanen in Frage zu stellen?

Bei ihrem Engagement in Chicago hatte anfangs noch alles seine Ordnung. Der Clubbesitzer zahlte der Band jeweils eintausend Dollar für die ersten beiden Wochen, doch in der dritten von vier Wochen ging ihm das Geld aus, weil sein Experiment mit Big Brother nicht genügend Besucher anzog. Das Publikum war nicht stoned und verstand den Rockstil der Band nicht. Chicago war eine Blues-Stadt. Besonders in kleinen, wenig eingeführten Clubs erwartete das Publikum typische Bluesstücke mit der traditionellen musikalischen Begleitung. Die meisten Zuhörer wußten mit den wiedergeborenen Hipstern aus San Francisco nichts anzufangen.

Peter erhob durch die Musikergewerkschaft Klage, doch auch mit Hilfe eines Rechtsbeistands konnte man einem nackten Mann kein Geld aus der Tasche ziehen. Da sie in Chicago festsaß und nicht nach Hause konnte, war die Band gezwungen, für die Abendkasse zu arbeiten. »Wir mußten eine Bühnenshow entwickeln«, erklärte Peter Albin, »bei der ich andauernd witzige Bemerkungen machte. Aber wir kamen immer noch nicht an. Und schließlich, in der letzten

Woche, hatten wir ein … Go-Go-Girl. Wir nannten sie Miß Proton, das Psychedelische Mädchen.« Miß Proton trug Bodystockings, die Peter mit Farbe und Glitter besprühte. Außerdem verpaßten sie ihr ein irres Make-up und versuchten es mit einem Hut aus Klarsichtfolie.

Janis erklärte einem Interviewer der *Mojo Navigator Rock and Roll News:* »Du kannst dir nicht vorstellen, wie es ist, wenn man da singen soll. Weißt du, die Bühne ist winzig, ganz klein und ganz schmal, so ungefähr, und man kann sich überhaupt nicht bewegen, und ich stehe da und singe, und die Tanzfläche ist direkt vor mir, so, und diese halbnackte Mieze tanzt direkt vor mir, und ich hab' echt zuviel gekriegt. Es war schwer, sehr schwer, da zu singen.«

Janis rächte sich. »Janis und ich hatten einige Differenzen«, erinnerte sich Peter, und »ihre Reaktion in Chicago war eine davon.« Ihr alter Sinn für eine höhere Gerechtigkeit lebte wieder auf. Wenn der Clubbesitzer die Gage nicht berappte, zahlte Janis ihm das eben heim, indem sie sich an einem Kaschmirpullover schadlos hielt, der einem seiner Freunde gehörte. Da der Freund die Band in seiner Wohnung hatte wohnen lassen, steckte er bestimmt mit dem Betrüger unter einer Decke. Janis kümmerte sich um Janis und verschaffte sich auf möglichst direktem Weg, was ihr zustand.

Es interessierte sie dabei nicht, was die Jungs in der Band davon hielten. Innerhalb ihrer Familie bekam sie Ärger wegen des Pullover-Diebstahls. »Das war einfach kein gutes Geschäftsgebaren«, erklärte Peter mir. »So was rächt sich irgendwann.« Jahre später traf Peter zufällig den ehemaligen Besitzer des Pullovers. Der Typ sagte: »Yeah, ich kann dir was erzählen: Janis Joplin hat meinen Kaschmirpullover geklaut.«

Unter dem Druck von Paul Rothchilds Angebot an Janis erkannte die Band, daß die Frage eines Plattenvertrags immer dringlicher wurde. Damals in San Francisco hatten Big Brother mit anderen Bands bei ein paar kleinen Plattenfirmen vorgespielt, unter anderem bei Bob Shad von Mainstream. Chet Helms hatte als Manager alle Angebote, die ihnen gemacht wurden, abgelehnt. Gemäß der San Franciscoer Einstellung zum Business wartete er auf ein besonders gutes Angebot, das ihnen künstlerische Freiheit und mehr gewährleistete.

In Chicago wurde Bob Shad erneut bei Big Brother vorstellig. Chet Helms war nicht mehr Manager der Band, man hatte ihn gehen lassen, weil seine Managertätigkeit im Avalon Ballroom sich zeitlich nicht mehr mit seinen Verpflichtungen gegenüber der Band vereinbaren ließ. Ohne seine Anleitung waren die Musiker allerdings anfällig für übereilte Entscheidungen.

Bob Shad war seit langer Zeit im Geschäft und nicht von der schlimmsten Sorte. Er bot ihnen einen Vertrag nach dem damaligen Standard an: Die Band sollte fünf Prozent der Tantiemen bekommen und die Plattenfirma die Rechte an allen Songs, die sie schrieben. Die Gruppenmitglieder glaubten, daß sie die notwendigen Vorsichtsmaßnahmen trafen, indem sie den Vertrag von einem Rechtsanwalt überprüfen ließen, aber alles, was der tun konnte, war, ihn vom rechtlichen Standpunkt aus zu betrachten. Was sie wirklich gebraucht hätten, wäre der Scharfblick eines Managers gewesen, und der fehlte ihnen.

Bob Shad umwarb die Gruppe mit Versprechungen: Mainstream sei ein Label, das ihre Art von Blues verstehe. Er könne aus ihrer speziellen Ausstrahlung Kapital schlagen. Also traf Janis ihre entscheidende Wahl. Sie erzählte Paul Rothchild: »Ich habe mich in einen der Jungs von Big Brother verliebt, und deshalb bleibe ich bei dieser Band und komme nicht zu deiner.«

Bob Shads Plan bestand darin, ein paar Singles mit der Band zu machen. Acht Stunden in einem Achtspurstudio in Chicago ergaben vier oder fünf Songs. Sie können als wahrheitsgetreue Wiedergabe ihres damaligen künstlerischen Standards gelten, denn Big Brother and the Holding Company spielten jeweils nur zwei oder drei Takes von einem Song und suchten den besten davon aus. Allerdings wußten die Toningenieure damals noch nicht, daß ein wenig Verzerrung nötig war, um der Musik den richtigen Nachdruck zu verleihen. Sie steuerten die Aufnahmen zu niedrig aus, und dadurch ging viel von der Intensität der Live-Auftritte verloren.

20. September 1966

Liebe Mutter und Familie!

Waren am Sonntag fertig mit dem Job in Chicago & sind gestern abend nach Kalifornien losgefahren. Nach Hause! Nach Hause! Jetzt sind wir in Nebraska. Grade sind wir an der Abfahrt Clay Center vorbeigekommen – ich wäre fast abgefahren, um meine Verwandten zu besuchen, aber ihre Namen fielen mir nicht ein, und so sind wir immer noch auf der Straße. Wir fahren einen '65er Pontiac Grand Prix – große Klasse. Wir überführen ihn – man hinterlegt eine gewisse Summe, die man wiederbekommt, wenn man den Wagen abliefert, & alles, was man bezahlt, ist das Benzin. (Das Auto fährt, entschuldigt die Handschrift ...)

WIE-DIE-DINGE-JOBMÄSSIG-LAUFEN-ABT.:

1. Wir haben eine Aufnahmesession hinter uns – 'ne ganz schöne Erfahrung. Wir haben neun Std. gebraucht für eine Aufnahme von weniger als zwölf Min. Und wir haben noch nicht mal viel vermasselt. Zuerst nimmt man den Instrumentalteil allein auf. Wenn der zur eigenen Zufriedenheit (und der des Tonmanns) ausgefallen ist, legt man den Gesang auf einer anderen Spur über die Instrumente. Dann legt man für den dynamischen Effekt noch eine Vokalspur über die erste, die gleichen Stimmen, der gleiche Text, um der Stimme einen volleren Sound zu geben. Wirklich kompliziert. Auf jeden Fall haben wir vier Plattenseiten aufgenommen. Er wird zwei davon – eine 45er-Single – in etwa einem Monat rausbringen. Jetzt nervt er uns, daß wir noch mehr aufnehmen sollen. Er sagt, ich sei auf den ersten sehr gut herausgekommen & glaubt, ich bin der kommerziellste Teil der Band, & er will ein paar von meinen Songs haben. Er wollte es machen, bevor wir aus Chicago weggefahren sind, aber wir haben an diesem Wochenende noch einen Auftritt & müssen es deshalb später in L.A. machen. Uff.

2. Unser Job in Chicago, wenn auch gut für uns in professioneller Hinsicht, war ein echter Schuß in den Ofen (Schuß in den Ofen – Synonym für einen ungünstigen Wechselkurs –, d. h. wir sind beschissen worden). Die ersten zwei Wochen waren okay – wir wurden bezahlt. Am Ende der dritten Woche sagte uns der Mgr. des Clubs, er hätte kein Geld, um uns zu bezahlen oder uns Flugtickets nach Hause zu kaufen – also waren wir gezwungen, in der vierten Woche für die Eintrittsgelder zu arbeiten & nur zu hoffen, daß es für die Heimfahrt reichen würde. Und wegen der $ 1400, die er uns schuldet – klar, er wird sie schicken, wenn der Club wieder auf den Beinen ist & Mensch, tut mir wirklich leid & murmel, murmel ... So, da sitzen wir nun in unserem Leihwagen, schwitzen uns durch die Landschaft und fluchen. Aber wir haben einen Schuldschein von ihm & glauben (hoffen?) immer noch, daß er bezahlt. Ich hab' immerhin $ 200 durch den Gig zusammengekriegt. Bekomme dieses Wochenende noch $ 120 und weitere $ 80–100 für die Aufnahmesession. Ich glaub', ich werd' mir ein Auto kaufen. Außerdem haben wir durch die Sache in Chicago noch einen sehr guten Job für zwei Woch. in Toronto & noch zwei in Montreal angeleiert – für $ 1500 pro Woche, vier Tage pro Woche. Im Dezember. Klingt jetzt gut, aber theoretisch könnte unsere Platte bis dann ein Hit sein, & wir wären Stars. Aber das werden wir sehen.

MODE-NEWS: *Bevor wir erfahren haben, daß wir keine Gage mehr bekommen sollten, glaubte ich mich sehr gut bei Kasse – habe $ 200 und erwarte noch $ 200 – reiner Profit, Rechnungen schon bezahlt … Also ging ich los & kaufte mir ein Paar Stiefel für $ 35. Oh, sind die groovy!! Der Stil ist altmodisch – eng, mit Knöpfen vorn. Schwarz.* FANTASTISCH! *Wenn ich zurück bin, miete ich mir eine Nähmaschine & mache mir ein schönes/abgefahrenes Kleid dazu.*

HABT-IHR-LUST-MIR-EINEN-GEFALLEN-ZU-TUN-ABTEILUNG: *Wißt Ihr noch das Paket, das Ihr mir schicken wollt? Nun, mir sind noch ein paar Sachen eingefallen, die ich gern hätte, wenn sie noch da sind. Ich mache der Übersichtlichkeit halber eine Liste:*

1. meine angefangene Tagesdecke. Wenn ich eine Nähmaschine bekomme, würde ich gern daran weiterarbeiten;

2. meine Strickzeugtasche & den grau-blauen Orlon-Pullover, an dem ich gearbeitet habe;

3. das schwarze Fotoalbum von Linda & mir. Müßte im zweiten Fach des Schreibtischs sein. Auch da ein Briefumschlag – geschlossen – voller ziemlich zusammengewürfelter, aber sehr persönlicher Sachen – den hätte ich auch gern;

4. im Plattenständer ein kleiner Umschlag mit einem Heftchen & anderen Sachen eines Plattenclubs, dem ich beigetreten bin – das auch.

5. Und, wenn sie nicht an Goodwill oder Laura gegangen sind; ein paar Kleidungsstücke: das grau-braun-gestreifte Stricktop, den grauen Rock? und die grüne Baumwollweste, die ich so geliebt habe.

6. Habe ich zu Hause einen schwarzen Strickhut? Wenn ja, schickt Ihr den auch?

7. Rezeptkasten & -buch. Ich hoffe, das macht Euch nicht zu viel Mühe – ich weiß das wirklich zu schätzen. Schickt es per Greyhound, das ist okay – meine Adresse ist P. O. Box 94, Lagunitas, Calif.

Was ich tun möchte, wenn wir unsere Karriere in Gang gebracht haben, ist, mir ein paar Tage frei zu nehmen & nach Hause zu kommen – zu versuchen, Euch alles zu erklären, alle wiederzusehen & meine Habe zu sortieren. Der Himmel weiß, wann ich das endlich mal tun kann. Aber noch hoffe ich.

Das ist erst mal alles – wenn Ihr irgendwelche persönlichen Sachen von mir findet, von denen Ihr glaubt, daß ich sie vielleicht brauche, schickt sie.

Love XXX
Janis

Als der Gig vorbei und der Vertrag unterschrieben war, machte sich die Band auf den Weg zur Westküste, um noch einmal in Los Angeles mit Mainstream Aufnahmen zu machen. Peter hatte sein Geld gespart und flog stilgerecht von Chicago nach Kalifornien. Der Rest der Gruppe quetschte sich in den Pontiac, den Janis in ihrem Brief erwähnt hatte.

Bis zum 2. Oktober 1966 war LSD in keinem Gesetz der USA erwähnt worden, doch von diesem Tag an war der Besitz der Droge strafbar. Etwa siebenhundert Hippies versammelten sich zu einer Love Pageant Rally (einem ›Liebesumzug‹) im Panhandle Park. Das Flugblatt rief sie auf, zu kommen, »um unsere Identität, Verbundenheit und Unschuld gegen die öffentliche Panikmache, die diesem Gesetz zugrunde liegt, zu verteidigen«. Big Brother, Grateful Dead und Wild Flower traten auf. Reporter von Radio, Fernsehen und Presse waren zur Stelle. Die meisten der Feiernden befanden sich in kollektivem Trotz auf dem LSD-Trip.

Janis und Pat ›Sunshine‹ Nichols saßen am Rande des Ereignisses. Sie ließen eine Flasche Ripple-Wein kreisen und hielten sich von psychedelischen Drogen fern. Sie sahen zu, wie die Leute um sie herum über die geometrischen Muster der Blätter an den Bäumen und den erstaunlichen Reiz der Adern in den Grashalmen halluzinierten. Janis und Pat waren alte Freunde aus der Coffee Gallery. Sie brauchten sich nicht dafür zu rechtfertigen, daß sie Alkohol Acid vorzogen, sie waren Teil der Bewegung, aber sie lehnten die Chemikalie, die den Stil der Ära prägte, ab.

10

Erfolg mit Big Brother

Come away with me
And we'll build a dream
Things will be like they
Never seemed they could be

JANIS JOPLIN, ›Come Away with Me‹

Big Brother and the Holding Company gingen im Spätherbst 1966 wieder ins Studio. Bob Shad flog aus Chicago ein und brannte darauf, ein paar gute Singles herausbringen zu können. Aus den beiden Studiosessions in Chicago und Los Angeles veröffentlichte Mainstream die erste Single, ›Blindman‹ und ›All Is Loneliness‹. Obwohl Janis voller Enthusiasmus Singles an die Familie und an Freunde schickte und ein Exemplar auf dem Plattenspieler in Lagunitas fast zugrunde spielte, hatte diese erste Veröffentlichung zunächst keine bemerkenswerten Folgen.

Big Brother bekamen gute Kritiken für ihre Platte und ihre Auftritte. Die *Mojo Navigator Rock and Roll News* bezeichneten die Platte als »...exzellent, sowohl in Hinsicht auf das kommerzielle Potential als auch die adäquate Wiedergabe ihres Live-Sounds«. Ed Denson vom *Berkeley Barb* schrieb in seiner Kolumne ›The Folk Scene‹: »Die Mieze kann allerdings wirklich singen. Mit ihrer klagenden Blues-Stimme und ihrer Gabe, zu kreischen und ihren Körper in die Musik zu werfen, bringt sie Material von Shirley & Lee bis zurück zu Ma Rainey und Bessie Smith.« Er fuhr fort: »Aber es waren die Begleitmusiker, die die Band zu einem echten Knaller machten... Ich war regelrecht süchtig nach den Gitarristen... Über allem schwebte das Gefühl, daß die Gruppe wirklich Musik machte und nicht nur Geld verdiente & daß sie ein paar ganz neue Sachen erfand.«

Big Brother stürzten sich in eine turbulente Suche nach Soul-Elementen, die sie durch ihre aufwühlende musikalische Entschlossen-

heit ausgruben. Soul war Janis' musikalischer Führer. Er wies ihr
den Weg zur schwarzen Musik und zu schwarzem Erleben im
weißen Amerika. Der ›Blue-eyed Soul‹ war ihre Eintrittskarte zur
Rock-and-Roll-Szene der weißen Mittelklasse. Die Wurzeln waren
Folk und Rhythm and Blues, die Musik war eindeutig weiß. Ihre
Musik war der Versuch, beide Stile sinnvoll zu vermischen und das
Leben des weißen Amerika darin widerzuspiegeln. Man arbeitete an
der Entwicklung eines neuen Sounds, suchte nach dem richtigen
Tonfall. Aber es gab Grenzen. Als Sam Andrew ein paar unübliche
Akkorde in einem Bluesstück ausprobierte, nahm ihm Janis, die
ewige Puristin, flink den Wind aus den Segeln. Sie sagte nur: »Fern-
seh-Blues!«

Schwarzer Slang war eine Begleiterscheinung ihrer Begeisterung
für schwarze Musik. Jeder Satz begann mit »Hey, Mann«, erinnerte
sich Paul Rothchild. In der Mitte stand immer das Wort ›like‹ (irgendwie). »Hey, warum gehen wir nicht irgendwie in die Stadt?«
Drogen definierten die Sprache neu: Jemand, der häufig Drogen
nahm, war ein ›Acid Head‹, eine einfache Dosis ein ›Hit‹ oder ›Tab‹,
und Marihuana war ›Pot‹, ›Gras‹, ›Reefer‹ oder ›good Shit‹. Das
Leben war Kunst, und die Dialoge waren improvisiertes Theater.
Viele glaubten, eine neue Gesellschaft sei im Entstehen.

Der *Mojo Navigator* vom 5. Oktober 1966 paraphrasierte die Unab-
hängigkeitserklärung:

*Wenn es im Laufe der menschlichen Ereignisse für das Volk notwendig
wird, ein veraltetes Sozialverhalten nicht länger anzuerkennen, das den
Menschen von seinem Bewußtsein isoliert hat, und mit den jugendlichen
Energien der Welt revolutionäre Gemeinschaften harmonischer Beziehungen zu schaffen, zu denen der zwei Milliarden Jahre alte Verlauf des Lebens
sie berechtigt ... erachten wir folgende Wahrheiten als selbstverständlich:
daß alles gleich geschaffen ist, daß wir von der Schöpfung mit gewissen un-
veräußerlichen Rechten begabt sind, daß dazu die Freiheit des Körpers, das
Streben nach Glück und die Erweiterung des Bewußtseins gehören, und
daß zur Sicherung dieser Rechte wir, die Einwohner der Erde, unsere Liebe
zu und unser Mitleid mit allen streitenden, haßerfüllten Männern und
Frauen der Welt erklären.*

*Wir erklären die Einheit von Fleisch und Bewußtsein, alle Vernunft und
jedes Gesetz muß diese Einheit anerkennen und beschützen.*

Liebe Mutter –

Du lieber Gott, ich hab' so ein schlechtes Gewissen, daß ich so lange nicht geschrieben habe – & das, wo Du doch gerade eine ernste Operation hinter Dir hast. Es tut mir leid, so leid. Ich bin so dankbar, daß Du okay bist – Deine Briefe klingen recht munter – & sie glauben, daß sie es rechtzeitig entdeckt haben. Ich bin wirklich erleichtert & auch sehr stolz auf Dich, weil Du auf so stoische Weise mit all dem fertig geworden bist. Ich weiß, es ist ziemlich spät, all das zu sagen, aber da ich mein Auto habe, bin ich hochgradig mobil, also wann immer Du mich brauchst oder sehen möchtest, ruf an, bitte.

Hier ist alles so chaotisch wie immer. Wir stolpern alle nur von einem Tag zum nächsten und kriegen nicht allzuviel geschafft. Ich habe herausgefunden, daß ich nichts machen kann ohne ein bißchen Ruhe, & mit acht Leuten in einem Haus, die reden & mit ihren Babys rummachen, kann ich einfach keine kleinen Sachen machen wie Briefe schreiben, stopfen, nähen und so. Jetzt zum Beispiel sind alle weg (Allah sei's gedankt), so daß ich wenigstens schreiben kann.

Ich habe in einem Second-Hand-Laden eine schöne alte Nähmaschine gefunden. Eine alte Singer mit lauter goldenen Filligran(Rechtschr.?)-Mustern. Habe auch blauen Samt für ein Bühnenkleid gekauft – wenn ich dazu komme, wahrscheinlich nicht, bevor unser Mietvertrag ausgelaufen ist & wir jeder wieder eine eigene Wohnung haben.

Unsere Platte ist jetzt draußen – Blindman/All is Loneliness, *auf Mainstream Records. Wir sollen 50 Platten umsonst bekommen & ich schicke Euch dann eine. Bis jetzt haben wir sie noch nicht – sollten eigentlich vor 2 Wochen kommen. Glaubst Du, unser Plattenproduzent wohnt auch mit acht Leuten zusammen & schafft es einfach nicht … O nein, natürlich nicht. Wir haben ein Exemplar, das wir so oft gespielt haben, daß ich es nicht mehr ertragen kann. Ich kann nicht mal mehr sagen, ob es was taugt.

Schicke Dir ein paar Sachen. Erstens, ein Bild, auf dem ich schön aussehe – von einem Kontaktabzug, den ein Fotograf für uns gemacht hat. Zweitens, ein I.D.-Magazin mit ein paar der hiesigen Bands. Alle Leute, neben denen ein Name steht, sind Freunde von mir. Ich schicke Dir das, damit Du sehen kannst, wie groovy die Leute in Kalifornien aussehen. Die Bands, die Freunde von uns sind, sind Grateful Dead (ist Pig-Pen nicht niedlich? Sie machen jetzt Pig-Pen-T-Shirts mit seinem Bild drauf – für Fans, ich hab' auch eins – rot), Quicksilver Messenger Service, die Charlatans (erinnerst Du Dich an das Blues-Poster, das ich von ihnen hatte? Ist das vielleicht noch da? Ich hätte es gern), Outfit & die P. H. Phactor Jug Band. Sieh sie

Dir an, dann die Calliope Co. & dann, wenn Du ausreichend gewappnet bist, das Bild von Family Dog. Der Family Dog ist Sancho oben auf dem Lastwagen – das Symbol für alle diese Leute, die sich zu einer Rock&Roll-Firma zusammengeschlossen haben & jedes Wochenende Partys organisieren. All diese Leute sind Freunde von mir! Sind sie nicht irre? Die, hinter deren Namen ein Stern steht, sind Mitglieder der Band.

Ich bin hinten rechts. Wirklich ein irres Bild. Die haben sich nicht extra so angezogen – die sehen immer so aus. Im Verhältnis dazu bin ich nicht allzu abgefahren, was?

Mein armes kleines Auto. Ich habe die Schlüssel verloren und mußte es kurzschließen. Hab' eine Radkappe verloren. Und der Anlasser ist kaputt, also muß ich es jedesmal anschieben. Es war ein nettes, sauberes, gesundes kleines Auto & jetzt ist es ein abgefucktes Beatnik-Auto – & es weiß das. Armes Ding. Es steht draußen, oben am Berg.

Linda & ich schreiben uns noch – sie und Malcolm und Sabina wohnen jetzt auf dem Boot, das Malcolm gebaut hat. Sie hat mir ein Foto geschickt – sie ist so schön! Sie hat Sabina auf dem Arm und trägt einen Bikini – ganz braun. Sie sieht einfach toll aus! Seufz.

Ich glaube, wir sollen irgendwann im November Aufnahmen in L. A. machen. Ich hoffe, daß ich in der Zeit bei Barbara oder Donna [Janis' Cousine] wohnen kann. Donna möchte ich wirklich mal wiedersehen.

Ist das nicht lächerlich – ich hab' seit ungefähr 2 Mon. nicht geschrieben, & mir fallen keine Neuigkeiten ein. Absurd. Nun ja, ich hab' Euch alle lieb, denke viel an Euch, schicke Euch eine Platte & versuche, schneller wieder zu schreiben.

Love, XXXXX
Janis

2. November 1966

Liebe Mutter ...

Wie geht's Euch? Gut, hoffe ich. Und Ihr seid hoffentlich glücklich.

Wir haben in letzter Zeit viel gearbeitet – und sind froh darüber. Das Busineß macht einfach keinen Spaß, wenn man nicht auftreten kann. Die finanziellen Aspekte des Nicht-Arbeitens sind natürlich auch wichtig, aber so richtig lohnt es sich einfach erst, wenn man den Leuten gefällt. Es ist all den Streß und die blöden Proben wert, wenn 1500 Kids wirklich auf einen stehen. Und dann hat mir noch ein Musiker aus einer anderen Band gesagt, ich sei die beste Bluessängerin, ohne Ausnahme – nicht einmal Bessie Smith. Ist dieses Wochenende passiert. SEUFZ!!

Letztes Wochenende hatten wir viel zu tun – Freitag abend von 19.00–21.15 haben wir eine Fernsehsendung aufgezeichnet – eine fokale Pop-Show mit dem Titel POW! Wir haben unsere Platte vorgestellt & mußten mit Voll-Playback auftreten, was sehr seltsam ist. Dann in einem Mietwagen nach Sacramento für einen Job am selben Abend. Wir waren sehr spät dran – 23.15, und um unseren Vertrag zu erfüllen, mußten wir zwei Stunden durchspielen, was gar nicht so leicht ist. Am nächsten Abend zurück in die Stadt für das, was bisher unsere krönende Leistung ist – eine Hell's-Angels-Party. Ein totales Irrenhaus! Sonntag abend haben wir dann bei einem Zenefiz gespielt – einem Benefizkonzert für den Zen-Tempel hier in der Stadt. Dieses Wochenende sind wir in einem Laden namens The Barn in Santa Cruz aufgetreten. Das ist etwa eine Stunde weit weg, deshalb haben wir Freitag abend bei jemandem auf dem Fußboden geschlafen – was man vielleicht gerade noch als ›Ruhen‹ bezeichnen könnte. Stöhn. Nächste Woche sind wir im Avalon Ballroom, und in der ersten Dezemberhälfte sollen wir in L. A. Aufnahmen machen. Mit unserer Platte läuft es irgendwie nicht so toll, obwohl wir von den Fans aus unserer Gegend ziemlich gepusht werden. Die Plattenfirma will, daß ich auf den nächsten Stücken singe, also arbeiten wir an meinem Material undsoweiter undsofort, Busineß, Busineß.

Noch was Neues – ich habe einen Hund! Der ist vielleicht süß! Erst 8 Wochen alt und flaumig wie eine Pusteblume. Ein Teil Deutscher Schäferhund und ein Teil Englischer Schäferhund. Er wird ziemlich groß werden. Er hat die Färbung eines Deutschen Schäferhundes, aber langes, lockiges Fell, und er heißt natürlich George. Eigentlich hieß er schon George, als ich ihn bekommen habe, und ich habe es dabei belassen. Außerdem habe ich eine Maus gefangen, als wir dieses Wochenende in Santa Cruz waren. Ungefähr so _____ groß (Schwanz nicht mitgezählt) und echt süß. Hab' ihr noch keinen Namen gegeben.

Auf mein Auto hab ich jetzt Big Brother and the Holding Co. malen lassen, und unser Symbol, das Gottesauge, sehr gut. Und zwar hat Mouse das gemacht, einer der Plakatkünstler hier. Echt hübsch. Auto, hab' ihm auch noch keinen Namen gegeben, läuft gut, läßt sich aber nicht starten wegen des kaputten Anlassers: Also lasse ich es an, indem ich einen Berg hinabrolle. Zum Glück wohnen wir oben. Lasse ihn reparieren, sobald wir Geld kriegen.

Ich habe auch eine Hautarzt-Rechnung über $ 35. Ist trotzdem nicht viel besser geworden. Er macht etwas Neues – mir ist das zumindest neu. Ich nehme ein Medikament namens Tetracyclin, von dem er sagt, es hätte die ganze Berufssparte revolutioniert. Wir werden sehen. Aber die Vorteile, wenn es wirkt, wären ungeheuer.

Die neuesten Nachrichten – wir haben einen neuen Manager, Jim Kil-
larney, & gerade jede Verantwortung & Information & Geld & alles von
unseren Schultern auf seine abgewälzt, & letzte Woche haben wir ihm das
Rückgrat gebrochen – im wahrsten Sinne des Wortes (meine Analogie &
Storyline kreuzen sich hier ein bißchen ...): Er hatte einen Autounfall und
ist jetzt im Krankenhaus, & wir sind total desorganisiert.

Jetzt zu Euch:

Mutter, habe ich in Deinem letzten Brief gelesen, daß Du wieder arbei-
ten gehst? Lieber Himmel: Bitte mach nicht zu früh zu viel. Paß auf Dich
auf, um Himmels willen. Aber wenn es bedeutet, daß Du Dich dement-
sprechend gut fühlst, dann bin ich froh.

Mike, Mutter hat mir von Deiner Englischnote erzählt & ich wollte Dir
nur sagen, wie ich mich freue. *Bin wirklich stolz auf Dich – & ich wette,*
Du bist das auch. Findest Du den Unterricht nicht irgendwie interessant
jetzt, wo Du ein bißchen Auftrieb hast? Bleib dabei! Bleib dabei! Nimmst
Du in diesen 9 Woch. noch Kunstkurse, oder bist Du damit fertig? Du
könntest mal schreiben, weißt Du ... Hab' dich lieb.

Laura, von Dir höre ich gar nichts. Wie geht's in der Schule? Was macht
das Horn? Wie geht's Dir, den Katzen, dem Auto? Wie findest Du unsere
Platte? Gefällt Dir meine neue Beschäftigung, oder denkst Du insgeheim,
ich wär' ein bißchen doof? Alle Antworten bitte an Box 94, Lagunitas, Calif.

Dad, von Dir hab' ich gar nichts gehört. Also nehme ich an, Du bist
immer noch der alte – versunken in einen Wälzer über Die Geschichte des
oberen Slobbovien von der ersten großen Invasion bis zum allerletzten Bür-
gerkrieg, Band I. Wenn Du nicht derart beschäftigt bist, bitte benachrich-
tige mich ...

Erst mal alles, werde an Thanksgiving an Euch denken – und an ande-
ren Tagen natürlich auch.

Love XX
Janis

P. S. Mutter, beachte die Briefmarken. Sind die nicht schön!?

Als Big Brother in Los Angeles waren, um eine professionelle Platte
einzuspielen, wurde Janis als kommerzieller Trumpf der Band von
Bob Shad umworben. Dann spielte sie neun Löcher Golf mit Tante
Barbara! Ich weiß genau, daß sie Barbara gegenüber auftrumpfte,
weil sie von einer grandiosen Zukunft überzeugt war und glaubte,
all die ungeheuerlichen Versprechungen der Hippie-Kultur würden
Wirklichkeit werden.

Time erklärte ›Die junge Generation‹ zu ihrem ›Mann des Jahres‹ 1966, die Musikszene von San Francisco errang eine landesweite Anerkennung. In *Time* erschien am 16. Dezember 1966 ein Artikel mit dem Titel: ›Was ist nur aus den Andrews Sisters geworden?‹ Darin ging es um die zahlreichen neuen Rockgruppen, die sich nur durch ihre ›merkwürdigen Namen‹ auseinanderhalten ließen. Der Verfasser listete sechsundzwanzig Gruppen auf mit solchen Namen wie Dirty Shames, Swinging Saints, Sigmund and the Freudian Slips, Virginia Woolves und Big Brother and the Holding Company. Janis klebte den Artikel in ihr Album.

Die *Newsweek*-Ausgabe vom 19. Dezember 1966 berichtete unter der Überschrift ›Der Nitty-Gritty-Sound‹ (etwa: Der Sound des Wesentlichen). Peter Albin wurde zitiert: »›Die Menschen dringen mehr zum eigentlichen Wesen ihres emotionalen und persönlichen Lebens vor‹, sagte der 22jährige Gitarrist Peter Albin. ›Sie drücken sich durch körperliche Bewegung aus, und das schafft eine echte Verbindung zwischen den Musikern und dem Publikum.‹«

Janis' Szene war jetzt auch in der Quelle, auf die unsere Familie wöchentlich vertraute, gewürdigt worden: *Time*. Ob das nun in spöttischem Ton geschah oder nicht, zumindest wurden sie wahrgenommen. Sie waren keine unbedeutenden Außenseiter mehr, sondern auf dem besten Wege, wichtig zu werden.

Janis sah sich mit anderen Augen als früher. Sie hatte die Garderobe, die sie aus Texas mitgebracht hatte, langsam erweitert. Sie adaptierte Nancy Gurleys Oma-Kleider-Look – Second-Hand-Kleider, die in den Erdmutter-Stil umgearbeitet wurden. Sie ließ sich von Pat Nichols' Leidenschaft für billige Flitterarmreifen anstecken und behängte ihre Arme mit glitzerndem Metall. Das verhuschte Aussehen ihrer Beat-Zeit hatte sie abgelegt. Jetzt kultivierte sie einen weichen, femininen Look, der zur San-Francisco-Mode paßte. Fotos von Janis zeigten sie in engen Hosen, einem T-Shirt und mit offenen, weich gelockten Haaren. Sie trug Hüte zu Kleidern und Stiefeln. Von dem Durchschnitts-Hippie auf der Straße war sie nicht mehr zu unterscheiden.

Dezember 1966

Liebe Mutter …

Nur ein paar Worte, um Dich auf dem laufenden zu halten. Habe dieses Wochenende bei einem ›Happening‹ in Stanford gespielt. Es fand in der

Wilbur Hall statt & hieß – Ein Happening in der Wilburnis. Süß. Es gab einen Raum für sinnliches Bewußtsein, einen Gebärmutterraum, eine Jazzband, ein altes Auto, auf dem man mit Vorschlaghämmern herumlärmen konnte, & eine Rockdisco. Hat echt Spaß gemacht.

Jetzt zu Weihnachten. Der einzige Wunsch, der mir einfällt, ist ein gutes Allround-Kochbuch, Betty Crocker oder Better Homes oder sonst irgendein gutes. Könnte auch ein paar Strumpfhosen gebrauchen – wenn die noch im Handel sind. Bunte! Mehr fällt mir nicht ein. Irgendwelche Tips von Euch? Was wünscht Ihr Euch? Ach ja, schreib mir bitte schnell Mikes Hemdgröße. Und wofür ist dieser 20-Dollar-Scheck? Ich glaube, ich kann es mir leisten, Geschenke für alle zu kaufen. Ich werde wohl Weihnachten in L. A. verbringen, und Barbara schlägt vor, daß Du meine Geschenke hierher schickst.

Mein Auto hat in den Straßen von Berkeley eine tragische Panne erlitten, steht jetzt in der Gasse hinter der Werkstatt und wartet, daß ich $ 75 (!!) aufbringe. Die müßte ich haben, sobald wir für den Job in Stanford bezahlt werden. Aber da meine Finanzen schlecht stehen, denke ich, ich werde Daddys Scheck behalten, um sicher zu sein, daß ich nach L. A. komme. Danach werde ich ihn zerreißen! Natürlich nachdem ich mir den Inhalt gemerkt habe. Ich glaube eigentlich nicht, daß ich ihn brauchen werde, aber trotzdem danke.

Das wär's, glaube ich …

Love
Janis

Werde versuchen, etwas für mein Bankkonto zu tun.

Big Brother zeichneten im November 1966 ihre erste Fernsehshow auf: POW war ein Tribut an die neue Musik, und dennoch wurde die Gruppe gezwungen, mit Voll-Playback aufzutreten. Sie sträubten sich dagegen, dem Zuschauer ein in ihren Augen falsches Image vorzuspiegeln, indem sie nur so taten, als würden sie singen. Musik war für sie ein Mittel zu ›sein‹, direkt, von Seele zu Seele, mit anderen zu kommunizieren.

Der Buddhismus hatte die Beat-Bewegung schon seit langem beeinflußt. Die Hippies suchten außerhalb ihres eigenen kulturellen Erbes nach neuen Wegen, das spirituelle Leben zu begreifen. Die neuen Gläubigen nahmen Reißaus vor dem Leitgedanken der westlichen Religionen, nach dem man Gott nur in einer Beziehung zu Jesus oder seinem Vertreter, dem Papst, finden konnte. Die Hippies folgten dem östlichen Ideal, nach dem die Menschen ihre Identität *mit* dem Schöpfer erkennen konnten. »Ein einziger Geist vereinigt uns alle«, schien der gemeinsame Chor ihrer Existenzen zu singen. Bei aller Kritik an den überlieferten Werten knüpften die Hippies, indem sie die östliche gegen die westliche Kultur ausspielten, gleichzeitig an eine ureigene amerikanische Tradition an: Sie beharrten auf dem Grundrecht der Religionsfreiheit.

Anstatt ihre Emotionen zu unterdrücken, machten die Hippies Musik und forcierten durch Erweiterung der Sinne das Bekenntnis zu den eigenen Bedürfnissen. Sie entwickelten neue Ausdrucksformen in Rock-Tänzen, bei denen sie sich zu einem einzigen spirituellen Organismus vereinigten. Wie es aussah, waren die Amerikaner zu ihren ethnischen Wurzeln zurückgekehrt: Die Schamanen waren erschienen und hatten ihre elektronische Botschaft mitgebracht.

»Ich habe herausgefunden, was sie von mir wollen«, sagte Janis 1967. »Es ist meine Freiheit der Gefühle. Big Brother können keine Noten lesen. Wir sind keine nüchternen Professionellen, wir sind leidenschaftlich und rührselig!« Die neue Realität ließ sich nicht in Worten ausdrücken, und besonders Janis hatte die Gabe, das mit anderen Mitteln zu tun.

Es herrschte allgemeiner Konsens darüber, daß die Liebe das Ordnungsprinzip des menschlichen Lebens war. Zu lieben bedeutete, wahrhaftig am Leben zu sein! Warum sollte etwas so Zentrales versteckt und in winzigen Rationen ausgeteilt werden? Das Hippietum wurde zu einer Abschlußklasse der Emotionen. Wenn Liebe bei ihnen zu Hause nicht ausreichend gewährt wurde, schufen sie eben eine neue, auf Liebe basierende Gesellschaft. Diese Generation sah keinen Grund, die Liebe nicht mit allen zu teilen. Freie Liebe!

»Als ich bei Big Brother sang, konnte ich zum ersten Mal meine Emotionen für mich arbeiten lassen«, erklärte Janis. »Ich steckte alles, was ich hatte, in die Songs. Ich glaube, wenn ich nicht die Chance bekommen hätte, wirklich so zu singen, hätte ich mich selbst zerstört.« Es muß eine wunderbare Zeit gewesen sein.

»Ich bin auf dem Publikums-Trip. Ich spreche mit den Zuschauern und sehe ihnen in die Augen. Ich brauche sie, und sie brauchen mich«, erklärte Janis in Interviews. »Es gibt eine Menge guter Christen, die die Hippies schlechtmachen, aber die Hippies bringen das christliche Ethos auf den heutigen Stand. Sie glauben daran, gut zu den Menschen zu sein.«

Also setzten sie freie Liebe mit freiem Sex gleich. »Ich glaube, Janis wollte als vollkommen frei gesehen werden«, sagt Pat Nichols, »und sexuelle Grenzen durften keine Rolle spielen. Sie mußte dem Ideal der Freiheit gerecht werden.« John Cooke fügte hinzu: »Sex in den späten Sechzigern? Wir glaubten, daß wir wertlos gewordene gesellschaftliche Ketten abwarfen. Sex war die Sehnsucht, Kontakt aufzunehmen.« Bobby Neuwirth erklärte den Tantra-Standpunkt: »Sex wurde als Droge benutzt, als Abwechslung.«

Janis wurde zu einer gefeierten Prinzessin auf der Haight. Sie und ein paar Freundinnen liebten es, durchs Viertel zu ziehen und attraktive Männer aufzulesen, die sie zu Partys in Janis' Apartment mitnahmen. Männer waren für sie Sex-Objekte, so wie sie es aus der Beziehung von Männern zu Frauen kannten.

Janis wollte keine ›Samstagnacht-Schwindel‹ mehr, wie unser Vater die übersteigerten romantischen Erwartungen an diesen vielversprechenden Wochentag nannte, die doch nur enttäuscht wurden. Sie beschwor die Intensität weiblicher Liebesklagen in ›Piece of My Heart‹: »Didn't I nearly give you everything that a woman possibly can? ... But I'm gonna show you, baby ... Have another little piece of my heart now ... if it makes you feel good.«

Die Themen ihrer Songs und ihr Leben überschnitten sich, als John Smith ein paar Briefe schrieb und versuchte, den Kontakt wieder aufzunehmen. Doch diesmal bot ihm Janis kein weiteres Stück ihres Herzens an. Für sie und ihre Freundinnen war er nur noch eine ›charmante, schöne Ratte‹.

Janis adaptierte das Spiritual ›Down On Me‹. »When you see a hand that's held out toward you/Give it some love, someday it may be you .../Believe in your brother, have faith in man/Help each other, honey, if you can/'Cause it looks like everybody in this whole round world/Is down on me.« Das war vorbei. Nun gab es ein Kollektiv, das zu sagen schien: »Wir sind nicht mehr down. Jetzt erheben wir uns, um unsere rechtmäßige Rolle in der Gesellschaft als ihre legitimen Erben zu beanspruchen. Wir schicken die adoptierten Söhne zum Teufel, mitsamt ihren einseitigen Wahrheiten, die das Leben so verlogen machen.«

Ja, die Szene wuchs. Das Gefühl eines bevorstehenden Triumphs lag in der Luft. Viele Leute aus den großen und kleinen Städten im ganzen Lande fuhren an die Küste, ins Zentrum des Geschehens. Hardcore-Hippies begannen Geld damit zu verdienen, daß sie Hippies waren! Diejenigen, die zuerst dorthin gezogen waren, eröffneten Läden für die Kids, die aus den Vorstädten nach Haight gekommen waren, um sich dort mit der neuen Kultur vollzusaugen. Sie eröffneten Head-Shops und Boutiquen, und die Einnahmen finanzierten den Besitzern ihren Lebensunterhalt und die $ 2,50 Eintritt im Avalon Ballroom.

Musik war die verbindende Kraft dieser Revolution. Eifrig warben Big Brother bei ihrem Publikum für ihre Platte. »Ruft am 10. Oktober bei eurem lokalen Radiosender an und wünscht euch ›All Is Loneliness‹ und ›Blindman‹.« Die Band hoffte, »daß der San-Francisco-Sound es auf die nationale Szene schafft und San Francisco das Liverpool der Vereinigten Staaten wird«, berichtete eine Kreiszeitung.

Ein Reporter vom *Mojo* fragte, wie es weitergehen sollte, wenn die Platte kein Hit würde und die Szene von San Francisco ein lokales Phänomen bliebe. Janis antwortete: »Irgend etwas wird passieren. So kann es nicht mehr weitergehen. Entweder wir gehen alle pleite und trennen uns, oder wir werden reich und berühmt.« Dave Getz fügte hinzu: »Das Publikum wird größer und größer, und wenn es noch weiter wächst, ist wirklich überhaupt nicht abzuschätzen, wie groß die ganze Sache in diesem Land schließlich werden kann.«

(Der folgende Brief wurde an Janis Tante, Barbara Irwin, geschrieben, die in Los Angeles wohnte.)

Dezember 1966

Liebe Barbara …

Wie GEHT'S dir?!! Gut, wie ich höre. Hab' auch von Mutter gehört, daß es Jean & Chuck gut geht, Mimi auch, & daß Donna einen Freund hat. Klingt, als wäre alles unter Kontrolle. Ich bin sicher, Du hast gehört, daß ich jetzt ein Swinger der neuen Klasse bin, das Idol meiner Generation, eine Rock&Roll-Sängerin. Ja, Fans, ja, es ist wahr. Ich singe bei Big Brother and the Holding Co. (!), und es macht mir wirklich Spaß.

Wir spielen am 18. Dez. bei einer großen Party im Santa Monica Civic Auditorium. Vielleicht bleiben wir ein paar Tage, um ins Studio zu gehen – wir wissen es noch nicht, es hängt von unserem A&R-Mann ab, wann er das machen will – er ist in New York. Und ich habe versucht, es einzurichten, daß ich Weihnachten bei Euch bin. Das hängt davon ab, wann & wo wir Auftritte haben, und auch von meinen Finanzen. (Im Moment sieht es eher trübe aus – ich muß Weihnachtsgeschenke kaufen, & mein kaputtes Auto muß für $ 75 repariert werden, Arztrechnungen –

$ 35, und nur $ 65 zur Verfügung. Stöhn!) Jedenfalls, wenn es sich ein-
richten läßt, dachte ich, daß ich bei Euch wohne – falls das okay ist –, das
wäre dann Sonntag nacht (der 18.) & und danach je nach Plan. Okay?
Schreib mir, wenn es Dir nicht paßt.

Sag auch allen, daß sie zu der Party kommen können, wenn sie wollen.
Ich kann wahrscheinlich Leute umsonst reinkriegen – und willst Du nicht
sehen, wie ich ein Star bin? (Wie kann ich ein Star sein & nur $ 65 haben?
Hmmm ...)

Schreib mir und laß mich wissen, was Du davon hältst ... Die Adresse
ist P. O. Box 94, Lagunitas, Kalif.

Bis bald
Love, Janis

Janis liebte Barbaras Gesellschaft, sträubte sich aber gegen deren ei-
sernen Grundsatz, daß sie einen BH tragen mußte, wenn sie zu Besuch kam. Dennoch, einige Dinge sind ihren Preis wert, und Janis
trug den BH, um in den Genuß von Barbaras Gesellschaft zu kommen. Doch am Ende waren sie wieder quitt, denn sie zog ihn ganz
frech aus, als sie über Barbaras Rasen und die Straße hinunterging.
Barbara war eine so gute Freundin für Janis, daß es die lästige
Pflicht, Unterwäsche zu tragen, aufwog. Aber Janis fügte sich nur
bis zu einem bestimmten Punkt und achtete immer darauf, daß Barbara wußte, wo ihre Grenzen waren.

Die Grenzen waren gesteckt, und keinen BH zu tragen war nur
einer der markanten Streitpunkte. Am 17. November nahm die Polizei bei einer Razzia im Psychedelic Shop und in Ferlinghettis City
Lights Book Shop mehrere Personen wegen des Verkaufs eines für
pornographisch erklärten Buches fest: *The Love Book*, eine Gedicht-
sammlung von Lenore Kandel. Die Hippies griffen eine Zeile aus
J. D. Salingers Buch *Der Fänger im Roggen* auf: »Trau keinem über
dreißig.«

Je größer die Diskrepanz zwischen den konventionellen und unkonventionellen Teilen der Gesellschaft wurde, desto besser ging es
mit Janis' Leben und Karriere voran. Die Band hatte jede Menge Arbeit und Janis viele Freunde, die liebend gern Partys feierten. Auf
einer Einladung stand: »Big Brother geben eine Weihnachtsparty,
am Sonntag, dem 25. Dezember 1966. Fahrt zum Lebensmittelge-
schäft von Lagunitas und parkt dort. Ein Big-Brother-Bus wird Euch
abholen.« Sie spielten bei ›einer multi-dimensionalen Erfahrung von

Spaß und gutem Willen, Silvester‹ im Kezar Pavillon im Golden Gate Park. Gleich nach ihrem vierundzwanzigsten Geburtstag am 29. Januar 1967 trat Janis bei einer Veranstaltung mit dem Motto ›Das Krishna-Bewußtsein kommt in den Westen‹ auf. »Bringt Kissen, Trommeln, Glocken und Zimbeln mit. Der Erlös dient der Eröffnung des Krishna-Tempels in San Francisco«, stand auf den Handzetteln. Big Brother spielten weiterhin regelmäßig im Avalon. Einem Interviewer von *Mojo Navigator* erzählten sie, daß sie das Avalon dem Fillmore vorzögen. Ins Avalon paßten nur achthundert Zuschauer, ins Fillmore fünfzehnhundert; außerdem gingen die Matrosen auf ihren Aufreißtouren lieber ins Fillmore.

Januar 1967

Liebe Familie …

Ich wette, Ihr dachtet, ich hätte Euch völlig vergessen, stimmt's? Tut mir leid, aber Ihr habt keine Ahnung, wie beschäftigt wir waren. Wirklich, seit fast einem Monat. Erst nach L. A. für Aufnahmen (wir haben 6 Stücke eingespielt – bei allen singe ich*. Die nächste Platte wird im Januar veröffentlicht, trotz des eher traurigen Schicksals der letzten. Seufz …), dann zurück hierher für einen Gig, nach L. A. für einen Gig, hab' bei Barbara gewohnt, gerade rechtzeitig zurück hierher, um mit dem Kochen für unsere Mammut-Party anzufangen – dann die Party, dann noch 2 Gigs, 3 Tage Magen-Darm-Grippe & Silvester, AAAAARRGHH!! Also, wie gesagt – wir waren beschäftigt. Aber gerade das ist es, was so richtig Spaß macht, wißt Ihr. Wenn wir nicht arbeiten, rentiert es sich nicht besonders, Sängerin zu sein.*

Beiliegend – der bisher beste Artikel über die ›San-Francisco-Szene‹ aus Newsweek. *Wirklich gut – sie haben die Top 4 zitiert – Airplane, Dead, Quicksilver & Big Brother. Sehr gut. Auch noch beiliegend – das Spielergebnis von Barbaras & meinem Golf-Match. Wie findet Ihr das! Eine dieser kleinen Bahnen, die nicht lange dauern. Man nimmt nur ein Eisen & einen Putter. Aber ich war nicht schlecht, dafür, daß es mein erstes Mal war. Und es hat Spaß gemacht. War echt nett in L. A. Hab's nicht geschafft, Mimi zu treffen, aber ich bin zu Donna rübergegangen, die mich so sehr an Mimi erinnert – in meinen Augen ist sie ganz genauso. Die gleichen Verhaltensweisen, einfach alles.*

Danke für alle Weihnachtsgeschenke. Und tut mir leid, daß ich nicht anrufen konnte, aber die Leute kamen schon ab 2 Uhr nachmittags zur Party, & ich konnte einfach nicht. Die Koch- und Anti-Kochbücher sind genau das Richtige, aber am besten ist der Kerzenleuchter – einfach wunder-

hübsch. Vielen, vielen Dank. Dank auch Dir, Daddy, für die $ 20 – hab'
den Scheck noch nicht eingelöst, aber das mach' ich noch. Ich habe jetzt
$ 150 Schulden (Arzt, Auto & Gewerkschaft). Das Geld kommt also gerade
recht.

Sagt Laura, daß ich es echt süß finde, wie sie mit ihren kurzen Haaren
aussieht. Gefällt mir sehr gut so – läßt sie schelmisch aussehen. Und Mike
sieht natürlich so elegant aus wie immer. Und du, Mutter, siehst auch sehr
gut aus – hat nicht den Anschein, als hättest Du allzuviel durchgemacht.
Und Daddy sieht so nett aus neben dem modrigen alten Haufen brennen-
der Blätter – wirklich ein nettes Bild.

Wo wir grad bei Bildern sind, eine Freundin von mir ist Fotografin &
hat einen ganzen Stapel von mir gemacht, & ich glaube, sie werden eins für
ein Plakat für Family Dog nehmen (es ist eine Seite mit 4 qcm großen
Fotos)! Gott, ist das aufregend! Auch von Mouse, der eine Button-Ma-
schine hat und Janis-Joplin-Buttons gemacht hat. Absolut irre – sie sind
außerordentlich rar, nur wer IN ist hat einen, meine Lieben. Kein Name,
nur ein Bild, so daß man so in sein muß, zu wissen, wer zum Teufel ich
bin. Aber das gefällt mir. RUHM, RUHM, he, he ...

Gestern haben wir bei einer Hippie-Party im Golden Gate Park ge-
spielt – sehr nett. Mitveranstalter waren die Hell's Angels, die, zumindest
in S. F., wirklich sehr nett sind. Sie haben einen anderen sozialen Code,
aber der scheint nur innerhalb ihrer Gemeinschaft zu gelten, und sie ver-
suchen nicht, ihn anderen aufzudrücken.

Ich glaube, meine Tinte ist alle, also mach' ich Schluß. Hoffe, es wird bis
zum nächsten Brief nicht so lange dauern ...

LoveXXXX
Janis

Am 4. Januar 1967 kamen zwanzigtausend Leute zum ›Human Be-
In, einer Versammlung der Völker‹, das auf dem Polo-Feld des
Golden Gate Park abgehalten wurde. Für die Musik waren Grateful
Dead, Quicksilver Messenger Service, Jefferson Airplane und Dizzy
Gillespie (einer der ersten Teilnehmer an den LSD-Experimenten
von Leary und Ginsberg) zuständig. Diese Veranstaltung war der
Beginn eines neuen kulturellen Rituals, das Antwort auf die Frage
geben sollte, die Kesey gestellt hatte, als er aus dem Exil in Mexiko
zurückkam: »Was jetzt?« Das ›Human Be-In‹ war nicht einfach eine
Tanzparty oder ein Konzert, es war eine Gemeindeversammlung
und ein quasi religiöses Fest mit Meditation unter Anleitung, ge-
meinsamem Singen, Dichterlesungen und Reden.

Timothy Leary sprach vor den Versammelten und breitete das Thema seines Slogans ›Turn on, tune in, drop out‹ vor ihnen aus. »Steigt in die Szene ein (turn on), stellt euch auf das ein, was passiert (tune in), und steigt aus (drop out) – aus der Highschool, dem College, dem Studienkolleg, der Stelle als Juniorchef, Seniorchef – und folgt mir.« Leary versuchte, eine psychedelische Religion zu begründen. Kesey wollte einen ›Graduierungs-Test‹ als nächsten Schritt nach dem Acid-Test abhalten. Die Hippies weigerten sich, weiter mitzumachen. Sie sahen keinen Grund, über die Verbreitung der Botschaft des Rock 'n' Roll der Partys, der Drogen und der freien Liebe hinauszugehen. Buddhas achtfacher Pfad zur totalen Erleuchtung mag Ginsberg und andere ältere Mitglieder der Bewegung motiviert haben, aber der Hippie auf der Straße hatte keine Lust, weiterzugehen.

Die Kunstform, die als die psychedelische Rock-'n'-Roll-Party bekannt und zu San Franciscos Haupt-Exportartikel werden sollte, gelangte zur Perfektion, und die Bands ebneten ihr den Weg, indem sie Konzerte und Partys an der kalifornischen Küste rauf und runter gaben.

Peter fuhr mit einem '56er Ford-Galaxy-Kombi zu den Gigs. Der Wagen war groß genug, um alle zwischen ihrem Equipment eingequetscht aufzunehmen. Mit der amerikanischen Flagge auf der Seite erregten sie unterwegs die Aufmerksamkeit von Familien. Wenn sie die Küstenstraßen entlangrasten, signalisierten ihnen Kids heimlich das Peace-Zeichen und riskierten ärgerliche Verweise von ihren Eltern, und das nur, um einen Kontakt herzustellen.

Love und Peace lagen in der Luft, aber die Band entschied, daß das Zusammenleben zu stressig sei. Im Februar zogen sie alle zurück in die Stadt in getrennte Wohnungen. Das Zusammenleben hatte seine Aufgabe erfüllt, Big Brother and the Holding Company waren eine organische Einheit geworden.

Februar 1967

ALLES GUTE ZUM GEBURTSTAG, MUTTER – VON JANIS

Wieder mal tut es mir leid, daß ich nicht geschrieben habe, aber wir hatten zu tun. Haben viel Geld verdient (z. B. $ 600 für einen Abend in San Jose) (SEUFZ!), mittlerweile einen sehr guten Ruf (einer von den Monkees hat uns im Matrix gesehen, & es hat ihn angeblich total umgehauen!), haben jetzt einen Manager, der wirklich prima ist – macht alles & kennt sich echt *aus, hat uns wirklich sehr geholfen –, haben eine 53er Cadillac-Limousine gekauft, um Band & Equipment zu befördern, und wir suchen neue Wohnungen in der Stadt – wir ziehen hier am 15. aus. Also, wie ich schon sagte, viel zu tun. Unsere neue Platte kommt bald raus, & was am besten ist, wir werden wirklich immer besser. Neues Material & neue Fähigkeiten – das turnt uns alle an. Wir haben jetzt großes Vertrauen in unser Können, & wir sind nicht mehr klein zu kriegen (Rechtschr.?). Auf jeden Fall sind wir völlig aus dem Häuschen.*

Schreibt nicht mehr nach Lagunitas. Schreibt nach Ashbury, S. F., bis ich Euch meine neue Adresse schicke.

Das Bild stammt aus einem Stapel Promotion-Fotos, die wir haben machen lassen. Hoffe, es gefällt Dir. Alles Liebe & Gute, Mutter ...

XXXX
Janis

Im März 1967 war Janis zurück in der Stadt. Sie hatte eine neue Wohnung, und eine Freundin von Sam, Linda Gravenites, Nicks Ex-Frau, wohnte bei ihr, während sie eine Näh-Auftragsarbeit fertigstellte. Linda war eine große, kräftig gebaute, attraktive Frau mit dunklem Haar und verführerischen Augen. Sie war in Kalifornien geboren und in der Wüste aufgewachsen, dann aber aus dem traditionellen Leben, das ihre Adoptiveltern für sie geplant hatten, ausgestiegen und hatte das College im zweiten Jahr abgebrochen, um Künstlerin zu werden. Als sie Janis kennenlernte, hatte Linda zwei Ehen und zwei Scheidungen hinter sich und sich als talentierte Modedesignerin für Boutiquen sowie als Kostümdesignerin fürs Theater etabliert. Trotz ihrer Fähigkeiten war sie nicht in der Lage, genug Geld für die Erziehung ihrer beiden Kinder zu verdienen, die damals bei Verwandten lebten.

Lindas Leben war nicht sehr stabil, und Janis und sie bauten eine Beziehung auf, die beiden das Gleichgewicht und die Freundschaft gab, die sie brauchten. Linda hatte einen wunderbaren Sinn für Humor, und es war eine Freude, sie um sich zu haben. Mit ihrer Begabung für Handarbeit nähte sie mit Präzision und Kunstfertigkeit Kleidungsstücke im Stil der neuen Hippie-Mode.

Eines Tages, als sie in eine Spüle voll schmutzigen Geschirrs blickte, jammerte Janis: »Ich brauche eine Mutter.« Linda sagte: »Das kann ich doch machen«, und so wurde aus ihrer zeitlich befristeten Wohngemeinschaft eine dauerhafte.

Linda kleidete Janis für ihre Karriere ein. Janis befreite sich von dem Madras-Erdmutter-Einfluß Nancy Gurleys und rückte sich mit glänzenden Hosen, offenherzigen Blusen und Blumen im Haar ins Rampenlicht. In Lindas Augen war Janis strahlend und blühend, aber gleichzeitig ein wenig vergammelt. Janis liebte Lindas Entwürfe und trug ihre Modelle mit Stil. Nick Gravenites bemerkte, daß Janis die positiven Begleiterscheinungen, die ihr neuer Look mit sich brachte, sichtlich genoß. Er erkannte aber auch, daß ein Teil von ihr die Leichtigkeit verabscheute, mit der man die Einstellung der Menschen ändern konnte. War sie nicht dieselbe Janis mit derselben Stimme? Der Trick, nur durch die Veränderung von ein paar äußerlichen Mätzchen Sympathie zu erringen, war ihr fast schon zu billig.

Dessenungeachtet arbeitete Janis weiter an ihrem Image. Big Brother zogen im März 1967 einen Job in dem Film *Petulia* an Land, mit Richard Chamberlain und Julie Christie in den Hauptrollen. Janis klinkte sich bei Sharrie Gomez ein, einem Partygirl und Model, das mit Fotografen auf dem Set arbeitete. Sharrie stellte sie Stanley Ciccone vor, einem Modefotografen für Macy's, der Promofotos von Big Brother machte. Janis wollte, daß er ihr half, glamourös zu werden. Sie wollte lernen, wie man künstlerisch mit Make-up umgeht. Ciccone riet: »Kein Make-up. Ich mag dich, wie du bist.« Diesem Rat zum Trotz schenkte Janis den Glamour-Magazinen Glauben, daß die Schminktechnik den Unterschied zwischen einem gewöhnlichen und einem glamourösen Gesicht ausmachte. Sie hatte endlich Leute gefunden, die sich auskannten, und sie wollte sich ihre Erfahrung zunutze machen. Sie stellte Fragen wie: »Wieviel Eyliner?«, »Wie und wo trage ich ihn auf?«, »Wie kann man meinen Teint verbessern?« Sie begann damit, Make-up aufzutragen.

Janis arbeitete auch an der Verbesserung ihres Liebeslebens. Country Joe McDonald wurde ihr Liebhaber. Joe war ein Mann der Stunde, ein politisch bewußter Rock-and-Roll-Musiker aus Berkeley und Leader der Band Country Joe and the Fish. Er wollte die Szene der Haight mit der von Berkeley vereinigen. Oft trug er Blumen bei politischen Benefizveranstaltungen und Protest-Buttons bei Hippie-Partys. Joe war etwa einen Meter siebzig groß, muskulös und hatte rotblondes Haar, das ihm lockig bis auf die Schultern hing. Mit seinem Bart und seinem gewinnenden Lächeln sah er fantastisch aus. Er war ein bedachtsamer Mann, aber er hatte keine Angst davor, sich Hals über Kopf in eine emotionsgeladene Beziehung zu stürzen. Janis und Joe schlenderten Arm in Arm die Straßen entlang, sich umarmend und grinsend. Einige Leute sagen, es hätte nur ein paar Wochen gedauert, andere meinen, es wäre länger gewesen. Joe selbst erzählte, Janis und er hätten mehrere Monate zusammengelebt, eine halbjährige Phase des Lachens und Liebens. Wenn sie in Janis' Stadtwohnung im Bett lagen und Radio hörten, drehten sie vergnügt lauter, wann immer der DJ eine Single von Big Brother oder Country Joe and the Fish spielte. Janis schrieb in ihr Album: »Eine Zeitlang war es Country Brother and the Holding Fish.« Sie trennten sich auf sehr rührende Art, in Liebe, aber in ihrer Lebensplanung nicht zu Kompromissen bereit.

Der Erfolg beherrschte Janis' Leben mehr und mehr. Einmal fragte sie ihre Mitbewohnerin: »Linda, wie kannst du so glücklich sein? Du hast doch nichts.« Janis war so damit beschäftigt, erfolgreich zu sein, daß sie niemanden verstehen konnte, der nicht ähnliche Ambitionen hatte. Es ging ihr nicht nur um Geld und Besitz, was sie wollte, war Anerkennung.

Mit ihren Karrierebestrebungen war es ihr mittlerweile sehr ernst. Sie geriet wieder mit Peter Albin aneinander, weil beide die geschäftlichen Aspekte der Gigs kontrollieren wollten. Außerdem rivalisierten sie um die Rolle, wer als Frontmann oder -frau der Band mit dem Publikum reden sollte. »Was soll das?« giftete Janis Peter an, weil sie seine Lenny-Bruce-Masche, zu dem Publikum zu sprechen, nicht mochte. Wenn sie ›Amazing Grace‹ sangen, brachte Peter oft eine Art Rap über einen Typen, der versuchte, Gott zu sehen und deshalb in eine psychedelische Kirche ging und LSD nahm. Es machte ihm auch Spaß, Atemübungen mit dem Publikum zu veranstalten. Janis zog einen traditionelleren Entertainer-Stil vor und erzählte beispielsweise die Geschichte eines Songs, bevor sie ihn spielten. Sie setzte sich gern in alter Blues-Manier von ihrem Publikum ab, indem sie ihm Einblick in die ›Wahrheit‹ gewährte, die sie bei ihren ›Erfahrungen‹ mit den Widrigkeiten des Lebens erkannt hatte.

Als sie wieder ohne Manager dastanden, suchten Big Brother Rat bei jemandem, den sie respektierten: bei Ron Polte, dem Manager von Quicksilver. Ron empfahl Julius Karpen. Julius strahlte eine kraftvolle Nervosität aus, die sich nicht in Zappeligkeit äußerte, sondern in der beharrlichen Starre seines Körpers. »Ich glaubte, sie seien Gesandte Gottes«, erklärte Julius später, »die halfen, die Revolution von San Francisco anzuführen. Sie waren wie Priester für die Massen. Mein Motto war, sie zu leiten und keine Veränderungen durch die Außenwelt zuzulassen, der Band zu helfen, sich selbst treu zu bleiben. Vom ersten Tag an wußte ich, daß Big Brother das Größte waren, was damals im Rock and Roll passierte. Das mußte nur noch der Welt vor Augen geführt werden.«

Im März 1967 war die Szene von Haight-Ashbury wirklich nicht mehr zu übersehen. Die Gray-Line-Busgesellschaft bewarb eine Fahrt durch die Gegend als die »einzige Tour ins Ausland innerhalb der kontinentalen USA«. Die schelmischen Diggers, früher die San Francisco Mime Troupe, die Meister des politischen Straßentheaters, fanden zufällig eine Tonne voller zerbrochener Spiegel. Die nächste Bustour durch den Bezirk wurde von Hippies begrüßt, die neben dem Bus herliefen und Spiegel hochhielten, damit die Touristen sehen konnten, wie sie beim Gaffen ausschauten.

März 1967

Liebe Mutter ...

heute kam Dein schöner Brief & hat meine Schuldgefühle wieder angestachelt. Hier bin ich also. Du warst sowieso auf meiner Liste – ich hab' schon versucht zu schreiben, ehrlich.

Ich hatte von einem Freund von mir geschrieben, Bobbi, der eine Wohnung in Haight-Ashbury hat, in die ich vielleicht einziehe. Da wohne ich jedenfalls zur Zeit. Ich habe ein Zimmer und kann die Küche & das Wohnzimmer mitbenutzen, einschließlich TV. Hier wohne ich also (Ashbury St., S. F.), bis ich Dir etwas anderes mitteile.

Bis jetzt sind wir durch den Umzug in die Stadt wirklich angeschissen – wir haben keinen Probenraum. Ziemlich schwer, einen Ort zu finden, an dem man viel Lärm machen kann, nicht viel Miete bezahlen muß und wo das Equipment nachts sicher ist. Also sitzen wir alle in unseren jeweiligen Wohnungen, versuchen uns zu beschäftigen & warten. Und das kommt zu einem äußerst ungünstigen Zeitpunkt – wir waren gerade dabei, etwas richtig Gutes zusammen zu machen –, wir werden immer besser, & wir haben alle neue Stücke, die wir ausprobieren wollen, & wir können uns nirgends dafür treffen, & das ist so frustrierend! Also sitze ich in meiner neuen Wohnung herum & spiele Folksongs auf der Gitarre & sehe fern & mache Schmuck & gehe mit George spazieren. George! Na, der ist meine Rettung. Er kriegt mich aus dem Haus, wo ich sonst nur sitzen & Trübsal blasen würde. Und es ist so nett, zu ihm nach Hause zu kommen. Nach Auftritten, wenn ich mich besonders einsam fühle. Ich komme nach Haus, & er ist so glücklich, mich zu sehen! Kann sich kaum wieder einkriegen – er ist so süß. Er wird größer & größer, aber er ist wirklich ein guter Hund. Wenn ich ihn

im Auto mitnehme, geht er erst raus, wenn ich es ihm sage, läuft nie weg &
ist stubenrein. Und so süß – alles, was er will, ist, gestreichelt und geliebt
zu werden. (Das ist so ziemlich alles, was jeder will, oder? ...)

Stehe immer noch vor dem Problem, was ich auf der Bühne tragen soll.
Ich glaube, ich lasse mir von jemandem ein paar Sachen machen. Eine
Menge Hippiemädchen nähen nach den Entwürfen des Auftraggebers.
Alles, was ich tun muß, ist etwas entwerfen. Ich hab' wieder ziemlich zugenommen – also brauche ich schmeichelnde Sachen, außerdem dürfen sie
nicht zu warm sein, und ich muß mich gut darin bewegen können. Ich
hab' da eine Idee – ich habe eine alte Spitzengardine, sehr hübsch, die will
ich für die Ärmel nehmen & ein einfaches Kleid dazu machen.

Unsere neue Platte ist draußen, & wir sind irgendwie nicht besonders
zufrieden damit. Ich glaube, wir werden versuchen, aus dem Plattenvertrag
rauszukommen, wenn wir können. Wir haben nicht den Eindruck, als wüß-
ten sie (Mainstream), wie man eine Platte promotet und produziert, & jedesmal, wenn wir für sie etwas aufnehmen, bekommen sie all unsere Songs,
was bedeutet, daß wir sie für keine andere Plattenfirma mehr einspielen
können. Andererseits, wenn unsere neue Platte irgendeine Wirkung zeigt,
überlegen wir es uns wohl anders. Aber irgendwie glaube ich nicht daran.
Nun ja, wir werden sehen ... Wichtiger ist, daß ich glaube, wir spielen besser als jemals zuvor. Scheinen besser in der Lage zu sein, miteinander zu
arbeiten und uns nicht mit den Instrumenten gegenseitig zu bekämpfen.

Hier die Antworten auf die Fragen in Deinem Meisterwerk von einem
Brief:

Das Ding auf dem Foto ist ein altes Tischtuch, zu einem Parka oder einer
Stola umgearbeitet.

Sag Michael, ich weiß nicht recht, was ich von seinen Puzzles halten
soll – macht er sowas in der Schule?! Du meine Güte.

Was Dein Kommen nach Kalifornien angeht – großartig!! Wie ich das
verstehe, fährst Du nach L. A. & kommst dann hierher. Oh, das find' ich
wunderbar! Du wirst San Francisco lieben, da bin ich ganz sicher. Ich habe
eigentlich immer gehofft, Laura würde versuchen, hier aufs College zu
gehen, so daß sie ein paar Uni-Konzerte sehen könnte. Und natürlich werde
ich Dich zu einer der großen Partys mitnehmen. Das wird Dich umhauen!
Anfangs kriegt man's echt mit der Angst zu tun. Es basiert auf purer Sinn-
lichkeit – oder zumindest auf dem Bombardement der Sinne – & ist einfach
irre. Ich weiß noch, daß ich bei meiner ersten völlig fertig war! Uff! Und
Du kannst uns auftreten sehen! Oh, bitte, bitte komm!

Zu deinem Cartoon über Haarschnitte lege ich einen Handzettel von unserem letzten Auftritt im Avalon bei, einer Party namens Tribal Stomp. Das Bild zeigt unseren Leadgitarristen, James Gurley, der sagt, daß er einen großen Bogen um jeden Friseur macht. James ist in der hippen Szene von S. F. (die nach dem S. F. Chronicle 5–10 000 Leute zählt) eine ziemlich romantische Figur, & Berichten zufolge werden hier bald 1 x 1,5-Poster von seinem Gesicht zu kaufen sein. Fantastisch, was?

So, ich glaube, das wär's für heute. Tut mir leid, daß ich nicht öfter schreibe, aber ich denke immer an Dich. Alles Liebe. Freue mich darauf, Euch alle wiederzusehen.

Janis

P. S. Ich weiß, daß ich das schon mal gefragt habe, aber hast Du noch das schwarze Album mit Fotos von Linda & mir – das hätte ich echt gern. Bitte schau mal nach.

Big Brother waren aus dem Umfeld der demokratischen Musikszene von San Francisco hervorgegangen. Probleme wurden bei Band-Versammlungen diskutiert und freundschaftlich gelöst. Die Gruppe sicherte sich ein Lagerhaus an der Van Ness zum Üben, und mit täglichen Proben wandten sie sich wieder ernsthaft ihrer Musik zu. »Alle brachten sehr viel in die Musik ein«, erinnerte sich der neue Rechtsanwalt der Band, Bob Gordon. »Es herrschte eine echte, gute Kooperation zwischen allen…«

Julius schickte Janis zu Gesangsstunden zu Judy Davis, der Lehrerin der Stars. Janis besuchte sie nur unwillig, und Julius hielt es deshalb für nötig, sie vor jeder Stunde anzurufen, um sicher zu sein, daß sie auch wirklich hinging. Sechs Monate lang übte Janis, ihre Stimme durch die oberen und unteren Tonlagen gleiten zu lassen und die Vokale zu singen und so lange zu halten, bis ihr der Atem ausging.

Die Band verdiente genug Geld, um etwas beiseite legen und neue Instrumente kaufen zu können, wenn die alten hinüber waren. »Das ist nicht fair«, beklagte sich Janis, als Julius die neue Regelung erklärte. »Ich bin nur Sängerin, ich habe kein Instrument.« Janis gab nach, als Julius ihr erklärte, daß gute Instrumente für sie einen besseren Background-Sound bedeuteten.

Schon jetzt wurde Janis erzählt, sie sei besser als der Rest der Band. Trotz des familiären Charakters der Gruppe war Janis noch immer auf der Suche nach sich selbst. In Los Angeles berief sie eine

Band-Versammlung ein. »Seht mal, ich glaube, daß ich mehr für diese Gruppe tue als ihr, und ich würde gern mehr Verantwortung übernehmen, zum Beispiel wie Peter die Verträge mit der Gewerkschaft unterzeichnen und das zusätzliche Geld bekommen.« – »Was?« rief Peter. »Du glaubst, daß ich mehr Geld kriege?« Autsch. Die Gewerkschaftsrichtlinien erlaubten dem Bandleader, 20 Prozent mehr einzustecken, aber bei egalitären Hippiebands bekam jeder das gleiche. »Nein«, sagte Peter, »wir teilen alles.«

Die fünf mußten mit den Launen jedes einzelnen von ihnen fertig werden. »Ich gebe denen kein Geld«, schrie Janis Julius an, als er sie auf eine Vorladung vor Gericht wegen eines Haufens Strafzettel ansprach. »Wir können doch die Strafe bezahlen, Janis. Für die Band bedeutet es einen Einkommensverlust, wenn du ins Gefängnis mußt«, bettelte er. »Ich gehe ins Gefängnis«, erwiderte sie. »Janis, du bist eine harte Nuß«, seufzte er. Und so hieß es denn Gefängnis – für eine Nacht, bis Julius die Strafe bezahlt hatte.

Philip Elwood schrieb am 22. März im *San Francisco Examiner:* »Die dynamischste der auftretenden Künstler ist die in Oma-Kleider gehüllte Janice [sic] Joplin von Big Brother ... Und die Big-Brother-Band ist auch gut in Form. Ihre Gitarren-Baß-Mischung übt eine harmonische Faszination aus, und der früher plumpe Rhythmus rollt jetzt gut tanzbar daher.«

Das Hippie-Publikum liebte Janis. »Janice«, schrieb einer auf eine Karte, die einem Blumenstrauß beigelegt war, »Deine Stimme macht jedes dumme Wort überflüssig. Du bist einfach too much.« Die Band verdiente viel Geld und erntete Liebe und Anerkennung bei ihrem Publikum.

»Karleen, leg nicht auf, ich will, daß du dir etwas anhörst«, sagte Janis' Highschool-Freundin Arlene Elster bei einem Telefonat von San Francisco nach Port Arthur. 1967 wohnte sie gegenüber dem Avalon Ballroom. Sie öffnete das Fenster und holte den Hörer näher heran. »Kannst du das hören, Karleen? Das ist Janis!«

Janis' Freunde aus Texas hatten immer noch einen Platz in ihrem Leben. »Sie hat mir ein Poster von sich geschickt, auf dem man einen Nippel sieht«, sagte Tary Owens, »mit einer Notiz: ›Ich bin das erste Hippie-Pin-up-Girl. Das haut mich echt um.‹« Bei Berkeley Bonaparte gab es sechzehn Postermotive für $ 1 pro Stück – außer Janis und Yab Yum: die kosteten $ 1,50. Ihr durchdringender Blick wurde neben Fotos von Oscar Wilde, Allen Ginsberg und Ho Chi Minh verkauft.

Janis legte alles in ihren Gesang, wenn sie auf der Bühne stand. »Sie war eine großartige Sängerin, aber im Grunde war sie ein Show-Mensch«, sagte Linda Gravenites. »Wenn sie die Bühne betrat, war Janis wie eine explodierende Tausend-Watt-Glühbirne ... Ihre Unsicherheit machte sie zu einer großartigen Bühnenpersönlichkeit, weil sie das Feedback brauchte, das sie bekam.« Janis nahm – wie auch der Rest von Big Brother – bei den Auftritten eine Tasse mit dem Schnaps des Tages mit auf die Bühne. Bei einigen war es Whiskey, bei anderen Brandy, aber egal welche Sorte, Alkohol war ein bewährtes Schmiermittel für jeden in der Band. Janis trank manchmal etwas, bevor sie auf die Bühne ging, um locker zu werden. Sie reckte und streckte sich dann, als wollte sie sich für ein Aerobic-Programm warmmachen.

April 1967

Liebe Mutter und Familie ...
Alles läuft für uns & mich persönlich so gut, ich kann's kaum glauben! Ich habe nie gedacht, daß alles so wunderbar sein könnte! Laßt mich erklären. Erst einmal, die Band – wir sind besser als jemals zuvor (siehe die beiliegende Kritik aus dem S. F. Examiner) und arbeiten die ganze Zeit. Hatten gerade ein 3wöchiges Engagement, 6 Abende pro Woche, & wir sind für weit über einen Monat jedes Wochenende ausgebucht. Und für ein Wochenende bekommen wir eintausend oder mehr. Für einzelne Abende kriegen wir $ 500 – $ 900. Nicht schlecht für einen Haufen Beatniks, oder? Und mit unserer Reputation geht es immer noch bergauf. Es ist lustig zu beobachten – man weiß, wo man ist, allein durch die Leute, die auf unserer Seite sind. Ihr wißt schon, die Leute aus der Szene, die, die ›ihren Finger am Puls der Öffentlichkeit haben‹. Eine der Händlerinnen an der Haight St. hat uns allen Klamotten geschenkt (ich hab' einen schönen blauen Lederrock abgekriegt), und das nur, weil sie 1) total auf uns steht & 2) glaubt, daß wir es schaffen werden & und es gute Werbung für sie ist. Unsere Platte kommt ganz gut an – viel besser als die erste, die viel, viel besser war. Wir sind in Detroit auf Nr. 29, aber wir kriegen nichts richtig mit, weil wir gar nichts von Mainstream hören. Das ist eine lange & komplizierte Geschichte, aber wir haben wirklich das Gefühl, wir wären von unserer Plattenfa. benutzt & mißbraucht worden & würden gern raus aus dem Vertrag, wissen aber nicht, ob das geht. Wir haben mit einem Rechtsanwalt darüber gesprochen, & er klang ziemlich negativ, & wir kriegen nicht mal unsere Plattenfirma zu fassen, um darüber zu reden. Wir sind also bis auf weiteres angeschissen. Es besteht die vage Aussicht, daß wir diesen Som-

mer in Europa spielen. Es gibt ein Hippie-Schiff, das hin und her fährt, &
Rock-Bands können umsonst fahren, wenn sie auf der Überfahrt spielen.
Und Chet, der Kopf von Family Dog, versucht da drüben ›‹-Partys zu organisieren, & wenn er das tut, haben wir einen Ort, wo wir arbeiten können. Wird wahrscheinlich nicht klappen, aber es wäre sicher groovy. Apropos England, ratet mal, wer letzte Woche hier war – Paul McCartney!!!
(das ist ein Beatle). Und er ist zu unserem Auftritt gekommen!!! SEUFZ. Ich
schwöre bei Gott! Er kam ins Matrix & hat uns gesehen & ein paar Leuten
erzählt, daß er auf uns steht. Ist das nicht irre!!!! Gottogott, ich war völlig
fertig – bin ich immer noch! Stellt Euch das vor – Paul!!!! Wenn es nur
George gewesen wäre ... Na ja, ich hab' ihn sowieso nicht gesehen – wir
haben erst hinterher davon gehört. Wenn ich gewußt hätte, daß er da ist,
wäre ich von der Bühne gesprungen & hätte mich zum Idioten gemacht.

Ich habe vorhin erzählt, wie gut alles für mich läuft – das ist wirklich
wahr. Ich bin dabei, eine ziemliche Berühmtheit unter den Hippies & allen,
die zu den Partys kommen, zu werden. Tja, letzten Sonntag haben wir bei
einem Benefizkonzert für Spring Mobilization für Peace gespielt, & da ist
was Unglaubliches passiert. Als die Jungs ihre Instrumente stimmten, bin
ich auf der Bühne nach vorn gegangen, um die Mikrofone zu checken, &
und als ich das mittlere zum Mund hob, applaudierte das ganze Publikum!
Too much! Und als wir uns zum Spielen fertigmachten, schrie ein
Mädchen: »Janis Joplin lebt!« Dagegen kann man nichts sagen, und sie
klatschten wieder. Außerdem hatte ein Rock-Magazin namens World
Countdown eine Collage aus Fotos von wichtigen Persönlichkeiten aus
der Szene auf dem Cover, & ich bin dabei! Und außerdem bringen sie ein
Poster von mir: Vielleicht habt ihr im Time über die Starposter gelesen.
Das sind große, sehr große Fotos, Jean Harlow, Einstein, Belmondo, Dylan
& Joplin. Ja, liebe Leute, ich in einem Pailletten-Cape, Tausenden von Per-
lenketten und oben ohne. Das sieht man aber kaum wegen der Perlen. Ein
sehr dramatisches Foto, & ich sehe wirklich schön aus!! Wenn es Euch
nicht peinlich ist, schicke ich Euch eins. Ich bin völlig aus dem Häuschen!!
Ich darf Haight-Ashburys erstes Pin-up sein.

Apropos Haight-Ashbury, lest den beiliegenden Artikel aus LOOK. Es
sind viele Artikel über die Szene hier geschrieben worden. Newsweek
hatte zwei & den neuen. Und selbst der Chronicle – alle Artikel waren mit
mehr Sachkenntnis geschrieben als der in Time. Um genau zu sein, habe
ich wegen dieses Artikels aufgehört, es zu lesen – nicht weil ich sauer war.
Sondern weil mir klar war, wie verzerrt die Berichterstattung war, & ich
dachte, daß sie vielleicht bei allem dermaßen unrecht haben. Ich bin wirklich nicht Sozialkritiker genug, um zu wissen/diskutieren, was los ist, aber

um Deine Frage zu beantworten: Ja, sie sind unser Publikum, & wir hoffen, daß sie den Rest des Landes anstecken können, weil wir dann landesweit bekannt wären. Wir wären die Monkees! Na ja, auf jeden Fall ein guter Artikel.

Okay, zu den Neuigkeiten: Erstens haben wir eine Gehaltserhöhung bekommen – die verheirateten Jungs waren zu knapp bei Kasse, und jetzt kriegen wir $ 100 pro Woche! Lieber Himmel.

Zweitens: Ich habe eine neue Wohnung. Wirklich prima!! Zwei große Zimmer, Küche, Bad & Balkon. Und gleich gegenüber vom Park! Ihr mit Eurem riesigen Grundstück könnt das nicht wirklich verstehen, aber hier kann man 10–20 Blöcke lang gehen, ohne eine lebende Pflanze zu sehen, und ich schau' nur aus dem Fenster oder trete auf meinen Balkon & hab' frische Luft & Bäume & Gras!! Wirklich wunderbar, seufz. Meine neue Adresse ist 123 Cole St. S. F. Immer noch in Haight-Ashbury. Habe eine Menge Pläne für die Wohnung – zwei Zimmer müssen gestrichen werden, aber vielleicht hänge ich einfach nur Zeug an die Wände. Das vordere Zimmer ist jetzt so gut wie fertig, & es wohnt sich sehr nett darin. SEUFZ! Seht Ihr, was ich damit meine, daß jetzt alles gut für mich läuft? Außerdem habe ich einen Freund. Echt nett. Er ist der Kopf von Country Joe and the Fish, einer Band aus Berkeley. Er heißt Joe McDonald, ist Steinbock wie ich, 25, & bis jetzt verstehen wir uns prächtig. Jeder in der Rockszene findet, er sei das süßeste Etwas, das er je gesehen hat. Er ist wirklich ziemlich süß. Apropos Freunde, ich habe wieder von John gehört. Er hat mir ein paarmal geschrieben. Irgendwie hab' ich das Gefühl, daß er herkommen will & schon mal seine Fühler ausstreckt.

Weiter, ratet mal (besonders Dad), was ich getan habe – ich hab' mit dem Rauchen aufgehört!!! Hin & wieder hab ich noch Lust auf 'ne Zigarette, aber es ist jetzt etwa einen Monat her. Ich dachte, es ist einfach zu schlecht für meine Stimme. Ich hab' 10 Jahre lang geraucht! Ich hatte eine richtig schlimme Erkältung & Bronchitis und konnte etwa eine Woche lang gar nicht rauchen, & als es mir besser ging, hab ich einfach nicht wieder angefangen. Vielleicht halt' ich's nicht durch, aber ich hoffe doch. Es ist wirklich besser für mich.

Weitere Neuigkeiten: George wird wirklich ein feiner Hund, lernt jeden Tag etwas Neues. Heute hat er auf die harte Tour gelernt, nicht allein über die Straße zum Park zu laufen – er ist von einem Auto angefahren worden. Aber der Tierarzt hat gesagt, er wäre nicht sehr schlimm verletzt – zerschrammt & verängstigt. Armes Ding, er bläst gerade Trübsal mit einem sehr paranoiden Gesichtsausdruck.

Ich lasse mir jetzt ein paar Sachen machen – ein schönes Kleid aus einer Madras-Tagesdecke, & jetzt arbeitet sie an einem aus grünem Crêpe mit sehr tiefem V-Ausschnitt. Ich hab' in letzter Zeit Sachen aus Leder gemacht. Einen schönen blau-grünen Garbo-Hut & ein Paar grüne Schuhe.

Ich schicke Euch auch unser neues Promo-Foto. Nicht sehr schmeichelhaft für mich, aber ein sehr starkes Bild. Ziemlich gutaussehende Band, was?

Die Bilder von Euch allen haben mir viel Freude gemacht. Mutter, Du bist wunderschön. Und Laura sieht echt süß aus! Ist ihr Kleid weiß oder silber? Und ich hab' Mike noch nie so bezaubernd gesehen. Muß am Big-Brother-T-Shirt liegen.

Also, laß mich bitte wissen, wann Du kommst. Oh, es gibt so viele Orte, zu denen ich Dich mitnehmen & die ich Dir zeigen will! Aber wir arbeiten, also schreib, was Du vorhast, sobald Du kannst. So, ich denke, das wär's für heute. Schreib mir ...

Love XXX
Janis

Am 2. Juni 1967 veröffentlichten die Beatles ihr neues Album: *Sgt. Pepper's Lonely Hearts Club Band*. Von dem bizarren Plattencover über die neuen kosmischen Uniformen, die die Beatles trugen, bis hin zur demonstrativ psychedelischen Musik trieb diese Platte das Genre der Rock-Musik weiter in die Zukunft.

Ralph Gleason, einer der wichtigsten Rock-Kritiker, die halfen, den Sound von San Francisco allgemein durchzusetzen, prophezeite im *San Francisco Chronicle:* »Von Freitag an werden die Welthauptstadt der Musik die Monterey County Fairgrounds sein, nicht Nashville, nicht Tin Pan Alley und auch nicht London oder Hollywood. Das erste jährliche Monterey International Pop Festival bringt die größte Auswahl von Pop-Stars in die Fairgrounds Arena, die je an einem Ort zu einer Wochenendveranstaltung zusammengekommen ist ...« Als er das schrieb, war das Festival bereits ausverkauft.

Das Ereignis wurde organisiert von John Phillips von den Mamas and the Papas und Lou Adler, einem Plattenproduzenten aus Los Angeles. Ihnen schwebte eine Veranstaltung ohne Profit vor, bei der alle Einnahmen von einer aus Musikern bestehenden Jury, zu der unter anderem Paul McCartney, Paul Simon und Smokey Robinson gehörten, ›für die Verbesserung der Popmusik‹ verteilt werden sollten. Für zweieinhalb Tage und mehr als fünfundzwanzig Stunden

Musik stand die siebentausend Menschen fassende Arena unter dem Zeichen von Peace und Love. Mehr als vierzigtausend Leute kamen, und trotzdem schickte Frank Marinello, der Polizeichef, am Samstag und Sonntag vierzig uniformierte Polizisten nach Hause. Sie wurden nicht gebraucht. »Ich fange an, diese Hippies zu mögen«, zitierte ihn Philip Elwood vom *San Francisco Enquirer*.

»In Monterey hatte wirklich alles seine Ordnung. Alle, die dort übernachteten, hatten Zelte. Die Cops waren nett, und alle Bands wohnten in Motels. Es gab keine großen Menschenmassen, man brauchte sich nicht durchzudrängeln«, erinnerte sich Dave Getz.

Es wurde viel mehr als nur Musik präsentiert: Die Veranstaltung war ein einziges großes Theater. Psychedelische Filme wurden neben Ständen gezeigt, die Essen und Kleinkram verkauften. Die Who zerschmetterten eine Gitarre, und Jimi Hendrix – in einem Goldhemd und roten Hosen, mit fuchsienfarbenen Federn um den Hals – verbrannte seine als Höhepunkt seines Auftritts. In seinen unveröffentlichten Memoiren schrieb Sam Andrew: »Mit das Beste an Monterey war das Publikum. Man kann sich gar nicht vorstellen, wieviel leichter es ist, vor einem großen Publikum zu spielen, das auf der Seite des Künstlers ist, als vor einem kleinen, gleichgültigen. Für ein Publikum zu spielen, das nicht tanzt und seinen Spaß hat, ist wie einen Berg hinaufzulaufen. Aber wenn alle mit ganzem Herzen dabei sind und besonders, wenn sie tanzen und schreien und kreischen, ist das eine große gemeinsame Anstrengung, und alles läuft wie geschmiert. In Monterey spielten wir für Gleichgesinnte, und es gab überhaupt keine Rivalitäten oder Streß.«

Die Organisatoren setzten Big Brother für Samstag nachmittag an. »Big Brothers Auftritt war ein Wunder«, sagte Julius Karpen. »Es war unglaublich. Das Publikum wurde wild und war völlig außer sich.« Julius arbeitete sich während des Auftritts in die Mitte des Publikums durch und hatte Tränen in den Augen wie ein stolzer Papa. »Ich habe den Weg für ein Wunder bereitet!« Big Brother spielten ›Down On Me‹, ›Road Block‹ und ›Ball and Chain‹. Dieser Auftritt war es, der Mama Cass' überwältigte Reaktion auf den Sound der Band und Janis' Stimme hervorrief. Ihr Mund stand weit offen, und ihre Ohren waren im Himmel aller Musikfreunde. Cass' Reaktion war deutlich erkennbar in dem Film *Monterey Pop* zu sehen, der Auftritt der Band selbst war jedoch nicht gefilmt worden.

»Du meinst, sie haben das nicht gefilmt?« schrie die Band Julius nach dem Set an. Ihr Manager hatte die Promoter satt, die Musiker übervorteilten, und da die Veranstalter von Monterey der Band nichts für die Filmrechte geboten hatten, hatte er darauf geachtet, daß die Kameras während Big Brothers Auftritt zum Boden zeigten.

Die Promoter schäumten vor Wut über Julius' Weigerung und gingen direkt zur Band. Albert Grossman, einer der mächtigsten Manager jener Zeit, mag Big Brother dahingehend beeinflußt haben, sich über Julius' Weigerung hinwegzusetzen. Jeder wußte, daß Big Brothers Auftritt gefilmt werden *mußte,* denn er war der Höhepunkt der Show. Schließlich rangen die fünf Bandmitglieder Julius die Zustimmung ab, daß ein zweiter Set gefilmt werden durfte. Die Reporter rühmten die Qualitäten der Musik und nahmen die Zugabe als Beweis für den künstlerischen Triumph der Band. Die Presse wußte nicht, daß der Hauptgrund für die Zugabe darin bestand, nachträgliche Dreharbeiten zu ermöglichen. Nichtsdestotrotz verstärkte die unvorhergesehene Zugabe den Jubel über Big Brother.

Selbst Mutter hörte von dem Auftritt. Sie telegrafierte sofort: »Glückwunsch zur Titelseite des *Los Angeles Times Monterey Festival Reports.* Barbara schickt uns eine Kopie.« Das Telegramm war unterschrieben mit »Dein Fanclub aus Port Arthur«.

Nicht nur die Familie spendete Janis Beifall, auch die meisten Zeitungen und Magazine hatten die Geschichte aufgegriffen. *Newsweek* und *Time* beschrieben das Ereignis ähnlich wie der *Berkeley Barb:* »Janis Joplin von Big Brother erregte Stürme der Begeisterung, als sie sich mit ihrer fantastischen Stimme den Blues aus dem Leibe schrie.« Scott Holtzmann von der *Houston Post* schrieb zwei Kolumnen, in denen Janis erwähnt wurde, und in beiden stand, daß sie in Kalifornien entdeckt worden war, nachdem man sie zuvor in Houston ignoriert hatte. Sie klebte beide in ihr Album. Die Band war der Hit des Festivals gewesen, aber Janis wurde als *der* Star der Show hervorgehoben. Sie hatte als Bühnenpersönlichkeit genauso wie als Anführerin einer sozialen Bewegung triumphiert. Die ›Verschwörung der Realität‹, wie Jim Langdon es in Texas genannt hatte, war zu einem nationalen Happening geworden.

Mainstream veröffentlichte von Mai 1967 bis Februar 1968 vier neue Singles von Big Brother: ›Down On Me‹/›Call On Me‹ war die erste, gefolgt von ›Bye Bye Baby‹/›Intruder‹ im August 1967, ›Women Is Losers‹/›Light Is Faster Than Sound‹ im November 1967 und als letzte ›Coo Coo‹/›Last Time‹. Im August 1967 veröffentlichte die Band eine LP mit diesen Stücken, betitelt *Big Brother and the Holding Company.* Die Musiker schäumten vor Wut: Das Material war alt und die Arrangements nicht mehr zeitgemäß. Sie hatten den Eindruck, daß Mainstream nur Kapital aus dem Erfolg der Band in Monterey schlug, anstatt sie der Öffentlichkeit angemessen zu präsentieren.

Big Brother trafen sich mit Clive Davis von Columbia Records, der jeden Act vom Monterey Pop Festival unter Vertrag nahm, den er bekommen konnte. Clive lud Big Brothers Manager Julius Karpen und ihren Rechtsanwalt Bob Gordon zum bevorstehenden CBS-Kongreß nach Hollywood, Florida ein. Die Mächtigen umwarben die Band, und diesmal war sie darauf vorbereitet.

Bob Gordon brachte seine weitreichende Erfahrung im Unterhaltungsgeschäft ein, um die Interessen der Band zu vertreten. In Janis fand er eine uneigennützige Freundin, die ihn von einem sehr konservativen und verschlossenen zu einem entspannteren verschlossenen Menschen machte. Auch Janis' Leben veränderte sich. Julius war im Januar 1967 zu der Band gestoßen, als sie an einem Wochenende mit zwei Abenden vierhundert Dollar verdienten. Ende 1967 bekamen sie zweitausendfünfhundert Dollar pro Abend, ohne daß sie in der Zwischenzeit eine nennenswerte LP herausgebracht hatten. So funktionierte das Business normalerweise nicht! Vielleicht war dies die Folge einer allgemeinen Revolution im Musikgeschäft, ausgelöst durch den innovativen Impuls einer neuen Hörergeneration.

•••

11

Nach dem Monterey
Pop Festival

Oh Lord won't you buy me a Mercedes Benz
My friends all drive Porsches,
I must make amends.
Worked hard all my lifetime,
No help from my friends
So, Lord, won't you buy me a Mercedes Benz?

JANIS JOPLIN, BOBBY NEUWIRTH und MICHAEL MCCLURE,
›Mercedes Benz‹

Monterey leitete das ein, was als Summer of Love in die Annalen einging. Etwa fünfzigtausend junge Leute kamen nach San Francisco, angelockt durch zahlreiche Presseberichte, die die Kunde von Liebe und Toleranz verbreiteten. Sie kamen aus den Städten und Vororten und von den Farmen des ganzen Landes und ließen für die ungewissen Verheißungen von Haight-Ashbury ihr Zuhause und ihr altes Leben hinter sich.

Die Organisatoren des Summer of Love waren auf die Massen von Besuchern gut vorbereitet. Versammlungen wurden geplant, und die Diggers kümmerten sich um Verpflegung und Wohnraum. Sie brachten jeden Nachmittag um vier Uhr Suppe zum Panhandle Park, die sie gratis aus großen Aluminium-Mülltonnen servierten. In einem Free Store wurden kostenlos Kleidung und Haushaltswaren verteilt. Man stellte den Diggers außerdem gratis eine Farm zur Verfügung, und sie versuchten, darüber hinaus noch das Nutzungsrecht für ein Fünfhundert-Zimmer-Hotel zu bekommen. Die Diggers waren Prototypen amerikanischen Fleißes, die neuen Pioniere, die auf die ›natürlichen Ressourcen‹ des Großstadtdschungels zurückgriffen.

Die Haight war allerdings auch Ausgangspunkt einer LSD-Epidemie, die in einem solchen Maße durchs Land fegte, daß *Time* im März 1966 auf das Problem aufmerksam machte. Die Presse geriet in Hysterie: »Schützt Eure Kinder vor LSD!« Einige Leute erlebten tatsächlich schlechte Trips. 1966 sagte Dr. William Frosch, Psychiater am Bellevue Psychiatric Hospital in New York, vor einem Senatsausschuß aus, der sich mit dem LSD-Problem beschäftigte. Frosch legte von ihm selbst erarbeitete Statistiken vor, nach denen nur sieben von tausend LSD-Konsumenten einen emotionalen Zusammenbruch erlitten, am ehesten solche, deren psychische Probleme bereits eine lange Vorgeschichte hatten. Die unvollständige Wiedergabe von Froschs Ergebnissen, verbunden mit fragwürdigem anekdotischen Beweismaterial, erweckte in der Öffentlichkeit jedoch den Eindruck, daß die Einnahme von LSD in der Regel eine irreversible Psychose nach sich zog. Die Kampagne gipfelte in der Meldung, daß LSD genetische Veränderungen erzeuge, wenn es in Reagenzgläsern mit Chromosomen vermischt werde; daraus Schlußfolgerungen über die Wirkung der Droge bei der üblichen Form der Einnahme und Dosierung zu ziehen, war höchst fragwürdig. Nichtsdestotrotz griffen die Gegner des Rauschmittels das auf und schrien Zeter und Mordio.

In der Presse wurden weiterhin Meldungen über Vergewaltigungen und Morde verbreitet, die sich unter dem Einfluß von LSD ereignet haben sollten. Diese Nachrichten standen in krassem Gegensatz zu jenen Reaktionen, die in den meisten Forschungsstudien als typisch für die Einnahme der Droge beschrieben wurden. Das Problem war, daß nur wenige Thesen bisher bewiesen waren, obwohl viel Forschungsmaterial über LSD existierte. Zahlreiche Artikel spielten lieber die Extreme – psychotische Verrücktheit gegen spirituelle Erweckung – gegeneinander aus, als daß ihre Verfasser sich bemüht hätten, rationale Schlüsse zu ziehen.

Der Trubel um das LSD wurde dadurch noch verstärkt, daß sich die Bewegung veränderte. Die Kids, die jetzt in die Haight spazierten, unterschieden sich stark von jenen früheren LSD-Aposteln, die sich nach Jahren künstlerischen Kampfes zusammengefunden hatten. Mittlerweile handelte es sich in der Mehrzahl um junge, trostlose Parias, die irgend jemanden brauchten, der sie an die Hand nahm. Der Drogenhandel beschränkte sich nicht mehr darauf, daß man LSD miteinander teilte, sondern er wurde Teil einer finsteren Getto-Schieberei mit allem, was die Leute sich andrehen ließen. Das

Ziel war nicht mehr Durchblick, sondern nur noch sinnlicher Spaß und schnelles Vergnügen.

Speed war frei erhältlich, obwohl die Anführer der Gemeinschaft in Bekanntmachungen vor dieser Droge warnten. STP, eine neue psychedelische Droge mit länger anhaltender Wirkung, verschaffte den Leuten entsetzliche Drei-Tage-Trips in die Hölle. Im San Francisco General Hospital wurden in einem Monat die Folgen von ungefähr 750 schlechten Trips behandelt. Zuhälter stellten den jungen Heimatlosen nach und benutzten Drogen, um sie zur Prostitution zu zwingen. Ende 1967 war es mit dem Abwärtstrend der Kriminalitätsrate, der den Beginn der Hippie-Zeit charakterisiert hatte, vorbei. In diesem Jahr zählte man 17 Morde, 100 Vergewaltigungen und fast 3000 Raubüberfälle.

Ganz plötzlich tauchte auch Heroin in der Haight auf. Die Anwohner des Viertels waren dagegen psychologisch wehrlos, weil ihre Subkultur auf der festen Überzeugung basierte, daß cool sein gleichbedeutend mit high sein war. Auch Janis, James und Sam nahmen die Droge hin und wieder, wenn sich die Gelegenheit dazu bot. Keiner von ihnen hatte allerdings genug Geld, um sich Heroin häufiger leisten zu können.

Es fällt schwer, Heroin als ein Mittel zur Intensivierung des bewußten Erlebens zu betrachten, wenn man die vielen negativen Begleiterscheinungen seines Gebrauchs kennt. Aber bei etwas Weitblick bleibt keinem verborgen, daß die Einnahme irgendwelcher Pillen zu dieser Zeit längst schon eine anerkannte kulturelle Praxis war. Die Menschen versuchten nicht mehr, ihre Probleme zu lösen, weil sie nicht wußten, wie. Statt dessen wollten sie einfach ein Mittelchen, durch das sich ihre Ängste flink in Luft auflösten, und das medizinische Establishment war immer bemüht, ihnen Hilfe in Form von Drogen bereitzustellen.

Frauen erhielten nach Gebärmutterentfernungen und im Klimakterium Beruhigungsmittel zur Unterdrückung der Symptome. In den Fünfzigern und Sechzigern verschrieben die Ärzte bereitwillig Tranquilizer und Amphetamine, um die Gefühle ihrer Patienten zu beeinflussen. Sie wollten etwas in der Hand haben, das sie den Patienten verabreichen konnten, die ihnen Geld gaben und sie um Hilfe baten. Unsere Gesellschaft war auf der Suche nach der richtigen Droge, der besseren Droge. Drogenkonsum war nicht symptomatisch für das Hippie-Camelot, sondern er war als Problem tief verwurzelt in unserer Gesellschaft; die Sixties hatten diese Entwicklung nur beschleunigt, und bedauerlicherweise gerieten dadurch nun zahlreiche Unschuldige in Schwierigkeiten.

1967 war Heroin für Janis eine Droge, mit der sie nur herumspielte, ihr bevorzugtes Rauschmittel war immer noch Alkohol. Sie entwickelte eine besondere Affinität zu Southern Comfort, sowohl seines Namens als auch seines Geschmacks wegen. Als Linda Gravenites ihr eine Handtasche machte, sagte Janis: »Mach sie groß genug für ein Buch und eine Flasche.« Alkohol war für sie ein Teil der texanischen Outlaw-Kultur, die ihre Jugend geprägt hatte.

Janis hatte sich jahrelang über die Vor- und Nachteile des Trinkens Gedanken gemacht. Das faßte sie in einem Song zusammen, den sie in ihrer Zeit in Austin schrieb: ›What Good Can Drinking Do?‹ Janis sang: »I drink all night/But the next day I still feel blue.«

Obwohl die Hippie-Gemeinschaft völlig von Drogen durchdrungen war, konnten sich einige Leute nicht mit ihnen anfreunden. Peter Albin aus Janis' Band beispielsweise machte nicht mit. Im Geiste des ›Was immer dich anturnt‹ wurde seine Haltung allerdings von den anderen respektiert. Nur Janis ging niederträchtig und rachsüchtig auf ihn los. Sie mochte es nicht, wenn ihr Verhalten in Frage gestellt wurde, selbst wenn sich nur jemand anders verhielt als sie. Vielleicht erweckte Peters Abstinenz in ihr Schuldgefühle wegen ihrer Maßlosigkeit.

Sommer 1967

Liebe Mutter –

Ich hoffe, Du erinnerst Dich nach der langen Zeit noch an mich – was soll ich sagen? … Wollte Dir diese Zeitungsausschnitte schicken – aus dem Examiner *&* dem Chronicle, *& sie dokumentieren einen echten Umschwung. Seit Monterey ist folgendes passiert: Gleason hat für uns Reklame gemacht & einen neuen Stil mit mir definiert (der unnachahmliche Joplin-Stil), & er hat früher nie über uns geschrieben. Jetzt haben wir 3 große Plattenfirmen im Nacken, Atlantic, Mercury und Columbia, die uns $ 50 000–75 000 zahlen wollen, plus alle Sonderrechte. Wir wollen unterzeichnen, wenn wir aus dem Vertrag mit Mainstream rauskommen. Wir tun unser Bestes! Rechtsanwälte & alles mögliche andere Showbiz-Zeug. Wir werden sehen. Hoffe natürlich, daß das unsere Karriere nicht kaputtmacht. Jetzt werden wir interviewt, & mein Foto wird in* Esquire *&* Playboy *erscheinen (kein Poster, sondern etwas übers Festival), & Julius (unser Manager) hat gesagt, daß eine Frau von* McCalls *angerufen hat & mich vielleicht für einen Artikel braucht über ›Junge Frauen, die den*

Durchbruch schaffen‹ oder sowas. Oh, die Sache in Time *habt Ihr gesehen, aber nicht die in* Newsweek *– da war ein Foto von mir drin! Ich hoffe, daß all dies & meine Begeisterung Dir nicht oberflächlich erscheint, mich haut es wirklich um. Wow, ich hab' 2 von den Rolling Stones kennengelernt, die meisten von den Animals & alle (& das sind große Bands – respektiert & reich, Baby), & sie sagen, ich sei das Beste, was sie je gehört haben! Lieber Himmel!! Ahhh … Na, jedenfalls, ich bin völlig weg!! Achtet auch auf ein ABC-Special über das Monterey Festival – wir sind dabei. Meine Güte, mir fällt nichts ein, worüber ich reden könnte. Diese Band ist jetzt mein ganzes Leben. Unser aller Leben. Ich bin wirklich von ganzem Herzen dabei, & es gefällt mir. Ich bin ziemlich stolz auf mich, weil ich wirklich mein Bestes gebe. Vorher, als ich hierherkam, wollte ich nur herumhängen & wild sein & eine gute Zeit haben, aber jetzt ist das alles sekundär (ich will immer noch eine gute Zeit haben, klar?) – Singen verschafft mir soviel Befriedigung. Nun ja, ich muß zugeben, der Erfolg verschafft mir auch viel Befriedigung. Also, um es kurz zu machen, Big Brother geht es großartig, & ich bin vielleicht eines Tages ein ›Star‹. Weißt Du, es ist komisch – jetzt, wo es näherrückt & wahrscheinlicher wird, hat das Star-Sein seine Bedeutung verloren. Aber was es auch bedeutet, ich bin bereit!*

Zu einem anderen Thema, ich habe George immer noch, & ich habe ein neues Kätzchen, noch ohne Namen, grau m. ein bißchen braun & weiß & sehr aggressiv – wenn sie Hunger hat, läuft sie mir hinterher und quietscht mich an. George kümmert sich sehr um sie – leckt sie, trägt sie im Maul herum, & als Gegenleistung frißt sie nur Hundefutter & kaut an seinen Knochen. Es ist eine seltsame Familie, aber es ist meine.

Chuck & Jean waren letzte Woche hier & haben mich besucht. Chuck hat jetzt einen Ziegenbart und sagt, Barbara hätte ihm einen Vortrag gehalten, damit er ihn wieder abnimmt (klingt, als wär' sie eine echt fiese Schwiegermutter). Sie sind zu unserem Auftritt im Circle Star Theater gekommen (Besprechung Nr. 5) & hinterher auf eine Party gegangen. James Gurleys Schwägerin hat eine Hippie-Kostümparty gegeben, und wir waren die Ehrengäste. Wir sind als Spießer gegangen. Jean & Chuck sind jedenfalls gekommen, als Hippies, & sie hatten eine Menge Spaß. Es war einfach super.

HALLO an Mike und Laura, viel zu tun in der Schule? Hallo, hallo, wie geht's? Seid schön fleißig! Hab' Euch lieb! Oh, sagt mal, warum triezt Ihr Mutter nicht, damit sie Eure Reisepläne ein bißchen ändert, so daß Ihr Freitag abend hier sein & uns irgendwo spielen sehen könnt? Wir arbeiten nämlich jedes Wochenende & werden auch dann irgendwo arbeiten, & Ihr könnt alle zur Party kommen & Perlen tragen & uns sehen & eine Light-

show sehen & stolz auf mich sein, & ich weiß, es wird Euch gefallen, also probiert's – okay?

Und Mutter, ich kriege so gern Post von Dir, bitte schreib mir, auch wenn ich selbst nicht so gut darin bin.

Tja, wißt Ihr, ich bin grad von der Probe nach Hause gekommen, & ich bin müde & ich will nur sitzen & ein Bier trinken. Also mach' ich Schluß. Oh!! Wegen Deiner Frage – Du brauchst Mäntel, richtige Mäntel, keine schweren, aber sie müssen was aushalten können, & ich denke, wenn Du noch Platz hast, bring meine Bettwäsche mit, & habe ich Laura meinen Ledermantel geschenkt? Wenn nicht, könnte ich ihn gebrauchen. Also, ByeXXXX

Janis

Die Haight war voll von Drogen, aber als unsere Familie Janis im August 1967 besuchte, wußten wir das nicht. Janis war ganz zappelig vor Aufregung und gab stolz mit dem Lebensstil von Haight-Ashbury und ihrem eigenen Ausnahmestatus an. Wir schlenderten die Straßen entlang, und Janis zeigte uns ihre Lieblings-Head-Shops, Boutiquen, Ballrooms und die Parade der interessanten Leute auf der Straße. Sie konnte gar nicht aufhören, uns ihre Begeisterung über Paul McCartneys kürzlichen Besuch auf der Szene kundzutun, der auf genau den Gehsteigen herumgeschlendert war, auf denen sie jetzt ging.

Dann sprang uns die neue Wirklichkeit mitten ins Gesicht, als wir ihr Apartment betraten – eine typische, farbenfroh geschmückte Hippie-Bude, inklusive der Tagesdecke aus indischem Madras auf einem Bett, das zugleich als Couch diente. Mein Blick fiel auf die Zimmerwand, die mit unzähligen Exemplaren des Posters tapeziert war, das Janis mit nackten Brüsten zeigte. »Man sieht es kaum, Mutter«, bemerkte sie zickig, obwohl beide Eltern kein Wort gesagt hatten. »Ich schenke Mike eins, wenn er es behalten darf«, bot sie an. Ja, die Dinge hatten sich wirklich verändert.

Janis musterte meinen kurzen marineblauen Rippenstrickrock und fragte: »Laura, hast du keine langen Hosen?« Wir machten uns gerade für ein Extra-Konzert im Avalon fertig. Big Brother waren für den Abend nicht angekündigt, aber sie hatten einen Auftritt arrangiert, damit wir Janis auf der Bühne sehen konnten. »Nein, warum leihst du mir keine?« antwortete ich. »Egal«, entschied sie. Dann ging sie vor zum Ballroom, wo wir sie treffen sollten.

Wir gingen die Treppe hoch. Der große, knochige Chet Helms kassierte oben, und Janis führte einen regelrechten Freudentanz auf, als sie ihm sagte, wir seien ihre Familie. Die Art, wie Chet mit einem galanten ›Willkommen‹ dem Türsteher zuwinkte, gab uns das Gefühl, etwas Besonderes zu sein. Als ich den Saal betrat, war ich wie betäubt von dem überwältigenden Lärm und den hier herumwimmelnden Leibern. Obwohl die Leute tanzten, herumsaßen oder durcheinanderwuselten, ist mir die ganze Szenerie als sehr ruhig und still in der Erinnerung geblieben.

Ich fühlte mich wie eine Fremde, was ich ja auch war, die durch ihre Kleidung und dadurch, daß sie nicht stoned war, herausstach. Der Raum war dunkel, aber der Mangel an regulärem Licht wurde von der Lightshow mit flackernden Farben und Bildern an der Wand wettgemacht. Menschen saßen bewegungslos da und glotzten nicht unbedingt auf etwas Bestimmtes, sondern nur geradeaus. Ihre Köpfe bewegten sich wie in Zeitlupe. Das Bombardement der Sinne in diesem Raum nahm ihr Bewußtsein völlig in Anspruch. Big Brother spielten ein paar Stücke, die sie mit den wirbelnden Lichtern koordinierten, um die Aufmerksamkeit der Zuschauer in die Gegenwart zurückzuzwingen. Ich war von dem ganzen Erlebnis eingeschüchtert, wenn auch die Musik nur ein kleiner Teil davon war.

Michael ging mit Janis hinter die Bühne, wo er es prompt darauf anlegte, daß jemand ihn an seinem Joint ziehen ließ. Aber ach, selbst in diesem Hort der Freiheit gab unter Janis' wachsamem Blick niemand seinen Bitten nach. Wir blieben nicht lange nach Janis' Auftritt, weil wir mit dieser Szene einfach nichts anfangen konnten. Sie muß gefragt haben: »Hat es euch gefallen?«, und wir müssen ja gesagt haben, denn wir hätten niemals nein gesagt. Dennoch bin ich sicher, daß unsere Eltern nach diesem Erlebnis aufhörten zu glauben, sie könnten Janis noch beeinflussen oder sie würde gar freiwillig nach Texas oder aufs College zurückkehren. Sie waren gekommen, um sich zu vergewissern, daß es ihr gut ging; doch sie mußten erkennen, daß ihnen alles hier fremd war. Janis war so erfolgreich in ihrer Szene, daß ihre Eltern dagegen völlig machtlos waren.

Als wir das Avalon verlassen hatten, sagte Janis immer wieder: »Ist das nicht wundervoll?« Sie fragte: »Versteht ihr das nicht?« Sie stand da und starrte uns an, wie wir die Straße hinuntergingen, begleitet vom Lärm der Rockmusik, der uns aus dem offenen Eingang zum Ballroom nachströmte. Gefangen zwischen zwei Welten stand sie da, perplex, weil sie glaubte, es müßte uns gefallen. Ich glaube,

Janis begriff damals, daß dem nicht so war, daß wir ihre Lebensweise nicht verstehen konnten und wahrscheinlich auch nie verstehen würden. Wie brachten wir es fertig, sie zu umarmen und zu küssen und uns in dem Wissen von ihr zu verabschieden, daß wir sie liebten, aber nicht länger ein Teil ihrer Welt waren? Ich weiß es nicht, aber ich erinnere mich, daß wir es taten.

Big Brother spielten vom 15.–17. September beim Monterey Jazz Festival. Sie hofften, ihren Triumph vom Monterey Pop im Sommer wiederholen zu können. Die Zeichen standen gut, denn die Artikel der Lokalzeitungen über das Programm brachten vor allem Fotos von Janis. Big Brother traten am Samstag nachmittag als letzte auf, nach B. B. King und T-Bone Walker. Janis wurde beachtet, aber ihr Name wurde wieder einmal falsch geschrieben: In der Zeitung stand ›Janice‹ statt ›Janis‹.

Nach dem Festival erschienen Fotos von Janis auf der Titelseite der Sonntagsbeilage des *San Francisco Chronicle*. In Ralph Gleasons Kolumne wurde ein siebeneinhalb Zentimeter großes Foto mit der Bildunterschrift ›Wahnsinnig aufregende Sängerin‹ abgedruckt. Die *Los Angeles Free Press* in ihrem Sonderteil über das Festival brachte vier Fotos von Janis. Sie hatte es ohne Zweifel geschafft.

Im Herbst 1967 hatte der Erfolg der Band bereits ihre Denkweise verändert. Kaum daß sich die Gruppenmitglieder dem großen Erfolg näherten, fragten sie Julius schon nach Geld: »Sind wir schon reich, Julius? Was sagt deine Buchführung?« – »Keine Sorge, ich habe die Bücher unter Kontrolle, ihr braucht sie nicht zu sehen«, antwortete er.

»Du verdienst, mit verbundenen Augen ausgeraubt zu werden und deinen letzten Penny loszuwerden, wenn du einen Manager behältst, der dir die Bücher nicht zeigen will«, rief Peters Onkel Henry. Damit riß er das Streichholz an, das ihnen Feuer unterm Hintern machte. »Wenn ich euch die Bücher überlasse, gehe ich«, erwiderte Julius und beendete damit eine Beziehung, die für die neuen Management-Bedürfnisse der Band nicht mehr tragbar war.

In dieser Situation hatte im Grunde jede von beiden Seiten recht. Julius hatte über jeden Dollar Buch geführt, aber das nachzuvollziehen bedeutete, durch Körbe voller ungeprüfter Rechnungen zu waten. »Wir wollten uns eigentlich nicht den Kopf darüber zerbrechen, aber es gab keine Bücher, und wir wußten nicht mehr, was los war«, lachte Dave Getz. Schließlich, erklärte Julius später, setzte er sich mit einem Buchhalter aus dem Büro von Big Brothers neuem Manager zusammen und erstellte eine ordentliche Buchführung.

Julius wußte, daß mit der Buchhaltung alles in Ordnung war, weil er nichts Unrechtes mit dem Geld gemacht hatte. Und er war verletzt, weil die Band ihm mißtraute. Das war das Ethos der Sixties, in dem Julius fest verwurzelt war.

Auch ohne die Fragen, die durch diese finanzielle Verwirrung aufgeworfen wurden, hatten Big Brother Probleme mit Julius, dessen Bestreben es war, die Band vor den Fängen der unersättlichen Promoter zu bewahren. Aus der Sicht der Musiker aber verhinderten seine Forderungen mehr Auftritte und eine gute Presse.

Nach den Meinungsverschiedenheiten über die Filmaufnahmen beim Monterey Pop Festival trat 1967 bald ein neues Problem auf. Julius verhandelte mit Bill Graham, dem wichtigsten, aber auch umstrittenen Wegbereiter der Musik-Szene von San Francisco. Julius zufolge gab Graham damals eine mündliche Zusage für ein Fünfundvierzig-Minuten-Set der Band bei einer Show, die in San Francisco im Fernsehen gesendet werden sollte. Graham hielt diese Zusage jedoch nicht ein, sondern schickte einen Vertrag über Sets à zwanzig Minuten, die Julius ablehnte: Fünfundvierzig Minuten oder gar nichts, lautete seine Antwort. Das Geld war nicht ausschlaggebend für ihn, aber er war davon überzeugt, daß die Band soviel Zeit brauchte, um das Publikum anzuheizen. Kürzere Sets würden dafür nicht ausreichen.

Julius und Bill verhandelten bis zum letzten Moment. Als Graham schließlich ein Flugzeug zum Monterey Jazz Festival schicken wollte, um die Band zur Show in San Francisco abzuholen, war es bereits zu spät: Big Brother verpaßten die Sendung. Schuld daran war Julius' übertriebene Gluckenhaftigkeit, sagte die Band. Auf der schweigenden Fahrt zurück in die Stadt sprach Julius seine Kündigung aus, nahm sie aber wieder zurück. Ein paar Wochen später folgte dann der bereits erwähnte Streit ums Geld. Diesmal ließ sich die Beziehung nicht wieder kitten. Ende 1967 war Julius Karpen nicht mehr Manager der Band.

Big Brother gingen auf die Suche nach einem Ersatz für Julius. Beim Monterey Pop Festival hatten sie Albert Grossman kennengelernt, dessen Interesse an der Band sie nun wieder wecken wollten. In einem letzten Akt der Liebe rief Julius selbst bei Grossman an und bat ihn, sich durch den Kopf gehen zu lassen, ob er die Band nicht managen wollte. Auch andere sprachen ihn deswegen an. Wer aber auch immer den entscheidenden Anruf tätigte, es funktionierte; Albert kam nach San Francisco, um über die Sache zu verhandeln.

Albert Grossman, ein untersetzter, einen Meter achtzig großer, stattlicher Mann mit dem Spitznamen ›der Bär‹, war rundlich, aber eher muskulös als fett. Sein Haar war vorzeitig ergraut und mit seinen widerspenstigen Locken zu etwas zusammengebunden, das man, wäre es länger gewesen, einen Pferdeschwanz hätte nennen können.

Der in Chicago geborene Albert Grossman stammte aus einer Familie, für die Bildung und Sicherheit im Vordergrund standen. Er besuchte die University of Chicago, wo er seinen Magister in Wirtschaftswissenschaften machte. Unter anderem interessierte er sich für Musik, Politik und Schauspielerei und eröffnete einen Folk-Club namens Gate of Horn, der sehr erfolgreich war. Dadurch lernte Albert das Busineß und die Entertainer kennen und entwickelte ein großartiges Ohr für Talente. Chicago war eine Blues-Stadt, und so bildete er eine enge Beziehung zu dieser Musikrichtung heraus.

Seinen Ruf begründete Grossman als Manager von Odetta. Später managte er dann Blues-Künstler wie Michael Bloomfield, Paul Butterfield, Richie Havens und Buddy Miles. Er gründete und managte die Band Peter, Paul & Mary, nachdem er zwei Jahre lang nach geeigneten Musikern für seine Antwort auf das Kingston Trio gesucht hatte. In Chicago traf er auch Bob Dylan. Nachdem er sich monatelang darum bemüht hatte, Dylans Vertrauen zu erringen, wurde Albert schließlich auch dessen Manager. Es war bekannt, daß er nur an der Zusammenarbeit mit Künstlern interessiert war, die das Potential hatten, als Bühnen- und Plattenstars Spitzengagen zu verdienen.

Grossman zog nach New York, wo er im Village herumhing. In seiner Anfangszeit auf der Szene soll er mit seiner dröhnenden Stimme selbst als Sänger aufgetreten sein. Dann wurde er Teilhaber eines Clubs namens Bitter End. Von 1966 an zog er es vor, ruhig hinten im Gaslight zu sitzen und bei leisen Gesprächen an seinem Stammplatz hofzuhalten. Er war ein Pokerspieler, der das Bluffen perfektionierte. Sein Schweigen und seine imposante Erscheinung trugen maßgeblich zu der Aura von Macht bei, die er unverkennbar ausstrahlte – nicht zuletzt natürlich wegen einer Reihe von Top-Acts, die er kontrollierte. Albert Grossman war keineswegs profilierungssüchtig, sondern wollte sich nur mit dem Erfolg schmücken, der mit gutem Geschäftsmanagement einherging.

Als Albert einwilligte, Big Brother zu managen, wohnte er in einem Stadthaus in Gramercy Park, einer exklusiven Gegend, versteckt zwischen Midtown und dem Greenwich Village an der East Side. Das Herzstück dieser Gegend ist ein kleiner, gut gepflegter Park, der 1831 entstanden war. Das Viertel am Gramercy Park wurde wegen seiner Intimität gepriesen, und Grossman schätzte diesen Komfort. Er lebte allein in der Stadt und ließ sich das Essen von einem Lieferservice bringen.

Der erfolgreiche Manager hatte noch ein Haus in Bearsville, New York, in der Nähe von Woodstock, im Norden der Stadt, ein altes Steinhaus, das Streibel-Haus genannt wurde. Grossman hatte ein Gewächshaus und eine Sauna angebaut. Das Streibel-Haus war malerisch, ruhig und ländlich, mit der Atmosphäre eines alten Herrenhauses. Auch drinnen war alles schön eingerichtet und voll von Nippes. Alle Stücke trugen Schilder wie im Museum, die sie als Sammlerstücke auswiesen, für steuerliche Zwecke registriert.

Grossmans Büro in der Stadt war vornehm, groß und befand sich in einem neuen Hochhaus, das viele Firmen beherbergte, die etwas mit Musik zu tun hatten. Dieses Büro, das sowohl von der RCA als auch von der CBS zu Fuß erreichbar war, hatte mindestens fünfzehn Zimmer, alle zeitgemäß eingerichtet. Sein persönliches Domizil war mit riesigen Fenstern und einem gigantischen Schreibtisch mit mehreren Polstersesseln für Gäste ausgestattet. Dienstfertige Angestellte hatten alles im Blick. Im Büro verkehrten viele Leute: Sam Gordon leitete Grossmans Musikverlag, und Peter, Paul and Mary hatten hier ihr Privatbüro für ihren Solo-Manager. Grossman begründete und löste im Laufe seiner Karriere verschiedene Partnerschaften, einige seiner Roadmanager arbeiteten ebenfalls in diesen Büroräumen und planten bevorstehende Tourneen.

Albert Grossman war eine schwer durchschaubare Persönlichkeit, und selbst wenn man ihn lange kannte, kannte man ihn nicht unbedingt gut. Mit seinem Schweigen erweckte er fast immer den Eindruck, daß er mehr wußte, als er sagte. Manchmal äußerte er sich aus Besonnenheit vage, manchmal war das aber auch nur ein Trick, um zu sehen, was passierte. Mit der Zeit entwickelte er eine Reihe von exzentrischen Verhaltensweisen, die zu seiner Rolle gehörten. Zu seinen Eigenheiten gehörte auch eine auffällige Art zu rauchen: Er hielt seine Zigaretten in einer seltsamen Wiege aus dem angewinkelten Daumen und dem darüberliegenden Zeigefinger.

Grossman konnte in einer Weise arrogant und anmaßend sein, die ihn auf andere finster oder überheblich wirken ließ. Einige Leute waren der Meinung, er sei extrem von sich eingenommen. Für viele war er einfach nur ein guter Geschäftsmann, der mit den Anfechtungen des Business fertig wurde, ohne sich zu jenen Würdelosigkeiten herabzulassen, für die viele seiner Kollegen sich nicht zu schade waren. Er tat, was nötig war, damit das Geschäft funktionierte, und beschützte seine Klienten vor den dampfwalzenden Firmenmonstern, die die Musikindustrie beherrschten. Der Manager interessierte sich für Geld, aber er war von Natur aus ein Connoisseur und suchte für seine Agentur nur die besten Künstler aus.

Vor allem aber war Grossman ein exzellenter Talentscout mit der ausgeprägten Gabe, die Spreu vom Weizen zu trennen. In seinen Jahren als Club-Besitzer hatte er ein Ohr für wirkliche Talente entwickelt. Auch auf kreativer Ebene mischte er mit großem Engagement mit, und die Musiker hörten auf ihn, weil er seine Fähigkeiten oft genug bewiesen hatte.

Bereits 1959 hatte sich Grossman mit George Wein zusammengetan, jenem Promoter, der in den 50ern die Newport Jazz Festivals ins Leben gerufen hatte. Beide zusammen hatten dann das erste Newport Folk Festival geplant, zu dem Bob Dylan 1963 als interessanter Underground-Künstler kam, um es als Star wieder zu verlassen. Das gleiche Phänomen hatte Albert vier Jahre darauf bei Janis und Big Brother in Monterey beobachtet.

Albert demonstrierte seinen einzigartigen Verhandlungsstil, als er sich mit Big Brother traf. Die Band fragte: »Garantierst du uns ein jährliches Einkommen?« – »Sagt eine Summe«, antwortete er. »Fünfundsiebzigtausend Dollar«, sagte jemand. »Laßt uns hunderttausend sagen, und ich unterschreib's. Wenn ihr durch mich nicht soviel verdient, dann bin ich im falschen Busineß.«

Na also! Die Band hatte jemanden gefunden, der von der Stadt der Träume sprach, als wäre er da gerade essen gewesen. Es gab noch weitere Diskussionspunkte, aber bei diesem verlockenden finanziellen Köder packte die Band im Geiste sofort ihre Geschäftspapiere zusammen – und ab ging's in Richtung Albert Grossman Management, NYC.

Albert stellte auch einige Bedingungen für seine Zusammenarbeit mit Big Brother. »Ich mache mit niemandem Geschäfte, der Heroin nimmt«, stellte er mit Nachdruck fest. »Das hat was mit den Leuten zu tun, mit denen ich früher gearbeitet habe.« Die Bandmitglieder schüttelten entschieden den Kopf – doch drei der fünf logen, als sie ernsthaft versicherten, sie hätten das Zeug nie angerührt. Da aber keiner von ihnen diese Droge regelmäßig konsumiert hatte, nehme ich an, daß sie sich dieser Lüge nicht bewußt waren.

Albert war nicht generell gegen Drogen, sondern nur gegen ganz bestimmte. Wenn er in Bearsville Gäste empfing, hielt er immer eine Tabakdose mit einem Gebräu aus Tabak, Hasch und Wein bereit. Außerdem hatte er immer Marihuana und Kokain von guter Qualität. Allerdings nahm er Drogen nur bei gesellschaftlichen Anlässen, niemals bei der Arbeit. Bei Geschäftsbesprechungen soll er jedoch oft zur Toilette gegangen sein, und es gab Leute, die der Meinung waren, daß er dort nicht seine Blase entleeren wollte.

Big Brother unterschrieben den Vertrag mit Albert Grossman am 11. November 1967. »Janis und ich nannten ihn Onkel Albert«, erinnerte sich Linda Gravenites. »Er strahlte so eine Kraft aus, als ob er sich um alles kümmern konnte.« Seine Brille verlieh ihm das vertrauenswürdige Aussehen eines Benjamin Franklin, dessen Porträt Janis in ehrlicher Sympathie aus der Quaker-Oats-Haferflockenschachtel ausschnitt und an die Küchenwand hängte: Dieser Mann sah genauso aus wie Onkel Albert.

Grossman versuchte nie, Janis' Leben zu managen, nur ihre Karriere. Ich bin sicher, sie liebte seinen Management-Stil. Er gab ihr Kraft und ließ sie ihre künstlerischen Interessen verfolgen. Linda sagte, Janis sah in ihm eine Vaterfigur. Ich frage mich, ob Janis sich damals eine neue Kleinfamilie schuf – mit Mutter, Vater und Band-Geschwistern.

Durch den Einfluß Alberts und seiner Organisation wurde die Karriere-Planung von Big Brother um einiges professioneller. Zunächst einmal bekam die Band einen Road-Manager. Dies war damals eine ziemlich neue Einrichtung bei der Planung von Musiktourneen, die von Alberts Büro allerdings sehr ernst genommen wurde. John Cooke, ein ehemaliger Harvard-Student und Folk-Musiker aus Boston, der sich verändern wollte, bewarb sich bei Grossman um einen Job als Road-Manager. Albert ließ ihn unter verschiedenen Acts, die gerade einen brauchten, wählen, und John entschied sich schnell für Big Brother, weil ihn die Faszination reizte, die diese Band umgab. Am 1. Dezember wurde er in San Francisco vom Flughafen abgeholt und direkt zu einer Probe der Band gebracht.

Die Beziehung zwischen dem schüchternen, aristokratischen John Cooke und der Big-Brother-Kommune war zunächst eher schwierig, ehe sie richtig in Fahrt kam. »Wir haben einfach zu unterschiedliche

Lebensstile«, beschwerte sich die Band bei Albert. John packte den Stier bei den Hörnern und berief eine Band-Versammlung ein. »Hört zu, wenn ihr jemanden wollt, der lange Haare hat, der die ganze Zeit nur rumhängt, kifft und Gitarrenkoffer schleppt, können wir dafür jemanden engagieren. Aber wenn ihr jemanden für den Job wollt, den ich mache, dann laßt es uns noch mal versuchen.«

Ein paar Monate später, auf der Fahrt zwischen zwei Gigs in San Diego, sagte John der Band: »Als ich den Job angenommen habe, wollte ich sechs Monate bleiben. Aber er gefällt mir, und ich arbeite gern mit euch zusammen.« Dave lächelte. »Wir lieben dich auch, John«, sagte Janis. »Du willst mehr Geld, stimmt's?« John lachte. »Na ja, wo du's grad erwähnst ...« John war längst ein wichtiges Rädchen in der Bandmaschine geworden, jemand, bei dem sich Janis immer darauf verlassen konnte, daß er seinen Job machte und ihr ein Freund war, egal, wie sich ihre Karriere entwickelte.

John organisierte den Transport, brachte jeden dazu, pünktlich zu sein, kümmerte sich um das Equipment und überwachte die Türeinnahmen bei den immer noch locker gehandhabten Rockkonzerten. Big Brother spielten Ende 1967 vor allem in Kalifornien – Fresno, Turlock, Merced und Huntington Beach; ihren größten Gig hatten sie im Whiskey-a-Go-Go in Los Angeles.

Janis hatte allen Grund, glücklich zu sein. Sie war auf einem Modeposter im Lifestyle-Teil des *San Francisco Examiner* vom 8. Oktober 1967 abgebildet. »In einem Poncho aus altem marokkanischen Stoff über einer Samthose im Peones-Stil« und mit einer roten Blume im Haar posierte Janis elegant an einem Hang in Buena Vista Park für ein Gruppenfoto hipper, modischer Frauen und ihrer von Jeanne Colon entworfenen Kleider.

Neben eine Kolumne von Herb Caen aus dem *San Francisco Chronicle* über den sich verändernden Charakter der Hippie-Bewegung – weg von Peace und LSD – schrieb Janis in ihr Album: »Endlich merken sie was.« Caen hatte bissig kommentiert: »Mir fällt eine Party in Hilisborough ein, auf der Big Brother and the Holding Company spielten. Die Sängerin, Janis Joplin, kippte ein Glas Champagner nach dem anderen. Ich war schockiert. Demnächst tragen sie Nerzstolas und machen heimlich Liebe statt öffentlich.«

Täglich kam Fanpost von Männern, die schrieben, sie hätten ewig nach einer Frau wie ihr gesucht; sie baten Janis, ihre Energie der Liebe mit ihnen zu teilen, und wünschten sich, ihr »in die Augen zu sehen und [gemeinsam mit ihr] Gott zu finden«. Janis erzählte mit

Vorliebe von der Besprechung ihres Dezember-Auftritts im Golden Bear in Huntington Beach im Dezember, der die Überschrift trug: JANIS JOPLIN HAT ZUVIEL SOUL FÜR HOLDING-COMPANY-PARTNER. Ja, Janis hatte viel Gesprächsstoff mit ihren guten, alten Freunden.

Der Herbst 1967 war eine gute Zeit, persönliche Ziele zu überdenken. Obwohl die soziale Revolution allgemein an Geschwindigkeit zulegte, wies die Szene von Haight-Ashbury bereits bedenkliche Alterserscheinungen auf. Die Rate der Geschlechtskrankheiten hatte sich binnen eines Jahres versechsfacht. Die Polizei machte täglich Razzien auf den Straßen und las minderjährige Ausreißer auf und jeden, der Pot oder LSD bei sich hatte. Am 2. Oktober nahm die Polizei im Haus der Grateful Dead in der Ashbury Street Musiker, Manager und Freunde wegen Marihuana-Besitzes fest, der damals strafbar war. Die Band protestierte am nächsten Tag auf einer Pressekonferenz und erhob den Vorwurf, daß die Gesellschaft das Marihuanarauchen praktisch mit Verbrechen wie Vergewaltigung und Mord gleichsetzte, falls man ihnen den Prozeß machte. Sie forderten das Land auf, die ungesühnte Schuld einer Autofirma unter die Lupe zu nehmen, die wissentlich unsichere Wagen herstellte, und dieses Vergehen der wohltuenden und harmlosen Wirkung des Kiffens gegenüberzustellen.

Auch Big Brother wurden im Oktober während eines Drei-Tage-Engagements im Matrix, einem beliebten Club in San Francisco, um ein Haar verhaftet; Anlaß war eine Beschwerde wegen übermäßigen Lärms. Der Club lag in einer Wohngegend, und die Nachbarn hatten schließlich genug von dem donnernden Rock, der am Wochenende regelmäßig ihre Abendstunden begleitete. In einer solchen Situation drohte die Polizei normalerweise damit, den Clubmanager festzunehmen, doch in diesem Fall wollten sie auch die Band verhaften. Unter diesem Druck sagten Big Brother den letzten Auftritt des Engagements ab.

Die Anführer der Hippie-Bewegung verließen nach und nach die Stadt und zogen in die Kommunen auf dem Land, oder sie wechselten auf die andere Seite der Bucht und lebten im Sinne des gesunden Lebensstils, den Marin County propagierte. Die Beatles, nach der Verhaftung von Kesey und Leary die kulturellen Anführer der Bewegung, gaben bekannt, daß sie das LSD aufgegeben und sich statt dessen der transzendentalen Meditation (TM) zugewandt hätten.

Der kurze Traum von einer neuartigen Gemeinschaft innerhalb der Stadt hatte sich in Luft aufgelöst. Von der Polizei gejagt, von der

Presse zu sehr ins Rampenlicht gerückt, von ungebetenen und notleidenden neuen Anhängern erdrückt, von Kriminellen mißbraucht und von mit der Szene liebäugelnden Touristen trivialisiert, zog der Kern der Bewegung weiter. Im Geiste der Wiedergeburt hielten sie eine Totenfeier und eine Parade ab für ›Hippie, den ergebenen Sohn der Massenmedien‹. Am 6. Oktober 1967 trugen zehn Träger einen Sarg vom Buena Vista Park durch Haight-Ashbury und setzten die arme Seele zum Schluß im Panhandle Park in Brand. Bevor Hippie seine letzte Reise antreten konnte, löschte die Feuerwehr das Feuer mit Wasserwerfern – ein geradezu symbolhafter Abschluß der Aktion.

Janis war reif für eine Ruhepause und einen Ort, an dem sie mit ihrem Erfolg angeben konnte, als sie Weihnachten 1967 nach Port Arthur kam. Sie brachte Geschenke für die Familie mit – eine goldene Anstecknadel mit einer Perle für Mom, eine Fransenweste aus blauem Leder für Michael und eine Handtasche aus Samt und Pfauenfedern für mich. Sie hatte auch ein paar Exemplare ihrer Single ›Down On Me‹ dabei und verteilte sie freigiebig unter der Familie und ihren Freunden.

Michael lief nach nebenan zu Jimmy Pryor, um mit dem Erfolg seiner Schwester zu prahlen. Sie saßen um den Plattenspieler in Jimmys Zimmer herum, während die Nadel ihren Weg in die Rillen fand. In ihren Sesseln ausgestreckt, versuchten sie aus dem neuen, rauhen Musikstil schlau zu werden. Selbst Michael war ein bißchen bekümmert: Sein Freudengeheul darüber, daß seine Schwester eine Platte gemacht hatte, blieb ihm im Halse stecken, und seine besten Freunde taten sich schwer damit, höfliche und ehrliche Dankesworte für die Vorführung zu murmeln.

Janis hatte Michael besonders in ihr Herz geschlossen, denn er war das einzige Familienmitglied, das offenbar geneigt schien, der Bewegung beizutreten. Er war ein Künstler und spiegelte damit ihre frühen Interessen wider. Sie gestand ihm: »Du siehst schon ziemlich hip aus, aber du solltest dir die Haare wachsen lassen.« Michael antwortete: »Das geht nicht. In der Schule ist das nicht erlaubt, aber vorne habe ich sie so lang wie möglich wachsen lassen.«

Janis alte Gang gab eine Weihnachtsparty bei Adrian und Gloria. Janis verteilte Exemplare ihrer Single und sagte, sie gefalle ihr eigentlich nicht, aber das sei alles, was sie bis zu dem Zeitpunkt herausgebracht hätten. Sie nähmen gerade eine neue auf.

»Es war wirklich aufregend und unterhaltsam, ihren Geschichten zuzuhören«, sagte Adrian. »Damals zog Janis sich anders an, ich würd' mal sagen, sehr ausgefallen«, lachte er. »Sie ging runter zum Seven-Eleven, um Zigaretten zu holen, und als sie zurückkam, war sie außer sich, weil irgendein Typ zu ihr gesagt hatte: ›Bei Gott, ein Kostümfest!‹ Sie hatte ihn angeschnauzt, aber ich glaube, es hat ihr auch irgendwie Spaß gemacht.«

Janis posierte, setzte sich in Szene, lächelte und warf den Kopf zurück, als Leonard Duckett, ein Fotograf und Reporter von den *Port Arthur News*, sie in unserem Wohnzimmer fotografierte. ›Janis Joplin erntet Beifall‹, lautete die Titelzeile. »Janis Joplin ist eine weitere Einwohnerin Port Arthurs, die mit ihrem Talent dem ganzen Land ihren Stempel aufdrückt.« Duckett und Janis führten ein freundschaftliches Gespräch über Blues-Sänger und ihre Geschichte, die Bedeutung des Soul und die Entwicklung von Janis' Karriere. »Die Band verdient Geld«, sagte sie. »Das ist alles, worum es geht, oder?« Sie lachte. Ich lehnte am Türrahmen der Küche und beobachtete, wie sich die öffentliche Janis entfaltete. Ich wollte wissen, wie so ein Presse-Interview ablief, und grübelte über die neue Rolle nach, die meine Schwester einnahm. Bevor er ging, schoß Duckett ein Foto von der ganzen Familie, wir vier in unseren normalen Texas-Klamotten und Janis im San-Francisco-Outfit – wilde Haare und maßlos weite Schlaghosen unter einer weißen Rüschenbluse.

Als sie nach Kalifornien zurückkehrte, hatte Janis mehr zu bewältigen als nur Big Brothers Auftritte an der Westküste: Sie war schwanger. Der Vater war irgendein junger Typ, und ihre Beziehung war nicht von Dauer. Janis liebäugelte mit dem Gedanken, das Baby zu bekommen und es mütterlich von Bühnengarderobe zu Bühnengarderobe zu schleppen, aber sie fand sich bald damit ab, daß sie unmöglich Kind und Karriere miteinander vereinbaren konnte. Als die Band in Südkalifornien auftrat, fuhr sie nach Mexiko und ließ es abtreiben. Sie wußte, daß dies die richtige Entscheidung war, aber dieser Schritt bereitete ihr trotzdem schrecklichen Kummer. Janis wünschte sich wirklich Kinder. Und was die Sache noch schlimmer machte: Die Operation war nicht ordentlich ausgeführt worden, so daß sie auch noch körperlich leiden mußte und eine ganze Zeit Blutungen und Schmerzen hatte.

31. Januar 1968

Liebe Mutter, Vater, Mike & Laura!

Ziemliche Überraschung, was? Nun ja, ich habe heute morgen Euren Brief bekommen, & es hat zu regnen aufgehört, & ich hab' noch eine Stunde bis zur Probe, & so sind George & ich im Park und jagen Tauben bzw. schreiben an Mom. Danke für den Artikel über Aretha, sie ist zur Zeit bei weitem das Beste in der Musik. (Obwohl ich in einer Kritik im Rolling Stone, einer landesweiten Rock&Roll-Zeitung, ›die vielleicht beste weibliche Stimme ihrer Generation‹ genannt wurde. Aber ich nehme an, daß sie & ich zu verschiedenen Generationen gehören. Na, ich weiß nicht ... 25, ihr wißt schon ...)

Fünfundzwanzig. 25. XXV. Ein Vierteljahrhundert! Oh Mann, ich kann's kaum glauben. Danke für die Weihnachts- & Geburtstagsgeschenke. Das Nachthemd hat mir gefallen, aber ich habe es lila gefärbt & um 10 Jahre älter gemacht. Es ist wunderhübsch. Und die Uhr kann ich wirklich gebrauchen – aber fünfundzwanzig? Ich hätte nicht gedacht, daß ich überhaupt so lange lebe.

Die letzten anderthalb Wochen war ich krank & mußte im Bett bleiben & hab' mich endlich wunderbar ausgeruht. Wir mußten 3 Tage im Fillmore absagen & haben dadurch ca. $ 8000 verloren, aber ich fühl' mich so gut & ruhig zur Zeit. Der erste Urlaub seit Monaten! Sehr lustig, das war das erste Mal, daß ich so krank war, daß ich zu Hause und am besten im Bett bleiben mußte, seit ich von zu Hause weggegangen bin. Das ist mir erst aufgefallen, als ich eines Nachmittags im Bett lag und Bier trank. Plötzlich ging mir auf, daß im Bett liegen und Bier trinken genau die richtige Art ist, krank zu sein! Und das hab' ich noch nie gemacht. Es war wirklich eine nette Zeit – ich habe Blumen bekommen (3 Vasen voll), und sehr viele charmante junge Männer haben mich besucht. Linda und ich hatten eine prima Zeit.

An meinem Geburtstag haben wir in einem Club in L. A. gespielt, & alle waren so nett! Die Besitzer der Clubs haben mir 3 Dutzend rote Rosen geschenkt – sie waren über die ganze Bühne verstreut, als ich reinkam, und die Band hat mir 2 Dtzd. geschenkt, Freunde in S. F. 1 Dtzd., & (halt dich fest, Mike!) Peter Tork hat mir 1 Dtzd. rote Rosen geschickt. Und nach der Show gab es eine Menge Champagner & einen Geburtstagskuchen. Wirklich nett.

Also, zu den Karrierenachrichten. Erstens: Albert sagt, es dauert nur noch ein paar Wochen, bis wir endlich wieder ins Studio gehen. Im Vertrauen (wenn das in der Houston Post steht, bring' ich Euch um): Columbia will uns alles zahlen, was über $ 100 000 hinausgeht. Mainstreams *niedrigste Ablösesumme war $ 250 000. Die $ 100 000 zahlen wir. Viel Geld, aber eine gute Platte wäre jetzt genau das Richtige. Wir kriegen jetzt unglaublich viel überregionale Presse, und es wird noch mehr werden. Ich hab' grade was für* Eye *gemacht, ein Magazin für hippe junge Erwachsene, das von* Harper's Bazaar *herausgegeben wird und im März oder April herauskommt. Ein Artikel über Grace Slick (von Jefferson Airplane) & mich mit ganzseitigen Farbfotos von uns beiden, die Dinge stehen also gut. Sehr gut.*

Und im Februar gehen wir auf eine 7-Wochen-Tournee im Osten. Spielen in Philadelphia, Boston, N. Y., Buffalo, ein paar Colleges, Toledo, Detroit. Wird sicherlich ziemlich hart. Bin vom 15. Februar bis zur 2. Aprilwoche weg, wenn meine Geburtstagsgeschenke also nicht pünktlich ankommen, habt bitte Verständnis.

Mike, Dein Poster war GROOVY, & ganz *viel Glück mit Deiner Light-show. Tolle Idee. Wenn Du einen Rat brauchst, schreib', ich kenne viele Leute, die sowas machen. Ein paar von den Erfindern der ganzen Sache. Willst Du mit Ölscheibenprojektionen anfangen? Die sind am besten, weil sie die Stimmung der Musik reflektieren können & das Tempo halten. Wenn Du sowas kriegen kannst & es dann noch mit Dias laufen läßt, hast Du wirklich was. Du & Dein Freund, ihr solltet Euch das Equipment besorgen & mit Platten üben. Noch mal, viel Glück, das ist 'ne gute Idee. Und ich hoffe, daß Deine Grippe Dich nicht zu sehr in der Schule zurückwirft.*

Weiter gibt's nichts Neues, glaub' ich. Ihr solltet das hier lieber einrahmen – vielleicht dauert's wieder ein Jahr.

... Bye & Love,

Janis

12

Die Trennung
von Big Brother

Well, you told me that you loved me
I believed you darling, but you lied, you know it's true
I hold you to my heart, I believe until you leave
And then I cry.
Oh darling…
Make it the last time…

JANIS JOPLIN, ›Last Time‹

Am 17. Februar 1968 starteten Big Brother and the Holding Company ihre Ostküstentournee im Anderson Theater in New York. Sie waren Headliner eines Konzerts, bei dem auch B. B. King und Aluminium Dream, eine neue Rockband, auftraten. New York überflutete die Band mit neuen Eindrücken, aber schon bald hatten sie die Stadt erobert. Myra Friedman schrieb in *Buried Alive* über das Anderson-Konzert, ihre erste direkte Begegnung mit Big Brother: »Sie [Janis] kauerte sich für einen kurzen Moment zusammen, und ich zuckte zusammen, als das gesamte Theater explodierte. Noch nie hatte ich einen solchen Sound gehört! Janis war eine physische Attacke, eine hysterische Entladung, ein fleischgewordener Akt totaler Vernichtung. Es war, als ob eine unsichtbare Klaue aus ihrer Kehle herausschoß, die Krallen gnadenlos ausgefahren, um auf das Publikum niederzufahren und es zu zerfetzen.« Myra zählte die Stücke auf, beginnend mit ›Catch Me, Daddy‹, gefolgt von ›Summertime‹ und ›Piece Of My Heart‹. Die letzte von vier Zugaben war ›Ball and Chain‹ von Big Mama Thornton. Über das Finale schrieb Myra Friedman: »Eine benommene Pause folgte. Dann nahm die Menge Anlauf, wich zurück wie eine Herde soeben mit Brandzeichen versehener Pferde und warf sich nach vorn, um die Bühne zu stürmen.«

Robert Shelton von der *New York Times* bestürmte Myra, damals Presseagentin der Band, mit der Bitte um Fotos und Informationen über die Musiker. Myra war nicht darauf vorbereitet und hatte nichts davon parat. Niemand hatte mit einer solch gewaltigen Pressereaktion auf Janis und Big Brother gerechnet. Am 9. März 1968 schrieb Shelton: »Rock-Star auf der Second Avenue geboren: Janis Joplin hat bei ihrem hiesigen Debüt überwältigenden Erfolg … So gut der ganze Abend war, er gehörte vor allem der dynamischen, explosiven Miß Joplin. Sie klang anfangs wie eine energetische Soul-Shouterin, eine weiße Schwester von Aretha und Erma Franklin. Aber das ist nur ein blasser Vergleich, denn es gibt in der gesamten Popmusik nur wenige Stimmen von solcher Kraft, Flexibilität und Virtuosität.« Big Brother waren im Osten angelangt, und Janis hatte ihn im Sturm genommen.

Die Bandmitglieder konnten ihren neuen Erfolg kaum fassen. Gewohnt, sich von Monat zu Monat durchzuschlagen, waren sie knauserig mit ihren zunehmend größeren Einkommen. Keiner von ihnen war sicher, daß das, was so überraschend gekommen war, sich nicht ebenso schnell wieder in Luft auflösen würde. John Cooke mühte sich ab, die Mitglieder der Gruppe zu überzeugen, das Geld für einen Erster-Klasse-Flug auszugeben; die Differenz betrug damals oft weniger als zwanzig Dollar pro Ticket. Janis und die anderen gönnten sich schließlich ein Erster-Klasse-Ticket, wenn sie von einer Küste zur anderen reisten; über kurze Strecken flogen sie weiterhin zweiter Klasse.

Die acht Wochen, die Janis im Osten verbrachte, stellten in mehrfacher Hinsicht Meilensteine in ihrer Karriere dar. Am 30. Januar wurde Big Brothers unbesonnen abgeschlossener Plattenvertrag mit Mainstream Records aufgelöst. Die Band kaufte sich aus dem Vertrag mit Bob Shad und Mainstream frei. Wie Janis in ihrem Brief erwähnte, kostete das die Musiker $ 250 000, wovon sie $ 100 000 durch arglose Plaudereien losgeworden waren. Als Janis zu Weihnachten in Texas war, hatte sie erwähnt, daß die Band möglicherweise einen Vertrag bei Columbia, einem Label von CBS Records, unterzeichnen würde. Mom hatte mit einer Freundin der Familie darüber gesprochen, die wiederum ihrer Tochter davon erzählte. Die tratschte diese Information schließlich an einen Freund weiter, der Reporter bei der *Houston Post* war. Nachdem eine Klatschmeldung darüber erschienen war, erhöhte Bob Shad seinen Preis für die Ablöse. ARRGGHHH! Ich erinnere mich noch an Janis' entnervten Telefonanruf deswegen und die verkrampften Mienen unserer Familie, als wir miteinander darüber redeten: Niemand von uns konnte sich vorstellen, was eine Summe von $ 100 000 überhaupt bedeutete.

Alles, was über diese $ 100 000 hinausging, wurde von der CBS bezahlt und als Geschäftskosten verbucht. Am 1. Februar trat Big Brothers neuer Vertrag mit Clive Davis und CBS in Kraft. Auf zwanzig Seiten legte er die Einzelzeiten ihres Rechtsverhältnisses dar.

20. Februar 1968

Liebe Mutter –

Ja, hier ist sie – unsere erste New Yorker Kritik unseres ersten New Yorker Gigs. Too much? Ha! Jetzt sind wir also im Begriff, die Ostküste im Sturm zu nehmen. Außerdem sind wir seit gestern nachmittag offiziell bei Columbia. Haben den Vertrag im 25. Stock des CBS-Gebäudes unterschrieben, den Präsidenten kennengelernt, eine Presse-Party gefeiert & uns betrunken. Und jetzt haben wir gerade ein Interview in Alberts Büro hinter uns. Alle Anzeichen sprechen dafür, daß ich reich & berühmt werde. Unglaublich! Alle möglichen Zeitschriften wollen Interviews mit & Fotos von mir machen. Ich werde allen zusagen. Wow, ich hab' so ein Glück – hab' nur als verwirrtes Kind (& junge Erwachsene) ein bißchen rumprobiert, & dann bin ich hier reingeraten. Und endlich sieht es so aus, als würde was für mich klappen. Unglaublich.

Also, hängt die Kritik auf, damit jeder sie sehen kann – ich bin so stolz.

Alles Liebe
Janis

Ich wohne im Chelsea Hotel, 23rd St., N. Y., sehr berühmtes Literaten-Hotel. Dylan Thomas hat hier gewohnt & ist hier gestorben, Brendan Behan auch.

Im *Billboard* vom 2. März dokumentierte ein Foto, wie Clive Davis, der allgegenwärtige Präsident von CBS Records, Big Brother willkommen hieß. Der energische und hellsichtige Clive erkannte als einer der ersten die bleibende Kraft des Rock and Roll und nahm viele Top-Acts unter Vertrag. Vom Ambiente des Columbia-Büros unbeeindruckt, reagierte Janis mit der Direktheit eines Kindes der Arbeiterklasse auf das Angebot der Firma, über Gratis-Platten in unbegrenzter Anzahl verfügen zu können: »Ich saß auf dem Boden, mitten in Clive Davis' Büro, und ging das Sortiment durch«, erzählte Janis Linda Gravenites. Sie kam mit Kisten voller Platten zurück, darunter *The Baroque Oboe* für Linda und zwei LPs für mich, vom Krainis Consort, mit meinen liebsten Blockflöten-Madrigalen.

Columbia gab in einem schicken Restaurant in Manhattan einen Presseempfang für Big Brother. Mike Jahn schrieb einen Artikel, der über die Drähte des Bell-McClure Syndicates ging:

Janis ist schön. In einem Business, in dem Popularität normalerweise von einstudierter Distanziertheit begleitet wird, ist sie ein frischer Luftzug ... Ihre Erscheinung ist die einer kleinen, sexy Puppe, fast eines Spielzeugs, das um das Mikrofon herumhüpft und dabei die ganze Zeit die Trommelfelle mit der bohrenden Intensität seiner Stimme bombardiert. Ihre Verachtung für BHs und ihre Vorliebe für leichte Blusen verleiht der anarchischen Rauheit ihrer Stimme einen gewissen universellen Appeal. Sie könnte, solche Etiketten sind nun mal unvermeidlich, das erste größere Mädchen-Sexsymbol des Rock werden. Für eine Menge Leute ist sie das bereits.

... »Ich sage allen Sängern, die ich kennenlerne, daß sie Southern Comfort trinken sollen, weil er die Stimme konserviert«, sagte sie. »Dabei rechtfertige ich damit nur, daß ich selbst trinke.«

Die *East Village Other* vom 23.–29. Februar nannte Janis' Musik einen ›weiblichen Vokal-Blues‹. Peter Albin erklärte die Wurzeln der Band: »Wir sind keine weiße Soul-Band. Wir sind einfach weiße, unterdrückte, drangsalierte, altmodische Mittelklassen-Beatniks.« Die *New York Free Press* pries Janis als die ›Stimme einer Lady Leadbelly‹. Die *Village Voice* vom 22. Februar schrieb, daß »der ›Girl-Gap‹ gefüllt ist. ›Girl-Gap‹ ist ein einfacher Ausdruck für ein großes Problem, mit der die Pop-Musik-Industrie konfrontiert ist: Der Glamour und die Power waren im Rock der letzten paar Jahre den Männern vorbehalten ... Jetzt, mit Janis, ist das vorbei.« *Newsweek* brachte eine Geschichte über die ›Queen Bees‹ des Rock und behandelte darin Janis, Grace Slick, Mama Cass, Spanky und Mama Cowsill. »Die Jungs fangen jetzt an zu singen, und sie haben etwas, worauf sie aufbauen können, nämlich mich«, wurde Janis zitiert. Peter stimmte zu: »Ohne sie sind wir nichts.« Schon begann das ›Bizness‹, wie Janis es gern nannte, ihr Selbstverständnis zu definieren.

Albert Grossman hatte Janis' Gefolge innerhalb des Busineß um ein neues Mitglied erweitert: eine Presseagentin. Myra Friedman war eine dickköpfige, beharrliche Frau, die einen Narren an Janis gefressen hatte. Ihr Einfluß auf Janis' Presse veränderte die Publicity meiner Schwester vollkommen. Myra machte Schluß mit den Spontan-Interviews nach Auftritten und verplante statt dessen oft nicht enden wollende Nachmittage für ein tiefschürfendes Gespräch nach dem anderen.

Von den ersten Presse-Features in New York an konzentrierten sich die Artikel auf Janis, nicht auf die Band als Ganzes. Es las sich so, als seien Big Brother die Sängerin Janis mit ihrer Backing-Band und nicht eine Band-Familie aus San Francisco. John Cooke erinnerte sich: »Die Jungs in der Band murrten: ›Hey, wie kommt es, daß die Reporter nur mit ihr reden wollen?‹ Das hätten sie vorher wissen können«, fügte er hinzu. Aus den Ankündigungen als ›Big Brother and the Holding Company‹, die Julius Karpen so beharrlich beibehalten hatte, machte Grossmans Büro ›Big Brother and the Holding Company, featuring Janis Joplin‹.

5. März 1968

Liebe Mutter –

Hab' so schrecklich viel zu tun, & N. Y. ist sehr seltsam – konkurrenzsüchtig & häßlich & macht uns alle ganz konfus. An meinem freien Abend hab' ich Hello Dolly mit Pearl Bailey gesehen. Sie ist wunderbar.

Love, Janis

4. April 1968

Liebe Mutter,

Ich kann Dir gar nicht sagen, wieviel mir Deine Briefe hier bedeuten – sowas Liebes.

Deine Erstgeborene macht sich wirklich gut im Musik-Busineß. Hab' ich Dir von all meinen Kritiken erzählt? Kann ich's Dir noch mal erzählen? Es ist alles so aufregend für mich. Nun, seit wir in New York sind, ist folgendes passiert.

1. Vogue – Fotosession mit Avedon, der Nr. 1 der ›Im Gespräch …‹-Seite; in 3 Mon. etwa. (In der aktuellen Vogue werde ich in der Im-Gespräch-Kolumne erwähnt, ebenso meine Vorliebe für Southern Comfort, und meine Presseagentin im Büro glaubt, daß vielleicht etwas Größeres über mich in der ›American-Woman‹-Ausgabe (!?!) drinsteht.)

245

2. Glamour – *Interview & Foto für ihre Kolumne über ›angesagte‹ Leute – tolles Foto, ich habe einen Abzug, Juni-Ausgabe vielleicht.*

3. New York Times – *die Kritik, die Du gesehen hast, und außerdem bin ich letzte Woche von Nat Hentoff interviewt worden (vielleicht hast Du von ihm gehört?), der einen Artikel über mich für die* Sunday Times *schreibt – wird in etwa 2 Wochen drin sein.*

4. Jazz & Pop – *der Redakteur hat mir gestern abend mitgeteilt, daß ich ihren Leser-Poll als Sängerin gewonnen habe!! – kommt im April raus!!!!*

5. Eye – *Foto & Artikel auf der ›Elevator‹-Seite über Leute auf dem Weg nach oben. Jetzt draußen.*

6. Life – *hat mich für einen geplanten Artikel über 7 Rockbands interviewt, obwohl ich meine Zweifel habe, daß der erscheinen wird.*

7. New York Magazine – *ein neues Magazin, ein Ableger der Sonntagsbeilage des* N. Y. Herald Tribune, *die dichtgemacht hat, will einen Artikel über einen Gig in Detroit bringen.*

8. Cashbox, Billboard, Record World & Variety *haben unser Eröffnungskonzert im Fillmore East in N. Y. letzten Monat besprochen.*

9. Village Voice – *ein Interview mit Modefotos.*

10. *Underground-Presse-Kritiken in 3 N. Y. Zeitungen –* Rat, East Village Other (EVO) & N. Y. Free Press

IST DAS NICHT TOO MUCH?!

Ich muß einfach ein bißchen angeben.

Mit unserer Platte geht es langsam voran, & im Moment wissen wir nicht, ob wir sie in L. A. fertigmachen können (wir fliegen nächste Woche zurück nach Kalif.), denn unser Produzent will, daß wir sie in New York machen, was bedeutet, daß wir wieder herkommen & und auch ein paar Gigs absagen müssen (und dabei viel Geld verlieren), also wir wissen nicht, wie's weitergeht. Aber die 3 Tracks, die wir aufgenommen haben, klingen gut. Ein paar Freunde von uns – eine Band – sind gerade aus England zurückgekommen (sie haben dort ein Album mit dem Produzenten der Rolling Stones aufgenommen), & wir haben ihre Tapes gehört, & unsere sind besser. Zumindest finden wir das.

Habe gerade Felle im Wert von $ 115 gekauft – ein Hirschfell für die Wand, 5 gebrauchte Mäntel, die ich zerschneiden und zu einem riesigen Teppich zusammennähen will, & einen fantastischen weißen Alpaka-Teppich, etwa 8 cm dick & riesengroß! Fantastisch, ich liebe Fell *& weiche Sachen.*

Ich hab' in der Zeit hier überhaupt keine Klamotten gekauft – nur ein paar Schuhe. Eigentlich hab' ich nichts außer Musik-Bizness gemacht. Aufnahmen, Gigs, Interviews & Fotosessions haben unsere ganze Zeit in

Anspruch genommen. Oh, noch ein Interview – ein Artikel für die Frauen-
seite der Washington Post.

So, tut mir leid, keine Neuigkeiten außer meiner Musik. Außer daß ich
in Chicago einen echt netten jungen Mann kennengelernt habe, den ich auf
meinem Weg zurück nach Kalif. besuchen werde.

Tschüß erst mal – versuche, wieder zu schreiben, wenn ich nicht so in
mich selbst verliebt bin.

Love, Janis

Janis erläuterte in *Glamour* ihre Ansichten über das ›Bizness‹: »In New
York ist Musik Ehrgeiz, Druck, Drängelei. Nett zu diesem oder jenem
sein. Wir sind noch nie im Musik-›Business‹ und all diesem Quatsch
gewesen, und langsam geht es uns ein bißchen auf die Nerven.«

Trotzdem fand sie die Zeit, ins Theater zu gehen und sich von
Pearl Bailey in *Hello, Dolly!* inspirieren zu lassen. Janis hatte jahrelang im *New Yorker*, den unsere Eltern abonniert hatten, über New
York und sein kulturelles Angebot gelesen. Jetzt war sie nicht nur in
der Stadt und bereit, sie zu genießen, sondern sie war auch Teil ihrer
kulturellen Elite!

Big Brother und ihre Freunde zogen auf der Suche nach Buchläden
und Boutiquen durch die Straßen und genossen die Vielfalt des An-
gebots. Sie erlebten aber auch das Ungestüm der New Yorker. Eine
wutentbrannte Frau sprach Sam und seine Freundin Carol Cavallon
an einem Zebrastreifen an, beschimpfte ihn und gab ihm einen Schlag
auf den Rücken. Sam hatte gute Laune und entschloß sich zu dem
Versuch, sie davon zu überzeugen, daß auch er nur ein Mensch sei.
Während Herren in dunklen Anzügen vorbeieilten und ihnen mitlei-
dige Blicke zuwarfen, spielte Sam den Hippie-Missionar in einem
fremden Land, entschlossen, zu demonstrieren, daß die Welt ein bes-
serer Ort wäre, wenn wir einander lieben und verstehen könnten.

Obwohl sie bei vielen auf taube Ohren stießen, versuchten die
Hippies, die Massen in die Zukunft zu führen. »Berühmtheit bedeutete damals, in eine Elite von Führerpersönlichkeiten aufgenommen zu werden«, sagte der bekannte Plattenproduzent Paul Rothchild. Er fuhr fort: »Es war wie Camelot.« Jeder Tag hielt neue, wun-
dersame Überraschungen für die überzeugten Ritter der Hippie-Tafel-
felrunde bereit. Janis schien in den Rock hineinzuexplodieren, weil
sie »so intensiv, so genießerisch« sie selbst war, schrieb Nat Hentoff
in der *New York Times* vom 21. April.

Bobby Neuwirth aus Alberts Büro, ein Veteran der New Yorker Folk-Szene und Janis' Freund und Tourneegefährte, der als Mann fürs Grobe mitgekommen war, war ein Mensch, der für den Moment lebte und sich nach besten Kräften amüsierte. Darüber hinaus verfügte er über ein ausgeprägtes kreatives Talent. »Vielleicht war der Grund dafür«, sinnierte er, »daß Janis solchen Erfolg hatte, ihr ausgesprochener Mangel an Gelacktheit. Sie war ernsthaft und aufrichtig.« Bobby empfand sie als Idealistin und Träumerin. »Janis war eine Künstlerin«, rief er aus. »Ein Künstler ist nicht einfach jemand, der etwas zu sagen hat, sondern jemand, der nicht in der Lage ist, es *nicht* zu sagen.«

Am 1. und 2. März spielten Big Brother im Grande Ballroom in Detroit. Sie brachten Tonnen von Equipment mit, außerdem Techniker und Produzenten für Live-Aufnahmen, die sie für ihre erste Platte bei Columbia verwenden wollten. Alle in Detroit waren sehr nett zu ihnen, aber irgendwie kam die Musik nicht rüber. Nichts war brauchbar. Janis sagte: »Albert ist mucksch.« Dies war einer ihrer Lieblingsausdrücke.

In New York traf sich die Band mit dem Produzenten John Simon und seinem Assistenten Elliot Mazer, einem Typen, der seine Ansichten aussprach, ohne vorher groß darüber nachzudenken. Elliot erklärte, Janis habe sich Sorgen gemacht, weil die Band ›nicht voll da war‹. Er erinnerte sich an sie als »nervös, ängstlich, selbstsicher und sehr kraftvoll, ein Mensch, der sehr genau wußte, was er in der Musik mochte und was nicht... Janis war im Studio so konzentriert wie kaum sonst jemand, mit dem ich je gearbeitet habe, an allem interessiert und total engagiert.«

Die Produzenten und Techniker hatten Mühe, die Musik der Band auf Tape zu bannen. Die Jungs wußten, daß ihr Sound sehr wechselhaft war. Wenn er zu einer Einheit verschmolz, war er großartig. Den Rest der Zeit riß er das Publikum mit, war jedoch von fragwürdiger musikalischer Qualität. Sie diskutierten, lauschten, probierten neue Ideen aus und strengten sich an, um jene Präzision zu erzielen, die sie anstrebten.

D. A. Pennebaker, ein bekannter Filmemacher, der *Monterey Pop* und das Dylan-Porträt *Don't Look Back* gedreht hatte, traf sich mit Janis, als die Band in New York im Studio war. Sie kamen überein, daß Pennebaker einen Film über Janis machen sollte, ähnlich *Don't Look Back*. Von nun an tauchte er regelmäßig auf, wenn die Band arbeitete oder spielte. Er filmte im Studio, wie die Musiker über die Instrumentalarrangements der Songs debattierten. Janis tanzte ein paar Schritte, lächelte und zwinkerte. »Wir können es so oder so machen, beides sind brauchbare Ansätze«, erläuterte Janis ihre Auffassung. »Aber ich denke, es ist zehn Uhr, und um vier könnten wir ›Summertime‹ geschafft haben. Das wird hart. Wenn ihr lieber erst ein bißchen an ›Summertime‹ und dann ein bißchen an ›Brownsville‹ arbeiten wollt – das können wir auch machen. Ihr habt alle dafür gestimmt, heute gleich ein paar Stücke zu machen, aber ich bin da anderer Meinung... Was man hört, ist das, was im Vordergrund ist, und das ist der Gesang. Wenn die Instrumente keine allzu schlimmen Fehler machen, wird man es nicht hören.«

Jeder reagierte ›superaggressiv, abgekapselt, sauer‹. Fred Catero, der Tontechniker bei den Aufnahmen, sagte, mit dem Gesang sei es gut gelaufen, aber in die Instrumentalparts hätten sich immer Fehler eingeschlichen. Bei einem Song »stürmte Janis nach vier Versuchen hinaus und schrie: ›Mit diesen Motherfuckern werde ich nicht singen!‹« Langsam lernten jedoch alle, mit New York und dem Druck um sie herum klarzukommen. Janis erzählte dem Reporter Nat Hentoff von der *New York Times:* »San Francisco ist anders. Ich meine nicht, daß es perfekt ist, aber die Rockbands dort haben nicht angefangen, weil sie Erfolg haben wollten. Sie wollten einfach nur stoned sein und für tanzende Menschen spielen. Hier wollen sie den *Durchbruch.*«

Nach einem Gig in Philadelphia am 16. März geriet alles wieder ins Lot. Die Band arbeitete und spielte zusammen, und sie waren vor allem wieder Freunde. Als sie die Ausschweifungen des vorangegangenen Abends im freundschaftlichen Plauderton rekapitulierten, sagte Janis zu James: »Du sahst so süß aus, als du weggetreten warst, genau wie Hongo.« Die anderen hatten ihn von der Lobby des Chelsea Hotel, in dem sie wohnten, hinauf in sein Zimmer getragen. Als sie die Tür öffneten, verkündeten sie: »Ein James Gurley« – ganz wie der Pizzaservice.

Janis war eine loyale Freundin. Einmal verkündete sie den Jungs: »Mann, hört euch an, was für Arschlöcher es gibt!« Dann erzählte sie eine Geschichte von einem ihrer Freunde, der in Kanada verhaftet worden war. Er spielte bei einer anderen Band, die zu der Zeit in New York war, und hatte den Rat seiner Manager befolgt, seine Gerichtsverhandlung wegen eines Drogenvergehens sausen zu lassen, damit er für einen Gig in der Stadt sein konnte. Am nächsten Tag feuerten sie ihn, weil er kein Visum bekommen konnte. Janis

schimpfte weiter: »Er ist noch nicht mal sauer, aber ich bin fuchs-
teufelswild.« Sie hätten ihn ›schäbig‹ behandelt, ereiferte sie sich.

Am 4. April 1968 wurde Martin Luther King Jr. in Memphis ermordet. Die Band war erschüttert, aber sie reagierte prompt. Am
17. April gab sie zusammen mit vielen anderen Musikern ein Benefizkonzert im Generation Club in New York. »Die Emotionen kochten hoch, und viele Städte im ganzen Land standen in Flammen«,
schrieb Sam Andrew in seinen unveröffentlichten Memoiren. »B. B.
King saß hinter der Bühne und redete sehr emotional, schön und
ruhig über die Tragödie. Er ließ uns die Erhabenheit und den
Schmerz des Augenblicks spüren. Es war wie in der Kirche, ihn über
die Notwendigkeit des Verständnisses und der Liebe zwischen den
Brüdern und Schwestern reden zu hören, oh yeah, auf der ganzen
Welt.« Big Brother gingen auf die Bühne und spielten in einem, wie
Sam es nannte, geweihten Moment ›Brownsville‹, ›Piece Of My
Heart‹ und ›Down On Me‹.

In einem Interview, das vier Tage später in der *Village Voice* erschien, wurde Janis zitiert. »Make-up ist für Janis ›ein Haufen sinn-
loser Mist. Manchmal wünsche ich, ich wäre schwarz oder gehörte
zu irgendeiner exotischen Rasse, wo es allein das Gesicht ist, Baby,
das zählt, keine Tarnfarbe.‹«

Die Zweiteilung der Gesellschaft in ›wir und sie‹ war nie so deutlich wie nach dem Mord an dem schwarzen Bürgerrechtler. Janis
wußte, zu welchem Lager sie gehörte, und sie sagte Nat Hentoff von
der *New York Times:* »In Texas war ich ein Beatnik, ein Freak, und da
ich keinen Erfolg hatte wie jetzt, hatten meine Eltern mich abge-
schrieben. Jetzt will meine Mutter in ihren Briefen von mir wissen,
was für Klamotten eine Blues-Sängerin 1968 trägt. Das ist irgendwie
groovy, schließlich waren wir seit meinem 14. Lebensjahr auf ent-
gegengesetzten Seiten. Texas ist okay, wenn man seine Ruhe haben
und so vor sich hinwursteln will, aber für Ausgeflippte ist das
nichts, und ich bin schon immer ausgeflippt gewesen. Ich bin sehr
schlecht behandelt worden in Texas.«

Auf Hentoffs Frage, ob sie ihre Stimme nicht kaputtmachen
würde, antwortete sie, sie versuche, sich zurückzuhalten und nicht
so gepreßt zu singen, aber dies störe sie bei ihren Auftritten. »Vielleicht halte ich nicht so lange durch wie andere Sängerinnen, aber
ich glaube, man macht sein Jetzt kaputt, wenn man sich den Kopf
übers Morgen zerbricht ... Wenn wir uns unsere Eltern anschauen,
sehen wir, daß sie aufgegeben und Kompromisse geschlossen haben

und jetzt trotzdem mit sehr wenig dastehen. Also wollen die Kids lieber einen fetten Brocken sofort als einen kleinen Happen von einem Nichts über 70 Jahre verteilt.«

1968

Mutter & Familie

Endlich ein bißchen Ruhe! Wir haben ein paar Wochen Urlaub nach einem Monat Plattenaufnahmen in L. A. und zusätzlichen Gigs am Wochenende. Mutter, selbst Du mit Deinem unglaublichen Tempo würdest Dich wundern, was wir alles gemacht haben. Arbeiten, arbeiten, arbeiten, die ganze freie Zeit schlafen & essen & sich für die nächste Fahrt fertigmachen. Wirklich unglaublich. Jetzt bin ich also mitten in meiner freien Woche. Ich verbringe ein paar Tage mit George in der Hütte eines Freundes in Stinson Beach. Alles, was ich hier tue, ist schlafen, essen & billige Romane lesen. Viel schlafen. Morgen geht's zurück in die Stadt, um den Rest des Urlaubs mit Umziehen zu verbringen. Wir sind wegen George (dreckiges Mistsück) rausgeflogen. Unsere neue Adresse ist 892 Noe.

Die Telefonnr. schick' ich später. Ganz toller Urlaub – ich werde nur alle Kisten nach oben tragen, und dann geht's wieder nach L. A. zum Mixen. Das ist das letzte, was man an der Platte macht – es bedeutet, daß man alle Instrumente & Stimmen gegeneinander ausbalanciert. Das kann eine sehr einfache oder eine sehr komplizierte Prozedur sein – wir werden sehen.

Ich nehme an, jetzt habt Ihr die Sachen in Vogue, Glamour & Mademoiselle *gesehen. (Stand irgendwas darüber in den* Port Arthur News*? Wenn ja, schickt's mir bitte.) Ich schicke noch zwei mit, die Du noch nicht kennst – den Nat-Hentoff-Artikel aus dem Entertainment-Teil der* New York Times *vom Sonntag &* Jazz & Pop*, wo ich den Leser-Poll gewonnen habe. Außerdem war was echt Tolles (eine ganze Seite) in der* Washington Post*, aber davon hab' ich nur eine Ausgabe. Ein paar Leute von* Look *sind eine Weile mit uns rumgezogen, da können wir also etwas erwarten, und* Life *hat für einen Artikel über Rock etwas über uns gemacht. Also, habt immer ein Auge auf Euren Zeitungskiosk, Leute!*

Ich habe ein bißchen zugenommen, & Linda hat ihre liebe Not, daß ich nicht aus meinen Klamotten platze. Sie arbeitet jetzt an etwas, das alles schlägt. Irgend so ein indischer Stoff, eine Art weicher Seidenchiffon – verschwommen geblümt in Blau-, Grün- & Lilatönen und mit einem Goldfaden obendrauf, der in verschlungenen Blumenmustern aufgenäht ist – hat mich $ 18 pro Yard gekostet (!), aber es wird schön –, Hosen mit sehr weitem Saum, durchsichtige Bluse mit sehr weiten, am Handgelenk zusammengehaltenen Ärmeln, alles mit lilagoldenen Paspeln gesäumt. Einfach umwerfend. Auch sehr hilfreich in der gegenwärtigen Kleiderkrise – ich war in einer alten Levi's & einem T-Shirt bei Paraphernalia in Beverley Hills einkaufen, nur um vom Geschäftsführer erkannt & hofiert zu werden, der mir alles, was ich will, in jeder Farbe auf den Leib schneidern und zu normalen Ladenpreisen verkaufen will. (»Ja, wir machen all die entzückenden Hemden für Tony Curtis.«) Too much!! Das schlägt einfach das Beatnik-Dasein! Wie mal jemand sagte: »Ich war reich, & ich war arm, und reich ist besser.«

Ich hoffe, daß Mike seine Weste bekommen hat & daß sie ihm gefällt. (Dad, Dich krieg ich noch, das versprech' ich Dir! Sobald ich Zeit habe – du Gierknochen ...) Kann sein, daß sie ein bißchen kurz ist, aber das ist bei einer Weste okay, Hauptsache, sie ist weit genug. Ich hoffe, daß Ihr ihn sie tragen laßt. Himmel! Ich wollte eigentlich auch einen Packen Poster schicken, aber dann fiel mir ein, daß Du deswegen ein ziemliches Theater gemacht hast, als ich letztes Mal angerufen hab'. Ahh, vielleicht würden sie Daddy gefallen ...

Die ganze Zeit in L. A. & keinen von der Familie gesehen. Das tut mir echt leid, aber ich weiß nicht, wie ich sie erreichen soll. Ich hab' versucht Barbara anzurufen, aber sie hat eine neue Nr. Hatte gerade eine Eingebung, ich werde ihr schreiben & mich von ihr im Motel anrufen lassen. Warum ist mir das nicht früher eingefallen? Nun, ich hoffe, daß ich sie zu fassen kriege.

Freut mich zu hören, daß Laura die Martern der Gesellschaft überlebt, d. h. Uni & Studentenverbindung. Hoffe, Mike macht sich auch so gut. Um schon mal vorzufühlen – wie wär's, wenn Mike in einem Sommer mal für 'ne Weile herkommt?

Nun ja, zurück zu meinen Romanen – habt Ihr Rosemary's Baby gelesen? Haut einen wirklich um, wie man hier sagt. Die LP müßte irgendwann im Juli draußen sein. Hoffe, daß sie rauskommt, bevor wir beim Columbia-Kongreß in Puerto Rico spielen – 25. Juli. Danach sind wir noch mal an der Ostküste, um die Platte zu promoten. Oh!! Fast vergessen! Vielleicht spiele ich in einem Film mit! Mit Michael Pollard in der Hauptrolle, der C. W. Moss in Bonnie & Clyde gespielt hat. Er ist jetzt ziemlich berühmt. Eine Art hipper Western à la Cat Ballou. Ich soll eine texanische Barsängerin spielen – an Authentizität soll's nicht mangeln, & ich kriege wahrscheinlich 'ne Menge Geld & kann einen Song singen. Aber bis jetzt ist es erst in der Diskussion.

Tschüß, alles Liebe an alle
XXXXX Janis

Anbei noch ein brandneuer Artikel aus Eye.

Big Brother versuchten, im Studio ›live‹ aufzunehmen, indem bei den Aufnahmen alle zusammen spielten. Vom 20. Mai bis zum 12. Juni arbeiteten sie mit John Simon und Elliot Mazer in Los Angeles. Sam Andrew beschrieb John so: »Man hätte niemand finden können, der dem, was wir machen wollten, ablehnender gegenüberstand.« Simon war ein überaus bedächtiger, präziser, auf Kontrolle bedachter Musiker, Sam Andrews Ziel dagegen war eine dionysische Gitarrenekstase. Die Band war der Meinung, John Simon habe überhaupt keinen Sinn für sie, ihre Musik oder die Art, wie sie im Studio arbeiten mußten, um ihren Stil auf Band festzuhalten.

Janis, Sam Andrew und Fred Catero, ein Columbia-Techniker, verbrachten sechsunddreißig Stunden am Stück damit, die vorhandenen Studio- und Live-Aufnahmen fertig abzumischen. Die Publikumsgeräusche auf den veröffentlichten Songs waren nicht authentisch: Das Schreien und Klatschen kam von Sekretärinnen und anderen Leuten im Studio. Sogar Bill Grahams Eröffnungsmonolog wurde später hinzugefügt. Dennoch gab das Endprodukt die kraftvolle Rauheit von Big Brothers Live-Auftritten wieder.

Das Album hieß *Cheap Thrills*, obwohl die Band ihm eigentlich einen längeren Titel geben wollte: *Sex, Dope and Cheap Thrills.* Das war eine Floskel aus den Dreißigern, erklärte Sam Andrew, als Filme wie *Reefer Madness* (*Kifferwahn*) vor den verheerenden Folgen der Marihuanasucht warnten. Columbia strich die ersten beiden Wörter, aber alle waren mit dem Kompromiß zufrieden.

Bob Cato, Art-Director bei Columbia, hatte die Idee, auf dem LP-Cover die ganze Band in einer typischen Hippie-Bude im Bett abzubilden. Sam Andrew und Dave Getz kamen als erste ins Fotostudio und fingen sofort an zu lachen, als sie sahen, wie sich die Madison Avenue ein Hippie-Schlafzimmer vorstellte – rosa mit Rüschen und gedämpftem Licht. Als Janis hereinkam, sagte sie: »Los Jungs, weg mit dem Scheiß!« Das ließen die sich nicht zweimal sagen: Sie rissen das Rüschenzeug raus, nahmen ein paar Requisiten aus dem Studio, hängten einige von ihren eigenen Sachen auf, zogen sich aus, sprangen ins Bett und lächelten in die Kamera. Die Fotos wirkten ziemlich unschuldig, aber sie drückten nichts von dem aus, was die Band über sich sagen wollte, und wurden deshalb nicht verwendet.

Big Brother suchten nach besseren Ideen und ließen sich inspirieren. Vielleicht hatte sich Janis auf ihre Comic-Begeisterung besonnen, als sie Robert Crumb als Zeichner für das Cover aussuchte. »Du bist echt dick«, sagte er zu Janis, und er mochte dicke Frauen.

Crumb zeichnete das, was ihm gefiel: eine üppige Frau mit Rubens-figur als Hippie-Karikatur. Er beobachtete die Band im Konzert und zeichnete Impressionen von ihr und ihren Songs für die Rückseite des Albums. Zuletzt nahmen sie aber seine hinreißenden Comics vorne aufs Cover.

Der verschmitzte Humor der Gang zeigte sich von seiner besten Seite, als ihnen bei einer Aufzeichnung für KQED-TV die Standard-frage gestellt wurde: »Wer ist Big Brother?« Alle auf einmal antwor-teten sie: »Er bleibt immer auf der Toilette. Geht ihr ihn holen, wir haben schon so lange versucht, mit dem Typen zu spielen. Holt ihn da raus. Immer läßt er uns bei den Auftritten im Stich.«

Während sie auf den von Mercedes-Limousinen wimmelnden Straßen von L. A. herumfuhren, gestand Janis Sam Andrew: »Hör zu, wenn es sein muß, werd' ich alles tun, um erfolgreich zu sein. Ich liebe das hier!« Sam war tief erschüttert. Diese Worte waren weit entfernt von jener Gesinnung, die Big Brother zu Anfang ihrer Kar-riere beseelt hatte. »Vorher hat es niemanden geschert, ob ich lebe«, erklärte Janis der Reporterin Beatrice Berg vom *Philadelphia Inquirer*. »Jetzt ist alles irre aufregend, und ich will es auskosten, bis nichts mehr da ist. Ich könnte die Sache auch ganz cool angehen, aber ich will gar nicht wissen, daß das alles Bullshit ist. Vielleicht wache ich auf, wenn ich 45 bin, und entdecke, daß alles Quatsch war, aber jetzt ist die Zeit, ausgeflippt zu sein. Ich bin ausgeflippt!«

Für die Manager der Plattenfirmen war es schwer, mit den neuen Rock-Bands fertig zu werden. Die A&R-Leute stießen auf taube Ohren, und die künstlerischen Leiter der Companys konnten keine Aufnahmepläne diktieren, keine Musikauswahl, keinen Mix. Die Musiker ließen sich von niemandem etwas sagen! Das brachte die Busineß-Struktur ins Wanken, denn es bedeutete, daß die Dinge weniger berechenbar waren. Die Manager wurden abhängiger von den Launen dieser neuen künstlerischen Temperamente. Die Rock-Bands aus San Francisco zwangen die Industrie, ihnen eine größere künstlerische Freiheit zu gewähren.

Der Machtverlust des Busineß begann, als den Händlern die enorme Kaufkraft der Jugendlichen bewußt wurde. Teenager mach-ten mehr als 40 Prozent der Plattenkäufer aus. Die Baby-Boomer waren eine riesige, noch nicht angezapfte Gruppe, die Geld zum Ausgeben und keine Lust auf die Musik ihrer Eltern oder gar der äl-teren Geschwister hatte. Die Verkaufszahlen von *Cheap Thrills* ver-setzten die Bosse der Plattenfirmen in Erstaunen. Columbia hatte bis dahin vor allem mit seichtem und gelacktem Material Geschäfte gemacht. Nur wenige Leute dort begriffen den Rock and Roll, aber die Zeiten änderten sich.

1968 tauchte Dave Moriaty in San Francisco auf. Er war gerade von den Marines entlassen worden und zornig und bereit, sich der blühenden kalifornischen Szene anzuschließen. In Vietnam hatte er von Janis' Erfolg und Ruhm gehört. »Ich ging zu ihr«, sagte er, »und fand sie in einem Waschsalon ein Stück die Straße herunter. Sie trug irgend so einen Pelzmantel und Blue Jeans. Sie kam angelaufen und fiel mir um den Hals, daß es mich fast umwarf. Sie mußte sich so verhalten, um einen Unterschied zwischen Fans und Freunden zu machen. Sie war außer sich vor Freude.«

Dave wird Janis erzählt haben, daß Austin sich verändert hatte. Alle Musiker standen jetzt auf Rock, und die Polizei fing an, hart durchzugreifen. Die ganze Szene schien sich auf den Weg nach San Francisco zu machen. Dave und sein Freund Gilbert Shelton, der großartige Comiczeichner vom *Ranger*, fuhren zusammen hin und stießen dort auf Daves Zimmergenossen vom College, Jack Jackson. Jack führte die Geschäfte für Family Dog, die im November 1968 Pleite machten. Selbst durch den Verkauf von Postern im Wert von 60 000 Dollar im Monat konnten sie die Verluste des Avalon Ballroom nicht auffangen. Dave, Jack, Gilbert Shelton und Fred Todd gründeten daraufhin Rip Off Press mit einer Anzahlung von 35 Dollar pro Nase für eine gebrauchte Druckpresse im Wert von 1000 Dollar. Ihr erster Auftrag waren Plakate für das wiederauferstandene Avalon, das von einer anderen Gruppe von Texanern übernommen worden war. Bald druckten sie auch Robert Crumbs Comics.

In dieser Zeit schossen zahlreiche Underground-Verlage aus dem Boden. 1969, berichtete Abe Peck, erschienen mindestens fünfhundert Underground-Zeitungen in den großen und kleinen Städten des ganzen Landes. Weitere fünfhundert bis tausend wurden an den Highschools herausgegeben. Peck schrieb in *Uncovering the Sixties: The Life and Times of the Underground Press:* »Die Zeitungen boten ehrliche Subjektivität anstelle einer ›Objektivität‹, die ihre eigene unbewußte politische und kulturelle Befangenheit leugnete.«

Die Veröffentlichung von *Cheap Thrills* im Juli 1968 bescheinigte Janis und Big Brother ihren musikalischen Erfolg. Das Album wurde innerhalb von drei Tagen vergoldet! Die Band spielte beim CBS-Kongreß in Puerto Rico vor einem Publikum von Stars, denen Janis nur wenige Monate zuvor noch ehrfürchtig gelauscht hatte. Big Brother spielten jetzt für sie – und zwar nicht nur als Ebenbürtige: Sie waren die Besten der neuen Musikergeneration. Was war geschehen? Janis machte immer noch fast dasselbe wie seit Jahr und Tag, doch jetzt applaudierten die Leute ihr, anstatt verächtlich das Gesicht zu verziehen.

Juli 1968

Liebe Familie ...

Ich MUSSTE Euch einfach eine Karte aus Puerto Rico schreiben. Leider ist alles, was ich bis jetzt gesehen habe, das Innere von 3 Hotels & ein kurzes Stück Strand – aber jede Menge gratis Rumpunsch auf Rechnung von Columbia. Wir spielen heute abend & fliegen morgen früh nach Newport, dann werd' ich diese Insel zumindest aus der Luft sehen ... Nachricht an Mike – Honey, nur schnell Glückwünsche & Stolz & wirklich alles Liebe für deine Arbeit bei Agape [eine Zeitung, die Mike und sein Freund Jimmy Pryor herausbrachten], besonders das Gedicht – wirklich toll!!! Es hängt an meiner Wand. Grüße an alle,

Janis

P. S. Ich wohne etwa einen Monat im Chelsea, 222 W. 23rd, N. Y.

XXX Janis

»Die Grenzen zwischen dem Ich und dem öffentlichen Image waren in jener Zeit fließend«, erklärte Bennett Glotzer, Albert Grossmans früherer Partner. Bennett sah die Welt vor allem im Licht von Geschäftsbeziehungen: »Die Stars pflegten sich in der Öffentlichkeit zu bewegen und an speziellen Treffpunkten zu versammeln. Alle trugen auf der Straße die gleichen Sachen wie auf der Bühne.« Janis war genau wie ihr Publikum. Sie hatte den gleichen Geschmack in Sachen Kleidung, Getränke und musikalischer Unterhaltung. Sie wäre beim Publikum nicht so gut angekommen, wenn ihr Image nicht wenigstens zum Teil auf echten Zügen ihres Wesens basiert hätte. Diese Rolle war im Grunde nur ein Teil von ihr, aber Janis fing offenbar an, sich völlig damit zu identifizieren. Mit einem Schlag war sie zur Zielscheibe einer ständigen Überwachung durch die Presse geworden. Janis mußte immer ›auf Draht‹ sein, weil es immer jemanden gab, der sie beobachtete. »Wenn man lange genug übt, eine dicke, grelle Blues-Mama zu sein«, sagte Bob Neuwirth, »wird

49 Als sie 1965/66 ein Jahr lang zu Hause wohnte, frisierte Janis ihr wildes Haar oft nach hinten und steckte es zu einem diskreten Knoten auf. In dieser Phase schminkte sie sich, kleidete sich konservativ und ermahnte ihre Freunde: »Paßt auf, was ihr sagt«; oder: »Trinkt nicht so viel«.

50 Im Frühjahr 1966 begann Janis wieder öffentlich aufzutreten. Ihr Freund Jim Langdon, der damals eine Kolumne für den *Austin American-Statesman* schrieb, verschaffte ihr ein Engagement bei einem Blues-Festival am 5. Mai, ihren ersten Gig vor einem gemischtrassigen Publikum.

51 Janis trat im 11th Door auf, einem Folk-Club in Austin. Jim Langdon kannte den Inhaber, Bill Simonson, und verschaffte ihr ein paar Engagements.

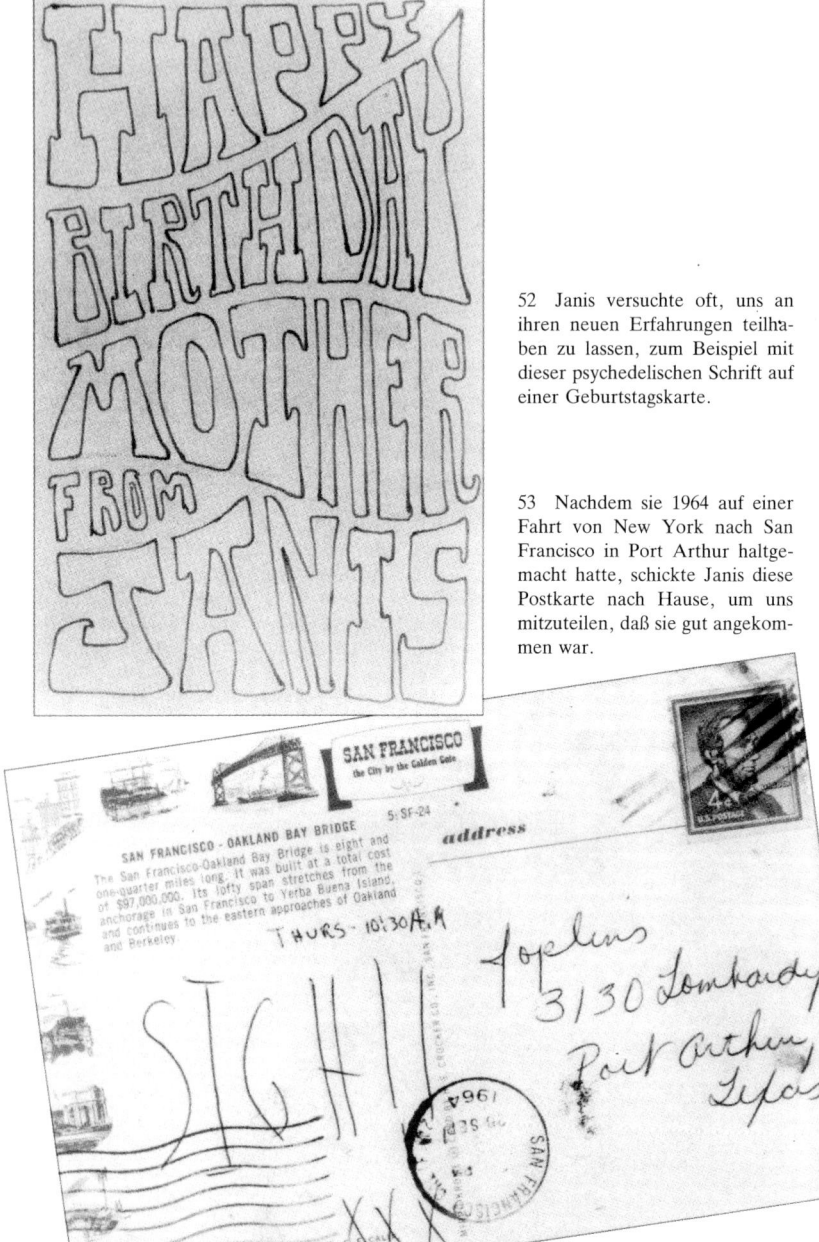

52 Janis versuchte oft, uns an ihren neuen Erfahrungen teilhaben zu lassen, zum Beispiel mit dieser psychedelischen Schrift auf einer Geburtstagskarte.

53 Nachdem sie 1964 auf einer Fahrt von New York nach San Francisco in Port Arthur haltgemacht hatte, schickte Janis diese Postkarte nach Hause, um uns mitzuteilen, daß sie gut angekommen war.

SIGH!! AND A FRIEND OF MINE GAVE ME A DRESS & CAPE TO WEAR FOR THE OCCASION — A WINE-COLORED VELVET, OLD, FROM A GOODWILL STORE, BUT BEAUTIFUL!

QUEEN ANNE KIND OF SLEEVES & A VERY LOW & BROAD NECKLINE. REALLY FANTASTIC.

NOW, I HAVE A PROBLEM. I'M HOPING THE CHICAGO JOB WILL RESOLVE IT FOR ME, BUT RIGHT NOW IT'S PLAGUING ME. LAST WEEKEND WE PLAYED IN THE CITY & A MAN FROM ELECTRA, A GOOD LABEL, SPOKE TO ME AFTERWARDS. LIKED AS/US A LOT. DURING THE WEEK, SOMEONE CALLED ME.... SEEMS ROTHCHILD (THE GUY FROM ELECTRA, WHO DISCOVERED PAUL BUTTERFIELD WHO IS VERY BIG NOW — HE

...is old-fashioned in ... style — ? tight, w/ ...ons up the front. Black

FANTASTIC!

...en I get back, I'm going ...rent a sewing machine ...make myself some sort ...beautiful/outlandish ...ers to go w/ them.

HOW'D YA LIKE TO DO ME A FAVOR DEPT: y'know that box you're ready to send me? Well, I thought of a few more things I'd like to have ... till around.

-11-

...park by himself — he got hit by a car. But the vet said he wasn't hurt too very bad, bruised & scared. Poor this... He's just moping around with a very paranoid look on his face.

I'm having a few clothes made for me now — had a beautiful dress made out of a madras & now she's working on one out of green crepe with a very low V neckline. I've been making things out of leather lately. Made a beautiful blue & green Garbo hat & a pair... green... the...

54 Janis' Briefe und ihre verschiedenen Schreibstile – Druckschrift, Schreibschrift oder auch Zeichnungen. Wenn Worte nicht ausreichten, machte Janis zur Illustration kleine Skizzen. Ihre Briefe vermittelten genau wie ihre Bühnenshow ihre Emotionen.

55 Jung, glücklich, gesund und optimistisch – Janis fand 1966 in der Hippie-Szene von Haight-Ashbury lauter verwandte Seelen.

56 Der Texaner Chet Helms brachte Janis zu der Band, die er mitbegründet hatte: Big Brother and the Holding Company. Hier posieren Janis und Chet bei der Windmühle im Golden Gate Park in San Francisco.

57 Eines der ersten Promotion-Fotos von Big Brother. VORNE: Peter Albin, Bass; Dave Getz, Schlagzeug. HINTEN: James Gurley, Gitarre; Janis; Sam Andrew, Gitarre, und Sancho, der Hund der Party-Veranstalter-Kommune Family Dog.

58   Janis (ganz rechts) als Fotomodell. Das Foto
wurde im Buena Vista Park aufgenommen. Jeanne
Colon entwarf und schneiderte Kleidung für Rockstars. Für Janis kreierte sie »einen Poncho aus
einem marokkanischen Stoff über einer Samthose«.

59   Timothy Leary, einer der ersten
Verfechter von LSD, war gerade aus
dem Gefängnis entlassen worden, als
er am 16. April 1966 in New York wegen Drogenbesitzes erneut verhaftet
wurde. Die Hippies von San Francisco
unterstützten ihn, Big Brother gaben
ein Benefizkonzert.

60   1967 hatte Janis einige Monate lang eine ernste Liebesaffäre mit Country Joe McDonald,
dem Bandleader von Country Joe and the Fish. Sie trennten sich jedoch wieder, weil jeder
seine eigene Karriere verfolgen wollte.

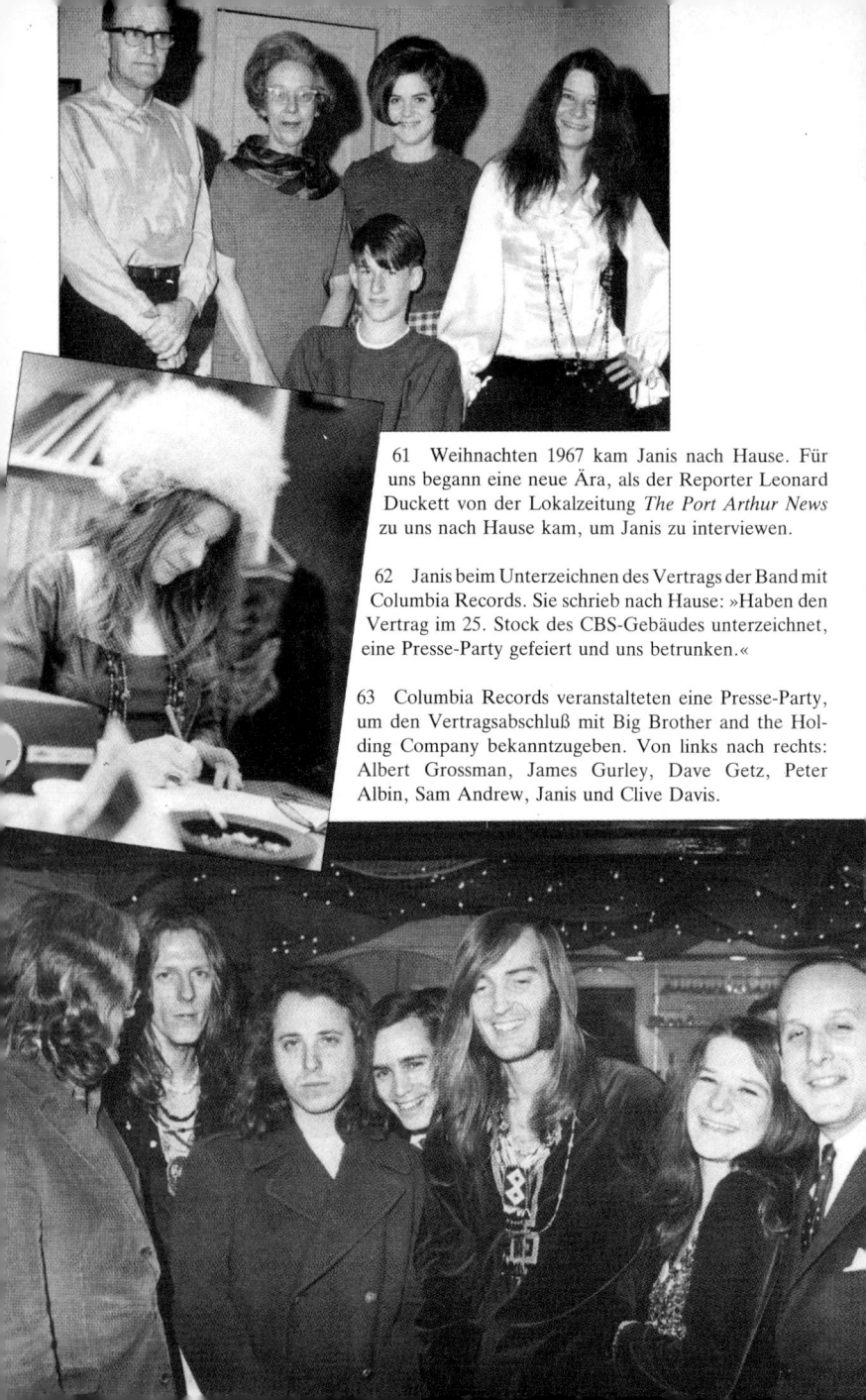

61 Weihnachten 1967 kam Janis nach Hause. Für uns begann eine neue Ära, als der Reporter Leonard Duckett von der Lokalzeitung *The Port Arthur News* zu uns nach Hause kam, um Janis zu interviewen.

62 Janis beim Unterzeichnen des Vertrags der Band mit Columbia Records. Sie schrieb nach Hause: »Haben den Vertrag im 25. Stock des CBS-Gebäudes unterzeichnet, eine Presse-Party gefeiert und uns betrunken.«

63 Columbia Records veranstalteten eine Presse-Party, um den Vertragsabschluß mit Big Brother and the Holding Company bekanntzugeben. Von links nach rechts: Albert Grossman, James Gurley, Dave Getz, Peter Albin, Sam Andrew, Janis und Clive Davis.

64 Zu Hause in ihrem Apartment in der Lyon Street, San Francisco, 1967. Janis stattete die Wohnung im Stil der Zeit aus, mit Spitzen, Federn und Postern.

65 Janis in voller Pracht bei einem Open-Air-Konzert in San Francisco.

66 Janis und Ron »Pigpen« McKernan von
Grateful Dead beim Northern California Folk
Rock Festival am 18. Mai 1968.

67 Janis liebte Capes wie dieses mexikanische, das ihr ein Fan eines Abends als Geschenk um die Schultern legte.

68 Auf dieses Samtcape, das sie bei den Aufnahmen zu Promotion-Fotos mit Big Brother
and the Holding Company am Palace of Fine Arts in San Francisco trug, war Janis stolz.

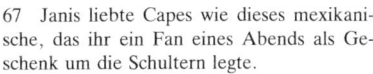

man schließlich eine. Man beginnt, dasselbe von sich zu erwarten, was auch andere von einem erwarten.« – »Für mich«, erklärte Janis der Presse, »sind Lebensstil und Singen ein und dasselbe.«

Janis glaubte, was die Zeitungen über sie schrieben. »Ich bin das größte Groupie der Welt«, sagte sie David Getz. Wenn Janis »jemanden kennenlernte, ging sie ihm total um den Bart und suchte gleich Anschluß«, lachte er.

Breit grinsend beschrieb Paul Rothchild das beiderseitige Vergnügen von Janis und Jim Morrison, als sie sich während einer Party bei John Davidson kennenlernten. Sie redeten und scherzten und schaukelten sich gegenseitig mit Wortgefechten hoch. Ein paar Stunden Trinkens und mehrere Runden Billard später kehrte Jim seine charakteristische, alkoholbedingte Streitsucht heraus. Das Finale war Janis' Rückzugsversuch. Jim ließ sich nicht abwimmeln und steckte seinen Kopf ins Auto, als sie versuchte, wegzufahren. Janis mußte ihm eine Flasche über den Kopf ziehen, um sich durchzusetzen. Am nächsten Morgen sagte Jim zu Paul, er wolle Janis unbedingt wiedersehen.

Janis machte harte Zeiten durch, aber die Bühnenauftritte waren immer noch die treibende Kraft in ihrem Leben. »Ich glaube an ein paar sehr amorphe Dinge, die passieren, wenn man auf der Bühne steht ... Das ist so, als ob sich etwas in der Luft bewegt«, versuchte Janis ihrer Interviewerin Rasa Gustaitis von der *Los Angeles Times West* zu erklären. »Es ist etwas ganz Reales, das in der Luft umherschwirrt. Es ist nicht wirklich greifbar, aber es ist so echt, so wie Liebe oder Sehnsucht. Man weiß verdammt gut, daß es da ist, man weiß, daß es *genau da* ist, Mann – irgend etwas passiert da.« Nach diesem Interview freundete sie sich mit Rasa an, so sehr gefielen Janis ihre Fragen. Rasa nannte Janis eine Schamanin, die »jaulte, als sei sie von Geistern besessen«.

Rasa zitierte auch die Äußerung eines Fans: »Sie ist wir. Sie ist kein Star, sie ist wir. Ich habe sie nie getroffen, aber ich kenne sie. Wenn man sie hört, ist es, als ob man seinen Körper verläßt und sich einfach bewegt, Mann. Sie ist einfach die ganze Energie. Ich weiß nicht, sie ist wir alle.« Nach Janis' Tod kamen viele Briefe mit ganz ähnlichem Inhalt.

Langsam hatte es den Anschein, als sei Janis nur dann wirklich sie selbst, wenn sie auf der Bühne stand. Außerhalb der Auftritte wurde eine Zweiteilung ihrer Persönlichkeit spürbar, mit der sie nichts anfangen konnte. Der Alltag war für sie weniger real als die Schwingungen jener Trance, in die sie sich vor ihrem Publikum versetzte und die später in ihr nachklangen. Sie erklärte: »Ich habe so viele Emotionen in mir, daß ich ein Ventil brauche. Und wenn man auf der Bühne steht und es läuft und man reißt das Publikum mit, dann spürt man eine Einheit. Ich steh' auf mich, und sie stehen auf mich, und alles wird eins.«

Die Fans waren von Janis und der Band so begeistert, daß sie immer öfter die Bühne stürmten. Das erste Mal passierte das in Cleveland, wo die Leute durch die Band hindurchpreschten, die gerade einen Song spielte, und versuchten, Janis die Reifen vom Arm zu ziehen. Sie war geschockt und entsetzt und sagte: »Was macht ihr da? Ich versuche gerade zu singen.«

»Bei Auftritten mit Janis stieg der Adrenalinspiegel«, sagte James Gurley. »Ich konnte nie vor dem Morgengrauen einschlafen … Und so brauchte man immer etwas, das einen abkühlte.« Janis stand nach ihren schamanenhaften Bühnenekstasen immer häufiger vor der Frage, wie sie wieder in die Welt des Alltags zurückfinden konnte.

Alkohol blieb ihre bevorzugte Droge, berichteten ihre Freunde unabhängig voneinander. Als Linda Gravenites sie kennenlernte, war Janis' Lieblingsgetränk Rainier Ale, später von Southern Comfort abgelöst. Alkohol war eine gesellige Droge: Man ging zusammen einen trinken. Im Verlauf ihrer Karriere schien Janis' Unbefangenheit auf dem gesellschaftlichen Parkett im gleichen Maße zu schwinden, je mehr sie versuchte, ihrem Image gerecht zu werden. Jedem Alkoholiker – und Janis wurde mit Sicherheit einer – geht das so, erklärte Bobby Neuwirth. Sie sagte ihm: »Eines Tages wird man herausfinden, daß ich gar nicht wirklich weiß, was ich tue.« Und einmal flüsterte sie Linda zu: »Was ist, wenn sie entdecken, daß ich doch nur Janis bin?«

Heroin, erklärte James, »war eine Angelegenheit, die ganz beiläufig begann. Keiner von uns war süchtig. Wir nahmen es ja nur hin und wieder, weißt du, und die Gelegenheit bot sich vielleicht alle paar Monate mal. Es passierte immer nach der Show.« Sam Andrew sagte mir leise: »Es hatte einen Hauch von Abenteuer, und Janis machte gern Sachen, die andere Leute nicht taten.« Die Droge gab ihnen auch ein Gefühl kindlicher Blutsbrüderschaft, den Glauben, zu einem Club zu gehören, in dem die Mitgliedschaft von einer gemeinschaftlichen Lebensweise abhing; die Rauschmittel waren ein Teil dieser Lebensweise. »Sie sagte, es gehöre einfach zur mystischen

Aura einer Blues-Sängerin wie zum Beispiel Billie Holiday, wirklich am Arsch zu sein«, erinnerte sich Linda Gravenites.

»In Cincinnati gingen wir nach dem Konzert zusammen mit einem Fan zu einer Party in einer gammeligen Hippie-Bude. Wir saßen alle im Kreis.« Dabei ließen sie die Spritze rumgehen und drückten Heroin. »Damals fanden wir das überhaupt nicht krank«, erklärte David Getz lachend.

»Jemand erzählte mir, daß Albert Grossman ihn losgeschickt hätte, um für Janis Heroin zu besorgen«, erzählte Bennett Glotzer. »Ich sage: ›Bullshit!‹ Sowas würde Albert nie tun.« Er besorgte Janis also kein Heroin und unterstützte sie auch sonst nicht in ihrer Sucht. Machte das einen Unterschied? Grossman selbst bevorzugte andere Drogen. Entscheidend war für ihn immer, *welche* Droge man nahm. In Kalifornien, während der Aufnahmen zu *Cheap Thrills,* fand irgend jemand in einem Restaurant ein Heroinpäckchen auf einem Sitz an dem Tisch, von dem die Band gerade aufgestanden war. Albert wurde angerufen, und er sagte einen bevorstehenden Gig ab und ließ die Band statt dessen zu einem Gespräch nach New York einfliegen. Heroin war für ihn eine ernste Angelegenheit. Wenn Vorhaltungen jemals etwas hätten bewirken können, hätte er Janis und die anderen vielleicht von der Droge abbringen können – aber sie bewirkten nichts.

Janis' Situation wurde zusätzlich durch die Neugier des Publikums kompliziert, das lebhaften Anteil an jeder neuen Freiheit nahm, die sie sich erlaubte. Je mehr Janis über die Stränge schlug, desto mehr war sie ›in‹. Bald fingen sogar die Eltern ihrer Fans an, im Hippie-Slang zu reden. Die Presse propagierte die Idee, das Niederreißen aller Barrieren sei *das* Geschenk der Jugend an die Gesellschaft. Janis las immer noch jede Woche *Time,* von Anfang bis Ende. Wo sollte sie Halt und Ruhe finden? Überall wurde die Verwischung der Grenzen und die Erschaffung einer neuen Welt gepriesen – und ihr eigenes Image repräsentierte eine der treibenden Kräfte dieser Veränderung.

1968 begann sich die Szene zu verändern, irgend etwas stimmte nicht mehr. Am 27. April 1968, in den Tagen von Peace und Love, kamen ein paar Fans hinter die Bühne und stahlen Janis' schönes, handgearbeitetes Cape, das ihr ein Fan geschenkt hatte. In Ann Arbor witzelte sie säuerlich: »Sie haben mich so geliebt, daß sie meine schwarze Hose geklaut haben, bevor ich meine lila Hose anziehen konnte.«

Zu Rasa sagte Janis: »Das ist es nicht wert«, und *das* schien wirklich von Herzen zu kommen. »Jeder, den sie traf«, klagte Linda, »hatte eine vorgefaßte Vorstellung davon, wer sie war ... und entsprechend verhielt sie sich. Das war es, worauf sie reagierte. Sie verlor einen großen Teil ihres Selbst einfach dadurch, daß sie ihn nicht mehr gebrauchte.«

Langsam bekam sie zu spüren, was es hieß, der Heilsbringer der Jugendkultur zu sein. Ihr Erfolg belastete ihre Existenz. »Ruhm ist ein Vertrag zwischen dem Publikum und dem Berühmten, über den der Abnehmer weniger weiß als der Anbieter«, schrieb Leo Braudy in *The Frenzy of Renown*. Janis hatte ihr Leben nicht mehr unter Kontrolle, sondern wurde von ihm kontrolliert.

Trotzdem hatte sie ihren Sinn für Humor nicht verloren. »Sie bezeichnete sich als ›gesellschaftliches Phänomonemon‹«, erinnerte sich Linda lachend an Janis' Verballhornung des Ausdrucks *gesellschaftliches Phänomen*. Als sie ihr neues Leben kommentierte, sagte sie sich mit einer inhaltsschweren Feststellung von ihren früheren großen Illusionen los: »Das Musikerdasein hat eine Menge mit dem Fernsehen gemeinsam.«

Die Novität, eine weiße Bluessängerin zu sein, verhalf Janis zu unerhörtem Erfolg, sperrte sie zugleich aber auch in einen Kerker, an dessen Grenzen sie gerade stieß. Der Rummel, der um sie gemacht wurde, förderte ihre unglücklichste Veranlagung: ihren Narzißmus. Janis verlangte nicht mehr einfach nur Liebe, sie forderte Anbetung. Die Welt war unwirklich geworden, und Janis hatte keine Ahnung, wo ihre Grenzen lagen. Die meisten Menschen erfahren eine Reaktion ihrer Umwelt, die ihnen hilft, ihre Ziele zu definieren und abzustecken, wie weit sie gehen können. Durch Janis' Erfolg blieben ihre früheren Ideale auf der Strecke. Sie wollte, daß ihr Leben so erfüllt war wie ihre Auftritte.

Selten dachte sie über die Auswirkungen ihres Verhaltens nach. Linda Gravenites erinnerte sich: »Sie tat Dinge, ohne nachzudenken, und zerbrach sich erst später den Kopf darüber. Aber sie ließ sich dadurch nie von irgend etwas abhalten. Das einzige Mal, daß wir einen Streit hatten, war wegen eines Mannes, den ich umwerfend und toll fand. Eines Abends im Avalon ließ sich Janis von ihm auf dem Motorrad nach Hause bringen. Ich dachte, hmmm, sie denkt nicht nach, sie merkt gar nicht, was sie mir da antut. Am nächsten Tag sagte sie: ›Linda, du nimmst das ganz gut auf.‹ Aha, dachte ich, sie weiß doch Bescheid. Sie weiß, was sie mir angetan hat! Und da – peng! – hab' ich meine Kaffeetasse zer-schmettert.«

Linda ist anderer Meinung, aber ich frage mich, ob Janis auf diese Weise die Belastbarkeit ihrer Freundschaft testen wollte. Wie eine Dreijährige wollte Janis wissen, ob Linda sie auch dann noch lieb-hatte, wenn sie etwas Schlimmes tat.

Nicht jeder machte bei der neuen Anhimmelei mit. Auf Linda Gravenites und ihre anderen alten Freundinnen konnte sich Janis verlassen. Linda Wauldron kam mit ihrer zweijährigen Tochter Sabina zu Besuch. Unberührt von der Zeit und der Entfernung war diese Beziehung immer realistisch und unkompliziert geblieben. Janis konnte sich Linda Wauldron anvertrauen und mit ihr über das Leben nachsinnen, genau wie damals, als sie noch Zimmergenossin-nen waren.

Auch Pat Nichols war eine zuverlässige Gefährtin. Nach Auftrit-ten, die Janis' Ego immer mächtig Vorschub leisteten, gingen sie und Pat gern in eine Bar und tranken Ramos Fizz. Bei Pat konnte sich Janis darüber auslassen, wie fantastisch sich ihr Leben jetzt gestal-tete. Manchmal gingen sie gemeinsam zu Konzerten oder spielten Billard in Gino und Carlo's Bar in North Beach. Pat kicherte, als ihr einfiel, wie Janis manchmal in das Lokal kam, in dem Pat als Bedie-nung arbeitete, und für sie einsprang, damit sie mal Pause machen konnte. »Sie wissen nicht, wer ich bin«, trompetete Janis dann. »Sie haben mir einen Vierteldollar Trinkgeld gegeben!« Situationen wie diese riefen Janis in die Realität zurück, aber es gab wohl zu wenige von ihnen.

Janis' Leben spielte sich zunehmend in der Ostküsten-Szene ab, weit weg von den antibürgerlichen Attitüden der Westküste. Zu-mindest, wenn sie in Kalifornien war, fand sie in der San Franciscoer Lebensart etwas Rückhalt. Dies half ihr ein wenig, die Aufgaben zu meistern, die ihr wachsender Erfolg ihr aufzwang.

In New York saßen die Menschen, die für Janis das Busineß ver-körperten: Albert Grossman, ihr Manager, Clive Davis, der CBS-Boß, und die Journalisten der gesamten überregionalen Presse. Die Einflüsse, die von hier auf Janis einwirkten, drohten ihre Beziehung zum Rest der Band zu unterminieren. Elliot Mazer erklärte: »Janis' oberstes Ziel war etwas Neues. Sie legte es nicht darauf an, in Las Vegas oder im Fernsehen zur Hauptsendezeit anzutreten; sie wollte in Clubs spielen und Kids anturnen.« Elliot glaubte, daß es bei Pop-Musik mehr um die Vermittlung von Emotionen als um technische

Perfektion ging, und in dieser Hinsicht waren Big Brother and the Holding Company einmalig: »Jeder, der gesehen hat, wie gut diese Band vor Publikum war, hätte lieber das ausbauen sollen anstatt alles verändern zu wollen. Technische Virtuosität hat wenig mit dem zu tun, was das Publikum mitreißt.«

So mancher flüsterte Janis ein: »Du bist besser als die Jungs in der Band. Du solltest dich von ihnen trennen. Sie bremsen dich nur. Sie werden deine Karriere ruinieren, und du wirst wieder ohne einen Penny dastehen.« Janis glaubte, was die Presse über sie schrieb, und trotz ihres Mottos »Bleib dir selbst treu« fing sie an darauf zu vertrauen, daß andere wußten, was das Beste für sie war.

Elliot Mazer zufolge war Alberts Büro keine Zuflucht vor den Zweifeln, die Clive und die Presse äußerten. Nick Gravenites gewann bei seinen Begegnungen mit Albert denselben Eindruck: »Albert sagte: ›Du liebst diese Jungs, aber ich bin mehr an dir interessiert. Ich werde dir einen Deal für zwei Millionen Dollar verschaffen, aber nur *dir*. Den Jungs werde ich nicht das Geld in die Taschen stecken.‹«

So war er eben. Janis war erst fünfundzwanzig Jahre alt und gezwungen, sich zwischen der Loyalität gegenüber der Band und einem traumhaften finanziellen Erfolg zu entscheiden, für den sie ihre Jungs angeblich verlassen mußte. Die ganze Zeit ritt die Presse darauf herum, daß die Band ihr im Weg stand.

Big Brother zeichneten am 29. September einen Auftritt in der Fernsehshow *Hollywood Palace* auf. Der Gastmoderator war Don Adams aus *Mini-Max*. Big Brother traten mit Barbara Eden auf, der *Bezaubernden Jeannie*. Der Abend war eine Katastrophe: Die Musiker standen auf Podesten, und ihre Instrumente hatten nicht mal Kabel, obwohl sie so tun sollten, als würden sie spielen. Statt Live-Musik kamen die Instrumente von einem Band, das Columbia geschickt hatte. Nur Janis sang live. Don Adams versuchte ein paar witzige Bemerkungen, die der Band das Gefühl gaben, er wolle sich beim Publikum für die Musik von Big Brother entschuldigen und für den nächsten Act etwas Besseres versprechen.

Der Druck der Vorwürfe in der Presse und die tatsächlichen Schwächen der Band warfen Fragen nach Veränderungen auf. Dave erinnerte sich, wie Albert einen Wechsel des Lead-Gitarristen vorschlug. James steckte gerade in einer harten Sauf-Phase, und nachdem er eines Abends fast von der Bühne ins Publikum gefallen wäre, fragte Albert die Band, ob sie in Betracht ziehen würde, ihn auszuwechseln. »Niemals«, tönten sie einstimmig; ihr Familiensinn ging ihnen über alles.

Nick erinnerte sich auch, daß Janis ihn anbettelte, Albert zu fragen, ob er sie getrennt von der Band managen wolle. Janis redete mit Sam über ihren Wunsch nach einer Solokarriere und fragte ihn, ob er bei ihr bleiben würde, falls sie eine neue Band gründete. Er sagte zu. An einem Punkt verhandelte sie auch mit Dave darüber, daß er dabeibleiben solle. James zufolge war der letztendliche Bruch in Anbetracht des ganzen Presserummels darüber, ob die Band sich nicht besser auflösen sollte, schließlich eher eine Erlösung, als daß er noch überraschen konnte. Peter ging jedoch an die Decke. Als Janis bei einem Treffen mit der Band ihren Entschluß offiziell bekanntgab, eröffnete sie Sam, daß sie ihn nicht übernehmen würde. Trotzdem half er ihr, eine neue Band zusammenzustellen. Er schlug neue Gitarristen vor und rief diese sogar an, um mit ihnen zu verhandeln. Am Ende entschloß sich Janis doch, Sam zu behalten, und er machte mit.

Janis hatte die Welt des großen Erfolgs betreten und traf nun harte geschäftliche Entscheidungen wie andere auch. Sie liebte die Jungs noch immer, traf sie weiterhin und machte gelegentlich mit ihnen Musik. Aber für ihre Karriere trug sie jetzt ganz allein die Verantwortung.

28. 9. 68

Liebe Familie

Meine Güte, es ist ganz schön viel Zeit vergangen. Oh, & es ist so viel passiert!

Wir sind wieder für 2 Wochen in Kalif. – treten in der Hollywood-Palace-Show auf, also guckt sie Euch an. Dann geht's auf zu unserer letzten Tournee, einer College-Tournee durch den Osten, & wir spielen sogar in Austin – etwa am 25. November. Unser letzter gemeinsamer Gig findet in Hawaii statt, 6. & 7. Dezember. Wir werden da ungefähr eine Woche mit allen Frauen & Freunden verbringen & dann auftreten. Danach erwartet mich meine schwierigste Aufgabe. Ihr erinnert Euch, ich habe erzählt, daß ich Big Brother verlasse & mein eigenes Ding mache. Nun, ich muß die besten Musiker der Welt finden (2 hab' ich schon) & mit ihnen zusammenkommen & arbeiten. Wir werden ziemlich unter Druck stehen wegen der ›Vibes‹, die entstanden sind, weil ich Big Brother verlasse & und auch, weil ich jetzt so berühmt bin. Also müssen wir einfach super sein, wenn wir anfangen aufzutreten – aber das werden wir. Ich steh' auch ziemlich unter

Druck durch die Art und Weise, wie diesmal alles organisiert ist. Ich bin jetzt eine Firma namens Fantality, die alle Musiker engagiert & alle Rechnungen bezahlt – viel mehr Verantwortung, aber auch bessere Chancen für mich, mehr Geld zu verdienen; wenn mein Preis steigt, stecke ich die Überschüsse ein bzw. Fantality. Albert hat mir gesagt – haltet Euch fest! – daß ich nächstes Jahr *\$ 1/2 Million!!* Tantiemen kriegen müßte.

Jetzt verdiene ich aber auch schon ziemlich viel Geld. Ich neige dazu, alles, was ich kriege, sofort auszugeben, aber in letzter Zeit habe ich soviel bekommen, daß ich das gar nicht kann – ich habe alles, was ich brauche, und darüber hinaus mehrere Tausend auf der Bank. Letzte Woche habe ich ein 1965er Porsche-Cabrio gekauft – sehr schick & elegant & außerdem ein tolles Auto. Und einen neuen Plattenspieler & Farbfernseher & noch mehr Klamotten, & Linda und ich sind jetzt im Urlaub – Lake Tahoe & Reno. Unglaublich. Wer hätte das gedacht?!!

Unsere Platte ist eine Erfolgsstory für sich. Wir haben nach 3 Tagen eine Goldene Schallplatte *bekommen! Nächste Woche kommen wir bei Cashbox auf Platz 4 ›with a bullet‹ – das heißt, daß wir wahrscheinlich noch höher steigen.*

Wir haben in letzter Zeit immer größere Konzerte gegeben, obwohl das in Newport mit 20 000 das beste war. Haben kürzlich in der Hollywood Bowl & der Rose Bowl gespielt. Das Fantastischste ist in der Rose Bowl passiert. Wir sind als letzte bei einem großen Pop-Festival aufgetreten – jede Menge Stars. Die Bühne war in der Mitte des Fußballfelds, & die Cops ließen die Kids nicht auf den Rasen in unsere Nähe – Vorschriften. Aber bei unserer Zugabe habe ich sie immer wieder gebeten, die Kids tanzen zu lassen, trotzdem ließen sie sich nicht breitschlagen, also steh ich da, schaue ins Publikum und singe ›Down On Me‹, & plötzlich haben sie die Absperrungen gestürmt, wie eine Welle, & sind aufs Feld geschwärmt. Sie sind zum Bühnenrand gerannt & haben versucht, mich anzufassen. Ich habe runtergegriffen & ein paar Hände geschüttelt und mich dann umgedreht, um die Bühnentreppe runterzugehen, aber als ich da ankam, war alles voller Kids, Tausende, die ihre Arme nach mir ausstreckten. Sie zerrten an meinen Sachen, meinen Ketten, und riefen: »Janis, Janis, wir lieben dich.« Ich war völlig eingekesselt & wurde herumgeschubst, bis die Cops mich retteten & in ein Auto setzten – mußte zur Garderobe fahren. Das Auto war die ganze Zeit von Kids umringt – an den Fenstern, auf dem Dach, an den Kotflügeln, auf der Motorhaube. Bin in bester Beatles-Manier in die Garderobe gelangt, während sie versuchten, die Hintertür einzutreten. Unglaublich! Kann allerdings nicht behaupten, daß mir das nicht gefallen hätte. Mann, ich hab' es geliebt!!

Linda Wauldron war hier – Malcolm ist in See gestochen, & sie ist zu Besuch hier. Sie & ihre 2jähr. Sabina waren (Tinte alle in Tahoe – schreibe in San Francisco weiter) eine Woche bei mir. Das erste Mal, daß ich viel Zeit mit einem Kleinkind verbracht habe – bin fast durchgedreht! Ich bin wirklich froh, daß ich singen kann – ich wäre eine lausige Ehefrau & Mutter. Allzu schlimm war's allerdings nicht. Linda & ich hatten ein paar Dinner-Partys – jede Menge Essen & tolle Männer, einige berühmt, alle toll. Ich erhole mich gerade von einer gestern abend.

Meine neue Wohnung wird wirklich schön – habe ein paar Fotos für den Playboy *(angezogen) in meinem Schlafzimmer gemacht, sind fantastisch geworden! Sieht aus wie ein Harems-Zimmer (wie auch immer das heißt), lauter Fransen & Felle & Madras & Kissen. Müßte im* Playboy *fantastisch aussehen.*

Wo ich jetzt einen Sommer vertrödelt habe, laßt uns über den nächsten reden. Ich würde wirklich sehr gern Mike zu Besuch haben, & ich hab' genug Platz, aber ich kann mich auf keine Termine festlegen, bis wir wissen, wo wir dann sind. Aber laßt uns das ins Auge fassen, okay?

Habe neulich ein paar schöne antike Möbel gekauft – alle viktorianisch & mit Schnitzereien – einen Schreibtisch & einen Kaffeetisch, werden heute geliefert.

Alles, was mir jetzt noch einfällt – paßt auf, daß Ihr Hollywood Palace seht, wir zeichnen es nächste Woche auf, aber ich weiß nicht, wann es gesendet wird.

Alles Liebe XX schreibt mir noch eine Woche nach Haus, dann nach New York ins Chelsea.

XXX Janis

Manchmal rief Janis uns mit den neuesten Nachrichten an, wenn sie zuviel zu tun hatte, um zu schreiben. Nach diesen Telefonaten schrieb Mutter Janis immer Briefe, in denen sie ihre Gedanken und Gefühle hinsichtlich der Themen, über die sie gesprochen hatten, darlegte.

GUTE NACHRICHTEN,

zu hören, daß Singen für Dich Glück ist und die Erfüllung Deines Traumes! Zwar wissen wir nicht, welche Teile der vielen Zeitungsartikel Zitate etc. sind, aber wir WISSEN, daß Du ungeheuren Erfolg bei etwas hast, das Du Dir selbst ausgesucht hast, und daß jeder einzelne Schritt, den Du gemacht hast, das ermöglicht hat. Deshalb beglückwünscht Dich Deine Fami-

lie zu Deinem Glück und Deinem Erfolg und Deinem sich entwickelnden Geschäftssinn und auch zu Deinem Bewußtsein der Notwendigkeit, in Deinem selbstgewählten Beruf zu wachsen, wie Du erwähntest, als Du am Telefon davon erzählt hast, daß Du die Band durch neue Instrumente bereichern möchtest, damit sie neben ihrer natürlichen Begabung auch professionell bestehen können. Wir würden gerne regelmäßig über jeden der Schritte, Pläne, Wege, Formen, Stile und andauerndes Glück von Dir hören. War eine Freude, mit Dir zu reden.

Mutter

Die Herbsttournee 1968 war ein neuer Höhepunkt in Janis' Karriere. Als die Band beim Newport Folk Festival spielte, war Janis begeistert, daß sie zusammen mit ihrem Mentor aus Austin, Ken Threadgill, und ihrer alten Freundin Juli Paul angekündigt wurde. Dort lernte Janis auch Kris Kristofferson kennen.

Für die Band war es jedoch eine Strapaze. Die nach außen hin unterdrückte Trauer darüber, daß Janis sie verließ, überschattete die Beziehungen auf und hinter der Bühne. Dave Getz glaubte, daß Janis ihm während eines langen Schlagzeugsolos die Schau stehlen wollte. Die Band ging von der Bühne, während er spielte. Mitten in seinem Solo tauchte Janis wieder auf und brachte ihm eine zusätzliche Trommel, und das Publikum johlte bei ihrem Erscheinen. Dave war wirklich sauer, als sie wieder von der Bühne ging, und trat die Trommel um. Sie drehte sich um und schrie: »Fuck you!« Nach dem Set fingen sie hinter der Bühne Streit an. Janis jammerte: »Warum hast du die Trommel umgetreten? Ich stand da wie ein Idiot! Ich wollte nur nett sein, als ich die Trommel rausbrachte.« Dave keifte zurück: »Du hast die Trommel nicht rausgebracht, um nett zu sein. Du wolltest mir die Schau stehlen und deinen Arsch wieder auf die Bühne kriegen. Wo du sie hingestellt hast, konnte ich sie noch nicht mal spielen!«

Ein andermal, in Minneapolis, stand Janis nach dem anstrengenden Song ›Road Block‹ am Mikrofon und bedankte sich. Sie war erschöpft und hechelte ins Mikrofon, während sie redete. Peter sagte leise: »Ach, die Lassie-Nummer ist dran!« Sie warf ihm einen wütenden Blick zu und wollte etwas sagen, um ihn zum Schweigen zu bringen. Doch dann beherrschte sie sich, und sie brachten den Set zu Ende.

Big Brother waren in jenem Herbst ausgebucht und traten Anfang November an zehn von sechzehn Tagen auf. Das war hart und hatte seinen Preis. Nach einem Auftritt sagte Janis zum Publikum, als es eine weitere Zugabe verlangte: »Ich kann nicht mehr, Schätzchen.« Der Streß machte sie fertig, sie wurde krank und mußte die Gigs absagen, auf die sie sich am meisten gefreut hatte: Austin und San Antonio.

Sie erholte sich aber rasch genug, um am 23. November in der Houston Music Hall aufzutreten. Mom reservierte telefonisch Tickets für die Familie. Als Janis das erfuhr, rief sie an und sagte: »Mom, ich glaube, ich kann euch freien Eintritt verschaffen. Ihr braucht keine Tickets zu kaufen!« Wir bekamen Ehrenkarten für die erste Reihe und saßen neben den Bowens, Patti und Dave McQueen und anderen Texanern, die mit den Veranstaltern bekannt waren.

Wir kamen gerade rechtzeitig hinter die Bühne, um Zeuge zu werden, wie Janis einen Roadie zur Sau machte, weil er den Vorhang geschlossen hatte, während sie noch auf der anderen Seite war. Sie hatte da draußen festgesessen, bis sie endlich die Öffnung im Stoff ertasten konnte. Patti wandte sich an Pop. »Ich glaube, Sie sollten sie mit nach Hause nehmen.« Pop seufzte und sagte: »Es ist zu spät. Dafür ist es einfach zu spät.« Zuerst war er zusammengezuckt, aber dann versuchte er, die ganze Sache zu ignorieren, als wir Janis umarmten und sie uns in ihre Garderobe geleitete. Ich hatte noch nie eine richtige Star-Garderobe gesehen und war etwas überrascht: Da standen ein oder zwei Sofas, Schminkspiegel mit hellen Lampen und verstreut ein paar Leute, schweigend und glotzend. Es war ziemlich ungemütlich.

Janis und Patti umarmten sich und redeten über ihre so unterschiedlichen Lebensweisen. Janis sagte: »Ich bleibe der Star, Patti. Sei du die Mama.« Sie gab niemandem eine Chance, ihr neues Leben in Frage zu stellen, sie definierte es einfach als außerhalb unseres Erfahrungsbereichs.

Nach einer Weile kam man überein, daß sich die Menge ausreichend verlaufen haben mußte und man riskieren konnte, die Halle zu verlassen. Janis instruierte uns vorsorglich, daß wir so schnell wie möglich zum Wagen rennen sollten, wenn sie ›Lauft!‹ schrie. Die Fans warteten vielleicht, und wir konnten es uns nicht leisten, von ihnen erwischt zu werden. Als wir aus der Halle traten, kam eine Gruppe kreischender Mädchen um die Ecke und schrie: »Da ist Janis!« Sie rief: »Lauft!«, und wir schafften es knapp ins Auto, bevor uns die ausgestreckten Hände der Teenager erreichten. Wir hielten vor Janis' Motel und aßen mit ihr und der Band im Coffee-Shop. Es war mondän, es war ruhig, aber uns fehlte der Small-Talk eines wirklich ungestörten Beisammenseins. Zu bald schon waren wir wieder auf der Neunzig-Meilen-Rückfahrt nach Hause.

Die Geschichte, die Janis 1967 und 1968 immer wieder brav für die Presse wiederholte, war die des getretenen Underdogs, der sich nun revanchierte. Sie schmückte hemmungslos die ›Sie-haben-mich-verletzt‹-Geschichte aus, die den Standpunkt der Hippies von Haight-Ashbury reflektierte, nach dem die Welt ein einziges ›Wir gegen sie‹ war. Einige ihrer Äußerungen waren vergleichsweise milde, aber einmal verstieg sie sich zu der Behauptung, ihre Familie habe sie im Alter von vierzehn Jahren aus dem Haus geworfen. Unsere Eltern verstanden die Welt nicht mehr. Nicht nur, daß Janis die meisten Moralvorstellungen ihrer Generation in den Schmutz zog, sie log nun auch noch öffentlich über ihr Verhältnis zu ihren nächsten Angehörigen. Mom und Pop fühlten sich machtlos und ungerecht behandelt. Das führte zu unterschwelligen Spannungen.

Janis wurde sich langsam einer Veränderung in der Szene und ihrer eigenen Wertvorstellungen bewußt. In einem Artikel der *Los Angeles Times West* vom 24. November sagte sie: »Am allerbesten war Monterey. Das war einer der Höhepunkte meines Lebens. Die Leute dort waren echte Blumenkinder. Sie waren wirklich schön und sanft und völlig offen, Mann. Sowas wird nie wieder passieren. Eine Zeitlang gab es Kids, die glaubten, sie könnten schon dadurch alles besser machen, daß sie selbst besser waren. Und dann waren sie besser, und es hat überhaupt nichts genützt.« Der Reporter fragte: »Bist du deswegen bitter?« – »Im stillen, ja«, erwiderte Janis. »Aber ich war schon immer der Meinung, daß die Menschen beschissen sind und immer lügen werden.«

Janis nahm Abschied von ihrem Traum, dem Traum der Love-Generation. Aber sie nahm den Erfolg, den sie dem Mitschwimmen auf der Hippie-Welle verdankte, mit offenen Armen an. Ihr neues 1965er Porsche Cabriolet Super C war ihr ganzer Stolz. Der einzig gangbare Weg, den plebejischen Charakter seiner Besitzerin herauszustreichen, bestand darin, ihn in ein Hippie-Auto zu verwandeln. Dave Richards, ein Freund und ursprünglich der einzige Roadie bei Big Brother, bemalte den Wagen mit Bildern von Janis und der Band. Was für ein irrer Spaß muß es für Janis gewesen sein, die kalifornischen Freeways entlangzurasen, ein Blitz von Türkis-, Gelb- und Rottönen, das Verdeck heruntergelassen und ihr Haar im Wind.

Das Armaturenbrett war mit einem kotzenden Gesicht bemalt, das die Eingeweide des Lebens in die Welt hinausspie. Ja, das war Janis' Image: einfach alles heraushängen lassen!

Leider fand die geplante Reise der Band nach Hawaii nicht statt. Am 1. Dezember 1968 hatten Big Brother and the Holding Company ihren letzten Auftritt bei einem Benefizkonzert für Family Dog in San Francisco. Wie passend, daß ihr erstes und ihr letztes Konzert am selben Ort mit denselben Leuten stattfanden. Es war das Ende einer großartigen Band. Obwohl nichts mehr wie früher war, liebte Janis die Jungs noch immer. »Janis' Gefühle für Big Brother haben sich nie geändert« betonte Pat.

13

The Band from Beyond

Well, I'm gonna try just a little bit harder
So I won't lose, lose, lose you to nobody else
Well, I don't care how long it's gonna take me
But if it's a dream I don't want nobody to wake me
Yeah, I'm gonna try just a little bit harder

JERRY RAGOVOY und CHIP TAYLOR, ›Try‹

Am 21. Dezember 1968 hatte Janis' neue Band ihre Premiere. Den Sound von Big Brother zu entwickeln hatte fast zwei Jahre gedauert. Mit ihrer jetzigen Band hatte sie vor ihrem Debüt nur zwei Wochen Zeit, um die Stücke einzuüben. Janis hatte noch nie zuvor eine Band zusammengestellt und stützte sich deshalb auf die Ratschläge ihrer Freunde und ihres Managers. Die Erfahrung von Michael Bloomfield und Nick Gravenites waren ihr bei der Auswahl der Musiker und der Entwicklung eines neuen Sounds sehr hilfreich. Beide waren begabte Musiker, Michael war darüber hinaus ein kluger Gelehrter und Musikwissenschaftler. Nick wiederum brachte eine tiefere Dimension in die Musik, indem er sich von der Bibel, insbesondere von den fünf Büchern Moses inspirieren ließ. Doch dadurch, daß sie einfach zusammenkamen und gemeinsam probten, wurde aus den Musikern längst noch keine homogene Band; sie mußten einander wirklich kennenlernen, und das brauchte Zeit.

Janis stand auf Bläser und einen Rhythm-and-Blues-Sound. Aretha Franklin war damals ein Star, und Janis wollte sein wie sie. Im Grunde war sie immer noch in der kraftstrotzenden Musik der louisianischen Sümpfe verwurzelt, die sie in den Bars von Vinton kennengelernt hatte. Die Kultur der Schwarzen hatte sie immer fasziniert, und nun hatte sie die Chance, ihrem Herzen Flügel zu verleihen und ihre Gefühle in den Sound zu kleiden, der sie schon immer verzaubert hatte.

Auch Clive Davis und Albert Grossman nahmen zweifellos Einfluß auf ihren Sound. Elliot Mazer hatte den Eindruck, Clive wollte Janis' rauhen Stil entschärfen und den gemeinen, fiesen Blues rausschmeißen, um eher ein Mainstream-Publikum anzusprechen. Albert dagegen half ihr, einen eigenen Stil zu finden. Wenn sie Wert auf Bläser legte und die ihr helfen konnten, zu einer authentischen Janis zu werden, dann war das ganz in seinem Sinne.

Das Debüt am Samstag, dem 21. Dezember 1968, bestand in einem fünfzehnminütigen Set als zweitletzter Act der Stax-Volt-Show in Memphis – jener Stadt in Tennessee, die in dem Ruf stand, das Tor zum Land des Blues zu sein. Janis und ihre Musiker waren der einzige weiße Act im Programm, der einzige ›Outsider‹-Act. Janis wollte von der ursprünglichen Anhängerschaft dieser Musik akzeptiert werden, aber die schwarze Hälfte des Publikums hatte keine Ahnung, wer sie war; sie kannten weder sie noch den Großteil ihrer Songs.

Janis sang gut, aber die Band war nicht auf der Höhe. »Ein Musiker aus Memphis bemerkte«, berichtete der *Rolling Stone* im Februar 1969, »daß ihnen drei Monate in Hernando's Hideaway, im Club Paradise oder einem anderen Club in Memphis, wo man am Eingang erst mal gefilzt wird, vielleicht eine Ahnung vermitteln würden, worum es beim Blues wirklich geht.« Selbst wenn sie den Sound, den sie wollten, perfekt hinbekommen hätten, wäre ihnen bei diesem Publikum ein Mißerfolg sicher gewesen. Eine Soul/Blues-Band aus San Francisco konnte niemals eine Memphis-Band sein. Es gab kaum Applaus, niemand forderte eine Zugabe. Beredt plauderte Janis mit den Reportern, die das Debüt ihrer Band besprechen wollten, über die Zukunft und die Bedeutung, die der Blues für sie hatte. Sie rauchte eine Zigarette und kicherte: »Wenigstens haben sie keine faulen Eier geworfen.«

Weihnachten kam Janis nach Hause. Michael nahm sie beiseite und gestand ihr, daß er die Schule abbrechen und mit ihr auf Tour gehen wollte. Sie freute sich über sein Vertrauen, riet ihm jedoch: »Laß die Schule nicht sausen. Du brauchst einen Abschluß. Du kannst doch im Sommer zu Besuch kommen!«

Ich erzählte ihr von meinen Erfahrungen am College. Ich war aus dem Studentenwohnheim wieder nach Hause gezogen, weil ich unsere Eltern liberaler fand als meine Kommilitoninnen. Eines meiner schönsten Erlebnisse war eine Aufführung von Oscar Wildes *Ernst sein ist alles!* gewesen. »*Ernst* ist mein Lieblingswort«, tönte ich.

Janis hielt immer noch Kontakt zu ihren texanischen Freunden, die sie telefonisch mit Anekdoten über ihren Erfolg auf dem laufenden hielt. Die Gang traf sich zu einer Weihnachtsparty bei Adrian und Gloria. Janis stolzierte auf der Party umher und verkündete lauthals, sie singe nie ohne ihre Band. Zu ihrer großen Enttäuschung antworteten ihre Freunde: »Na, dann eben nicht.«

Bei dieser Gelegenheit sagte Janis erstmals etwas Negatives über Jim Langdon zu dessen Frau Rae. An jenem Abend war er im oberen Stockwerk und schlief mit einer anderen. Janis stellte Rae zu Rede: »Wie hältst du diese Scheiße aus? Immer noch?« Rae fragte sich auch langsam, warum sie sich in ihre Lage fügte. Warum ertrug und versorgte sie ihn, während er hemmungslos den unkonventionellen, gottlosen und respektlosen Künstler herauskehrte?

Jedesmal, wenn Janis nach Texas zurückkam, wurde sie mit derselben weiblichen Schizophrenie konfrontiert. Sie besuchte Karleen, die verheiratet war und Kinder hatte. Karleen erzählte ihr von den Freuden der Mutterschaft, während sie liebevoll auf ihre kleine Tochter blickte. Sie war eine von den Frauen, die zu Hause geblieben waren, und repräsentierte so den Lebensweg, den Janis nicht eingeschlagen hatte. Und Janis war nicht in der Lage, sich Karleens Gefühlsduselei über ihr Leben anzuhören. Sie hörte nicht auf, ihre Freundin zu bedrängen, sich wie sie tätowieren zu lassen. Es schien fast, als müsse sie um jeden Preis beweisen, daß ihre Lebensweise die richtige war.

Janis und ich gingen am ersten Weihnachtstag zum Lebensmittelhändler, um Zimt für Kekse zu kaufen. Wir fuhren zu dem einzigen Laden, der offen hatte. Janis und ich trugen unseren Festtagsstaat, lange Omakleider. Die Straßen waren wie ausgestorben, und wir hatten das Gefühl, die einzigen Lebenden zu sein. Glücklich, beschwingt und unbekümmert scherzend suchten wir in den Regalen zusammen, was wir brauchten. An der Kasse konnten wir uns angesichts des Aufzugs der Verkäuferinnen kaum noch beherrschen. Wann sonst sieht man schon fünfzigjährige Frauen, die ihre hochgesteckten Haare mit Kunstschnee eingesprüht haben und rote Christbaumkugeln in sorgfältig geformten Nestern auf ihren hochgetürmten Locken tragen? Wir zahlten, und sie wechselten vielsagende Blicke und schnaubten verächtlich wegen unserer langen Kleider und offenen Haare. Wir unterdrückten unser schallendes Gelächter bis zum Parkplatz und platzten dann heraus: »*Die* machen sich über *uns* lustig? Die haben's nötig!«

Es gab auch ruhige Zeiten. Eines Nachmittags fuhren Janis und ich zum Strand. Wir gondelten den langen, schmalen Highway entlang, der sich zwischen den Ölraffinerien hindurchschlängelte, an der Menhadden-Dosenfabrik vorbei und weiter durch das Dorf Sabine Pass. Dann blickten wir auf das meilenweite, grasbewachsene Marschland, das sich über die texanische Küstenebene bis hin zum schmalen Sandstrand erstreckte. Wir parkten, hielten das Gesicht in den Wind und sogen den Duft der texanischen Küste ein, der voll von Geschichten war. Während wir den scheinbar endlosen Streifen betrachteten, in dem die Gezeiten ihre Spuren hinterlassen hatten – eine bogenförmige Spitzenbordüre aus Seetang, Muscheln und toten Quallen –, entspannten wir uns. »Ich wußte gar nicht mehr, wie schön es hier im Winter ist«, seufzte Janis. »Ja«, antwortete ich, froh, daß sie etwas Gutes über unser Zuhause gesagt hatte.

Janis verließ die Zurückgezogenheit unseres Hauses und stürzte sich wieder in den Tumult ihres Lebens. Die Presse in San Francisco nahm es ihr ausgesprochen übel, daß sie Big Brother verlassen hatte. Man faßte ihre Abtrünnigkeit als deutliche Absage an die Werte auf, die die Szene und ihren Ruhm begründet hatten. Janis' Verhalten war einer der Beweise dafür, daß die Bewegung nicht triumphierte, sondern sich allmählich auflöste. Ihr Karrierestreben wurde als egomanische Selbstbeweihräucherung interpretiert, sie war in den Augen der anderen zum Opfer jener finanziellen Verlockungen und jener Ruhmsucht geworden, die die Hippie-Kultur offen verachtet hatte. Aus diesem Grund setzte Alberts Büro den Tourneestart der neuen Band im Osten an.

Die Wochen vor dem 8. Februar 1969 verbrachte die neue Gruppe damit, zu proben und mit dem neuen Sound zu experimentieren. Es gab noch immer keinen Namen für die Band, sondern nur einige scherzhafte Vorschläge: Janis Joplin Blues Church, Janis Joplin's Pleasure Principle, The Squeeze und Janis Joplin and the Sordid Flavors.

Am Dienstag, dem 11. Februar, wurde die Tour offiziell eröffnet. Die vier Konzerte im Fillmore East waren ausverkauft, die Ehrenkarten gingen vor allem an Reporter der Zeitschriften *Time, Life, Look* und *Newsweek*. Mike Wallace war mit einer Fernsehcrew für *60 Minutes* anwesend, um einen Beitrag mit dem Titel ›Carnegie Hall für Kids‹ aufzuzeichnen.

Die Band bestand anfangs aus Sam Andrew an der Leadgitarre,

Terry Clements am Tenorsaxophon, Richard Kermode an der Orgel, Roy Markowitz am Schlagzeug, Terry Hensley an der Trompete und einem nur kurzfristig engagierten Bassisten, Keith Cherry, der später durch Brad Campbell ersetzt wurde. Der einzige Song, den Paul Nelson vom *Rolling Stone* für annehmbar hielt, war ›Work Me, Lord‹ von Nick Gravenites. Den Rest haute er als ›unharmonisch, steif und unspontan‹ in die Pfanne. Die Publikumsreaktion bezeichnete er als ›respektvoll‹. Im Kommentar zu einem Interview, das Nelson nach dem Konzert mit Janis führte, beschrieb er sie so: »Janis scheint eine dieser seltenen Persönlichkeiten zu sein, denen die grundlegende lebenswichtige Selbstdistanz fehlt, die eine Sängerin von ihrem Ruhm und Format doch wohl braucht, und die nötige Portion an ehrlichem Zynismus, den man haben muß, um den Frontalangriff der Medien zu überleben …«

Nelson berichtete auch von Janis' wortreichen Entschuldigungen und Rechtfertigungen für die Band. Sie sagte, der Sound sei noch nicht fertig, und sie suche immer noch einen Produzenten, der die Arrangements lebendiger machen sollte. Außerdem forderte sie, man solle der Gruppe Zeit lassen, sich beim Zusammenspielen richtig kennenzulernen und so weiter. Nelson war überrascht, daß Janis unverblümt nach Komplimenten angelte: »Findest du nicht, daß ich besser singe?« fragte sie. »Also, verdammt noch mal, ich bin wirklich besser, glaub' mir!«

Im *Rolling Stone* wurde auch berichtet, daß einige Fans Janis für besser denn je hielten. Andere mochten sie allerdings mit Big Brother lieber. Einer sagte: »Was sie jetzt macht, ist Unterhaltungsmusik.« Ein anderer meinte, der Erfolg habe »Janis Joplin definitiv verdorben. Diese neue Sache war eine Boulevardkomödie …« Der Reporter schrieb: »Wenn das Eröffnungskonzert auch kein Erfolg war, so war es doch keineswegs ein Desaster.«

Der größte Unterschied zu Big Brother war natürlich, daß die neue Band aus professionellen Session-Musikern bestand. Niemand hielt die demokratischen Band-Ideale hoch, mit denen Janis bisher gelebt hatte. Auch jenseits der Bühne waren die Gruppenmitglieder sehr unterschiedlich. Terry Clements beschäftigte sich mit Yoga und aß Biokost, was in scharfem Gegensatz zu Janis' ständig steigendem Alkoholkonsum stand. Außerdem »war es nicht so interessant, mit ihnen zusammenzusein«, erinnerte sich Sam Andrew, »weil sie nicht vielseitig waren. Sie waren eher eindimensional, interessierten sich nur für ihre Musik. Bei Big Brother hatte Dave einen Magister in bildender Kunst, Peter kannte sich mit Fotografie aus, James war auch nicht ohne, und ich war Sprachwissenschaftler.«

»Janis wollte die Leute in der Band lieben«, erklärte John Cooke. Wie aber hätte sie einen solchen Grad an Zuneigung und Respekt in weniger als zwei Monaten Probenzeit entwickeln können? Obwohl die neue Band sie als Bandleader akzeptierte, wußte Janis nicht, wie sie sich in dieser Position verhalten sollte. Big Brother hatten ihre Entscheidungen durch Abstimmungen gefällt, und Janis hatte überhaupt keine Erfahrung darin, ihren Musikern klarzumachen, wie sie klingen sollten. Die Jungs in der neuen Band wußten mehr über Musik als sie und hatten mehr Erfahrung mit Konzerten und Tourneen. Wenn Janis ihrer Rolle als Bandleader nicht gerecht wurde, würde sich dieses Versagen noch schwerer wettmachen lassen, sobald die Mitglieder erst einmal ihre Positionen gefestigt hätten.

Von den Einschränkungen durch Big Brother befreit, entwickelte Janis ihr Image und baute es weiter aus. Sie sprach nicht mehr über San Francisco und die Bewegung, sondern sie redete nur noch von sich selbst. Einem *Newsweek*-Reporter sagte sie: »Ursprünglich wollte ich keine Sängerin werden. Ich wollte bloß ein ganz normaler Mensch sein wie jeder andere auch. Dann bin ich plötzlich irgendwie in diese Sache mit dem Singen geraten. Und als ich erst mal drin war, wurde es sehr wichtig für mich, ob ich gut war oder nicht ... Es gibt einen Satz, den ich gern auf der Bühne sage: ›Laß dich gehen, und du wirst mehr sein, als du je gehofft hast.‹«

Sie begann damit, ihre Flasche Southern Comfort auf der Bühne offen zur Schau zu tragen. Die Presse erwähnte fast immer, was sie wann schluckte. Die *Detroit Free Press* nannte sie ›die 100prozentige Janis Joplin‹. *Newsweek* berichtete, ihr spätes Frühstück bestehe aus »einem unschönen Gebräu, offensichtlich aus Schnaps und Schokoladensirup«. Backstage-Geschichten erzählten von ihrer hemmungslosen Qualmerei und daß »sie sich unentwegt aus einer Ansammlung von Schnapsflaschen auf dem Tisch einen eingoß«. Die Band soll gewitzelt haben, Janis sei nicht psychedelisch, sondern psychoholisch. In der Presse tauchten oft Alkohol-Anekdoten auf, wie zum Beispiel die, daß sie einen ganzen Nachmittag lang ein Glas süßen Wermuts auf Eis nach dem anderen getrunken habe. Janis verkündete, sie glaube daran, »sich zu bedröhnen und glücklich zu sein«.

Eines Abends sprach eine schwarze Blues-Sängerin, die mehr Erfahrung hatte als sie und sich um Janis Sorgen machte, sie hinter der

Bühne an. »Du wirst deine Stimme verlieren, wenn du weiter so trinkst«, mahnte sie Janis. Die Warnung setzte sich in ihrem Kopf fest, aber noch war sie nicht enttäuscht genug von ihrem Leben, um darauf zu hören.

Das *New York Times Magazine* zitierte sie: »Ja, ich weiß, daß ich's vielleicht übertreibe. Das hat mir zumindest ein Arzt gesagt. Er sah mich an und sagte, meine Leber wäre etwas vergrößert, geschwollen, weißt du. Wurde ganz melodramatisch: ›Wie kann ein nettes, talentiertes Mädchen sich nur so etwas antun‹ und ähnliches Blabla. Zu dem gehe ich nicht mehr. Mann, lieber dreh' ich zehn Jahre irre auf, als 70 zu werden und bis dahin bloß in einem gottverdammten Sessel vorm Fernseher zu hängen. Jetzt leben wir, warum warten?«

Sie spielte mit der Faszination, die die sexuelle Komponente ihrer Musik und ihrer Bühnenpersönlichkeit auf die Presse und das Publikum ausübte. Sie stöhnte über das langweilige Leben auf Tour: »Jungs haben auf Tourneen wenigstens Mädchen, die sie aufreißen können, aber welche Jungs kommen schon zu meinen Konzerten – vierzehnjährige, Mann.« Sie beschrieb Musik in sexuellen Begriffen: »Ich kann über meinen Gesang nicht reden, ich bin völlig hin und weg … wie wenn man sich zum ersten Mal verliebt. Es ist mehr als Sex, ganz bestimmt. Es ist dieser Zustand, den zwei Menschen erreichen können und den man dann Liebe nennt, irgendwie so, wie wenn man jemanden zum ersten Mal richtig berührt, aber es ist gigantisch, durch das ganze Publikum multipliziert. Mir läuft es kalt über den Rücken, irre Gefühle streicheln meinen ganzen Körper, es ist eine umwerfende emotionale und physische Erfahrung.«

»Eine Intellektuelle zu sein wirft eine Menge Fragen auf und gibt keine Antworten«, sagte Janis im Februar einem *Newsweek*-Reporter. »Man kann sein Leben mit Ideen füllen und trotzdem einsam nach Haus gehen. Das einzig Wichtige, was man hat, sind Gefühle. Das ist es, was Musik für mich bedeutet.«

Im selben Monat sagte sie Paul Nelson vom *Rolling Stone*, sie suche immer noch nach einem Bandnamen, und alberte lachend mit ›Janis Joplin and the Joplinaires‹ herum.

Zumindest hatte sie freie Bahn, sich ungehindert dem Blues zu widmen. Im Februar erhielt die Band segensreichen Zuwachs durch einen großartigen neuen Musiker: Cornelius ›Snooky‹ Flowers, zudem noch ein Schwarzer. Sein Können verhalf der Band schließlich zum Erfolg. »Mit uns öffnete sie sich musikalisch«, erinnerte sich Snooky. »Bei Big Brother gab es nur zwei oder drei Akkord-wechsel, wir brachten Janis erst richtig auf Trab.« Snooky nannte sie ›Little Mama‹ und war immer nett zu ihr. Er hatte eine besondere Beziehung zu Janis, weil er ganz in der Nähe unserer Heimatstadt aufgewachsen war: in Lake Charles, Louisiana. Snooky half, die Band zusammenzuschweißen, weil er etwas besaß, das Sam Andrew als ›joie de vivre‹ bezeichnete, eine einzigartige Eigenschaft, die die Stunden, die sie miteinander bei der Arbeit verbrachten, amüsanter machte.

Die meisten Musiker in San Francisco unterstützten Janis' Ambi-tionen und wünschten ihr alles Gute, aber die Wut des Publikums und der Presse über ihr neues Experiment nahm kein Ende. Hatte sie einen ungeschriebenen Vertrag mit ihren Fans gebrochen? War es zu gewagt, etwas Neues zu versuchen, während das Publikum wieder und wieder ›Down On Me‹ von ihr und Big Brother hören wollte? Die ersten Monate mit der neuen Band stellten ihre Über-zeugung, sie würde eine erfolgreiche Solosängerin werden, auf eine harte Probe, so zuversichtlich sie sich auch gab. Immer wieder be-drängten sie Zweifel: »Werde ich es alleine nicht schaffen?« – »Hätte ich bei Big Brother bleiben sollen?«

Mitte März wagte sich die Band nach Kalifornien, um vor einer feindseligen Westküsten-Hörerschaft und -Presse zu spielen. Der Druck der Medien mag einer der Gründe gewesen sein, mit dem sie ihren wachsenden Heroinkonsum vor sich selbst rechtfertigte. Viel-leicht aber hielt sie es einfach nur für ›angesagt‹, denn schließlich wurde die ganze Haight-Ashbury-Szene 1969 Opfer einer Heroin-Epidemie. Eines Tages im März fand Linda Gravenites Janis blau an-gelaufen auf dem Fußboden. Wenigstens wußte sie, wie sie Janis nach dieser Heroinüberdosis wiederbeleben mußte. »Lauf! Du mußt laufen!« kommandierte sie und zwang Janis, die kalifornischen Hügel um ihr Haus herum bis drei Uhr morgens auf- und abzuwan-dern. Janis nuschelte: »Was ist passiert, Linda?« Sie antwortete: »Du hast versucht, zu sterben!« – »Nein«, sagte Janis und ignorierte Lin-das Warnung.

Ohne es zu wissen, flirtete Janis mit einer tödlichen Drogenkom-bination: Alkohol und Heroin. Heroin allein, selbst in hohen Dosen, bringt selten jemanden um. Zusammen eingenommen, verstärken sich beide Drogen aber gegenseitig in ihren Wirkungen und können zum Atemstillstand führen. Das Resultat ist Tod infolge eines Lun-genödems – einer Schwellung des Lungengewebes durch Wasser.

Indem sie zusätzlich zu dem von ihr bevorzugten Alkohol noch Heroin spritzte, setzte Janis also ihr Leben aufs Spiel.

Völlig blind gegen die Probleme um sie herum, konzentrierte sich Janis ganz auf ihren beruflichen Erfolg. Bei den fünf kalifornischen Auftritten der Band im März hatte sie noch hart zu kämpfen. Zu ihrem Repertoire gehörten unter anderem ›Maybe‹ von den Chantels, ein altes R&B-Stück aus den späten Fünfzigern, der Hit ›To Love Somebody‹ von Robin und Barry Gibb und sogar ein Song von Rogers und Hart, ›Little Girl Blue‹.

Janis rief zu Hause an, um mir zum Geburtstag zu gratulieren und mit ihrem bevorstehenden Auftritt bei der *Ed Sullivan Show* anzugeben. »Mama, Mama, rate mal, was sie mir für diese eine Show zahlen.« Mutter antwortete: »Du hast jeden Penny verdient, Liebes.«

Am 16. März 1969 war Janis zu Gast bei Ed Sullivan. Dieser Auftritt markierte den Höhepunkt ihrer Erfolge sowohl beim Publikum als auch bei den Mächtigen der Plattenindustrie. Sie trug eine grell pinkfarbene Satinbluse, Hosen in einem dunkleren Pinkton und eine offene Weste, die von Goldkettchen zusammengehalten wurde. Vor einem tobenden Publikum sang sie ein triumphales ›Maybe‹. Für ihren Auftritt experimentierte man in der Sendung sogar mit einem zeitgemäßen psychedelischen Bildhintergrund: Sich überlagernde Bilder der Band wurden mit schwirrenden schwarzen und weißen Linien überblendet. Am Ende der Show versammelten sich alle Acts auf der Bühne, inklusive Ed Sullivan. Janis schwärmte Tante Mimi gegenüber: »Du glaubst es nicht! Wenn er einen nicht zu sich bittet, um einem die Hand zu schütteln, ist man ein Niemand.« Als Sullivan Janis zum Abschied die Hand reichte, strahlte sie so hell wie ein Stern am Himmel. Dieser Moment bedeutete ihr alles auf der Welt. Sullivan sagte: »Danke«, und Janis' Herz schrie: »Ja, ja, ja!«

Nach der Show trafen sich alle im Max's Kansas City. In seinen unveröffentlichten Memoiren schrieb Sam Andrew von einer großen zusammengewürfelten Gruppe, zu der Larry Rivers, Edie Sedgwick, Andy Warhol, Bobby Neuwirth, Rip Torn und Debbie Harry gehörten. Tiny Tim zog mit seiner Ukulele in einer Papiertüte herum, Salvador Dalí tauchte aus der Menge auf und plauderte mitten in diesem Hexenkessel ein Weilchen mit den Gästen der Show.

Janis war immer noch dabei, an den Songs zu feilen. Sie arbeitete mit jemandem in New York zusammen, der die Noten transkribierte, die Musik arrangierte und die Vokalharmonien korrigierte. Alles fügte sich zusammen. Ein Monat in Europa ließ die Band hoffen. Endlich sprang der Funke der Musik, die sie im Sinn hatten, auf das Publikum über. Die Presse war voll von euphorischen Berichten, wohin die Band auch kam. Die europäischen Konzertbesucher hörten einfach zu, ohne durch Big Brother voreingenommen zu sein. Sie kamen zu den Auftritten, um Janis zu lieben, und sie fanden sie ihrer Verehrung uneingeschränkt würdig.

Ein Höhepunkt der Tournee war der Auftritt in Frankfurt vor lauter GIs. Nach einer aufwühlenden Zugabe kündigte Janis an, daß sie im Anschluß eine weitere Show fürs Fernsehen aufzeichnen würde. Jeder, der bleiben wollte, war willkommen. Die meisten blieben. Am Ende stürmten sie die Bühne und tanzten neben der Herrscherin des ›Get-It-While-You-Can‹-Rock-'n'-Roll.

Auch das Konzert in der Londoner Albert Hall war ein Riesenerfolg. Die Aufnahme, die Bobby Neuwirth nach der Show in der Garderobe mitschnitt, dokumentierte, wie Janis aufgekratzt blubberte: »Das war Dynamit, Mann! Ich war in zwei Jahren nicht so gut drauf, Mann... Ist euch klar, was für ein Glück wir haben?... Wir haben wirklich den Durchbruch geschafft, und ich dachte, das packen wir nie. Seit wir hier [in Europa] sind, sind unsere Zuschauer irgendwie die besten. Wir haben immer gedacht: ›Oh, Wahnsinn! Das ist wirklich toll von ihnen.‹ Aber jeder sagt: ›Erwartet das nicht von einem britischen Publikum. Erwartet am besten gar nichts von denen, Mann.‹ Als sie aufstanden und anfingen zu tanzen, war das wie ein großer, heißer Adrenalinstoß. ›Oh, yeah!‹ war alles, was wir sagen konnten. Es war, als sei eine ganz neue Tür aufgegangen, eine ganz neue Möglichkeit, auf die man nie gekommen wäre, als ob man plötzlich ganz frische Luft zum Atmen hat, vielleicht...«

Janis war zum ersten Mal in Europa. Trotz ihres prall gefüllten Terminkalenders besuchten sie und Bobby Neuwirth Kunstmuseen, um sich die großen Meisterwerke anzuschauen, die Janis in ihrer Zeit als Malerin studiert hatte. Sie ging in London ins Theater und sah eine Inszenierung des Musicals *Hair*. Hier erwachte auch ihre alte Freude an gewagten Provokationen wieder. Als sie nach dem Theater in einem Pub einen Proll angeschnauzt hatte, rannte sie zu Linda Gravenites und rief: »Er hat mich geschlagen! Hast du das gesehen?« Auf solche Art hatte sie die Realität lange nicht mehr herausgefordert.

John Cooke rief aus: »Mit der Band konnte man wirklich Spaß haben! Besonders in Europa gab es ein paar tolle Konzerte, und allen ging es gut.« Janis hatte allen Grund anzunehmen, daß sie zu der homogenen Live-Blues-Band geworden waren, die sie gewollt hatte. Mit Sicherheit war jetzt alles gut! Dann erwischte ausgerechnet ihr treuer Freund Sam Andrew, den sie liebevoll ›Sam-O‹ nannte, am Abend des Auftritts in der Albert Hall bei einer Party zur Feier des überwältigenden Erfolgs der Band eine Überdosis. Wieder einmal war Linda Gravenites zur Stelle. Janis und Linda setzten Sam in eine Badewanne voll eiskaltem Wasser und schüttelten ihn immer wieder, um ihn bei Bewußtsein zu halten. Sam trotzte all ihren Bemühungen und schien sich fast zu weigern, zu atmen. Schließlich überwand er die Krise. Janis auch, aber es schien, als hätte sie nichts daraus gelernt.

»Ich war diejenige, die ihr auf eine Art, die sie akzeptieren konnte, sagen mußte, daß sie auf dem falschen Dampfer war«, seufzte Linda. »Sie konnte ganz schnell richtig trotzig werden. Ich haßte das Zeug! Ich haßte es einfach! Ich fragte Janis, warum sie fixte, und sie sagte: ›Ich will verdammt noch mal nur ein bißchen Frieden, Mann.‹«

Heroin benebelt wie Alkohol die Sinne. Es spricht Menschen an, die unter einer unbezähmbaren inneren Unruhe zu leiden haben, einer nach innen gekehrten Dynamik, die Fragen um Fragen stellt. Sowohl Heroin als auch Alkohol können bei bestimmten Formen von Streß und Konflikten ›erste Hilfe‹ leisten. Janis litt zweifellos an Angstzuständen, und dies wurde durch ihre herausragende Position und den Mangel an anderen stabilisierenden Mechanismen noch verschlimmert. Durch ihren maßlosen Alkoholkonsum und eine übermäßig zuckerhaltige Ernährung verstärkte sie das Gefühl der Orientierungslosigkeit, unter dem sie ohnehin schon zu leiden hatte. Je mehr Hilfsmittel von außen sie benutzte, desto größer wurden ihre Stimmungsschwankungen und um so mehr brauchte sie etwas zur Beruhigung. Statt zu helfen, machten die Mittel alles nur noch schlimmer. Janis dokterte ständig an sich selbst herum, vor allem mit Alkohol und 1969 mit Heroin – ein gefährlicher Teufelskreis.

Für psychedelische Drogen, die eine entgegengesetzte Wirkung haben, interessierte Janis sich nie. Diese Mittel kurbeln die Vorgänge im Innern an, indem sie die Komplexität und die Intensität der alltäglichen Erfahrungen übersteigern. »Durch Heroin wurde sie zu einem grauen Schneckenhaus, und ich hatte doch ihr wahres Ich gern, nicht diesen schlaffen Niemand«, erklärte Linda Gravenites. Linda war am Ende ihrer Geduld, sie wollte sich mit der Droge nicht länger abfinden. Sams Krise in London überzeugte sie davon, daß sie eine Pause nötig hatte. Linda entschied sich, in England zu bleiben, als die Tournee in den Staaten fortgesetzt wurde. Daß George Harrison, einer der Beatles, eine ihrer kunstvoll handgearbeiteten Jacken haben wollte, kam ihr als Entschuldigung gerade recht.

Bei der Rückkehr nach New York hörte Janis, daß James Gurleys Frau Nancy an einer Überdosis Heroin gestorben war. James und Nancy hatten allein im Wald gezeltet und in ihren Schlafsäcken unter den malerischen Pinien im Heroinrausch vor sich hin gedämmert. James wurde des Mordes angeklagt, weil er ihr das Dope injiziert hatte. Was taten Janis und Sam, als sie das hörten? Klar, sie zogen los, besorgten Stoff und setzten sich gemeinsam einen Schuß. Es war so eine entsetzliche Neuigkeit, daß sie einfach fliehen mußten. Janis schickte James fünfundzwanzigtausend Dollar, damit er die Verhandlungskosten bezahlen konnte.

Es war nicht so, daß niemand in Janis' Umfeld sie zum Aufhören bewegen wollte. »Snooky war klasse«, erinnerte sich Sam. »Wenn es nach ihm gegangen wäre, hätte alles anders ausgesehen. Er hatte keine schlechten Angewohnheiten oder so. Er war in Vietnam gewesen, er wußte Bescheid über Drogen, und er nahm keine. Er war eine Art Prediger.« Dennoch vertrat Janis Sam gegenüber den narzißtischen Wunschtraum eines jeden Drogenkonsumenten: »Mir passiert schon nichts, ich komme aus einer zähen Pionierfamilie!« Auch Bobby Neuwirth versuchte sie dazu zu bewegen, die eine Droge, Heroin, durch die andere zu ersetzen: Alkohol.

Zurück in den Staaten, erwartete die Band, das amerikanische Publikum würde sie mit dem gleichen Enthusiasmus empfangen wie die Zuschauer und die Presse in Europa. Falsch gedacht! Die Amerikaner wußten nichts von den Triumphen, die Janis anderswo gefeiert hatte, und hackten weiter auf der Band herum. »Janis nahm sich die Schmähungen der Medien wirklich zu Herzen«, sagte Snooky seufzend.

Ende April und in der ersten Maihälfte tourten sie wieder an der Ostküste. Janis wohnte im Chelsea Hotel in New York und flog am Wochenende zu den Auftritten. Sie haßte New York, denn diese Stadt repräsentierte alles, was sie nicht sein wollte, hier war sie den Verlockungen einer Gesellschaft ausgesetzt, gegen die sie rebellierte. Die Menschen waren anders, und das Leben war viel rasanter. In New York mußte sie sich auf das ›Bizness‹ statt auf die Kunst konzentrieren.

Alberts Büro war in New York, ebenso das Hauptquartier der Columbia. So mußte Janis sich auch in Presse-Interviews und Empfänge fügen, die ihre Presseagentin Myra Friedman für sie arrangierte. Myra war eine ganz besondere Freundin für Janis, sie brachte Abwechslung in die Monotonie, die das ständige Zusammensein mit männlichen Musikern bisweilen darstellte. Bennett Glotzer, Alberts Partner, erklärte, eine von Myras Aufgaben im Büro habe darin bestanden, Janis eine Gefährtin zu sein, wenn diese in New York war. Für die meisten Menschen war Janis eine humorvolle, hinreißende und inspirierende Freundin.

Janis' Zeitplan gab ihr vom 12. Mai bis zum 16. Juni frei für einen dringend benötigten Urlaub. »Beim Herumreisen sieht man nichts als Flughäfen, Holiday Inns und Sporthallen von innen …«, klagte sie. »Der Erfolg stellt sich einem in den Weg. Es liegt so viel unausgesprochener Mist in der Luft, daß man sehr allein ist.« Als sie wieder in Kalifornien war, erklärte sie gegenüber Pat Nichols: »Nie wieder! Ich kann diese One-Night-Stands und diese kleinen Zimmer nicht mehr ertragen!« Trotzdem dachte Janis keinen Moment daran, aufzugeben. Ich bin sicher, sie haßte diese Aspekte ihres Lebens wirklich, aber ich glaube, ihr Gejammere war zugleich ambivalent, so, als wollte sie protzen: »Ist das nicht wunderbar schrecklich? Ich bin so erfolgreich, daß ich all das durchmachen muß!«

Die Band verbrachte vom 16. bis 26. Juni zehn Tage in Los Angeles, um ein neues Album aufzunehmen. Als sie in Hollywood ankamen, landeten sie gleich auf einer Party bei Tom Wolfe, dem Mann in Weiß – ein moderner Mark Twain, wie Sam Andrew sagte. Hollywood war nicht ihre Welt, aus diesem Stadtteil quoll etwas weiches Böses, wie Sam es nannte, eine Begeisterung für Image, Oberflächlichkeiten, das bedeutungslose Äußere; für das wahre Wesen der Menschen und Dinge interessierte sich hier niemand. Die allgemeine gesellschaftliche Malaise jener Zeit trug zu Janis' unterbewußter Lebensangst bei: das Bombardement von Vietnam wurde verschärft, Senator Edward Kennedy stürzte mit seinem Auto von einer Brücke, und seine Begleiterin Mary Jo Kopechne ertrank. Sogar die Börsenkurse fielen.

Die Band wohnte im Landmark Hotel in Los Angeles. Janis rief Sam Andrew in ihr Zimmer, und sie setzten sich gemeinsam einen Schuß. Hinterher, als die Chemie ihnen beiden zur Entspannung verholfen hatte, erklärte sie Sam, seine Dienste würden nicht länger benötigt. Als er nicht reagierte, wollte sie wissen: »Hey, willst du mich nicht fragen, warum?« Sam antwortete, es sei egal, er habe sowieso gehen wollen. Janis murmelte nur: »Wahrscheinlich hast du recht.« Eine Woche später bat sie ihn, zu bleiben, bis sie einen neuen Gitarristen gefunden habe, und er war froh, daß er sich großzügig zeigen konnte, indem er zustimmte.

Das Album, mit dem sie im Studio rangen, sollte den Titel ›I Got Dem Ol'Kozmic Blues Again Mama!‹ bekommen. Der Ausdruck *kozmic blues* war ein echt joplinesker Hammer, der die ehrliche Angst vor dem Tod mit dem abgehobenen Dreh der Schreibweise von *cosmic* vereinigte. Das Ergebnis war eine Wendung, die sich über sich selbst lustig machte, weil sie nicht ernst genommen werden durfte.

Gabriel Mekler, der Produzent der Platte, war ein alter Hase, dessen Hauptsorge sich darauf konzentrierte, wer wichtig war und wer nicht. Das war eine weitere Zerreißprobe für die ohnehin gespannten Beziehungen innerhalb der Band. Die erfahrenen Musiker murrten und schimpften vor sich hin, weil Mekler ihre Vorschläge ignorierte und den größten Teil seiner Energie auf Janis, den Star, verwendete. Das vergrößerte den Riß zwischen Janis, die ihrer Position als Bandleader nicht ganz gewachsen war, und der Gruppe erfahrener Einzelgänger, die wenig mehr verband als eine gemeinsame Einkommensquelle.

Als sie im Juli wieder an der Ostküste tourten, nannte Janis ihre Gruppe ›The Band from Beyond‹, die Band aus dem Jenseits. Später bekam sie den Namen Kozmic Blues Band, nach dem LP-Titel. Diese Platte war längst nicht so erfolgreich wie die anderen, aber sie dokumentiert auf großartige Weise Janis' Stil.

Die Mitglieder der Band wechselten häufig, ein Symptom für Janis' Unsicherheit, welche musikalische Richtung sie einschlagen sollte. John Cooke beschrieb die verschiedenen Phasen der Band im *Rolling Stone* vom 12. November 1970:

Die einzigen beiden Musiker, die während des ganzen Jahres, das die Kozmic Blues Band existierte, dabei waren, sind Brad Campbell [Bass] und Terry Clements [Altsaxophon]. Am Anfang war Bill King der Organist, aber nach zwei Gigs war die Army hinter ihm her, und er wurde durch Richard Kermode ersetzt, der bis zum Schluß blieb. Roy Markowitz war etwa die Hälfte des Jahres der Drummer, für eine Woche gefolgt von Lonnie Castille [für einen Teil der Aufnahmesessions] und dann von Maury Baker. Nachdem Sam Andrew die Band verlassen hatte, brachte John Till seine Gitarre mit zur Band und blieb von da an bei Janis. Marcus Double-

day spielte für eine kurze Zeit Trompete und beschloß dann, daß Tourneen nicht mehr sein Ding waren. Ihm folgten zuerst Terry Hensley und dann Luis Gasca, der über acht Monate bei der Band blieb ... In den letzten paar Wochen wurde Luis durch Dave Woodward ersetzt. Snooky Flowers [Baritonsaxophon] kam schon ziemlich früh zur Band und blieb bis zum Schluß dabei.

1969 war Janis ein echter Star. Sie hatte am 18. Juli ihre zweite *Dick Cavett Show* aufgezeichnet, ein Zeichen ihres Erfolges auch bei den Intellektuellen. Diesmal trat Janis in einer rosaroten Satinbluse mit V-Ausschnitt und passenden Schlaghosen auf, einer goldenen Netz-Weste oben drüber, außerdem mit den charakteristischen Perlenketten, Hunderten von Armreifen und einer Vielzahl von Ringen. Stolz trug sie Sandalen mit goldenen Absätzen und rote Strümpfe, die auf ihr Outfit abgestimmt waren. Sie war an jenem Abend glücklich, entspannt und gut in Form. Als erstes Stück sang sie ›To Love Somebody‹ und später ›Try‹.

Janis sprach über ihre bevorzugten Themen: warum sie anders als andere Sängerinnen wirkte, wie sie über die Tourneen dachte, ob Cavett ›Soul‹ hätte oder nicht. »Du hast's, jeder hat's«, sagte sie und scherzte, sie würde »lernen, organisches Brot zu backen, und Babys bekommen«, wenn es mit ihrer Karriere zu Ende ginge. Janis sprach wiederholt über Kritiker. Einer hatte gefragt: »Kann ein Rock-Star, der Hunderttausende von Dollars verdient, Blues singen?« Janis schäumte vor Wut über diese Frage und erklärte: »Wenn man da raufgeht und spielt, hat das nichts mit Geld zu tun. Beim Spielen geht es um Gefühl ... Es geht darum, all die Gefühle zuzulassen, die man in sich hat.« Etwas später warf sie eine Bemerkung über die sinnentleerte Uferlosigkeit der Kritiken ein: »Ich habe Seiten über Seiten von Vergleichen gelesen – ›Mir fiel der Shelenberg-Einfluß bei diesem bestimmten Riff auf‹ –, wo der Typ doch nur ›suubey-doobey‹ gemacht hat.« Sie bemerkte auch, daß die Schreiber oft mehr über sich selbst erzählten als über das, was sie zu beschreiben vorgaben. Das falle dem Leser besonders dann auf, wenn er selbst bei dem Ereignis dabei gewesen sei, über das der Kritiker angeblich berichtete.

In jener Show trat Janis unter anderem mit dem Committee auf, einer Improvisations-Theatergruppe, die damals fünfundzwanzig Mitglieder zählte und drei Stützpunkte hatte: in San Francisco, Los Angeles und New York. Sie inszenierten eine ›Soul-Stunde‹, wobei ein Schwarzer einem Weißen Gehen und Sprechen beibrachte. Die Schlußnummer war eine ›Symphonie der Emotionen‹, bei der alle Schauspieler und Show-Gäste jeweils eine Emotion verkörpern mußten. Cavett war die Liebe, und Janis spielte die Frustration. Ein Dirigent leitete das Zusammenspiel von etwa zehn Menschen, die alle gleichzeitig Gefühle zeigten.

Am 8. September folgte die Aufzeichnung der Fernsehshow *Music Scene*. Das Committee präsentierte die Show, und Pat Paulsen und Janis waren unter den Gästen. Janis gehörte zu der Gruppe privilegierter Stars, die am Abend der Ausstrahlung zu einer Party bei Tommy Smothers eingeladen waren, mit der eine Tournee von Donovan eingeleitet wurde. Zuerst sang Donovan auf einem mit einem Kissen gepolsterten Sprungbrett hockend ein paar Songs, und dann versammelte sich die Gruppe vor dem Fernseher, um sich selbst anzusehen. Weitere Partygäste waren Andy Williams, Mama Cass, Peter Fonda, Mason Williams, Stephen Stills und Graham Nash. Das sollte Janis' Freizeit sein? Die Annahme, daß sie sich in dieser Art von Gesellschaft entspannen konnte, war lächerlich. Sie war statt dessen in einem Laufrad hängengeblieben, auf dem in Großbuchstaben JANIS JOPLIN stand.

Allmählich zeigte der Lack des Ruhms Sprünge. Ein Jahr zuvor hatte sie sich manchmal noch wie ein Groupie verhalten, doch 1969 erklärte sie: »Als ich Bob Dylan das erste Mal traf, habe ich ihn nicht erkannt. Genauso George Harrison. Die Leute sehen im wirklichen Leben anders aus, sie sind immer kleiner, als man denkt.« Sie erkannte, daß der Ruhm sich anders auf ihr Privatleben auswirkte, als sie das erwartet hatte. »Der Erfolg ist hinderlich«, erklärte sie *Newsweek*. »Man hat etwas an sich, das größer und wichtiger ist, als nur mit Leuten zusammenzusein. Ich kann nicht mehr einfach auf der Straße herumhängen. Wenn ich jetzt Leute treffe – außer meinen Freunden –, herrscht eine künstliche Atmosphäre, die Leute reden aus den falschen Beweggründen mit einem.«

Als die LP *Kozmic Blues* erschien, gab die CBS Janis einen Haufen Platten zur eigenen Verwendung. Sie stapelte sie zu Hause auf, bereit, sie an ihre Freunde zu verteilen. Gemeinsam mit Pat Nichols lud sie zwei Hell's Angels zu einer Geburtstagsfeier ein. Befreundete Angels stürmten durchs Fenster herein und konnten dem einen halben Meter hohen Plattenstapel nicht widerstehen. Während sie sich bedienten, schrie Janis: »Raus hier!« Sie erwartete Unterstützung von ihren vermeintlichen Freunden, besonders, als einer der nicht

Eingeladenen ihr eine scheuerte und sie zurückstieß. »Wenn du einen von uns einlädst, lädst du alle ein«, sagten die beiden. Hilflos mußten Janis und Pat zusehen, wie die Meute wieder verschwand – und die meisten der Platten mit ihnen.

Das herausragendste Ereignis unter dem Banner des Rock 'n' Roll, der Liebe und der Gemeinschaft fand am 15. und 16. August 1969 auf May Yasgurs Milch-Farm in der Nähe von Woodstock, New York, statt. »Der Ansturm von Menschen führte zum Ausnahmezustand – Nahrungs- und Wassermangel, überlaufende Toiletten, medizinische Notfälle«, schrieb John Morthland in *The Rolling Stone Illustrated History of Rock & Roll*. »Der Regen verwandelte das Festivalgelände in eine gigantische Schlammpfütze. Die Liste der auftretenden Talente war die großartigste, die jemals zusammengestellt wurde, aber kaum jemand hörte die Musik, und kaum jemanden kümmerte es.« Über 100 000 Zuschauer hatten keine Eintrittskarte und vergrößerten damit die bereits vorhandenen logistischen Probleme. Die Menge begnügte sich mit der Hilfe der Rockstars und den Spenden der Promoter und löste ihre Probleme allein. Morthland schrieb: »Woodstock wurde zum Symbol jugendlicher Solidarität.«

»Eine ganz neue Minderheit«, zitierte *Newsweek* Janis' enthusiastische Reaktion auf dieses Ereignis. »Wir sind wahnsinnig viele, viel mehr, als alle bisher glaubten. Und wir haben uns immer für einen kleinen Haufen Spinner gehalten.« Diese Zeiten waren vorbei. Woodstock kündigte die Übernahme Amerikas durch die Jugend an – die Rebellion beschränkte sich nicht mehr auf Kalifornien, sie fegte durch das ganze Land.

Vom Auftrittsort war es nur eine kurze Fahrt zu Albert Grossmans Haus, und wer eingeladen war, bei ihm zu wohnen oder zu essen, konnte sich als Mitglied der Elite fühlen. Janis und andere Musiker kauften Essen und brachten es zum Festival, um es zu verschenken, erzählte sie mir später. Gemessen an den Strapazen des Regens, des Windes, des Schlamms, der unzureichenden Toiletten und des allgemeinen Chaos, das dadurch entstand, daß eine mittelgroße Stadt in ein paar Tagen von Menschen geradezu überschwemmt wurde, war diese Aktion allerdings nur ein Tropfen auf den heißen Stein.

Die Presse bezeichnete Woodstock als Glanzleistung der Love-Culture, aber auch die Liebe hatte nichts an Janis' Entschluß geän-

dert, Sam Andrew gehen zu lassen. Er hatte still seine Gitarre eingepackt und die Band nur drei Gigs vor dem Ereignis verlassen. Sam
glaubte, Janis brauche eine musikalische Veränderung, aber vielleicht war es mehr als das: Er stellte die letzte Verbindung zu ihren
Rock-Ursprüngen bei Big Brother dar und war wahrscheinlich ihr
bester Freund in der Band gewesen. Schon oft hatte er Janis gesagt,
es gebe bessere Gitarristen als ihn und er wisse nicht genau, warum
sie ihn so lange behalten habe. Daß sie ihn jetzt ziehen ließ, war vielleicht ein weiterer Schritt auf ihrem Weg zum langfristigen professionellen Erfolg. Zweifellos war es schwer für sie, Sam zu feuern,
wie vernünftig ihr die Gründe auch erschienen sein mögen. Obwohl
es Gerüchte über eine Affäre zwischen den beiden gab, schliefen sie
erst kurz nach Sams Entlassung zum ersten und letzten Mal miteinander. Es widerstrebte Janis seit jeher, klare Schlußstriche in ihren
Beziehungen zu ziehen. War Sex mit ihm ihre Art, um Verzeihung
zu bitten, nachdem sie ihre berufliche Verbindung zu Sam unwiderruflich abgebrochen hatte? War es für beide der Test, ob Sams Trennung von der Band das war, was sie gewollt hatten?

Vom 30. August bis zum 1. September spielte Janis beim Texas International Pop Festival. Es gab etliche Leute, die versuchten, den
Erfolg von Woodstock zu kopieren. Die Promoter, die am 4. Juli das
Atlanta Pop Festival veranstaltet hatten, organisierten auch das
Texas International Pop Festival am Labor-Day-Wochenende auf
dem Dallas International Motor Speedway in Lewisville. Schwerer
Blues war die dominierende Musikrichtung, und Janis bekam mehrere Standing Ovations. Die *Dallas Morning News* berichteten: »Ein
unerklärliches Gefühl der Großzügigkeit und des Zusammenhalts
entwickelte sich in diesen drei Tagen – ein Gefühl, das die wahre Bedeutung des Wortes Brüderlichkeit repräsentierte.«

Bei einem kurzen Familienbesuch in Port Arthur versuchte Janis,
uns die immense Bedeutung dieser Ereignisse zu erklären. Sie wollte
uns begreiflich machen, daß die Hippies jetzt eine Herde von Gläubigen waren. Die Revolution war da! Wir lächelten und sagten:
»Wow, das war bestimmt toll«, aber für uns war Woodstock nur ein
Artikel in *Time*.

Snooky Flowers, der Baritonsaxophonist ihrer neuen Band, den sie
mitbrachte, war der erste Schwarze, der in unserem Haus zu Gast
war. Obwohl eigentlich nur ein Freund zu Besuch gekommen war,
stellte dies eine Art Meilenstein dar. Snooky war herzlich und leut-

selig, seine Wärme und Beschützerhaltung Janis gegenüber beruhigte unsere Eltern, besonders, als er sie mit in die Houston Avenue nahm, um sich in den schwarzen Clubs des Orts zu amüsieren. Janis kam voller Geschichten über ihre Begegnung mit den afroamerikanischen Einwohnern der Stadt zurück, die ihr als jungem weißen Mädchen untersagt gewesen war. Stolz vertraute sie mir an: »Wir haben mit einer echt fitten alten schwarzen Lady gesprochen, die schon alles mitgemacht hat, und sie hat gesagt, ich wär' ›echt klasse‹, Mann, ›klasse‹! Ich kann's nicht glauben!«

Janis brauchte Anerkennung durch die schwarze Gesellschaft, durch die Menschen, die ihre Highschool-Freunde als die ›Unter-der-Gürtellinie‹-Helden definiert hatten und die zu Wegweisern ihres Lebens geworden waren. Als Otis Redding starb, blieben Janis und Sam die ganze Nacht auf und lauschten seiner Musik. Janis sagte, sie habe sich so sehr gewünscht, Otis hätte sie einmal singen gehört und gesagt, sie wäre gut.

Janis prahlte mit ihrem Mantel aus russischem Luchs. Es reichte ihr nicht, daß der Mantel schön aussah und perfekt zu ihrem Image paßte, es steckte auch eine mächtig gute Geschichte dahinter. Sie stolzierte auf und ab und erzählte uns die gleiche Geschichte, die sie dem *New York Times Magazine* aufgetischt hatte: »Ich hab' diese Mieze im Büro meines Managers jeden verdammten Zeitungsausschnitt fotokopieren lassen, in dem ich Southern Comfort erwähnt habe, hab' die Kopien zur Whiskey-Firma geschickt, und die haben mir einen schönen Batzen Geld überwiesen. Wie kann jemand, der noch alle Tassen im Schrank hat, mich wollen, um sein Image aufzumöbeln? Oh, Mann, das war echt der größte Witz – könnt ihr euch das vorstellen: Für zwei total versoffene Jahre auch noch bezahlt zu werden?«

Die PR-Leute der Firma boten Janis an, ihr einen Mantel ihrer Wahl zu schenken. Sie ging außerhalb der Ladenöffnungszeiten in ein Pelzlager in New York und wanderte zwischen den Mantelständern umher. Irgendeinen davon konnte sie sich aussuchen. Aus südtexanischer Sicht war sie ganz klar ein Star. Das Klima in Port Arthur ist so gemäßigt, daß niemand einen Pelzmantel tragen würde, außer um zu protzen. Für Janis war es zweifellos eine große Ehre, einen Pelz geschenkt zu bekommen.

Das nächste Mal sah ich meine Schwester bei *This Is Tom Jones;* die Show wurde am 21. September aufgezeichnet und am 6. Dezember 1969 ausgestrahlt. Sie sang ihren Lieblingssong, ›Little Girl Blue‹, und ein Duett mit Tom Jones, ›Raise Your Hand‹. Über ein Jahr später, als Janis schon tot war, bekam Mom einen langen Brief von einem Mädchen aus Louisiana, das schrieb, es habe Janis kennengelernt, während es als Laufbotin bei der *Tom-Jones*-Show arbeitete. Sie träumte davon, Schauspielerin zu werden, war von zu Hause weggelaufen, nach Los Angeles gegangen und hatte ein paar Tage vor dem Hungertod einen Job bei jener Show gefunden. Ihre Aufgabe war es, Janis bei allem, was sie wollte, zur Hand zu gehen. In dem Brief stand, sie sei damals schwanger gewesen und habe nicht gewußt, was sie tun sollte. Natürlich nahm Janis sie unter ihre Fittiche, schleppte sie mit zu einer Party, machte sie mit allen bekannt und setzte sie dann in einen Bus zurück zur Golfküste. »Aber ich habe nicht mehr mit meiner Familie geredet, seit ich weggelaufen bin«, sorgte das Mädchen sich. »Macht nichts«, sagte Janis. »Sie sind deine Familie, und sie werden dich lieben und zurückhaben wollen.« Das konnte sie ihr aus eigener Erfahrung sagen. Dem Brief, den das Mädchen Mom schickte, lag ein Foto von einer Frau mit einem Baby bei, das sie Janice genannt hatte. Ich frage mich, ob Janis vielleicht den flüchtigen Wunsch gehabt hatte, zusammen mit dem Mädchen in den Bus zu steigen.

Janis' Karriere kletterte weiter in den Himmel. Hippies galten längst als so normal wie das Mädchen von nebenan. Der *Monterey-Pop*-Film wurde im Mai 1969 mit großem Erfolg gestartet, und im selben Monat war Janis auf dem Cover von *Newsweek*. Im Juli lief *Easy Rider* an, ein weiterer aus der Reihe alternativer Filme, zu denen auch *Alice's Restaurant* und *If …* gehörten. Trotz dieses vermeintlichen Trends war der Film mit den höchsten Einspielergebnissen 1969 *Ein toller Käfer*, alles andere als ein Spiegelbild der alternativen Kultur.

Aus der Sicht der Insider war der bevorstehende Niedergang der Bewegung bereits offensichtlich: Sechsunddreißig Ladenfronten in der Haight standen leer, und die achtzehn Geschäfte, die geöffnet blieben, versahen ihre Schaufenster mit Metallgittern, wie Charles Perry in *The Haight-Ashbury* berichtete. Dave Moriaty erzählte: »In jenem Frühling passierten in einem Monat siebzehn Morde.« Verglichen mit der Dynamik der Jahre 1966 und 1967 waren der Rock and Roll und die gesellschaftliche Bewegung 1969 orientierungslos. Die ständig steigende Kommerzialisierung veränderte selbst die Rockbands, die aus der Bewegung hervorgegangen waren.

Die Häßlichkeit, die sich lange Zeit unter dem Deckmantel von

Peace und Love verborgen hatte, trat in Altamont, Kalifornien, unvermittelt an die Oberfläche. Die Rolling Stones gaben ein Gratis-Konzert zum Abschluß ihrer 1969er US-Tournee. Etwa 300 000 Menschen versammelten sich auf dem Altamont Speedway. Wieder waren die sanitären Anlagen unter aller Würde, und die Menschenmassen übertönten die Musik, die sie eigentlich genießen sollten. Die *Rolling Stone Illustrated History of Rock & Roll* berichtete: »Altamont wurde zu einem Alptraum von Überdosen, dem Gestank von Toiletten und Bränden und Essen und Erbrochenem, schlechtem Sound und schließlich der brutalen Gewalt, die mit den Billard-Queues und Messer schwingenden Hell's Angels über das Publikum hereinbrach. Sie sagten, sie seien von den Stones und Grateful Dead, den Co-Sponsoren, für Bier im Wert von 500 Dollar als Sicherheitsleute engagiert worden.« Am Ende des Tages zog ein junger Schwarzer eine Knarre und wurde von Angels niedergestochen, Berichten zufolge direkt vor den Augen des Publikums. Noch weitere drei Menschen starben in Altamont. Was in Monterey begonnen und in Woodstock seinen Höhepunkt erreicht hatte, wurde hier zerstört und verbrannt.

Als sei das nicht genug, zerriß sich die öffentliche Meinung die Mäuler über das Ideal der Familien-Kommune, angestachelt durch den Wahnsinn des Charles-Manson-Kults. Mansons Gruppe hatte die schwangere Schauspielerin Sharon Tate und vier weitere Personen in Sharons Wohnung brutal ermordet. Die zügellosen Emotionen und das entfesselte Verhalten, die die Bewegung propagiert hatten, schlugen nun auf sie zurück und diskreditierten sie.

Die markige, scherzende, großkotzige Janis hatte bereits einer desillusionierten, der Ignoranz der anderen überdrüssigen Janis Platz gemacht. »Ich hab' das doch alles schon fünfzigmal gesagt«, beklagte sie sich bei einem Reporter, der sie interviewen wollte. Der Reporter entgegnete: »Aber ich habe ein paar wirklich gute neue Fragen. Erzähl mir von deiner Vergangenheit.«

Janis versuchte oft, sich von dem Kern der Bewegung zu distanzieren, deren Ruhm sie doch maßgeblich mitbegründet hatte. Sie rang mit der Frage, ob sie an etwas glauben sollte oder nicht: »Ich bin ein Beatnik. Beatniks lehnen die Gesellschaft ab und sind enttäuscht von der Welt. Sie glauben, daß die Dinge nicht besser werden, also sagen sie: Zur Hölle damit, und dröhnen sich einfach zu.« Einmal sagte sie: »Sieh mal, ich bin nicht die Sprecherin meiner Generation. Ich nehme nicht mal Acid. Ich trinke.« Aber bei der *Dick*

Cavett Show verteidigte sie Hippies mit den Worten: »Ich glaube an die Jugend.«

Eine nachdenklichere Janis kam zum Vorschein. »Normalerweise reden [die Interviewer] nicht so viel über meinen Gesang wie über meinen Lebensstil«, zitierten die *Port Arthur News* sie. »Der einzige Grund, den ich dafür sehe, ist, daß vielleicht bei vielen Künstlern der Kunst- und der Lebensstil weit auseinanderklaffen. Bei mir ist beides dasselbe. So bin ich eben, ich brauche Freiheit, und ich nehme sie mir. Ich habe in meinem Leben das gleiche gesucht, was in der Musik passierte, und der Zufall wollte es, daß ich eine Stimme habe. Die Kids interessieren sich für mich, weil ich das beste Beispiel dafür bin, was es heißt, sich wirklich gehenzulassen und zu sein, was immer man ist.«

Am 23. September spielte Janis in der Hollywood Bowl. Es war ein erhebender Abend, und das beste war, daß Tante Barbara gekommen war. Barbara hatte sich extra umwerfend zurechtgemacht, ihre Nerzstola angezogen und saß stolz in der ersten Reihe. Janis unterbrach einmal kurz ihr Geplapper zum Publikum, sah zu Barbara herunter, lachte liebevoll und sagte: »Du wirst mein Image ruinieren, wenn sie dahinterkommen, daß du meine Tante bist.«

Am 19. Oktober kam Janis in Austin, Texas, an. Sie sah »großartig verlottert aus mit einer bestickten Seidenstola, einem Hut aus weißem Webpelz und einer lavendelgetönten Sonnenbrille«, schrieb der *Austin American-Statesman*. Sie sang im Gregory Gym vor siebentausend ›fanatisch jubelnden‹ Menschen; dieser Auftritt war sowohl für die Fans als auch für den Star eine kathartische Erfahrung. Janis sagte: »Ich bin hier zur Schule gegangen, und da bin ich nie so behandelt worden.« Endlich hatte sie das Gefühl, im Triumphzug heimzukehren, und danach hatte sie sich immer gesehnt.

Aber längst nicht alles war gut. Später im Herbst beugte sich John Cooke dem moralischen Druck der Szene und kündigte zwei Monate vor Ende der Tour seinen Roadmanager-Job mit den Worten: »Es macht einfach keinen Spaß mehr.« In jenem Jahr zeigte Janis' Alkoholkonsum bereits unübersehbare Folgen bei ihren Auftritten. Jeder, der etwas über Alkoholismus wußte, konnte Symptome der Krankheit in ihrem Verhalten erkennen. Am Morgen nach einem Ausgeh-Abend wachte sie häufig auf und fragte Linda: »Wie sind wir gestern abend nach Hause gekommen?« Diese Blackouts waren ein Zeichen dafür, daß sie beim Trinken jedes vernünftige Maß überschritten hatte. Janis sagte, sie würde vor den Auftritten nur trinken, um ein bißchen lockerer zu werden. Wie andere Musiker ihre Instrumente stimmten, trank Janis, um ihre Emotionen und ihren Adrenalinspiegel hochzuputschen.

Besonders auffällig wurde ihr Alkoholmißbrauch, wenn sie sich betrunken selbst erniedrigte. Einmal fuhr sie mit Snooky zu einem Busbahnhof, hielt ihren Porsche an und grölte, auf der Suche nach irgend jemandem, der sich ein bißchen amüsieren wollte: »Los, zwei Leute einsteigen!« Snooky lachte darüber und sah die Geschichte als Beispiel für Janis' ›totale Freiheit‹. In New York ging sie ins Max's Kansas City, wo Andy Warhol und seine Freunde hofhielten. Bei einer verbalen und handgreiflichen Auseinandersetzung mit einem aus Warhols Gefolge landete sie unter dem Tisch.

Am 5. Oktober spielten Janis und die Band im Winterland in San Francisco, und Ralph Gleason verriß sie. Es war John Cookes letzter Gig mit ihr, und er glaubte, hier sei sie endgültig zu dem Schluß gekommen, daß der schwarze Blues-Sound mit Bläsern von der Öffentlichkeit nicht akzeptiert werden würde.

Snooky wurde wütend, als er über diese Zeit redete. Er war der Meinung, die Kozmic Blues Band sei Ralph Gleason und der schlechten Presse wegen nicht genügend für die Rolle gewürdigt worden, die sie bei Janis' Entwicklung als Sängerin gespielt hatten. Sie waren die Band der bejubelten Europatournee, aber all der Erfolg dort erwies sich in den Staaten als wertlos. Snooky faßte Janis' Entscheidung, die Band aufzulösen, mit den Worten zusammen: »Die Kozmic Blues Band war ein bißchen zu übermächtig für Janis. Sie fühlte sich nie vollkommen wohl, weil sie wußte, daß die Band besser war als sie, musikalisch überlegen.«

Bei ihrem Konzert im Houston Coliseum am 26. Oktober geriet Janis mit dem Feuerwehrchef von Houston aneinander. Bei vielen Konzerten auf der Tour hatte sie ihr Publikum vor Überreaktionen gewarnt. Manchmal mahnte sie die Kids, lieber nicht zu tanzen, weil die Cops, die danebenstanden, sie nur zu gern im Knast sehen würden. In Houston kam der Chef der Feuerwehr auf die Bühne, während sie sich gerade bei ›Ball and Chain‹ verausgabte, und sagte: »Miß Joplin, wir möchten Sie bitten, die Menge aufzufordern, zurückzutreten und sich zu beruhigen.« Janis hörte auf zu singen, die Band ließ die Instrumente sinken, und sie starrte Paul Carr von der Houstoner Feuerwehr entgeistert an. Dann senkte sie das Mikrofon, bedeckte es mit der Hand und sagte Carr, was sie von dieser

Aktion hielt. Janis beendete den Song und verließ vor sich hin-schimpfend die Bühne.

Polizei und Feuerwehr ergriffen überall im Land bei Konzerten strikte Maßnahmen. Sie fürchteten die Risiken, die sich ergaben, wenn Tausende von Kids bei den Auftritten in einer riesigen Halle auf den Stühlen stehend tobten: Dabei konnten leicht Leute totge-trampelt werden. Eine ähnliche Szene wie in Houston wiederholte sich in Tampa, Florida. Dort holten die Cops ein Megaphon heraus, um ›Try‹ zu unterbrechen. Janis hörte auf zu singen und antwortete: »Ich weiß, daß es keine Schwierigkeiten gibt, wenn Sie nur gehen!« Die Cops weigerten sich, die Bühne zu verlassen, und machten wie-der vom Megaphon Gebrauch, und da flippte Janis aus. Anstatt, wie in Houston, das Mikrofon außer Hörweite zu halten, während sie die Polizisten beschimpfte, gellten Janis' Flüche in Florida unzensiert durch die Runde, und sie wurde prompt verhaftet, von der Bühne geschleift und wegen Gotteslästerung und Beamtenbeleidigung ins Gefängnis gesteckt. Gegenüber Reportern äußerte sie später: »Ich sage auf der Bühne alles, was ich will. Es macht mir nichts aus, ver-haftet zu werden, schließlich hab' ich eine Menge Kids angeturnt.«

Über ihre Verhaftung wurde am 28. November in *Time* berichtet. Als ich die Meldung las, bildete sich in meinem Magen ein Kloß. Was geschah mit meiner Schwester? Was sollte das alles?

Wer die Szene aufmerksam verfolgte, bemerkte die Veränderun-gen im Verhalten ihrer Mitglieder. Robert Somma schrieb in der *Drama Review* vom Herbst 1969 in einem Artikel mit dem Titel ›Theatralik im Rock‹ über Janis: »Anfangs verließ sich Janis ganz auf die Kraft und Ausdrucksfähigkeit ihrer Stimme, dann, mit steigen-der Popularität, wurde sie ein bißchen lockerer, fügte ein paar büh-nentaugliche Komponenten hinzu (Schnaps, eine neckische Körper-sprache), und mit dem unvermeidlichen Ausbrennen und den ein-geschliffenen Posen wurde ihr einst rauher, aber hinreißender Stil schließlich verhärtet, zynisch und neurotisch. Durch den überwälti-genden Zuspruch von außen schien sie sich selbst zu verlieren.«

Vielleicht versuchte Janis, aus ihren ›White Girl Blues‹ auszubre-chen, weil sie auf diese Weise nach ihrer Zeit mit Big Brother eine eigene Musik zu finden hoffte. Sie maß sich immer noch an ihren einstigen Idolen und war so den musikalischen Ausdrucksmöglich-keiten einer bestimmten Zeitströmung verhaftet. 1969 stand sie vor der Aufgabe, einen neuen, authentischen weißen Sound zu schaffen, der zugleich auch Soul haben sollte.

Im Herbst desselben Jahres schickte Albert Grossman seinen Star zu Dr. Edmund Rothschild, einem Internisten, der viele von Alberts Klienten behandelt hatte. Dr. Rothschild erlebte Janis als lebhafte, energiegeladene und aufregende junge Frau. Sie stolzierte in einer durchsichtigen Bluse und mit einer Federboa im Haar in sein Büro und verkündete ihm, sie wolle mit dem Heroin aufhören, betrachte sich jedoch nicht als schweren Fall. Er nahm ihre ausführliche Lebensgeschichte auf und untersuchte sie, fand aber nichts Ungewöhnliches. Außerdem stellte er fest, daß sie nur unregelmäßig und selten Heroin gespritzt hatte.

Viele Heroinkonsumenten nehmen die Droge, um sich von psychischem Druck zu befreien. Was Janis Dr. Rothschild beschrieb, war das genaue Gegenteil: Sie nahm Heroin nach Konzerten, die überwältigende Erfolge gewesen waren. Vielleicht setzte sie Heroin auf die gleiche Weise ein wie die Speed-Freaks: um die Depressionen zu vermeiden, die das abflauende Speed-High begleiteten, als einen sanften Rückweg in die Wirklichkeit. Vielleicht brauchte sie das Heroin, um von dem Adrenalin-Hoch wieder runterzukommen, in das sie sich während ihrer Auftritte hineingesteigert hatte, um nach den intensiven Momenten auf der Bühne etwas Frieden zu finden.

Janis war der Meinung, das eigentliche Problem sei ihr Alkoholkonsum, und ihr Arzt stimmte zu. Sie trank exzessiv und täglich. Obwohl die Ergebnisse der Lebertests, die Rothschild durchführte, normal waren, warnte er sie vor den Komplikationen, die sie möglicherweise erwarteten, wenn sie so weitertrank. Zu jener Zeit war sie sehr dünn und beschrieb Dr. Rothschild ihre schauderhafte Ernährungsweise. Sie aß jede Menge Junk-Food und Süßigkeiten. Alkoholiker haben oft einen extrem niedrigen Blutzuckerspiegel, was zu einem Heißhunger auf Süßigkeiten führt. Das bringt zwar kurzfristig Energie, aber wenn der Zucker-Stoß verpufft ist, folgt ebensoschnell eine Erschöpfung, und der Kreislauf beginnt von vorne. Alkoholiker ernähren sich oft schlecht, indem sie gesunde Lebensmittelkalorien durch ungesunde alkoholische ersetzen. Janis war nicht bereit, ihre Trinkgewohnheiten zu ändern, und behauptete tapfer, die guten Testergebnisse bewiesen schließlich, daß es ihr gut ginge.

Also konzentrierten sich Arzt und Patientin gemeinsam auf Janis' Wunsch, vom Heroin runterzukommen. Dr. Rothschild betonte die Gefahren dieser Droge: Man konnte nie wissen, wie stark oder rein die Droge war, die man sich direkt in den Körper injizierte. Er hatte nicht den Eindruck, daß Janis zu diesem Zeitpunkt bereits körperlich heroinabhängig war, aber er schlug Methadon als einen sicheren Weg vor, von der Droge wegzukommen, und verschrieb ihr genug davon für eine Woche.

Methadon hat nicht die euphorisierende Wirkung des Heroins, sondern fängt nur die Entzugserscheinungen auf. Aber es ist nicht das Heroin-High, das die Süchtigen abhängig macht, sondern es sind die Nebeneffekte der Droge auf den Stoffwechsel. Süchtige, die eine Zeitlang clean sind und dann wieder fixen, sagen: »Es bewirkt, daß ich mich wieder normal fühle.«

Heroinabhängige, die einen erfolgreichen Entzug hinter sich haben, berichten, daß es nicht genügt, mit der Droge aufzuhören; man muß zugleich auch seine Freunde wechseln und seinen Tagesablauf grundlegend ändern. Anstatt sich mit einer Gruppe zu amüsieren, die den Wunsch verstärkt, die eine oder andere Droge zu nehmen, braucht ein Mensch auf Entzug ein soziales System, das die Abstinenz unterstützt. Ohne es zu wissen, schien Janis genau das zu versuchen. Sie schloß einen Pakt mit Pat Nichols. Sie hatten beide beschlossen, mit dem Heroin aufzuhören, aber sie spürten, daß sie sich gegenseitig immer wieder verführten. Deshalb vereinbarten sie, sich nicht mehr zu treffen, bis sie beide clean waren. Das war immerhin ein Anfang.

Eine so extrem suchterzeugende Droge wie Heroin abzusetzen ist oft ein Prozeß mit vielen Stadien. Janis versuchte es, aber sie drang nicht bis zum Kern des Problems vor: Sie erfand immer noch Gründe, den Stoff zu rechtfertigen. In ihren Augen setzten die Ärzte psychische Gesundheit mit gesellschaftlicher Konformität gleich. Janis sah sich vor die Alternative gestellt, entweder den Lebensstil aufzugeben, der sie erfolgreich gemacht hatte, und sich wie eine Lehrerin in unserer Heimatstadt zu betragen, oder bei den Gewohnheiten zu bleiben, die sie gerade aufzugeben versuchte. Unter solchen Vorzeichen blieb ihr fast keine andere Wahl, als den Entzug als eine akzeptable Möglichkeit abzulehnen. Sie mußte sich in die Zeit zurückversetzen, als sie den Text schrieb: »I got no reason for living/Got no cause to die/Got to find a middle road.« Aber war sie bereit, etwas aufzugeben, um diesen Mittelweg zu finden?

Wenn Janis für kurze Besuche nach Kalifornien zurückkehrte, wurde ihr der Verlust ihrer langjährigen Mitbewohnerin, Linda Gravenites, schmerzlich bewußt. Linda war immer noch in Europa und zeigte wenig Lust, sich wieder in Janis' Drogenalltag einzufügen. Janis schrieb ihr und überredete sie, nach Marin zurückzukehren. Sie versprach hoch und heilig, auf Drogen zu verzichten und ein neues Leben anzufangen. Myra Friedman besitzt einen Brief von Janis, in dem sie von Waldspaziergängen schwärmt und Pläne schmiedet, Yoga, Klavierspielen und vielleicht Reiten zu lernen. Ihre romantische Vision von einem drogenfreien Leben war aber ebenso eine Flucht vor den wirklichen Herausforderungen wie ihr fortgesetzter Alkoholkonsum.

Die größte konstruktive Veränderung war, daß Janis ein Haus kaufte. Sie kontaktierte Tante Barbaras Freund Ed und ließ ihn die Gegend nach einem trauten Heim durchkämmen. Ed fand ein perfektes Domizil für sie in Larkspur, einer kleinen Gemeinde in Marin County, von San Francisco aus gesehen auf der anderen Seite der Golden Gate Bridge. Larkspur ist ein Gebirgsdorf, und seine zahlreichen engen Straßen schlängeln sich bergauf und bergab. Das Haus lag am Ende einer Sackgasse in einer hügeligen, bewaldeten Gegend, und das Grundstück ging direkt in ein freies Waldstück über. Es war die Quintessenz des Rockstar-Wohnsitzes jener Zeit: jede Menge Vordächer, durch die Rotholzbäume wuchsen, und viel Glas. »Es lag in der Gegend von West Baltimore in der Nähe einer Straße namens Shady Lane, worüber Janis völlig aus dem Häuschen war«, sagte Bob Gordon. »Sie hatte immer gesagt, sie wolle in der Shady Lane wohnen.«

Janis' Musikgeschmack wurde in dieser Phase weicher. Im November spielte sie bei einem Konzert in Nashville spontan zum erstenmal Kris Kristoffersons ›Me and Bobby McGee‹. Das Publikum war begeistert. Das war ein erster Schritt in eine neue Richtung.

Die Kozmic Blues Band hatte ihren letzten Auftritt am 19. Dezember 1969 im Madison Square Garden, und dieser Gig war ein Triumph. Janis hatte das Publikum völlig im Griff und brachte es zum Toben, ganz so, wie sie es liebte. Clive Davis gab nach dem Auftritt eine Feier für Janis. »Sie schien in schlechter Verfassung zu sein«, erinnerte sich John Cooke an diese Party und dachte: »Meine Güte, bin ich froh, daß ich die Band damals auf der Tour verlassen habe. Ich hätte nicht mit ansehen können, wie das hier mit ihr passierte.« Die Umstellung war quälend, besonders da der Teil von ihr, der diese Veränderung wollte, erst den Todesstreifen von Alkohol, Heroin und Superstar-Status überwinden mußte, der sie umgab.

Ihr ganzes Leben lang sehnte sich Janis nach Freiheit. Sie war ihr

Banner, ihr Schwert, ihr erhabenster Zug und zugleich ihr größter Irrweg. Sie glaubte, frei zu sein bedeute, das zu tun, was die anderen nicht taten. Aber Freiheit bedeutet auch, etwas zu unterlassen. 1969 konnte Janis nicht mehr wählen, ob sie die Rolle der zügellosen, wilden Frau spielen wollte oder nicht: Sie *mußte* sie spielen!

In diesem Jahr hatte Janis viele Lektionen gelernt. Sie war der Verantwortung für ihre Karriere aus dem Weg gegangen, hatte die Entscheidungen zu vielen Experten überlassen und verlernt, auf ihre innere Stimme zu hören. Ihr Tourplan fraß ihr Privatleben auf. Sie hatte wenig Zeit, Freundschaften zu schließen oder zu pflegen. Sie hatte die Kontrolle über ihr Image verloren und glaubte vorbehaltlos den Pressegeschichten über ihre Einzigartigkeit. Mit einem Wort: Sie hatte ihr Ich für hohle Lobhudeleien verkauft. Allmählich begann sie einzusehen, daß sie etwas ändern mußte. Das Jahr 1969 war ein Wendepunkt.

14

Ruhe, Liebe und eine neue Band

I don't want much out of life
I never wanted a mansion in the South
I just wanted to find someone sincere
Who treated me like he talks
One good man ...

JANIS JOPLIN, ›One Good Man‹

In den ersten vier Monaten des Jahres 1970 hatte Janis endlich eine Atempause von der hektischen Zeit des Tourens. Sie konnte ihr Leben ordnen, ihre nächsten beruflichen Schritte planen und sich entspannen. Der Auftakt dieser Phase war eine rauschende Einweihungsparty ihres Hauses Ende Dezember 1969. Mit gemütlichem Beisammensein war es nicht getan. Janis inszenierte das Gegenkultur-Äquivalent zu einer Country-Club-Gala. Das Essen kam von einem Partyservice, und ein Barkeeper stand im weißen Jackett bereit, um jeden nur gewünschten Drink zu mixen. Die Party hatte noch einen anderen, weniger eleganten Aspekt: Die Rock-'n'-Roll-People konnten ihren Hang zum Exzeß nicht zügeln. Ein paar Gäste kletterten beduselt in den Pinienwald hinauf, um sich unter Baumwipfeln und Sternen benebelten Liebesspielen hinzugeben. Andere übergaben sich und klappten unter einem Rotholzvordach zusammen. Zumindest befriedigte die Party Janis' Ambitionen auf ein wenig Glamour.

Es war gemütlich in diesem Haus in Larkspur, das ganz in Rotholz eingerichtet war. Das Licht fiel durch Glasschiebetüren auf die Wände, die zugleich das Landschaftspanorama ins Zimmer holten und den Ausblick wie ein Gemälde rahmten. Janis' Zuhause paßte nicht zu ihrem schrillen wilden Image, auf das die Presse so scharf war. Hier gab es kein Neon.

Janis stattete ihr neues Statussymbol mit viktorianischen Möbeln und Orientteppichen aus. Sie wählte warme Farben und weiche Stoffe, die zum Folklore-Kunststil der Hippies paßten. Das Haus war voller Schnickschnack-Dinge, die sie aus einer Laune heraus gekauft hatte, einfach weil sie ihr gefielen.

23. 1. 70

Liebe Familie ...

Ich habe es geschafft, meinen – schluck – 27. Geburtstag zu überstehen, ohne es richtig zu merken. Im Moment mache ich nicht viel – genieße einfach das Haus. Ich habe den ersten von drei Monaten meines Urlaubs hinter mir, aber es sieht aus, als würde er am Ende nur anderthalb Monate dauern. Seufz. Ach, es ist schon seltsam ... Wenn man ein Niemand & arm ist, macht es einem nichts aus – man kann sich einfach treiben lassen, aber wenn man eine gewisse Position & ein bißchen Geld hat, tut man alles, um mehr davon zu kriegen, & dann, wenn man Numero Uno ist, muß man sich den Arsch aufreißen, damit einen niemand einholt! Einholt?! Vor zwei Jahren hat mich das alles noch nicht interessiert! Nein, das stimmt nicht. Ich hab' mich umgeschaut, & mir ist etwas aufgefallen. Wenn man ein gewisses Talent bewiesen hat (& nur wenige haben dieses Talent), ist der entscheidende Faktor Ehrgeiz, oder, wie ich es sehe, wieviel man wirklich braucht. Wie sehr man es braucht, geliebt zu werden & stolz auf sich zu sein ... & ich glaube, das ist es, was den Ehrgeiz ausmacht – das ist nicht nur der skrupellose Kampf um eine Position, Mike, oder Geld, sondern eher vielleicht um Liebe. Viel Liebe! Ha ...

Ich lasse ein paar schöne Sachen am Haus machen – die Typen sind halb Künstler & halb Tischler, sie verwandeln eine einfache, ungenutzte & wenig aufregende Wand in eine sonnige Flut von Rotholzpaneelen m. einer Bar & einem Regal, das organisch aus beiden Enden wächst – lauter warmes Holz und herrlich fließende Formen. Kann man gar nicht beschreiben – ich schick' Euch ein Foto, wenn ich fertig bin.

Linda & ich fahren im Feb. zum Karneval nach Rio. Habt ihr ›Orfeo Negro‹ gesehen? Es spielt dort – beim Urahn des Mardi Gras. Die ganze Stadt feiert eine Woche lang – dancing in the street! Also fahren wir hin ...

Habe einen neuen kleinen weißen Hund – Georges Tochter. Wenn Ihr Euch mal entschließt, Lady decken zu lassen, möchte ich einen der Welpen, wir wollen ganz viele Hunde, & Linda hat speziell um einen Barsoi gebeten.

Mein Klavierlehrer ist gerade gekommen, muß aufhören.

Alles Liebe & Danke für den Anruf!

Love, Janis

Hunde standen ganz oben auf der Liste ihrer Neuanschaffungen. Janis' treuer Freund George war der Fels in der Brandung ihres Lebens in Kalifornien. Treu und liebevoll erwartete er sie immer, wenn sie nach Hause kam. Aber eines Tages Ende 1969 nahm sie ihn in ihrem Porsche in die Stadt mit, und er sprang aus dem Wagen, um ein bißchen herumzulaufen. Janis bat im Lokalradio um Hilfe bei der Suche, aber mehr als vage Gerüchte kamen dabei nicht heraus. Manchmal glaubte sie, ein Fan hätte George gestohlen und würde jetzt damit angeben, sie hätte ihn ihm geschenkt. Schließlich gab sie die Hoffnung auf, George jemals wiederzusehen. Wie so viele Menschen, die einen schmerzlichen Verlust erleiden, versuchte Janis, sich gegen künftige Verletzungen zu wappnen. Statt George durch einen neuen Hund zu ersetzen, holte sie sich gleich einen ganzen Schwung aus dem Tierheim und suchte sich obendrein noch reinrassige Hunde bei Hundeschauen aus.

»Ihr Haus war hübsch und geschmackvoll«, sagte Nick Gravenites, »nicht über- oder untertrieben. Ich war dort immer willkommen. Sie gab Partys, keine Orgien bis zum Morgengrauen, sondern nachmittägliche Wodka-mit-Orangensaft-Sessions. Sie liebte ihr Zuhause und ihre Hunde.«

Janis' Mitbewohnerin, Linda Gravenites, war von ihrem langen Aufenthalt in Europa zurückgekehrt. Mit ihrer Hilfe versuchte Janis, zum goldenen Mittelweg zurückzufinden. Seit Dezember versuchte sie nun, vom Heroin wegzukommen, und sie gab sich weiterhin Mühe. Sie ging zu diversen Ärzten und nahm Dolophin, um das Verlangen nach der Droge zu unterdrücken. An manchen Tagen war sie clean, an anderen nicht.

Janis und Linda hatten den Plan gefaßt, zum Karneval nach Brasilien zu fahren. »Nach Rio zu fahren hieß, clean zu bleiben«, erklärte Linda, »auch ohne Drogen eine richtig verrückte Zeit zu haben.« Linda ließ Janis nie vergessen, wie sie zu Heroin stand – sie haßte das Zeug! Es kam so weit, daß Linda jedesmal, wenn Janis in ihr Zimmer ging und die Tür schloß, den Atem anhielt, bis sie wieder auftauchte.

Janis wollte und mußte aufhören, aber sie wußte nicht, wie. Tatsächlich versuchten auch die meisten anderen Junkies, die sie kannte, sich von der Abhängigkeit zu befreien. Die Heroinwelle von 1968 und 1969 schlug 1970 in einen Kampf gegen die Sucht um. Bereits 1968 war der Grund für 60 Prozent der Drogenverhaftungen in der Haight Speed oder Heroin gewesen, nicht Marihuana. Der jahrelange Mißbrauch forderte seinen Tribut. Die Leute sehnten sich danach, wieder clean zu sein.

Die Zeiten veränderten sich sichtlich. 1970 verdrängte der Midi-Rock bis zur Mitte der Wade den Mini. Präsident Nixon zog die Truppen aus Vietnam zurück. Die Arbeitslosigkeit war auf sechs Prozent gestiegen, und Achtzehnjährige bekamen das Wahlrecht. Die United Farm Workers zwangen die Winzer in Kalifornien an den Verhandlungstisch. Die Beatles brachten die Songs ›The Long And Winding Road‹ und ›Let It Be‹ heraus.

Janis rief zu Hause an, um von ihrem aufregenden Vorhaben zu erzählen, sich den Karneval in Rio anzusehen. Die Eltern reagierten möglichst verständnisvoll, um ihr den Spaß nicht zu verderben. Aber nach näherer Überlegung sagte Pop, als er sich mit Karleen in einem Lebensmittelladen unterhielt: »Ich weiß nicht, warum sie sich die ganze Mühe macht, nach Brasilien zu fahren. Sie wird sich ja doch nur betrinken, und das kann sie genausogut zu Hause tun.«

Offiziell begann der Karneval in Brasilien am Freitagabend, dem 6. Februar, und endete am Morgen des Aschermittwochs, dem 11. Februar. Tatsächlich dauert das Spektakel aber Jahr für Jahr zwei Wochen. Man bereitet sich bei diesem Ritual auf die Zeit des Fastens und der Buße vor. In diesen Wochen ruhen im ganzen Land sämtliche Alltagsgeschäfte, besonders in Rio. Tägliche Paraden vom Nachmittag bis zum Morgengrauen führen Fremde zusammen, die in den Straßen unbekümmert Samba tanzen. Manche tragen wilde Kostüme, die meisten gehen allerdings wegen des heißen brasilianischen Sommers möglichst leichtgeschürzt. Die Frauen stellen ihren Sex-Appeal oft in aufreizender Kleidung zur Schau. Schüchternheit ist das einzige, was während des Karnevals nicht gern gesehen ist: Dies ist eine Zeit, in der Hemmungen abgeschüttelt werden und jeder seinem Verlangen freien Lauf läßt. Karneval ist nicht einfach eine Reihe von Partys und Paraden, sondern Ausdruck eines Lebensgefühls, das die Wiedergeburt durch die pure Intensität der Ekstase erzwingen will.

Abends wurden viele Bälle für die gehobene Gesellschaft veranstaltet. Janis und Linda gingen zum Städtischen Ball, für den man eine Einladung durch einen Bürgen brauchte. Janis hatte es fertiggebracht, von Mr. Mayo, einem silberhaarigen Aristokraten, eingeladen zu werden. Seine Fürsprache verschaffte ihr sogar Zutritt zur Präsidentenloge. Unglaublich! Selbst in einem fremden Land öffnete der Erfolg ihr alle Türen! Aber kaum hatte sie die Präsidentenloge betreten, zeigte sich deutlich, daß sie einer anderen Gesellschafts-schicht angehörte. Sie wurde hinauskomplimentiert. Im typischen Joplin-Stil – angeblich warf sie dem Rausschmeißer ein Glas Champagner ins Gesicht – verließ sie den Saal. Wieder unter den Durchschnittsmenschen, hatten Janis und Linda dann großen Spaß und tanzten und lachten die ganze Nacht durch.

Am Strand trug Janis einen Bikini mit dunklen Handabdrücken auf weißem Stoff. Sie waren so auf Unter- und Oberteil plaziert, daß es aussah, als betatschten sie ihren Körper an den strategisch wichtigen Stellen. Ein schlanker Typ blieb stehen und sah Janis und ihren Badeanzug an. Er war gerade nach eineinhalb Jahren aus dem brasilianischen Dschungel zurückgekehrt, wo er per Kanu den Amazonas befahren hatte. Er sah rauh, wild und erfahren aus. »Hallo, Süßer«, sagte Janis in ihrer leutseligen Art, Fremde aufzuziehen. Er fing ein Gespräch an, und bald hingen Janis und Linda mit David Niehaus und seinem Reisegefährten Ben Beall herum.

Janis wollte immer einen Mann, der sie um ihres Wesens willen liebte. Sie wollte jemanden, der hinter die Fassade der berühmten Sängerin und Beatnik-Künstlerin blickte. In David Niehaus fand sie diesen Mann: »David war eine echte Persönlichkeit«, sagte Linda. »Eine der wenigen in ihrem letzten Lebensabschnitt.« Nach zahllosen One-Night-Stands erlebte sie erstmals eine echte Liebesaffäre.

David und Ben waren College-Freunde, die nach dem Examen vier Jahre lang jeder auf seine Art das Leben ausgekostet und jetzt wieder zusammengefunden hatten. David war ein Sprößling der oberen Mittelklasse von Cincinnati, der Kommunikationswissenschaften am Notre Dame College studiert hatte. Er war athletisch, einsdreiundachtzig groß, neunzig Kilo schwer und hatte braune Haare und grüne Augen. Nach dem College war David zum Peace Corps gegangen und hatte in einem kleinen türkischen Dorf gearbeitet. Reisen betrachtete er als einen Weg, aus der Konditionierung der amerikanischen Kultur auszubrechen und Vorurteile abzulegen. Er versuchte, Jura zu studieren, aber als er Janis kennenlernte, hatte er sich gerade beurlauben lassen. David war auch in Woodstock gewesen, von da nach Peru und dann zum Amazonas heruntergereist, um in Rio Ben Beall zu treffen. Ben hatte in Notre Dame, Indiana, seinen Abschluß in Politikwissenschaften gemacht, war dann zu den Marines gegangen und erst kürzlich aus einem Veteranen-Krankenhaus entlassen worden, wo er sich von zahlreichen Verletzungen durch eine Granatexplosion erholt hatte.

Zwei Tage, nachdem er Janis getroffen hatte, sagte David: »Weißt du, du siehst aus wie dieser Rockstar, Janis Joplin.« Sie schwieg, wandte sich ab und sagte dann: »Ich bin Janis Joplin.« Gab es einen besseren Beweis, daß David den Menschen Janis liebte und nicht ihr Image? Ihm war noch nicht einmal klar gewesen, wer sie war, als er sich in sie verliebt hatte!

David war freundlich, aber zu willensstark, um weich zu sein. Seine feste Stimme verriet eine beherrschte Wildheit, die ihn um die Welt trieb.

Die Jungs zogen bald zu den Mädchen in deren große Suite mit mehreren Zimmern in einem Strandhotel. Dann gingen sie sich amüsieren. David und Ben waren schon eine Zeitlang in Rio und kannten alle Sehenswürdigkeiten. Vom Karneval waren sie ziemlich enttäuscht, er war ihnen zu kommerziell. Also feierte die Gruppe nur am Rande mit, schlenderte um die abendlichen Paraden herum, verkleidete sich und ging in die Bars.

Janis setzte in Brasilien das Heroin ab, und David half ihr dabei. Er bot ihr Halt, während sie unter den schlimmsten Entzugserscheinungen litt. Schwächeanfälle, Schlaflosigkeit, Schüttelfrost und jene Wellen von Gänsehaut, der diese Zustände ihren Namen ›Cold Turkey‹ verdankten. Einen Tag lang war es die Hölle, und die Tage davor und danach nur wenig besser. Aber es klappte, Janis war clean. »Ich habe sie wirklich geliebt. Sie war ein großartiges Mädchen, ich trage sie in meinem Herzen, das kann ich dir sagen«, sagte David. »Janis nahm Heroin, weil sie mit den Gefühlen nicht fertig wurde, die die Fans auf sie übertrugen.« Seiner Meinung nach hatte Janis hypersensibel auf alle Menschen in ihrer Umgebung reagiert. Sie konnte den Nachhall der Emotionen anderer nicht ausblenden, selbst wenn sie nicht auf der Bühne stand.

»Albert schickte ihr ein paar Telegramme: ›Komm zurück, mach Dich an die Arbeit.‹« David war stolz, daß Janis zurückkabelte: »Nein. Und laß die Schuldgefühl-Masche.« Sie würde zurückkehren, wenn sie dazu bereit war. Sie hatte ihr Leben unter Kontrolle.

»Wir fuhren in den Dschungel«, erzählte David weiter, »mit nichts als einem Haufen Geld, um Antiquitäten für ihr Haus zu kaufen. Sie hatte volles Vertrauen zu mir.« Sie sprangen auf einen Laster in Richtung Dschungel auf, die Brise löste Janis' wogendes kastanienbraunes Haar und sie sang ›Me and Bobby McGee‹ nur für David. »Zwei Beatniks on the road«, beschrieb sie das Erlebnis später.

Ihrer Rolle konnte sie jedoch immer noch nicht entfliehen. Die

Jukebox im ersten Dorf, das sie nach Wochen im brasilianischen Urwald erreichten, war voll aufgedreht, als sie am Busbahnhof vorbeigingen. Es war Janis' Stimme, die da die südamerikanische Luft zerriß und ein Stück von der LP *Kozmic Blues* sang, als wollte sie ihre Besitzerin noch während dieser idyllischen Reise wieder unsanft in die Realität zurückholen.

Als Janis hörte, daß in Brasilien noch nie ein Rock-and-Roll-Konzert stattgefunden hatte, entschloß sie sich, eines zu veranstalten. Alles war bereit, als sie auf Davids Motorrad stieg, im Bikini und in einen Schlafsack gewickelt, um sich auf der Fahrt zum Veranstaltungsort warmzuhalten. Der Auftritt sollte an einem Strand fünf Stunden nördlich von Rio stattfinden. Sie lehnte ihren Kopf an Davids Rücken und schlief, während sie fuhren. Hinter einer Bergkuppe mußte er einer betonierten Verkehrsinsel ausweichen. Er bremste scharf, das Motorrad schleuderte unter ihnen weg, und sie überschlugen sich mehrmals. Janis prallte mit dem Kopf aufs Pflaster und blieb wie tot liegen. Jemand kam in einem Volkswagen und brachte sie ins Krankenhaus. Janis hatte eine Gehirnerschütterung und konnte nicht auftreten.

Janis und David redeten stundenlang miteinander und erzählten sich gegenseitig ihre Lebensgeschichten. Janis sprach darüber, wie wichtig es ihr war, daß sie es im Musik-Busineß geschafft hatte und wie sie in Ken Threadgills Bar in Austin zum ersten Mal das berauschende Gefühl des Erfolgs gespürt hatte. Sie erzählte ihm, daß sie früher richtig fett gewesen war, wie sie gegessen und gegessen hatte, aus Angst, später nichts mehr zu bekommen. Dann hatte sie gehungert und damit Energien freigesetzt, die sie zum Erfolg führten. Sie stellte sich ihren Ängsten und setzte sich darüber hinweg. Erstmals seit langem sah sie die Zyklen ihres Lebens als das, was sie waren.

Das Liebespaar wollte zusammen nach Kalifornien zurückkehren, aber bei der Paßkontrolle am Flughafen stellte sich heraus, daß mit Davids Papieren etwas nicht stimmte – er hatte sein Visum überzogen. Janis' wutentbrannte Reaktion war überhaupt keine Hilfe, sie schrie völlig hysterisch: »Ein Scheißtyp wie du paßt zu diesem Scheißland!« Mehr brauchten die Beamten nicht zu hören, um ihr zu demonstrieren, wer hier das Sagen hatte. Sie hielten David zwei Tage lang fest, Janis durfte jedoch noch nicht einmal bei ihm bleiben, sondern wurde mit dem bereits gebuchten Flug nach Kalifornien zurückgeschickt. Für jemanden, der so schnell aus der Bahn zu werfen war wie Janis, war das Grund genug, sich beim Umsteigen in

Los Angeles Heroin zu beschaffen. Als sie in San Francisco ankam, war sie bereits zu.

Was sollte David schon sagen, als er zwei Tage später ankam und von einem grauen Gespenst von Frau begrüßt wurde? Ganz zu schweigen von dem allgemeinen Chaos in der Rock-Szene von San Francisco? Das hätte jeden anderen aus der Fassung gebracht, aber David behielt offensichtlich einen kühlen Kopf. Eher wirkte Janis verloren.

Zuzusehen, wie Janis Heroin fixte, war hart für David, aber er versuchte, sich nichts anmerken zu lassen. Er konnte Alkohol akzeptieren, weil er seiner Meinung nach den Menschen half, den Dingen ins Auge zu sehen, für die sie sonst nicht stark genug waren. Er glaubte, Heroin sei wie Alkohol, nur viel stärker. Wenn es erst einmal im Blut zirkulierte, war alles egal, der ganze Körper entspannte sich. Obwohl er gegen diese Droge war, konnte er doch verstehen, warum Janis sie nahm. Dennoch sagte er: »Honey, ich weiß nicht, wie lange ich das durchhalte.«

Jeder hat Gefühlsschwankungen. Manchmal scheint das Leben klar und einfach, dann wieder wächst es einem über den Kopf. Janis hatte zusätzlich noch mit der verrückten Zeiteinteilung zu kämpfen, die einem Musiker abverlangt wird. Einmal war sie über alle Maßen beschäftigt und konnte all ihre Freunde mehrere Monate lang nicht sehen, dann wieder hatte sie wochenlang gar nichts zu tun. Ihre Stimmungsschwankungen wurden durch Alkohol und andere Drogen immer schlimmer. In ihrem Leben gab es viele Momente köstlichen Erfolges, und sie liebte es, wenn sie ganz oben war; manchmal aber fühlte sie sich winzig, und das erschreckte sie zutiefst.

Janis versuchte, trotz allen Schwierigkeiten eine intime Beziehung zu David aufrechtzuerhalten. Sie machte ihm Frühstück, schrubbte seinen Rücken, wenn er ein Bad nahm, und redete lange Stunden mit ihm über alles. In ihm hatte sie einen Mann gefunden, der zugab: »Einige meiner besten Freunde sind Bücher.« David lernte auch die weiche Janis kennen: »Sie machte mich glücklich. Vorher hat sich niemand um mich gekümmert... Ich hatte wirklich außer meiner Ma niemanden, der mich liebte.«

Die beiden hatten viel Spaß zusammen. Als sie einmal in Janis' Porsche durch die Gegend fuhren, überholten sie auf der Straße Muddy Waters. Janis grüßte ihn und rief ihm zu: »Hey, komm rüber!« Sie verbrachten ein paar Tage zusammen, kifften, tranken und feierten. Es waren immer Leute da, gute Leute.

»Eines Nachts wachten wir auf«, erzählt David, »und vier oder fünf Hell's Angels mit Knarren im Gürtel und auf Acid hatten unseren Kühlschrank leergegessen. ›Honey‹, sagte Janis, ›schmeiß die Jungs raus.‹ Ich stand auf, zog meine Hose an und ging ins Wohnzimmer, wo ich mit Blicken begrüßt wurde, die sagten: ›Wer ist das Arschloch?‹ Ich legte mich wieder zu ihr und sagte: ›O Baby, das kannst du doch nicht im Ernst von mir verlangen. Sie sind zu fünft.‹ Also öffnete Janis die Tür und erklärte: ›Ihr seid Arschlöcher, ihr habt mir alles weggegessen, und aus sowas solltet ihr mittlerweile rausgewachsen sein. Was macht ihr hier um diese Uhrzeit, warum laßt ihr mich und meinen Freund nicht schlafen?‹« Mit einem Schlag verwandelte Janis diese großen, kräftigen Männer in kleinlaute Drittkläßler, denen ihr Eindringen peinlich war. Später fanden sie fünf Einkaufstüten in der Küche und den Inhalt fein säuberlich in den Kühlschrank geräumt.

Janis und David fuhren nach L. A. und landeten in einem Plattenstudio, wo sie sich in einer schallgedämpften Kabine zusammenkuschelten. Sie tranken eine Flasche Tequila, und Janis sang mit ihrer schönen Stimme acht oder neun Songs, nur für David.

David war hin- und hergerissen zwischen dem Wunsch, bei Janis zu bleiben, und dem Versuch, seinem eigenen Leben einen Sinn zu geben. Dann ertappte er Janis bei seiner Heimkehr aus dem Heavenly Valley, wohin er zwei Tage allein zum Skilaufen gefahren war, mit Peggy Caserta, einer Geliebten, im Bett. Zwei Tage? Konnte sie nicht zwei Tage lang treu sein? Aber nein, David hatte keinen Anspruch auf Janis, und schließlich lebten sie in der Ära des freien Sex. Peggy ließ keinen Zweifel daran, daß sie ein Vorrecht auf Janis zu haben glaubte, ihre Beziehung bestand schon seit Jahren. David hatte das Empfinden, Peggy versuchte ihn als Eindringling abzustempeln, und das war mehr, als er akzeptieren konnte. Er wollte eine Frau, eine Partnerin.

»Honey, ich kann hier nicht bleiben«, erklärte er. Janis schlug vor, er solle ihr Roadmanager bei einer geplanten Tournee mit einer neuen Band werden, die später als Full Tilt Boogie Band bekannt wurde. Er ließ sich das Angebot durch den Kopf gehen, aber ein Job war nicht das einzige Problem. »Ich hör' auf mit dem Scheiß [Heroin], wenn du bleibst«, flehte Janis. Aber David wollte nicht, daß Janis ihm beim nächsten Rückfall die Schuld gab, daß sie aufgehört hatte; er wollte, daß sie diese Entscheidung ganz von sich aus fällte.

»Es war einfach zu hart«, erklärte David. »Ich war genauso auf dem Ego-Trip wie sie, und jedesmal, wenn wir aus dem Haus gingen, war ihr Auto, der handbemalte Porsche, von fünfhundert schreienden Leuten umzingelt. Das machte wirklich keinen Spaß. Ich hätte sie ohne zu zögern mit mir genommen, aber sie wollte unbedingt diese Tournee machen ... Beinahe wäre sie mitgekommen, aber sie hatte so lange für all das gearbeitet. Ich rief sie ein paarmal aus der Türkei an und schickte ihr ein paar tolle antike Sachen, die die Frauen damals trugen. Sie wäre gern bei mir gewesen, aber dafür hätte sie alles aufgeben müssen. Dazu war sie nicht bereit. Es steckte zuviel Arbeit darin. Ich war so jung und so stürmisch. Ich wollte, daß sie mitkam. Ich wollte nicht einfach auf ihren Trip gehen. Ich wollte auf unseren Trip gehen.« Das einzige, was Janis sagen konnte, war: »Vielleicht sehen wir uns wieder.«

Im Dezember 1969, gerade vier Monate, bevor Janis und David sich trennten, hatte sie eine ganze Nacht mit einer Frau verbracht, die sie im Chelsea Hotel in New York kennengelernt hatte. Sie holte sich Rat bei Janis, ob sie ihren Freund heiraten sollte oder nicht. Mit dem beschwörenden Ernst tiefster Überzeugung rief Janis: »Wenn ich je einen Mann treffe, der mich wirklich liebt, werde ich ihn nie mehr gehen lassen. Ich werde alles tun, damit es funktioniert.«

Genau das tat sie im entscheidenden Moment nicht. David war in jeder Hinsicht das Beste, was Janis je widerfahren war, aber als sie sich zwischen der Liebe und ihrer Karriere entscheiden mußte, blieb Janis bei letzterem. Das war hart. Viele ihrer Freunde hatten das Gefühl, sie sei im Grunde keine Feministin, sondern würde sich eigentlich nach einem Mann, Kindern und einem trauten Heim sehnen. Aber sie täuschten sich: Was sie wollte, war die Karriere und ein Mann, der sich anpaßte. Hatte sie einfach Angst, diese Romanze könnte womöglich keinen Bestand haben? Glaubte sie, David würde sich als ein solcher Fehlgriff erweisen wie John Smith? Oder sah sie sich einfach gezwungen, zwischen ihrem Karriere-Ich und ihrem romantischen Ich zu wählen?

Janis' Karriere warf endlose Fragen auf. Was für eine Sängerin wollte sie sein? Was für Songs wollte sie singen? Was für eine Band brauchte sie, und wer sollte in ihr spielen? Das waren schwierige Fragen für eine Frau, die immer betont hatte, ihre größte Stärke als Sängerin sei ihre Fähigkeit, Emotionen zu vermitteln. Wenigstens stand Janis nicht allein da. Albert Grossman bot ihr die Anleitung und Unterstützung, die sie brauchte, zumindest beruflich. Janis erkannte, daß die Kozmic Blues Band unter ihrer Desorientiertheit als Bandleaderin gelitten hatte, und sie nahm direkten Einfluß auf die Zusammenstellung der folgenden Gruppe. Albert und Janis hörten sich die Aufnahmen der in Frage kommenden Musiker an, gingen zu Konzerten, um sie live zu sehen, und diskutierten und diskutierten.

»Er dirigiert mich nicht«, sagte sie über Albert. »Er findet nur heraus, wohin ich gehen möchte, und hilft mir, dort hinzukommen. Und er ist da, um mich zu trösten, wenn ich es brauche. Mann, das ist wichtig. Ich gebe nicht gern zu, daß ich Hilfe brauche, aber es ist so.«

Janis hatte ihren Traum von einer Blues-Band begraben. Ihr war klargeworden, daß sie damit beim Publikum nicht ankommen würde. Sie war eine Folk- und Blues-Sängerin, die sich dem Rock and Roll zugewandt hatte und dann dem Soul-Rock. Der nächste Schritt ergab sich aus Experimenten. Janis schuf einen individuelleren weißen Blues-Sound. Ihr Ruhm begründete sich darauf, daß sie eine weiße Blues-Sängerin und damit eine Ausnahmeerscheinung war. Jetzt erkannte sie, daß das nicht bedeutete, das Verhalten von Schwarzen zu kopieren und schwarz zu klingen – es kam darauf an, genau die Spielart des Blues zu verkörpern, die das Publikum am direktesten ansprach.

Janis hatte John Till, ihren Gitarristen, und Brad Campbell, ihren Bassisten von der Kozmic Blues Band gebeten, bei der neuen Gruppe dabeizusein. In den vier Monaten vor der nächsten Tournee bekamen sie 123,40 Dollar pro Woche als Vorschuß. Ihren Pianisten, Richard Bell, entdeckte sie, als er bei Ronnie Hawkins' Band spielte. Beim Hören einer Jesse-Winchester-Platte entschied sie sich schließlich für Ken Pearson als Organisten.

Jetzt brauchte sie nur noch einen Drummer. Janis fand ihn, als sie zu einem Konzert von John, Brad und Snooky Flowers im Galaxie ging, einem Oben-Ohne-Club in San Francisco. Wenn Albert in der Stadt war, gingen sie zusammen aus. Das muß ein Anblick gewesen sein – Janis und Albert als Paar in einem Oben-Ohne-Club: Albert mit seinem dicken Bauch in seinem grauen Cordjackett und dem dünnen Pullover, das lange, graue Haar zu einem Pferdeschwanz gebunden; Janis mit ihrem forschen Gang, behängt mit klingelnden Glöckchen und gekrönt von Bergen welligen Haars. Snooky richtete den Scheinwerfer auf sie und sagte: »Ladies and Gentlemen, heute abend haben wir in diesem Club eine der besten Sängerinnen zu Gast ...« Die beiden saßen nur da und lächelten.

Nach dem Set sprach Janis mit Albert über Clark Pierson, den Drummer von Snookys Band. Sie schickte Brad mit der Frage zu ihm, ob er am nächsten Tag bei ihr zu Hause vorspielen wolle. Clark hatte noch nicht einmal gewußt, wer sie war, bis Snooky sie vorstellte. Er lachte: »Tja, ich hab' sonst nichts vor.« Er fuhr hin, und die Gruppe spielte ein paar Songs in ihrem provisorischen Garagenstudio. Janis stand neben Albert und fragte Clark, ob er mitmachen wolle. Sie war glücklich, als er ja sagte.

Clark kam als letztes Mitglied zur Band. Während der Woche, in der er mit Brad und John Schlagzeug spielte, hatte er bereits bewiesen, daß er zu den anderen paßte. Diese Band war jünger als die Kozmic Blues Band, und das Wichtigste war, wie John Cooke erklärte: »Diese Jungs suchten eine Band, die ein Zuhause für sie war. Sie wußten, Janis war der Boß, und sie mochten einander auf Anhieb. Ich glaube, das lag auch an der Tatsache, daß vier der fünf Kanadier waren.«

April 1970

Hallo!

Hetze echt durch die Proben, hab' eine neue (2 alte, 3 neue Jungs), kleinere Band, & es läuft wirklich fantastisch! Tolle neue Songs – hab' dringend neue Songs gebraucht –, und so werden wir auf der nächsten Tour ein Album aufnehmen. Albert hat meinen Zeitplan etwas aufgelockert wegen meines hohen Alters & weil ich ihm den Marsch geblasen habe! 2 Mon. auf Tour, dann 2 frei, 2 auf Tour, 2 frei etc. So habe ich ein bißchen Privatleben, hoffe ich. Hab' einen wirklich feinen Mann in Rio kennengelernt, aber ich mußte wieder zur Arbeit, also ist er weg und schaut sich den Rest der Welt an – zur Zeit Afrika oder Marokko, glaube ich, aber er hat mich wirklich geliebt & hat so gut zu mir gepaßt & will zurückkommen & mich heiraten! Ich dachte, ich würde nicht mehr erleben, daß mich einer fragt, der kein Fan ist. Aber er hat es ernst gemeint, & wer weiß, vielleicht hab' ich irgendwann die Nase voll vom Musik-Biz, aber zur Zeit läuft es echt super, & ich mache viele fantastische & teure Sachen am Haus. Es wird langsam zu einem Palast – lauter Felle & Holz & buntes Glas & Samtsofas & Chaiselongues & sogar ein Kronleuchter, der mitten aus einem Meer von Rotholz herabhängt.

FANTASTISCH! Hab' einen neuen Welpen – einen Pyrenäenhund, ganz weiß, einen der größten Hunde, die es gibt – wird achtzig Kilo schwer, ganz

tolpatschig & lieb, rar & teuer –, aus den Pyrenäen, eine uralte Kreuzung
aus Bernhardiner & Mastiff. Hab' ihn Thurber genannt, danke für die
Bücher, als ich klein war, Dad. Das macht was aus.

LOVE
Janis

1970 litt Janis unter enormen Stimmungsschwankungen, von himmelhochjauchzend bis zu Tode betrübt. Ihre Stimmung konnte von einem Moment zum anderen umschlagen oder tagelang anhalten. »Sie stand einfach in Flammen. Sie hatte eine besondere Kraft«, sagte David Niehaus. »Ihre Sinne waren wach, und diese Kraft kam daher, daß sie die Wahrheit sah. Nicht immer, aber sie hatte die Kraft, die Wahrheit zu sehen. Nichts konnte ihr standhalten, wenn sie klar war. Der einzige Grund, warum ihre Karriere ihr Probleme machte«, erklärte er, »war, daß ihre Persönlichkeit solch extremen Schwankungen unterworfen war. Wenn sie sich mickrig fühlte, wuchs ihr alles über den Kopf. Das muß man sich klarmachen…« Er zögerte einen Moment. »…Es war nicht die Karriere, die sie überrollte, es war ihre geistige Verfassung. Wenn sie sich groß fühlte, war ihr die Karriere und das ganze Drumherum keineswegs zuviel.«

Manchmal verfiel sie auf eine Kindchen-Masche, um den Beschützer-Instinkt der anderen zu wecken. »Warum hilft mir denn keiner?« jammerte sie Nick Gravenites vor. »Für andere tun die Leute alles!« Er antwortete: »Vielleicht hast du sie nicht gefragt.« – »Mach du das«, drängte Janis Nick, denn sie bat nicht gern um Hilfe. »Frag du für mich.« Also rief Nick Freunde an, und die schlugen einige Songs vor, die Janis singen sollte. Das harte Image, das Janis sich aufgebaut hatte, stand ihr oft im Wege. Sie neigte dazu, Leute eher anzuschnauzen, als sie um Hilfe zu bitten.

Janis brauchte das, was Drogentherapeuten als Intervention bezeichnen: Eine Intervention soll die Drogenkonsumenten mit der Realität konfrontieren, soll ihnen zeigen, wie die anderen sie sehen, und ihnen die Veränderungen vor Augen führen, die sie selbst vielleicht gar nicht an sich bemerkt haben. Ohne es zu wissen, leistete Linda Gravenites Janis diesen Dienst.

Als Linda David Niehaus gehen sah, war sie sicher, daß Janis nie mit den Drogen aufhören würde. Linda konnte nicht mehr mit dem Heroin leben. Sie war Janis so vertraut, daß sie ihr die Wahrheit sagen konnte. Und manchmal hörte Janis sogar hin. Linda setzte ihr zu, indem sie sich weigerte, das Heroin-Problem zu beschönigen. »Linda, du benimmst dich wie eine alte Glucke! Hör auf, darüber zu reden«, schrie Janis sie an. »Wenn du nicht still sein kannst, hau doch ab.« Linda sagte: »Okay, morgen bin ich weg.« Am nächsten Tag zog sie aus.

Lindas Erklärung, sie würde ausziehen, weil Janis unfähig sei, mit der Droge aufzuhören, genügte, um Janis zu einer Entscheidung zu bringen. Linda hatte sie provoziert, und Janis wollte die Behauptung nicht auf sich sitzen lassen, sie würde mit irgendwas nicht fertig werden. Damals nahm sie nur noch selten Heroin, und zu diesem Zeitpunkt war der Entzug weniger hart, als er später gewesen wäre. Sie war durchaus in der Lage, aufzuhören.

Sie nahm jede Hilfe an, die sie finden konnte, aber es fiel ihr schwer, sich ganz auf die Psychiater-Schiene einzulassen. Janis erkannte, daß das Heroin ihr Leben belastete, und sie wollte dem ein Ende setzen. Redete sie sich ein, daß die Wahl der falschen Droge das einzige Problem war? Der Hippie-Glaube an die Möglichkeit einer Erweiterung des Bewußtseins durch chemische Drogen war noch immer en vogue. Fiel Janis darauf herein? Die Therapeuten, die sie konsultierte, boten in ihren Augen eine Therapie an, die sämtlichen Grundwerten und dem Geist der Sixties widersprach. Sozialplan-Schergen mit zu wenig Einfühlungsvermögen, so bezeichnete sie gegenüber John Cooke ihre Helfer.

Und doch leitete eine neue Kraft Janis' Leben, die Kraft des freien Geistes. Der Charakter ihrer Kunst veränderte sich. Ihre Erfahrungen mit Big Brother als Familienband hatten es ihr erschwert, sich auf ihre zweite Band einzustellen, deren Mitglieder sich nur als angeheuerte Musiker sahen. Bei ihrer derzeitigen Band, erkannte Janis, dominierten wieder die unerläßlichen zwischenmenschlichen Beziehungen. »Janis mußte die Leute lieben«, mit denen sie arbeitete«, erklärte John Cooke. Da sie das erkannt hatte, konnte sie die geeigneten Leute auswählen. Sie wurden ›ihre‹ Jungs.

Jetzt wurde Janis die Sängerin, von der sie immer allen verkündet hatte, sie könnte sie sein. Das ganze Jahr 1969 hindurch gab sie Interviews, in denen sie sagte, sie würde lernen, ihre Stimme besser zu gebrauchen, indem sie es lockerer anging, nicht so preßte und trotzdem denselben Effekt erzielte. Sie verwandte ihre ganze Kraft auf den Ausdruck. Janis nahm auch Musikunterricht, zum Beispiel Klavierstunden, um ihr rein intuitives Können auf eine solide theoretische Basis zu stellen. Nick Gravenites rief überrascht aus: »Janis konnte einen Akkord singen, drei Noten auf einmal. Wie machte sie das?« Carl Belz schrieb in seinem Buch *The Story of Rock:* »Anders als Big Brother rivalisierten Full Tilt Boogie [der endgültige Name ihrer dritten Band] nicht mit Janis' Stimme, statt dessen gaben sie ihr Raum zur spontanen Entfaltung und bereicherten sie um eine ursprüngliche Folk-Qualität, die ihre Charakteristik unterstrich.«

Ebenso ausschlaggebend war Janis' wachsendes Bewußtsein, daß zwischen ihrem privaten und ihrem beruflichen Ich ein großer Unterschied bestand. Sie dachte über ihr Leben und die Karriere nach, die sie sich selbst geschaffen hatte. Sie führte mit Bobby Neuwirth und anderen lange Diskussionen über »das Bedürfnis, eine bestimmte Bühnenpersönlichkeit zu haben, als Maske, nicht als falschen Schein, sondern um sich von seinem intimsten Ich abzugrenzen... Man darf ihnen nicht alles von sich geben, sondern nur das, was man für angemessen hält.«

Die neue Band probte in der zu einem Studio umgebauten Garage bei Janis zu Hause. Eines Tages, erzählte John Cooke mir, hatte Janis sich plötzlich in den Kopf gesetzt, sie müßte einen Spitznamen haben. Die Jungs spielten mit einigen herum und einigten sich schließlich auf ›Pearl‹. Janis versuchte, ein Symbol zu finden, um die ›echte‹ Janis zu bewahren. Ihr eigener Name war zu einem Synonym für ihre Bühnenpersönlichkeit geworden. Der Name ›Pearl‹ war Teil ihres Versuches, wieder mehr Sängerin als Entertainerin zu sein.

Pat Nichols sagte, Janis' öffentliches und privates Ich seien sehr verschieden gewesen. »Es war nicht so, daß sie gedämpfter war, aber ihr Lachen war frei, nicht gezwungen. Ihr Sinn für Humor war subtiler. Sie klang mehr wie ein kleines Mädchen als wie eine Nutte«, unterstrich Pat schließlich. Sie seufzte und betonte, daß »Janis es auch geschafft hätte, ohne die Rolle der großmäuligen, dreisten Nutte zu spielen«.

Pat Nichols empfand Janis als »einen sehr spirituellen Menschen«. Sie sagte, Janis habe Angst gehabt, »das anderen zu offenbaren«. Sie warf das *I Ging* nicht nur, sie las das ganze Buch. Janis habe auch die Schriften der Rosenkreuzer gelesen, fügte Pat hinzu. Ken Thompson, ein Sprecher des Rosenkreuzer-Studienzentrums in San Francisco, erklärte, es handele sich hierbei um keine Religion, sondern um eine Art Bruderschaft, die sich der spirituellen Bildung widme. »Viele Hippies waren Mitglieder«, erklärte er, »weil sie glaubten, daß Bildung gut für die Menschen sei. Die Rosenkreuzer glauben an eine Bewußtseinserweiterung durch Bildung. Wir sprechen über den

Gott unseres Herzens ...« Haupt-Lehrorgan dieser ›Bruderschaft‹ ist ein Fernkurs mit wöchentlichen Meditationen, Übungen und Lese-empfehlungen. Eine ihrer grundlegenden Glaubensregeln ist die Überzeugung von der Gleichheit aller Geschlechter und Rassen.

Ihr spirituell motiviertes Bedürfnis nach Eigenverantwortung ließ sich mit Janis' fortgesetztem Drogenkonsum nicht mehr vereinba-ren. Pat sagte, mit Heroin aufzuhören sei Ausdruck von Janis' inne-rer Erkenntnis gewesen, daß sie ihr Karma in den Griff bekommen mußte, um spirituelle Gnade zu erlangen. Natürlich setzte Janis ihren Entschluß nicht von heute auf morgen in die Tat um. Sie sagte, sie wolle ihr Leben in Ordnung bringen; sie drückte sozusagen die Pausentaste.

Ein Grund dafür, daß die Hippies zu den Rock-Konzerten kamen, war der Wunsch, sich selbst zu finden. Janis' Generation wurde von Rock-Konzerten stärker bewegt als von *allen* sozialen oder politi-schen Ereignissen. Als die Hippies auf ihre kollektive Suche nach dem tieferen Sinn gingen, wandten sie sich auch fremden Religionen zu. Sie adaptierten die spirituellen Praktiken anderer Völker und Kulturen, den Drogenrausch, musikalische Erfahrungen und ande-res mehr. Ein Konglomerat der verschiedensten Glaubensrichtungen eröffnete der Bewegung eine neue Sicht des Lebens.

Abgesehen von ihrer Achtung vor der Seele der Menschheit stellte Janis die institutionalisierte Religion in Frage. Der Zynismus ihrer Highschool-Zeit und ihre gesellschaftliche Konditionierung durch die Wissenschaft verführten Janis dazu, sich über religiöse Men-schen zu mokieren: »Arrgh! Das sind Betbrüder!« Selbst als ihre ehe-malige Mitbewohnerin begann, jeden Tag zu meditieren, warnte Janis: »Linda, werd mir nicht zu heilig!«

Janis brauchte eine Religion ohne Jüngstes Gericht, eine Lehre, die ihren Wert als Mensch mit eigenen Gefühlen bestätigte. Sie suchte nach einem Weg, der es ihr ermöglichte, den wahren Charakter des Menschen zu erkennen, nicht eine Institution, die dem Menschen ständig seine Sündhaftigkeit vorhielt und ihm mit der Hölle drohte. Sie brauchte einen Ort, an dem die Menschen freimütig zugaben, daß sie auch oft an ihren eigenen Idealen scheiterten. Sie brauchte Ehrlichkeit und Offenheit.

Janis war jetzt in der Lage, sich einzugestehen, daß sie in ihrem Leben Fehler gemacht hatte, und konnte gleichzeitig doch auf ihre Stärken stolz sein. Sie freundete sich mit ihrer neuen Mitbewohnerin an, Lyndall Erb, die in Linda Gravenites Fußstapfen zu treten versuchte. Lyndall war jedoch gutmütiger und gefügiger als Linda. Die neue Band fand sich zusammen, und das war ein gutes Gefühl. Vielleicht erlaubte diese Situation ihr einen kurzen Ausflug in die Vergangenheit. Am 4. April 1970 trat sie mit Big Brother and the Holding Company auf. Sie sang Background bei ›Mr. Natural‹, einem Song von Sam Andrew. Die Jungs von Big Brother waren immer noch ihre Freunde, aber durch den Bruch ihrer beruflichen Beziehungen waren sie auseinandergedriftet. Die Karriere der Band war weniger glücklich verlaufen als Janis' eigene. Es war seltsam: Als die fünf noch zusammen waren, heimste Janis alle guten Kritiken ein, und die Band hatte eine schlechte Presse. Als sie eine LP ohne Janis herausbrachten, waren die Kritiken großartig, aber die Platte verkaufte sich einfach nicht. Sam Andrew erinnerte sich, wie Janis 1969 sinnierte: »Hätten Big Brother mir damals, 1968, vielleicht mehr Geld gegeben und Bläser in die Band genommen?« Er antwortete ihr, daß die Band das wahrscheinlich getan hätte, aber sie habe ja nicht gefragt.

1970 schwirrte ihr immer noch die Frage im Kopf herum, ob es richtig gewesen war, Big Brother zu verlassen. Im April bereitete sie sich darauf vor, einen Monat darauf mit Full Tilt vor die Öffentlichkeit zu treten. Ihre Angst vor der Reaktion des Publikums war kaum zu zügeln. Bobby Neuwirth ließ sich mit seinem Kumpel Kris Kristofferson etwas dagegen einfallen. Kris hatte den Charme und das gute Aussehen des typischen Südstaaten-Aufreißers. Er war ein Rhodes-Student mit einer Begabung für poetische Texte, der sich gerade einen Namen in der Country-Szene machte.

Bobby und Kris verschafften Janis die perfekte Ablenkung: ein wildes Gelage, das als ›The Great Tequila Boogie‹ in die Annalen einging. Die beiden starteten die Party im Greenwich Village. Sie verbrachten eine ganze Nacht mit Odetta, ehe es dann weiter an die Westküste ging, wo sie in Janis' Haus landeten. Vielleicht erinnerte Kris Janis an David Niehaus. Er war stark, rauh und äußerst attraktiv, dabei intelligent und gebildet. Er konnte weich und sanft sein, neigte aber zu unbeherrschten Brüllereien, wenn er besoffen war – genau wie Janis. Der entscheidende Unterschied zu David bestand darin, daß ihm die Musikszene nicht fremd war: Er gehörte längst schon dazu. Während David in Janis' Welt keinen Platz für sich finden konnte, sah Kris seine Zukunft auf einem ähnlichen Gebiet.

Sie hörten Kris' Platten und entdeckten auf einer ein Foto von ihm als jungem Mann beim Newport Folk Festival. Auf der Bühne sah er aus wie ein verängstigtes kleines Kind. Es war tatsächlich das erste Mal gewesen, daß er vor einem Publikum aufgetreten war. »Du meine Güte«, mokierte sich Janis, »bin ich froh, daß du nicht mehr so ausgesehen hast, als ich dich kennengelernt hab'. Ich wär' niemals mit dir ausgegangen.« Schockiert antwortete Kris: »Das ist eine ganz schön oberflächliche Art, Leute zu beurteilen, Janis.«

Der Tag ihres gemeinsamen Besäufnisses weitete sich zu drei Wochen aus, in denen sie andauernd Tequilas kippten. »Janis trank sie beide unter den Tisch«, lachte Nick Gravenites. Eines frühen Morgens polterte sie an seine Tür, die Flasche in der Hand, und wollte ihm ein paar Freunde vorstellen. Nick fragte: »Wo sind die denn?« Sie deutete auf weit entfernte Punkte irgendwo hinten auf der Straße, die sich mit Mühe auf den Beinen und aneinander festhielten und kaum in der Lage waren, es bis ins Haus zu schaffen. Janis dagegen war hellwach und munter.

Janis lud jeden ein, sich dem Gelage anzuschließen. Jerry Ragovoy, den Komponisten vieler ihrer größten Hits, weckte sie mitten in der Nacht mit einem Telefonanruf auf und drängte: »Komm auf der Stelle rüber, wir feiern eine Party.« Er lachte in sich hinein und antwortete: »Es könnte ein paar Tage dauern. Weißt du, Janis, ich wohne in New York.« – »Das ist okay. Die Party kann noch dauern.«

Der Tequila Boogie kulminierte in einer Party bei Janis, die liebevoll die Lyle Tuttle Tattoo Party genannt wurde. Tuttle mit seinem tätowierten Torso baute einen Stand auf und bot Körperkunst als Extra-Service an. Mehr als einer der Gäste wachte am nächsten Morgen auf und fragte sich, wie er sich so hatte verzieren lassen können. Die Party war großartig, und Janis und Kris kamen sich sehr nah, aber die Romanze war nicht von Dauer. Sie wurden beide von ihren Karriereverpflichtungen in Anspruch genommen.

Der Zeitpunkt des Debüts der Band war gekommen. Die Gruppe war fest zusammengewachsen, und die Musik war gut, aber irgend etwas fehlte noch. »Wenn John Cooke nur hier wäre«, sagte Janis zu Bobby. »Du willst John Cooke? Ich hole dir John Cooke«, rief Bobby ritterlich aus und ging zum Telefon.

Es bedurfte einiger Erklärungen. Schließlich hatte sich Janis, als John sie das letzte Mal gesehen hatte, entschuldigt und war auf die Toilette gegangen, um sich einen Schuß zu setzen. Ihr Drogenkonsum hatte die Tourneen zu einer Qual gemacht. Bobby beteuerte einfach immer wieder: »Hey, Mann, Janis ist großartig in Form. Du mußt mitmachen, und du mußt dir die neue Band ansehen!« John kam fünf Tage vor Tourbeginn und drei Tage vor Ende des Tequila Boogie an.

Janis war bereit, auf Tour zu gehen, aber die Wochen der Tequila-Freuden waren nicht ohne Folgen geblieben. Sie mußte ihren Alkoholkonsum einschränken. Der Arzt, den sie um Hilfe bat, machte ihr klar, daß es um alles oder nichts ging. Die vorgeschriebene Behandlung eines Alkoholproblems war nicht die Einschränkung des Konsums, sondern die einzig bewährte Therapie hieß totale Abstinenz. Janis reagierte zwiespältig: Sie wollte clean *sein*, aber nicht die Prozedur erdulden, die sie clean *machen* würde – nämlich überhaupt nicht mehr zu trinken. Eine Tournee war in dieser Hinsicht auch kaum die ideale Behandlungsmethode. Da sie sich nicht vorstellen konnte, völlig trocken zu bleiben, entschloß sie sich zu einer selbstgestrickten Therapie: Wenn sie sonst nichts tun konnte, würde sie wenigstens ein paar Stunden, bevor sie auf die Bühne ging, aufs Trinken verzichten.

Die Tour startete mit dem Engagement bei einer Privatparty der Hell's Angels im Pepperland in San Rafael, Kalifornien, einem Doppelkonzert mit Big Brother and the Holding Company. Das Büro hatte dieses Konzert nicht gebucht, wie Bennett Glotzer betonte. Janis hatte Albert angerufen und ihm gesagt, daß sie dort spielen wollte, und er hatte zugestimmt. »Albert, du bist verrückt!« hatte Bennett daraufhin ausgerufen.

Die Hell's Angels schienen das richtige Publikum für das Debüt der neuen Band zu sein. Janis konnte auf einen enthusiastischen Empfang zählen. Und es war ihr seit jeher wichtiger gewesen, daß das Publikum auf die Musik abfuhr, als daß die Band präzise spielte. Sie wollte von den Menschen ihrer Stadt hören, daß die Band gut war. Außerdem freute sie sich auf ein Doppelkonzert mit Big Brother.

Die Angels waren ein umwerfendes Publikum. Der verdunkelte, verqualmte Raum schien von einer besonderen Intensität erfüllt. Das machte sich in Nick Gravenites' Erschöpfung bemerkbar, als er von der Bühne ging, nachdem er den ersten Set mit Big Brother gesungen hatte. Nick konnte kaum gehen, so ausgelaugt war er. An jenem Abend lastete ein fast übermenschlicher Druck auf den Künstlern.

Bennett, Albert und andere waren bei dem Debüt dabei. Das Pepperland war voll von Betrunkenen in Biker-Klamotten. Als Janis an der Reihe war, begleitete ihr Gefolge sie auf die Bühne. Bennett erklärte: »Die Band ging zuerst auf die Bühne, dann ich und dann Janis. Da war eine Frau, die Freundin eines Bikers, die bat Janis um ihre Flasche. Als Janis sich weigerte, von ihrem Schnaps etwas abzugeben, kreischte das Mädchen: ›Wenn ein Hell's Angel dich um etwas bittet, gibst du's ihm gefälligst!‹ Sie stürzten aufeinander los und gingen raufend zu Boden, bis Sweet William, der Chef der Oakland-Abteilung der Hell's Angels, rüberkam und dem ein Ende setzte. Innerhalb von Minuten zogen sie alle Verrückten ab, und Janis ging auf die Bühne. Sie sagte: ›Seht ihr, ich hab' euch gesagt, alles wird gut werden.‹«

Es war der ganze Stolz der Angels, sich um ›ihre‹ Musiker zu kümmern. Als Clark Pierson sich die Seele aus dem Leib trommelte, sagte ein Angel: »Du siehst aus, als wär' dir heiß. Warum ziehst du dein Hemd nicht aus?« Clark lehnte ab und spielte weiter. Ein paar Minuten später wurde ihm klar, daß der Typ ihn nicht gefragt, sondern es angeordnet hatte. Er hörte auf zu spielen und zog sein Hemd aus. Der Angel faltete es sorgfältig zusammen und legte es auf einen Stuhl. Den Rest des Abends wischte Clarks Privat-Angel ihm fürsorglich den Schweiß von der Stirn, während er spielte.

Der Abend war absolut bizarr. Es gibt Geschichten über ein nackt tanzendes Paar, andere über eines, das sich auf der Bühne liebte. Als Janis aufhörte zu spielen, konnte sie verstehen, warum Nick nach seinem Auftritt so erschöpft gewesen war. Das war schon eine irre Art, eine Tournee zu starten!

Triumph mit Full Tilt

You know that I need a man
You know that I need a man
But when I ask you to, you just tell me,
That maybe you can

Janis Joplin, ›Move Over‹

Der Sommer war ein Traum. Sie hatte mehr Spaß, wenn sie klar war«, erzählte John Cooke. Janis hatte ursprünglich geplant, die Full-Tilt-Tour auf acht Wochen zu beschränken, gemäß ihrem Arrangement mit Albert Grossman, zwei Monate zu touren und zwei Monate frei zu haben. Die acht Wochen wurden an beiden Enden der Tour überzogen, bis es schließlich zwölf waren. Das erste Konzert fand am 29. Mai in Gainesville, Florida, statt.

Bill Killeen, Janis' ehemaliger Liebhaber aus Austin, wohnte in Gainesville. Er war dort hingezogen, um eine Studenten-Satirezeitschrift zu leiten, und hatte später einen Head-Shop eröffnet. Janis rief ihn an, und zusammen planten sie einen Ausflug zu seinem Vollblut-Gestüt auf dem Lande. Doch dann kam das Busineß dazwischen. Das New Yorker Büro buchte Konzerte am 30. Mai in Jacksonville und am 31. Mai in Miami. Es war fast unmöglich, ein Privatleben zu haben, wenn sie auf Tour war. Janis fiel es schwer, Geld abzulehnen, und die Konzerte bedeuteten Bares.

Die Tournee verlief erfreulich anders als die vorangegangenen. Janis steckte voller Energie und Enthusiasmus. Sie hatte Spaß mit den Jungs. Als sie bei den Konzerten am 19. und 20. Juli in Maryland auf ihren Auftritt warteten, holte sie eine Schachtel Perlen hervor, die sie aus Kalifornien mitgebracht hatte. Die ganze Band saß herum, zog Perlen auf und unterhielt sich. Sie waren Freunde.

Das Konzert in Maryland prägte sich Janis besonders ein, weil sie sich gegen Ende der Show plötzlich krank fühlte und keine Zugabe geben konnte. Der Promoter beschaffte ein Auto, denn ein Krankenwagen hätte zuviel Aufsehen erregt, und die Musiker rasten mit ihr zum Notarzt. John Cooke folgte ihnen mit hoher Geschwindigkeit. Janis lag auf einer Trage und wartete geduldig fünfundvierzig Minuten lang auf Hilfe, bis ein junger Assistenzarzt ihr Problem diagnostizierte: Sie hatte eine Muskelzerrung.

Bei der *Dick Cavett Show* später im Juni 1970 machte sie das Beste aus dem Zwischenfall. Cavett fragte sie nach ihrer Muskelzerrung, und sie antwortete: »Ja, stimmt, das war irgendwo unten in der Gegend von Maryland.« Das Publikum brüllte vor Lachen, weil es begriff, daß sie nicht nur den Staat meinte, sondern auf eine gewisse Stelle ihres Körpers anspielte. Janis wußte, wie man sich meistbietend verkaufte, doch in ihrem Verhalten Freunden gegenüber machten sich kleine, aber wesentliche Veränderungen bemerkbar. Als irgend jemand, der sich bei einer Gesellschaft zu ihrer Gruppe gesellt hatte, ärgerlich über die ›Bullen‹ murrte, die ihre Macht mißbrauchten, schnitt Janis ihm das Wort ab. »Das sind bloß Cops, Leute, die ihre Arbeit tun, Honey. Nenn sie nicht Bullen, das macht es nur schlimmer.« Wenn auf ihren ersten Tourneen mit Big Brother eine Kellnerin ihrer Kleidung und ihres Auftretens wegen unhöflich zu ihnen war, gingen sie oft, ohne ihr ein Trinkgeld zu geben. Auf der Full-Tilt-Tournee konnte es geschehen, daß eine unhöfliche Kellnerin einen 100-Dollar-Schein bekam, damit sie ihre Haltung gegenüber Hippies änderte. Was am wichtigsten war: Janis' lockere Einstellung dem Sex gegenüber hatte sich auffallend gewandelt. Sie war nicht mehr der Meinung, Sex sei der beste Weg, einen Typen kennenzulernen. Jetzt erzählte sie allen, sie würde nie mit Leuten ins Bett gehen, mit denen sie arbeitete.

Nach fünf Wochen Tour im Osten ging Janis in einem gecharterten Zug auf die Reise durch Kanada. Es war niemand an Bord außer den Musikern, die an Zwischenstopps auf dem Weg Konzerte gaben. Etwas Besseres konnte man sich kaum vorstellen, besonders, da sie fünfundsiebzigtausend Dollar für drei Konzerte bekam und nebenbei eine Fünf-Tage-Party feiern konnte.

Janis hatte sich passend zum neuen Act einen neuen Bühnen-Look zugelegt. Vielleicht hatte sie Kristoffersons Country-Einfluß dazu animiert, sich ein paar Outfits von dem berühmten Country-and-Western-Kostümdesigner Nudie schneidern zu lassen. Ihr liebstes war eine enge Schlaghose mit langer, vorne offener, purpurfarbener Weste. Wirbel von Goldstickereien und weiße und rote Steine rankten sich über das ganze Ensemble. Es war das perfekte I-Tüpfelchen auf die Erscheinung einer funkensprühenden Bühnenpersönlichkeit.

»Als sie über die Grenze nach Kanada einreiste«, lachte John Cooke, »war es das erste Mal, daß sie eine Grenze überquerte, ohne daß sie etwas zu verbergen hatte. Die konnten alles durchsuchen, und sie würden nichts finden ... Dieser kleine franco-kanadische Typ vom Zoll fing an, Janis' Sachen zu durchwühlen. Sie wurde wild, es war gerade ihre Federboa-Zeit ... Sie provozierte ihn. Er fand eine pulverförmige Substanz in ihrem Reise-Necessaire, und sie sagte: ›Willst du nicht wissen, was das ist, Honey?‹ Und er sagte: ›Qu'est-ce que c'est?‹ – ›Das ist Körperpuder, Mann.‹ Er wurde rot wie eine Tomate. Es dauerte ewig, solchen Spaß machte ihr die Durchsuchung!«

»Die Zugfahrt durch Kanada war der Höhepunkt dieses Sommers«, erklärte John Cooke. »Es war ein rollendes Festival, eine Kombination von Leuten, die nie zuvor so eine Chance bekommen hatten, zusammen zu spielen, zusammen zu jammen, sich gemeinsam mit ihrer Musik zu beschäftigen, aufzutreten, zu proben und zu reden.« Ian and Sylvia, Delaney and Bonnie, Buddy Guy, Grateful Dead, The Band und andere waren dabei. John Cooke wanderte mit einem Schuhkarton durch die achtzehn Waggons und sagte: »Geld für die Bar.« Er bekam in zehn Minuten 350 Dollar zusammen, die in Saskatoon bis auf den letzten Cent für flüssigen Reiseproviant ausgegeben wurden.

Man reservierte einen Speisewagen für akustische Musiker und einen anderen für elektrische. »Es war wirklich wie Ferien«, erklärte John. »Man ließ sich kutschieren, und draußen zog diese schöne Landschaft vorbei. Es wurde ein richtiges Fest. Und die Leute, auch ich, tranken den ganzen Tag über anstatt nur am Abend.«

In dieser Umgebung hatte Janis wenig Anlaß, sich über Alkoholprobleme Gedanken zu machen. Die ganze Meute schwelgte in einem wonnigen Rausch. Wenn Menschen trinken, wollen sie Musik. Wenn sie Musik haben, wollen sie einen Drink, stimmt's? John sagte: »Ich erinnere mich verschwommen daran, daß Janis und ich sagten: ›Hey, Mann, das muß man echt mal gemacht haben, den ganzen Tag blau sein, das ist irre!‹ Wenn man richtig maßhält, wird man nicht völlig benebelt und doof, man hält nur irgendwie das Level.« Janis war zwar auf den Zug gegen Drogen aufgesprungen, aber Alkohol fiel für sie in eine andere Kategorie. Sie mixte ihn gern mit süßen Säften, damit er schön leicht die Kehle hinunterglitt. Auch

69 Janis nannte Albert Grossman liebevoll Onkel Albert. Er bot ihr die Unterstützung und die Erfahrung, die sie für ihre Karriere brauchte.

70 Im Februar 1968 starteten Big Brother ihre erste Ostküsten-Tournee. Das Eröffnungskonzert fand in New York statt. Hier scherzt die Band hinter der Bühne mit Ed Sanders von den Fugs und Barry Melton von Country Joe and the Fish.

71 Ein Zeichen der Zeit: Janis liest einen Underground-Comic. Einige ihrer Freunde hatten in San Francisco die Rip Off Press gegründet, einen der wichtigsten Verlage für Comics. Dave Getz sieht sich eine Reportage mit dem Titel »Der Schrecken des wachsenden Drogenmißbrauchs« an.

72 Rechts: Big Brothers erste LP bei Columbia war *Cheap Thrills*. Ein Großteil war live im Grande Ballroom aufgenommen worden. Hier eines der Poster, mit denen Hippie-Konzerte angekündigt wurden, entworfen von Gary Grimshaw.

73 Das Janis-Joplin-Image wurde unübersehbar sexy, als Linda Gravenites anfing, kunstvoll bestickte Bühnenkostüme für sie zu entwerfen.

74 Linda Gravenites war Janis' Kostümdesignerin und Freundin. Sie wohnte drei Jahre lang mit ihr zusammen und war der ruhende Pol in Janis' turbulentem Leben.

75 Janis gründete eine Band, die sie Squeeze nannte und die später als Kozmic Blues Band bekannt wurde. Hier ein Auftritt bei der *Dick Cavett Show* am 18. Juli 1969. Von links: Luis Gasca, Trompete; Terry Clements, Tenorsaxofon; Cornelius »Snooky« Flowers, Baritonsaxofon; Lonnie Castille, Schlagzeug; Brad Campbell, Gitarre; Sam Andrew, Gitarre.

76 Im Februar 1969 trat Janis mit ihrer neuen Band im Fillmore East in New York auf. Janis spielte oft lateinamerikanische Percussion-Instrumente wie diesen Guiro, außerdem Maracas und Claves – Holzstäbe, die gegeneinander geschlagen werden.

77 Vom 11. bis 24. April 1969 absolvierte Janis eine Europatournee über Amsterdam, Frankfurt, Paris, Stockholm, Kopenhagen und London. Hier albert sie für ihren Roadmanager John Cooke herum.

78   Janis in Amsterdam neben Sam Andrew, dem einzigen Mitglied von Big Brother, das sie bat, bei der neuen Band mitzumachen. In Europa wurde ihre neue Band überall gefeiert.

79   John Cooke war auf den drei wichtigsten Tourneen ihrer Karriere Janis' treuer Freund und Roadmanager.

80   Dieses Porträt wurde im Dezember 1969 in New York aufgenommen, in einer Lebensphase, die unter dem Zeichen des Drogenkonsums und exzessiven Trinkens stand.

81 Vor dem Hotel in Rio de Janeiro, in dem Janis für sich, Linda Gravenites, Ben Beall und David Niehaus, ihren neuen Freund, eine weitläufige Suite mietete.

82 Ben, Janis und David stürzten sich in das Straßenleben des Karnevals in Rio.

83 Zwei Wochen lang wird beim Karneval in Rio jedes normale Leben unterbrochen. Man feiert auf den Straßen, die kunstvoll geschmückt werden.

84 Der letzte Auftritt der Kozmic Blues Band am 19. Dezember 1969 im Madison Square Garden. Für Janis hieß Singen Kommunizieren. Vor einem Publikum war sie immer gut.

85   Im Mai 1970 trat Janis zum ersten Mal mit der Full Tilt Boogie
Band auf. Bei ihrer Tournee an der Ostküste richteten sie sich in New York ein und
fuhren von dort aus zu den Auftrittsorten. Hier geht Janis auf der Fifth Avenue zu ihrer
Limousine, mit ihrem neuen Markenzeichen, einer Federboa im Haar.

86   Ein Toast auf das Leben! Janis mit der Full Tilt Boogie Band: Clark Pierson, John Till,
Brad Campbell, Richard Bell und Ken Pearson.

87 Eine unverhoffte Verschnaufpause im Mittelwesten, als ein Konzert wegen schlechter Werbung abgesagt wurde. Aus Mitgefühl mit den Fans versuchte Janis, am nächsten Tag ein Gratiskonzert in einem Park des Ortes zu geben, aber aufgrund mangelnder Unterstützung durch die Presse fiel auch das ins Wasser. Hier entspannt sich Janis mit Ken Pearson und Brad Campbell.

88 Janis' Freund und Liebhaber Kris Kristofferson besuchte sie während der Tour. Einer von Janis' bekanntesten Songs, »Me and Bobby McGee«, stammt aus Kris' Feder.

89 Der Plattenproduzent Paul Rothchild begleitete Full Tilt ein paar Monate auf ihrer Tournee, um Janis und ihren Sound kennenzulernen und ihn dann auf Platte zu bannen. Er produzierte Janis' dritte große LP, *Pearl*.

90 Janis kehrte im August 1970 zu ihrem zehnjährigen Highschool-Jubiläum nach Port Arthur zurück. Hier schlendern sie und ich nach einer Pressekonferenz zur Feier im Goodhue Hotel.

91 Janis und einige von ihren Klassenkameraden bei ihrem Highschool-Treffen.

92 Der Bildhauer Doug Clark stellte Janis in seiner Bronzestatue, finanziert von Janis' ehemaligem Klassenkameraden John Palmer, in vielen verschiedenen Posen dar. Die Statue wurde der Stadt Port Arthur übergeben und gehört jetzt zur Port Arthur Historical Collection in der Lamar University Library von Port Arthur.

experimentierte sie mit der Dosierung herum, weil sie hoffte, irgendwie die lästigen Nebenwirkungen des Alkohols zu vermeiden, Rührseligkeit und Unkonzentriertheit.

Einem Reporter vom *Circus* in Toronto schilderte sie ihre Begeisterung über die Band, die Tournee und den neuen Sound. »Ich habe mich immer auf der Bühne betrunken«, sagte sie, »aber jetzt habe ich das nicht nötig. Manchmal trinke ich, manchmal nicht. Mir reicht die Musik, um high zu werden!«

Janis war vernarrt in ihre neue Band. Das war die Gruppe, die sie immer gewollt hatte: Musiker, Freunde und Künstlergenossen, die sich gefunden hatten. »Beim Solo von ›Tell Mama‹ oder ›Move Over‹«, sagte John Till, »tanzte sie zu mir rüber, unsere Gesichter waren ganz nah beieinander, etwa so, und dann gab sie mir einen dicken Kuß. Und ich sah nur noch Sternchen und verdammte Ausrufezeichen über meinem Kopf. Ich versuchte ein Solo zu spielen, und dann das – uuuhh! Das war schon ein Erlebnis, vor vierzigtausend Leuten ein Gitarrensolo zu spielen und diesen tollen (*seufz*) Kuß von Janis zu bekommen.«

Als jemand den Tequila mit Acid versetzte, erlebte man Reminiszenzen an 1966, 1970 hatte allerdings kaum jemand mehr Verständnis für solche Scherze. Zum Glück schritt einer der Anwesenden ein, bevor zu viele Leute den Überraschungs-Drink gekostet hatten.

Im Anschluß an die Zugreise führte Janis' Tourplan sie nach Hawaii. Nach dem Konzert erhielt die Band eine Gelegenheit, sich zu entspannen, nur Janis hatte noch ein zusätzliches Engagement. Sie fuhr nach Austin, um als Überraschungsgast auf Ken Threadgills Geburtstagsparty am 10. Juli 1970 zu erscheinen. Ihre alte Freundin Juli Paul hatte angerufen und Janis eingeladen. »Könnt ihr das nicht an einem anderen Tag machen? Ich arbeite am Wochenende«, bat Janis. Sie reiste trotzdem an und kam direkt von Hawaii in die Party-Scheune am Oak Hill in Austin.

Achttausend Leute waren gekommen, und alle waren in Partylaune. Viele Musiker traten auf und spielten ein paar von den Folk-Standards, die das Publikum erwartete. Dann baten sie Janis, zu singen, und das Publikum explodierte. »Seid ihr bereit für ein bißchen Rock and Roll?« grölte Janis. Die Antwort war enthusiastisch. Janis fummelte herum, bat jemanden, ihr eine ›Dschitarre‹ zu leihen, stellte die Mikrofone ein und jammerte: »Ich kann beim besten Willen nicht stimmen, könnte jemand dieses Ding für mich stimmen?« Sie scherzte mit dem Publikum darüber, warum sie akustische Gitarre spielte: Dann könne niemand hören, wenn sie die Akkorde vermaßle, erklärte sie. Schlimmstenfalls werde man der Band die Schuld geben.

Ken Threadgills Starthilfe war einer der Wendepunkte in ihrem Leben gewesen. Er hatte ihr geholfen, als es darauf ankam. Ihm zu Ehren war sie nach Austin gekommen, und deshalb verzichtete sie darauf, die neugierigen Augen der Presse auf sich zu lenken oder die Bühne zu beherrschen. Sie sang ›Me and Bobby McGee‹ und erzählte dem Publikum, Kris Kristofferson werde sehr bald berühmt sein, weil er gute Songs schreibe. Auf Beharren der Menge sang sie noch einen Song von Kris: ›Sunday Mornin' Comin' Down.‹

Achttausend Zuhörer demonstrierten in einstimmigem Jubel, daß sie Austin, Ken Threadgill, die Musik, die er förderte, und Janis liebten. Janis bemerkte in der Menge Leute, die sie von früher kannte, und einer von ihnen fragte sie: »Gefällt dir das, was du tust?« Ihre rasche Antwort war: »Ich hab' die Rolle geschrieben.«

Am nächsten Tag ging sie wieder auf Tour. Die Band spielte am 11. Juli in San Diego, ein Doppelkonzert mit Big Brother and the Holding Company. Sam zufolge zeigte der Alkohol bei Janis langsam körperliche Auswirkungen, und sie hatte wieder zugenommen. Sam erinnerte sich auch an ihren aufgedunsenen, geröteten Teint, ein deutliches Zeichen für exzessiven Alkoholkonsum.

Janis lief emotional immer noch auf Hochtouren. Mal high und dann wieder down, versuchte sie, nicht völlig aus dem Gleichgewicht zu geraten. Nach der Begegnung mit alten Freunden in San Diego ging sie sehr aufgekratzt an Bord für den Rückflug nach San Francisco. Sie gab allen Drinks aus. James Gurley empfand sie als zu überschwenglich, als würde sie es verzweifelt darauf anlegen, der Mittelpunkt der Party zu sein. Sam Andrew hingegen bemerkte noch nicht einmal, daß Janis überhaupt mit ihnen im Flugzeug war; er war zu sehr davon in Anspruch genommen, dem Gitarrenvirtuosen Michael Bloomfield bei dessen Schilderungen seiner sexuellen Experimente zuzuhören. Janis bat James, für den Rest der Tournee bei ihrer Gruppe einzusteigen, aber er lehnte ab.

Die meiste Zeit war das Tourneeleben langweilig. Janis versuchte immer, es erträglicher zu machen, indem sie kleine Sachen von zu Hause mitnahm, um den ewig gleichen Motelzimmern eine persönlichere Note zu geben. Sie hängte Seidenschals über die Lampen, um das Licht zu dämpfen. Oft schaltete sie den Farbfernseher an und stellte das Bild mit dem Feinabstimmungsknopf unscharf, so daß im Hintergrund ständig eine Lightshow flackerte.

»Wenn Janis auf Tour war, verbrachte sie viel Zeit mit Lesen, ganz anders, als die meisten Leute glauben«, erklärte Bobby Neuwirth. »Sie war allein, nicht zu von Drogen, sondern sie las. Es gab viele ruhige Gespräche, weil wir viel Zeit hatten.«

Als 1970 *Zelda* von Nancy Milford veröffentlicht wurde, kaufte Janis das Buch sofort. Sie liebte Biographien, und Francis Scott und Zelda Fitzgerald waren für sie richtungsweisende Persönlichkeiten gewesen. Die Fitzgeralds waren Galionsfiguren des Jazz Age gewesen und für ihren wilden Lebensstil mindestens ebenso berühmt wie für Scotts literarisches Werk, in dem einiges von Zelda abgekupfert war.

Bei der *Dick Cavett Show* im Juni 1970 fragte Cavett Janis, ob sie irgendwelche Geschichten über Fitzgerald hören wolle, denn ein anderer Gast, Douglas Fairbanks Jr., hatte ihn noch persönlich gekannt. Janis zog eine Schnute und sagte sehr ernst: »Nein, nur die Wahrheit.« Janis empfahl das Buch vor der Kamera und kommentierte: »Der Eindruck, den ich aus all den Fitzgerald-Biographien gewonnen habe, ist, daß er sie sozusagen auf dem Gewissen hat. Aber er hat ihr einen Brief geschrieben [nachgedruckt in *Zelda*], in dem stand: ›Immer wieder sagt man, wir hätten einander zerstört – ich glaube nicht, daß das wahr ist. Ich glaube, wir haben uns selbst zerstört.‹«

Während der Tournee beschäftigten Janis wichtige Fragen wegen der Platte, die sie mit der Band machen wollte. Wer sollte der Produzent sein? Wie würde es funktionieren? Gabriel Mekler, der Produzent der *Kozmic-Blues*-LP, hatte einen Keil zwischen Janis und ihre vorige Band getrieben. Sie wußte, daß sie das nicht noch einmal zulassen wollte, aber sie hatte nur vage Vorstellungen, *was* sie wollte.

Schließlich fiel ihr ein, daß Paul Rothchild ihr Gesang gefallen hatte. Lange bevor der Ruhm Janis den meisten Menschen in verklärtem Licht erscheinen ließ, hatte Paul ihr ehrlichen Respekt bekundet. Wie der Zufall es wollte, war er ein alter Freund von John Cooke. John rief Paul an und ging ihm genauso um den Bart wie einst Bobby ihm selbst, damit er bei der Tour mitmachte. »Ich weiß nicht«, erwiderte Paul zurückhaltend. »Das letzte Mal, als ich Janis gesehen habe, war sie ein Junkie. Sie konnte sich nicht auf ihre Kunst konzentrieren.« Cooke rief in seiner enthusiastischen Art aus: »Nein, jetzt ist alles besser. Sie ist vom Heroin runter, trinkt kaum noch und hat eine neue Band. Die Jungs sind unverbraucht, hellwach und unschuldig! Janis möchte, daß du eine Weile mit ihnen auf Tour kommst und dir ansiehst, was so los ist.« – »Es war ein freudiges Wiedersehen«, erzählte mir Paul. »Janis' Augen waren hell und klar, sie war bester Dinge.«

Paul Rothchild war nicht besonders groß, ungefähr einen Meter siebzig, hatte buschiges dunkelblondes Haar und blaue Augen. Sein Gesicht hatte etwas, wie er selbst fand, ›Schräges‹, aber Frauen fanden ihn süß und attraktiv, trotz seiner dominierenden griechischen Nase. Sein schlanker Körper machte sich perfekt in den schwarzen Jeans, schwarzen Hemden und Cowboy-Stiefeln, geschmückt mit einem einzelnen, kostbaren indianischen Türkis-Armband. Oft sah man ihn mit einem dunkelgrünen Borsalino, wie feine Rancher ihn trugen, nicht Cowboys auf der Weide.

Rothchild hatte Humor und amüsierte sich gern. Ausgebildet zum klassischen Dirigenten, verlegte er sich in den Fünfzigern und Sechzigern auf die Produktion von Folk-, Blues- und Bluegrass-Platten. Er war Aufnahmeleiter bei Prestige Records und dann bis 1968 bei Elektra Records. Danach wurde er unabhängiger Produzent. Rothchild produzierte alle LPs der Doors und auch der Paul Butterfield Blues Band. Seine Verbindung zu einer obskuren Folk-Blues-Band aus der Folk-Szene von Minneapolis – Koerner, Ray and Glover – brachte ihm Janis' besonderen Respekt ein.

Der Produzent begleitete die Band auf den letzten Gigs der Tournee, vom 11. Juli in San Diego bis zum 12. August in Harvard. Wenn er hinter der Bühne umherwanderte, konnte man gelegentlich sehen, wie er tief in die Verstärker lugte, über den Mix grübelte und andere Aspekte des Sounds von Full Tilt studierte. In San Diego gab Janis ihm eine Stoppuhr und sagte: »Schau, ich habe nur fünfunddreißig gute Minuten in mir. Stell dich hinter die Verstärker, und wenn ich rübergucke, signalisierst du mir, wieviel Zeit ich noch habe.« Paul fand, es sei ein gutes Zeichen, daß sie sich wie ein Läufer ihre Zeit einteilte.

Eines der Probleme, die er bei der Zusammenarbeit mit Janis sah, war ihre Stimme. Als Paul die Kozmic Blues Band gehört hatte, mußte er befürchten, Janis' Stimme sei hin. Aber als er in San Diego hinter der Bühne stand, erkannte er innerhalb der ersten zehn Sekunden, daß sie wieder voll da war. »Sie sang, und ich war hingerissen, weil ich einer der brillantesten Vokalistinnen lauschte, die ich je in der Klassik, im Pop oder im Jazz gehört hatte. Was für eine

Stimme! Alles, was ich herausbrachte, war: ›Oh! Mein Gott!‹ Diese Frau kehrte ihr Innerstes nach außen. Sie streifte ihre äußere Hülle ab. Jemanden wie mich, der immer über die innere Schönheit und all das Zeug redete, haute das einfach um. Von dem Moment an war ich ihr total verfallen, in absolut jeder Hinsicht.«

Paul war ein auffallender Kontrast zu den anderen Produzenten, mit denen Janis bis dahin gearbeitet hatte. Er war ein typischer Sixties-Charakter, bei dem die Musiker an erster Stelle kamen. Paul war der Meinung, der Produzent sollte eine Atmosphäre schaffen, in der sich die Musiker wohl fühlten und ihr Bestes geben konnten. Bei den Aufnahmen konzentrierte man sich zwar in erster Linie auf die Musik, aber er hatte begriffen, daß Musiker sich nicht zu Höchstleistungen aufschwingen konnten, wenn die Atmosphäre und das Feeling nicht stimmten.

Rothchild wurde ihr Partner im Kampf gegen das eherne CBS-Gesetz, daß die Künstler in einem CBS-Studio nur mit CBS-Toningenieuren aufnehmen durften. »Moment mal«, rief Paul aus. »Die CBS-Toningenieure sind alle völlig vorsintflutlich. Die Studios sind rückständig, und ausgerüstet sind sie für den Sound von Johnny Mathis.« Er trug Clive Davis seinen Fall vor und erläuterte: »Wir wollen eine wirklich gute Platte machen, in einem Rock-and-Roll-Ambiente.« Ungeachtet dieser Argumente konnten die Rechtsanwälte der Gesellschaft nur warnen, daß die Toningenieure streiken würden.

Schließlich schloß man einen Kompromiß. Die Firmenbosse waren empfänglich für die Warnung, daß die CBS keine neuen Acts unter Vertrag nehmen konnte, falls sie nicht flexibel auf die neue Musik reagierte. Paul sollte zwei Demo-Aufnahmen mit Janis machen, eine in einem CBS-Studio mit CBS-Technikern, die andere in dem unabhängigen Studio Sunset Sound. Clive Davis willigte ein unter der Bedingung, daß bei der Arbeit im Sunset Sound als Zugeständnis an die Gewerkschaft ein CBS-Toningenieur dabei sein müßte.

Sie machten also die zwei Aufnahmen und spielten sie in einem Blindtest allen Beteiligten vor. Jeder wählte die Aufnahme aus dem Sunset Sound, und so erlaubte Clive Davis ihnen, die Platte dort zu machen. Er betonte ausdrücklich, wenn es irgendwelche Beschwerden von der Gewerkschaft gäbe, würde er die Studios in L. A., in denen 176 Tontechniker arbeiteten, schließen. Die Techniker beschwerten sich, die CBS-Studios wurden geschlossen, und dabei ist es geblieben.

Zwischen den Demo-Aufnahmen und dem Beginn der Arbeit an der Platte fuhr Paul mit John Cooke nach Larkspur. »Janis war sich dessen damals nicht bewußt«, sagte er, »aber ich beobachtete sie genau. Es gab keine Drogen, überhaupt keine.« – »Was willst du mit fünfundvierzig oder fünfundfünfzig sein?« fragte er sie. »Ich will die größte Blues-Sängerin der Welt sein«, tönte Janis. Paul nickte mit einem Lächeln und antwortete: »Das kannst du haben, aber nicht, wenn du deine Stimme verausgabst.«

Dann demonstrierte er ihr, was er meinte. In ihrem sonnendurchfluteten Rotholz-Wohnzimmer sangen sie beide, wie sie es mit zehn Jahren im Kirchenchor gelernt hatten. Paul erklärte: »Was wir tun wollen, ist, in den Songs Raum für diese Variante deiner Stimme zu schaffen, und sie dann in die volle, leidenschaftliche einfließen zu lassen, damit die Wirkung dramatischer ist.« – »Ja, ja, ja! Toll, laß uns das machen«, lautete Janis Antwort.

Mit diesem Punkt hatte Janis sich geplagt, seit sie prominent geworden war. Einem *Playboy*-Interviewer sagte sie, der Grund, weshalb sie so hart arbeite, sei »mit hundertprozentiger Sicherheit nicht das Geld. Zu Anfang hab' ich es gemacht, damit das Publikum mich liebt. Jetzt mache ich es, um mein volles Potential zu erreichen, um so weit zu gehen, wie ich kann. Die Möglichkeit dazu hab' ich. Das ist eine tolle Chance!«

Die Begegnung mit Paul war ein Segen für Janis. Endlich hatte sie jemanden gefunden, der wußte, wie er ihr helfen konnte. Janis' Freunde sagten oft, daß sie Leute mochte, die keine Selbstzweifel hatten und wußten, wovon sie redeten. Von deren Überzeugung, Wissen und Kraft zehrte sie. Zum Teil schätzte sie die Kompetenz an sich, aber sie war ihrer eigenen Unsicherheit wegen auch darauf angewiesen, daß andere ihr halfen; sie hatte immer gerne jemanden zur Seite, der ihr sagte, was sie tun sollte. Eigentlich verstand sie ihren Aufstieg selbst nicht so richtig, und durch ihren Mangel an Erfahrung war sie nicht in der Lage, ihren Musikern klare Anweisungen zu geben. Sie suchte Hilfe, wann immer sie jemanden fand, der sich auskannte. Bei Plattenaufnahmen war Paul Rothchild derjenige, auf den sie sich stützen und von dem sie lernen konnte.

Menschen waren immer wichtig für Janis. Trotz ihrer Neigung zu Wutausbrüchen, besonders 1968 und 1969, war sie über alle Maßen loyal. Bei einem Elton-John-Konzert »beschimpfte Jack Nicholson hinter der Bühne Alberts Büro, weil es ihnen nicht gelungen war, ihr die Rolle der Helena in *Five Easy Pieces* zu sichern«, sagte Bennett

Glotzer. Janis entgegnete Nicholson kühl: »Meine Manager sind fantastisch. Egal, was sie vorgehabt haben, sie hatten ihre Gründe.« Bennett lächelte. Janis und er wußten beide, daß das Büro die Sache vermasselt hatte, aber daß Janis zu ihnen hielt, rührte ihn trotzdem.

»Janis hieß mich bei sich zu Hause immer willkommen«, fuhr Bennett fort. Oft schauten Leute vorbei, zum Essen, auf einen Drink oder nur, um zu reden. Bei einem Konzert erklärte sie ihrem Gefolge hinter der Bühne: »Haltet euch ein bißchen zurück. Es ist ein Kind im Raum.« Bennett Glotzer wertete das als eine rücksichtsvolle Geste gegenüber seiner achtjährigen Tochter, die zufällig anwesend war. Rücksichtnahme auf andere war 1970 ein entscheidender Aspekt in Janis' Leben geworden.

»Janis sagte, wenn sie als Sängerin keinen Erfolg gehabt hätte, wäre sie gern Soziologin geworden«, erklärte Linda Gravenites. Das war das Fach, das sie zuletzt am College studiert hatte. Menschen waren ihre Motivation. »Alles, was ich will, ist kommunizieren«, sagte Janis einmal. »Was ich singe, ist meine eigene Wirklichkeit. Aber allein die Tatsache, daß Leute zu mir kommen und sagen: ›Hey, das ist auch meine Wirklichkeit‹, beweist mir, daß es eben nicht nur meine ist.« Janis wollte eine Bar namens ›Pearl's‹ aufmachen, wenn ihre Gesangskarriere zu Ende war. Pat Nichols sollte die Barkeeperin sein, Linda Gravenites wäre für die Inneneinrichtung zuständig gewesen, und es hätte gutes Essen gegeben, wie in Barney's Beanery. Janis wollte ein Plätzchen außerhalb der Stadt, wo sie einen festen Kreis von Stammkunden um sich scharen konnte.

In ihrem Leben ging es jedoch immer noch drunter und drüber. Dave Moriaty, einer ihrer Freunde aus Port Arthur, der nach San Francisco gezogen war, traf sie in einer Galerie bei einer Vernissage für die Comic-Kunst, die er bei seiner Firma Rip Off Press druckte. »Sie wirkte desillusioniert«, erinnerte sich David. »Auf ihrem Porsche sitzend, trank Janis aus einer Flasche Southern Comfort und beklagte sich bei mir, was für ein Flop der ganze Ruhm und all das sei. Die Leute, die ihr wirklich etwas bedeuteten, kamen nicht mehr zu ihr, um mit ihr zu reden. Sie sah sie nie, weil sie zu beschäftigt war. Dann jodelte sie laut, nur um die Menge aufzuscheuchen, die um den Porsche herumlungerte.«

Ich glaube, ihr wurde langsam bewußt, daß sie vom Weg abgekommen war. Weit davon entfernt, die Welt zu provozieren und zu verändern, war sie zu einer Marionette ihres Publikums geworden. Die Revolution, die eine Welt der Liebe einleiten sollte, war längst verpufft und wurde nun vom Establishment in Flaschen gefüllt, verpackt und in die Läden gebracht. Janis sah ihre eigentliche Aufgabe als Rocker darin, ihr Publikum anzuleiten, seine innersten Empfindungen auszuleben. Ihrer Aufrichtigkeit beraubt, fühlte sie sich manchmal wie eine Prostituierte, die nicht ihren Körper, sondern ihr Herz an Leute verkaufte, die ihren eigenen Gefühlen entfremdet waren und deshalb die ihren aussaugten.

So ist das Leben. Auch wenn es zuerst so vielversprechend wie ein glänzender roter Apfel aussieht, kann es sich jeden Moment als wurmstichig entpuppen. So wunderbar das Leben auch ist, jeder Mensch muß auch dem Tod ins Auge sehen. Das fand Janis schrecklich, kein liebender Gott konnte den Menschen so etwas antun. Doch 1970 schien sie selbst damit ins reine zu kommen. Sie ließ sich das Handgelenk tätowieren, um damit zu »feiern, daß ich das Leben akzeptiere«, sagte sie. »Früher hatte ich den Kozmic Blues ganz schlimm. Man muß erkennen, daß man nie soviel haben wird, wie man will, und wenn man stirbt, ist man allein – das gilt für jeden. Wenn man das einmal wirklich akzeptiert hat, tut es nicht mehr so weh. Nimm, was du kriegen kannst ... denn vielleicht ist morgen nichts mehr da (Get it while you can ... 'cause it may not be there tomorrow).«

Wie passend, daß der Briefträger ihr ausgerechnet zu diesem Zeitpunkt eine Einladung zum Zehnjahrestreffen ihres Highschool-Jahrgangs am 15. August 1970 brachte. Ich habe mich oft gefragt, warum sie sich entschloß, hinzufahren. In der *Dick Cavett Show*, die am 25. Juni ausgestrahlt wurde, sang sie ›Move Over‹ und ›Get It While You Can‹. Die Stimmung dieser Songs schwang auch in ihrem Kommentar zu dem Klassentreffen mit: »Ihr Spott hat mich aus der Klasse getrieben, aus der Stadt und aus dem Staat – also fahr' ich nach Haus.« Sie lächelte mit einer solchen Befriedigung, daß die Insider im Publikum, die sich von der Welt ebenso unfair behandelt fühlten wie sie, verständnisvoll johlten. Jeder von ihnen wünschte wohl insgeheim, auch er könnte im Triumphzug heimkehren. Janis muß einen Schreck bekommen haben, als ihr klar wurde, was sie da landesweit im Fernsehen gesagt hatte. Port Arthur war nicht so zurückgeblieben, daß wir diesen Sender nicht hätten empfangen können.

Janis trat am 3. August 1970 nochmals in der *Dick Cavett Show* auf, weniger als zwei Wochen vor dem geplanten Klassentreffen. War das ein Versuch, das Gesagte wieder gutzumachen, sich zu korrigieren? Sie war an diesem Abend keineswegs so glänzend in Form wie im Juni. Bei der Diskussion mit Cavett war diesmal eine betrunkene Frau zu sehen, deren wirre, gelallte Bemerkungen interessant waren, aber nicht ganz auf der Höhe. Die joplineskeste Wahrheit jenes Abends steckte in einer Antwort auf eine anscheinend vorher abgesprochene Frage Cavetts nach ihrem Verhältnis zur Presse und ihren Gefühlen bei Interviews. Janis sagte: »Abgesehen davon, daß ich sie geben muß, und abgesehen davon, daß man mit jemandem reden muß, der die meiste Zeit offenbar nicht versteht, was man sagt, machen sie mir nichts aus.« Cavett fragte Janis auch nach der schlechten Presse wegen der Unruhen bei ein paar Rock-Konzerten. Janis war der Meinung, das Problem sei logistischer Natur: Die wachsende Popularität der Ereignisse zog immer größere Besucherzahlen nach sich, und man brauchte Top-Organisatoren, um ein Rock-Konzert gut über die Bühne zu bringen. Sie verglich das Problem mit dem in der Haight-Ashbury-Szene, als Horden von Jugendlichen über die Bewegung hereingebrochen waren. Man war einfach nicht dafür ausgerüstet gewesen, mit der Menschenflut fertig zu werden, und daran war die Szene kaputtgegangen.

Am 12. August spielte die Full Tilt Boogie Band im Harvard Stadium. Nach dem zündenden Finale des Konzerts warnte Janis das Publikum: »Wenn ihr überschüssige Energie habt, die ihr ausleben müßt, geht nach Hause und macht es zusammen mit jemandem, den ihr liebt.« Das war eine Bitte, nicht in der Nachbarschaft zu randalieren. Die Zahl der Verbrechen nach Rock-Konzerten war gestiegen. Ein Eintrag in Janis' FBI-Akte – der einzige – betraf eine Warnung, daß es einen Versuch geben könnte, Janis' Konzert in Illinois zu sprengen. Zweihundert Polizisten wurden bei dem Konzert in Ravinia Park, Illinois, eingesetzt, um Ausschreitungen zu verhindern.

Auch die Polizei von Boston hielt sich bereit. Nach dem Konzert in Harvard patrouillierten Einsatzwagen und hielten jeden verdächtig Aussehenden an. Sie gerieten an John Cooke und ein paar Jungs aus der Band, die zu ihrem geparkten Auto gingen, um zu einem Restaurant zu fahren. »Das ist schon okay, wir wohnen hier«, sagten sie den Polizisten und zeigten ihnen ihre Hotelschlüssel. Doch die ließen sich nicht beeindrucken; John und die anderen mußten kehrtmachen und zu ihrem Hotel zurückrennen, um nicht in Schwierigkeiten zu geraten. Selbst dann umkreiste der Wagen den Block noch fünfmal, während John Cooke die Polizeiwache anrief und bat, man möge die Wachhunde zurückrufen, er sei nur hungrig. Der Beamte sagte: »Ja, also, ich habe von meinen Männern dort unten gehört, daß sie die Leute zum Randalieren angestachelt hat.« Cooke bewahrte einen kühlen Kopf und sagte »in sehr gepflegtem Englisch: ›Das ist genau *nicht* korrekt.‹« Nach vielem Hin und Her erklärte die Polizei, sie hätten in dieser Gegend nach mehreren Rock-Konzerten eine Menge Probleme gehabt. Am Tag darauf kam ans Licht, daß dies das erste Konzert gewesen war, das *nicht* von Ausschreitungen begleitet wurde.

Noch einen Tag später flog Janis nach Texas. Wir standen zusammen mit anderen Leuten auf der Rollbahn am Flughafen und warteten auf das kleine zweimotorige Zubringerflugzeug, das Janis zum Golden Triangle Airport brachte. Als sie aus der Maschine stieg und uns umarmte, wurde uns klar, daß die Leute um uns herum von der Presse waren. Sie verwuschelte mein Haar und fragte: »Wie geht's dir, Lockenköpfchen?« Zu der Zeit hatte ich mir die Haare wachsen lassen, sie nach Hippie-Art in der Mitte gescheitelt und ließ sie natürlich herabhängen. Als Janis weiterging, schoß eine Frau auf mich zu, Notizheft und Bleistift in der Hand. »Ist das ihr Spitzname für dich: ›Lockenköpfchen‹?« – »Was? Nein, das hat sie nur so dahergesagt«, antwortete ich schnell.

Von der bissigen Vergangenheitsbewältigung, die sie in der *Cavett Show* hatte anklingen lassen, bekamen wir nur wenig zu spüren. Janis kam heim, um sich mit uns zu unterhalten und es sich gutgehen zu lassen. Sie war voll von Geschichten, zum Beispiel, daß sie am liebsten bei Paraphernalia einkaufte, wo man sie gleich erkannte, alles beiseite legte und sagte: »Ich bin sicher, dies wird Ihnen gefallen, Miß Joplin.« Andere Läden, erklärte Janis, fertigten sie ihres Aufzugs wegen unfreundlich ab, obwohl sie mit einer American-Express-Karte bezahlte! Als sie merkte, daß uns das nichts sagte, fügte sie hinzu: »Man muß fünfzigtausend Dollar verdienen, um überhaupt eine zu bekommen!« Sie protzte mit den Früchten ihres Erfolgs, um Eindruck bei den Einheimischen zu schinden.

»Bitte komm mit«, bat sie mich immer wieder. »Bitte komm mit mir zur Versammlung des Festkomitees. Ich will da nicht alleine hin.« Ich gab schließlich nach und war froh über die Gelegenheit, mit Janis allein zu sein. Unsere Beziehung brauchte Zeit, um mit der Entwicklung unserer Persönlichkeiten gleichzuziehen. 1970 war ich gerade dabei, meinen Stil nach der Kleidung und den Ideen der Hippies auszurichten, soweit das in Port Arthur möglich war. Auf der abendlichen Fahrt in meinem Auto fragte Janis: »Kriegst du genug

Sex?« Ich grollte ärgerlich: »Für mich reicht's jedenfalls, für dich wahrscheinlich nicht.« Ihre ganze Haltung veränderte sich, sie wirkte plötzlich erschrocken und unschuldig. »Heißt das, du bist ...?« rief sie leise aus. Ich blitzte sie an und sagte: »Also weißt du, Janis, du bist nicht die einzige, die erwachsen wird!« Und wo wir gerade dabei waren, fügte ich hinzu: »Mir gefallen deine Äußerungen über mich der Presse gegenüber nicht. Stell dir das doch mal vor, Janis. Ich bin im College, meine Schwester ist in College-Kreisen die Queen, und dann sagt sie: ›Mein Bruder ist echt cool, aber mit meiner Schwester ist nichts los!‹ Vielen Dank.«

Ihre Worte hatten mich tatsächlich tief getroffen. Ich liebte sie, und sie zog in der Öffentlichkeit über mich her. Nicht viele College-Studentinnen kamen in den Genuß landesweit ausgestrahlter Charakteranalysen von einer Persönlichkeit wie Janis! Sie seufzte, und ich schäumte vor Wut: »Was, zum Teufel, glaubst du, wie ich mich dabei fühle?« Sie saß nur mit gesenktem Kopf da. Gedanken schossen mir durch den Kopf: Warum wunderte mich das? Dachte sie denn je darüber nach, was für eine Wirkung ihr Handeln auf andere haben könnte? Meiner Erfahrung nach nicht. »Du kannst einen schrecklich frustrieren, Janis.« Sie blickte auf. »Ja, tut mir leid.« Zumindest war es raus. Als ich meinem Ärger Luft gemacht hatte und sah, daß es ihr leid tat, glättete sich mein gesträubtes Gefieder ein wenig. Dieses Gespräch hatte die Luft für den Rest unseres Beisammenseins geklärt.

Nachdem wir bei einem früheren Klassenkameraden angekommen waren, saßen wir im Wohnzimmer, und ich hörte mir Janis' Antworten auf die besorgten Fragen der Komiteemitglieder wegen des Treffens an. »Was willst du, Janis?« – »Nichts Besonderes«, erklärte sie. »Ich bin nur gekommen, um alle wiederzusehen.«

Nichts Besonderes? Wem wollte sie etwas vormachen? Nun ja, sie erwartete, daß man sich einen langen Toast auf sie ausdachte, eine Willkommensrede hielt und sie bat, selber ein paar Worte zu sprechen. Sie wollte, daß man in aller Öffentlichkeit ihren Erfolg anerkannte! Aber sie wurde beim Wort genommen. Sam Monroe, ein Mitglied des Komitees, fragte: »Es sind ein paar Interview-Wünsche eingegangen, Janis. Wie sollen wir uns verhalten?« Sie nickte: »Ja, ich glaube, ein spezieller Ort und eine feste Zeit für Interviews wären gut.«

Nach ihren Äußerungen in der *Dick Cavett Show* fürchtete das Komitee, das das Treffen organisierte, es würde ein Chaos geben. Sie wollten beschwichtigt werden, und Janis tat ihnen den Gefallen. Gemeinsam überlegten sie, wie sie am besten mit der Presse fertig werden könnten. Bevor sie sich trennten, stellte Glenda South Janis die bedeutungsschwere Frage, die jedem in Port Arthur auf der Zunge brannte: »Janis, wieso dachtest du, daß einige von uns dich nicht mochten?«

Schluck, sie mußte es einer von ihnen erklären! Janis versuchte, mit ein paar Geschichten aufzutrumpfen, gespickt mit einer Sprache, die in den gesellschaftlichen Kreisen von Port Arthur unüblich war. Sie sagte, sie wäre in den Fluren beschimpft und angespuckt worden. Alles, was Glenda ungerührt erwidern konnte, war: »Davon wußte ich nichts, und ich hab' da auch nicht mitgemacht.«

Janis' ehemalige Mitschüler fühlten sich zu Unrecht in der landesweiten Presse verleumdet. Die meisten hatten sie nicht gehaßt, und kaum einer ahnte, daß ihr schlimmstes Verbrechen darin bestanden hatte, nicht zu erkennen, daß Janis' Ansichten die einzig richtigen waren.

Natürlich hatten sich viele Mitschüler in der Highschool meiner Schwester gegenüber fies und gemein verhalten, aber schließlich war sie nicht das einzige Opfer von Sticheleien gewesen. Doch Janis hatte ihren Groll über die Gehässigkeit gehegt und gepflegt, bis diese kleinen Zwischenfälle in ihrer ganz persönlichen Mythologie zu schwerwiegenden Kränkungen geworden waren.

Das wirkte sich sogar auf eine gute Freundin wie Karleen aus. Karleen war im Schönheitssalon gewesen und hatte mitgehört, wie Glenda South ihrer Begeisterung über das Treffen mit Janis Luft machte. Karleen dachte: Warum freut sie sich jetzt, sie alle zu sehen? Früher hat sie das nicht getan; sie beschloß, Janis' Freundschaft auf die Probe zu stellen. Wenn Janis mich treffen will, überlegte sie, wird sie mich anrufen. Ich will nicht auch noch hinter ihr hertelefonieren wie Glenda und Konsorten.

Später fand Karleen heraus, daß Mom, als Janis sie nach ihr fragte, gesagt hatte, sie sei nach Houston gezogen. Janis rief nicht an, und Karleen ging nicht zu dem Treffen. Die beste Freundin meiner Schwester aus der Klasse war also nicht da, um aufgeregt durch die Menge zu laufen und ihr um den Hals zu fallen, wie sich Janis das so sehr gewünscht hatte.

Als wir in unsere Straße einbogen und uns dem Haus näherten, wurde uns klar, daß wir keinen weiteren ungestörten Moment haben würden. Das zwang Janis, endlich mit der Frage herauszurücken, die ihr auf der Seele lag: »Sind Mama und Daddy stolz auf mich?« Ich holte tief Luft, als ich die Bedeutung dieser Frage begriff. »Ja, Janis, sie platzen praktisch vor Stolz!« antwortete ich. »Aber, weißt du, du machst es ihnen nicht leicht. Janis, du hast der Presse im ganzen Land erzählt, sie hätten dich im Alter von vierzehn aus dem Haus geworfen! Das ist nicht wahr! Wie kannst du sowas sagen! Wie sollen sie sich jetzt in der Stadt verhalten? Leichten Herzens lachen und sagen: ›Oh, das hat sie nicht so gemeint‹?«

Janis schnappte nach Luft, seufzte tief und stöhnte. Dann sank sie in ihrem Autositz zurück, sich des ganzen Schlamassels nur zu sehr bewußt. Die Karikatur der Frau, die den Namen Janis Joplin trug, hatte selbst ihre Beziehungen zur Familie beeinträchtigt. Janis war ohne Zweifel sehr clever darin, die Aufmerksamkeit der Presse zu erregen und titelseitentaugliche Schlagzeilen aus dem Ärmel zu schütteln. Aber nach all diesen Äußerungen sahen ihre Mitmenschen sie mit anderen Augen.

Am Morgen des Treffens stand Janis auf, heiß darauf, die Gastgeberin für ihr Gefolge zu spielen, das eingetroffen war, um mit ihr zusammen den Feierlichkeiten beizuwohnen. Sie hatte sie kommen lassen, um Eindruck zu schinden, aber auch aus einem ganz handfesten Sicherheitsbedürfnis heraus. Eine öffentliche Person, die einen öffentlichen Auftritt hat, braucht ein paar Muskeln in der Nähe. Janis wollte Tary Owens mitbringen, einen Musiker aus San Francisco und ehemaligen Mitschüler. Sie hatte ihm angeboten, seine Reisekosten zu bezahlen, aber er lehnte trotzdem ab; denn Tary war zu diesem Zeitpunkt zu sehr von Drogen in Anspruch genommen, um sich mit dem Rest der Welt befassen zu wollen.

Janis kümmerte sich fröhlich um ihre Gäste und machte Eier Benedictine für alle. Mom und Pop entschuldigten sich damit, daß sie schon seit langem zur Hochzeit der Tochter eines Freundes eingeladen waren. Janis war beleidigt, daß sie weggingen, während sie zu Hause war, aber den Eltern gefiel der Stil ihrer Besuche nicht. Sie waren nicht bereit, nur dieser Stippvisiten wegen ihre sonstigen Verpflichtungen zu vernachlässigen. Schließlich war Janis nur einer von fünf Menschen, die unsere Familie ausmachten. Nachdem sie gegangen waren, hingen wir übrigen in der Küche herum, redeten und sahen zu, wie Janis die Soße anrührte und Geschichten erzählte.

Ich unterbrach sie mitten in ihrem Gerede und stellte die naheliegende Frage: »Aber bist du glücklich?« Sie zögerte, überlegte und

fing sich, alles im Bruchteil einer Sekunde. »Ich bin ganz oben!«
tönte sie. »Ich weiß«, sagte ich, »aber bist du glücklich?« Sie wandte
sich ab, und ihr fiel nicht mehr dazu ein, als unverständlich zu
grummeln, so eine dumme Frage würde sie nicht beantworten.

Janis zog sich zurück, um sich für die Ereignisse des Nachmittags
und Abends umzuziehen. Ich sah sie erst wieder, als wir zu dem
wartenden Luxus-Mietwagen hinausgingen. Sie trug Franciscoer
Rock-Klamotten mit Perlen, Armreifen und Federn im Haar. Die Federn störten mich. »Warum trägst du die?« fragte ich. »Das ist kein
Konzert, weißt du.« Sie antwortete schroff: »Das geht dich nichts
an.« Ich ließ nicht locker. »Janis, das sind nur ein paar Leute, die
kommen, um dich zu sehen, keine Stars. Sei einfach du selbst!« Ihre
Augen blitzten feindselig. »Misch dich nicht in anderer Leute Angelegenheiten.« Ich begann mich vor dem Ereignis zu fürchten, einer
Party, die zu einem Konkurrenzkampf zu werden drohte.

Wir kamen am Goodhue Hotel an und gingen die Straße hinauf,
hinter uns Janis' Gefolge: John Cooke, Bobby Neuwirth und ein New
Yorker Chauffeur, John Fisher, der hergebracht worden war, um sie
stilvoll durch die Stadt zu kutschieren. Leider war es ihm nicht gelungen, für das Ereignis eine richtige Limousine zu mieten.

Janis schlenderte zu dem Raum hinüber, der für die Presse reserviert worden war. Die *Port Arthur News* schrieben: »Mit einem Drink
in der Hand nähert sie sich einem langen Tisch, voll besetzt mit Reportern. ›Sieht aus wie das Heilige Abendmahl, was?‹ fragt sie.«
Janis war in ausgelassener Stimmung, sie versuchte, ehrlich zu sein,
und nahm trotzdem die Presse auf den Arm. Jemand fragte: »Wie
denken Sie jetzt über Port Arthur?« Sie antwortete: »Nun ja, es
scheint ein bißchen lockerer geworden zu sein, seit ich weggegangen
bin. Es gibt massenhaft lange Haare und Rock, und das bringt auch
Drogen mit sich, wissen Sie. Sieht aus, als täte die Stadt das gleiche
wie der Rest des Landes: locker werden, zum Punkt kommen.« Die
folgende Frage lautete: »Überrascht es Sie, Port Arthur so zu sehen?« – »Ja, ziemlich«, antwortete sie.

Auf dem von einem Tischtuch bedeckten Tisch waren Mikrofone
aufgestellt. Janis saß da, warf ihr Haar zurück, rauchte eine Zigarette
und lächelte in die Kameras. Ich blickte auf die Szenerie vor der Ku-
lisse der Straßen von Port Arthur, die man durchs Panoramafenster
sehen konnte. John Cooke lächelte, packte mich und schob mich ins
Scheinwerferlicht. »Los, setz dich zu Janis.« – »Nein«, wiederholte
ich immer wieder, bis Janis und die Presse aufmerksam wurden. Sie

rief: »Hey, Laura, komm und setz dich neben mich.« Ich lächelte und setzte mich neben sie, während weiter Fragen gestellt wurden.

Frage: »Wonach, glauben Sie, suchen die jungen Leute heutzutage?« Antwort: »Ehrlichkeit und Spaß.« Frage: »Sind Sie in der Highschool aufgetreten?« Antwort: »Nur wenn ich durchs Klassenzimmer ging. Nein, bin ich nicht. In der Highschool war ich Malerin, eine Art Einsiedlerin. Ich hab' mich ziemlich verändert seitdem.« Frage: »Wie kam das?« Antwort: »Ich hab' mich emanzipiert. Nein, ich weiß nicht. Ich habe einfach angefangen zu singen, und Singen bewirkt, daß man aus sich herauskommt, wogegen man sich beim Malen, wie ich glaube, nach innen kehrt. Als ich angefangen habe zu singen, wollte ich irgendwie mehr mit Leuten reden und ausgehen.«

Die Reporter stellten einige Fragen über ihre unglückliche Zeit an der Highschool und ihre Gefühle gegenüber ihrer Heimatstadt und so weiter. Janis fand immer neue Antworten. Auf eine Frage, was sie von ihren Mitschülern unterschieden habe, entgegnete sie: »Warum fragen Sie nicht die?« Gefragt, ob sie in der Highschool exzentrisch war, schnappte sie: »Ich glaube, ich hielt mich für exzentrisch. Dabei war ich noch längst nicht mal alt genug dafür.« Darauf angesprochen, ob sie zum Highschool-Abschlußball gegangen sei, behauptete sie ernsthaft: »Nein, ich glaube nicht, daß mich jemand einladen wollte.« Dann lachte sie und fügte hinzu: »Und seitdem habe ich gelitten. Das reicht, um den Blues zu singen.«

Die Journalisten fragten sie nach ihrer neuen Band, der neuen Platte, speziellen Songs darauf, ihren Produzenten und ähnliches mehr. Sie wollten wissen, ob sie in Port Arthur oder Austin ein Konzert geben würde, und sie sagte: »Ja, wenn ich Geld dafür kriege.«

Das einzige Mal, das Janis aus der Fassung geriet, war bei einer Frage nach ihrem Spitznamen. Der Reporter dachte, er laute: »Pearl Bailey«. Sie antwortete aufgebracht: »Dieser Name sollte nicht an die Presse durchsickern. Das habe ich nur zu meiner Mutter gesagt. Daß ich von Reportern umzingelt war, hab' ich nicht gewußt. Dieser Name existiert nur in meinem Privatleben. Meine Freunde rufen mich so, damit sie mich nicht Janis Joplin nennen müssen. Er ist nur dazu da, daß meine Freunde sagen können: ›Hey, Pearl, mach mir noch einen Drink.‹ Es ist eigentlich kein neuer Name, nur ein Spitzname.«

Dann brachen die Fragen über mich herein. »Hörst du oft ihre Platten?« Ich geriet in Panik und suchte verzweifelt nach einer Antwort. Schließlich nickte ich bejahend und sagte: »Wir hatten drei,

aber zwei sind uns abhandengekommen. Ja, wir hören Janis'
Musik.« – »Tatsächlich?« lachte Janis und tat, als sei sie schockiert.

Die letzte Frage an Janis war: »Was, glauben Sie, haben Sie gemein
mit Ihren Klassenkameraden von 1960, außer der Tatsache, daß Sie
Klassenkameraden waren?« Janis zögerte, überlegte und sagte dann:
»Es gibt immer eine Basis, auf der man sich mit jemandem verständigen kann. Man muß sich nur darauf besinnen, daß wir alle Menschen sind, und den Akzent, die Kleidung und so weiter außer acht
lassen. Wir haben immer noch Themen, über die wir reden können.
Wir haben nur verschiedene Arten von Erfahrungen. Wissen Sie, sie
haben Kinder, ich habe keine Kinder. Ich trage Federn, sie tragen
keine Federn. Nun ja, wir haben schon eine Menge gemeinsam. Wir
können über Vögel reden.« An dem Punkt fragte Janis nach der
Uhrzeit. Die Reporter verstanden den Wink und zogen ab.

Janis wandte sich zu mir. »Du mußt lernen, zu lächeln, Laura«, erklärte sie leise, nachdem die Presse ihr Trommelfeuer von Fragen
beendet hatte. »So etwa«, sagte sie, »mit geöffneten Lippen und die
Zähne auseinander. Versuch es, es ist nicht schwer«, redete sie mir
zu. Sie drängelte, bis ich ein perlweißes Lächeln blitzen ließ, aber ich
sagte auch: »Janis, mit mir will doch niemand reden. Ich bin nicht
berühmt!«

Später drückten wir uns auf der Cocktail-Party herum. Janis be-
grüßte Bekannte und erinnerte sich an Lehrer und besondere Erlebnisse. Sie setzte sich mit Glenda South und Clarence Bray, dem Klas-
sensprecher, auf eine Couch, und sie versuchten, sich an das Schul-
lied zu erinnern. Dann gesellten wir uns unten in der Bar zu Kristen
Bowen. Janis spielte Billard und trank ein paar Gläser, bevor die
Gruppe sich zum Essen versammelte.

Sam Monroe war der Zeremonienmeister des Abends, er gab seinen Bemerkungen umsichtig einen formellen Ton. Er zählte die
Namen der ehemaligen Schüler dieser Klasse auf, die Kinder, die sie
bekommen hatten, und welche Laufbahnen als Doktoren, Rechtsanwälte und so weiter sie eingeschlagen hatten. Janis erschlaffte in
ihrem Sitz und hörte ihn mit einem beiläufigen »Hab' ich was vergessen?« enden. Seufz – Sams finsterer Sinn für Humor erzeugte
nicht so recht das schallende Gelächter, das er meiner Meinung nach
erwartet hatte. »Janis Joplin«, sagte jemand in sachlichem Tonfall.
»O ja, und Janis Joplin!« Sie applaudierten, ein paar pfiffen, und
Janis erhob sich und nickte höflich mit dem Kopf. »Eingedenk der
Tatsache, daß sie die weiteste Anreise zu diesem Treffen hatte,

möchte das Komitee Janis den goldenen Autoreifen verleihen.«
Ahhh, Janis lächelte. Sie wurde weit weniger bejubelt als Threadgill bei seinem Jubiläum, und irgendwie wirkte sie niedergeschlagen. Sie hatte sich wirklich mehr gewünscht.

»So ist Sam eben, Janis. Er versucht, witzig zu sein, aber das liegt ihm einfach nicht. Er wußte nicht, was er tun sollte«, flüsterte ich am Tisch. Sie sah mich forschend an, und dann spiegelte sich Zustimmung auf ihrem Gesicht, die verkrampften Muskeln entspannten sich.

Niemand von Janis' Begleitern wollte bis zum Tanz bleiben. Wir stiegen in den Mietwagen und steuerten zum Pelican Club, weil wir gehört hatten, daß Jerry Lee Lewis in der Stadt war. Es war nicht das erste Mal, daß Janis ihn traf. Am 12. Juni war sie zu seinem Konzert in Louisville gegangen und hatte versucht, ihm hinter der Bühne einen Besuch abzustatten. Lewis hatte sich geweigert, mit ihr zu reden, und ebenso seine Gruppe fleischiger Country-Bodyguards. Janis und ihre Freunde waren gegangen, aber nicht, bevor sie einem Sicherheitsbeamten beinahe eine Whiskey-Flasche über den Kopf gezogen hatte. Warum, fragte ich mich, erwartete sie, daß Jerry Lee sich hier anders verhielt? Wollte sie ihm aus traditioneller Gastfreundschaft die Ehre erweisen oder ihm ihr Bedauern darüber aussprechen, was für ein zweitklassiges Kaff Port Arthur war? Vielleicht wollte sie nach ihrem nicht gerade ruhmreichen Empfang beim Klassentreffen die andere Seite ihres Lebens spüren, den Pomp und den besonderen Draht zwischen zwei Musikern. Wer von ihren Klassenkameraden konnte schließlich auch nur davon träumen, sich Jerry Lee nähern zu dürfen?

Wir saßen auf den harten Stühlen im offenen Foyer, und Janis, John und Bobby kommentierten Jerry Lees Tricks bei seinem charakteristischen Outlaw-Klavierspiel. Er zog eine Show ab, und die Einheimischen liebten das.

Janis zerrte mich mit, um ihm hinter der Bühne Hallo zu sagen, und ich stand an der Tür. Sie ging zu ihm und kicherte: »Das hier ist meine Heimatstadt, und ich möchte dir meine Schwester vorstellen.« Er sah mürrisch zu ihr auf. Dann wanderten seine finster blickenden Augen durch den Raum zu mir. »Du könntest ganz nett aussehen«, knurrte er, »wenn du nicht versuchen würdest, wie deine Schwester auszusehen!« Da muß bei ihr eine Sicherung durchgebrannt sein, denn blitzschnell landete ihre Faust in seinem Gesicht. Genauso prompt schlug er zurück!

Die Jungs eilten ihr zu Hilfe und führten sie aus dem Zimmer. Wir nahmen sie in unsere Mitte, als wir aus dem Club gingen, und sie wimmerte und wiederholte immer wieder: »Wie konnte er das tun?« Überrascht von diesem Zwischenfall, sagte ich: »Wen kümmert's, Janis? Wir sind diejenigen, die dich lieben. Nur unsere Meinung zählt. Wer ist er denn schon?« Bobby zog mit. »Ja, ja, er ist ein Nichts, Janis.« – »Okay« – ihre Haltung straffte sich – »okay.«

Als wir nach Hause kamen, schlief die Familie schon. Doch das war ihnen gleichgültig, die ganze Truppe kam herein und setzte sich an den Eßtisch. »Janis«, fragte ich, »erinnerst du dich an den Song, den du vor langer Zeit geschrieben hast, ›Come away with me and we'll build a dream‹?« Ihr Kopf schoß hoch, und sie verließ den Raum, murmelnd: »Nein, nein, ich weiß nicht, wovon du redest.« Bobbys Augen hatten aufgeleuchtet, er war kurz davor, irgendeine ätzende zynische Bemerkung über kitschige Wunschträume zu machen; nur ihr Abgang hielt ihn davon ab.

Am nächsten Morgen waren Mom und Pop wütend, als sie sahen, daß Bobby bei laufendem Motor im Auto schlief und John Fisher auf der Couch lag. Keiner von beiden hatte sich noch dazu aufraffen können, ins Motel zurückzufahren. Kleinlaut gingen die Jungs, und Janis versuchte die Eltern zu beschwichtigen; trotzdem waren Spannungen spürbar.

Jimmy Pryor kam herüber, um Janis zu fragen, ob er sie in der Zeitung namens *Agape*, die er und Michael herausgaben, zitieren durfte. Das Blatt hatte inzwischen internationale Reichweite, seit jemand aus Panama es abonniert hatte. Hier schrieben Jugendliche für die Jugend über das Christentum als universelle Botschaft der Liebe. »Daran glaube ich«, verkündete Janis in ihrer tiefen, eindringlichen Stimme mit einem Hauch von Ironie. In fließender Handschrift stand auf einer halben Seite der nächsten Ausgabe: »Mach keine Kompromisse mit dir selbst, denn das ist alles, was du hast«; unterzeichnet war diese Botschaft mit ›Janis Joplin‹.

Janis erzählte mir, eine Freundin von ihr hätte sich in einen Typen verliebt, der viel Geld hatte und draußen in Montana lebte. »Er hat um ihre Hand angehalten, und dann ist er mit einem Helikopter nach Kalifornien geflogen und hat sie entführt«, sagte Janis sehnsüchtig. »Ich wünschte, jemand würde mich entführen«, fuhr sie seufzend fort.

Später fragte sie mich: »Warum kommst du mich nicht mal besuchen?« Ich freute mich über die Einladung und antwortete: »Okay, gern, aber ich habe bis zu den Weihnachtsferien keine Zeit.« So planten wir, daß ich die Ferien bei ihr in Larkspur verbringen sollte.

1990 redete ich mit Bobby Neuwirth über das Klassentreffen. »Nach dem Treffen hatte sie gemischte Gefühle«, sagte er. »Es war irgendwie eine Enttäuschung, aber gleichzeitig gab es ihr das Gefühl, mit der Sache abgeschlossen zu haben. Sie mußte sich einfach nicht mehr damit abgeben … mußte nicht mehr unter den schlechten Erfahrungen von damals leiden.«

Ich glaube, daß das Ganze eine wichtige Erfahrung für ihre persönliche Entwicklung war. Mom hatte der Familie vorher einen Rundbrief geschrieben: »Es ist eine seltsame Situation, über sein ältestes Kind als ›die Queen‹, ›die Göttin‹, ›den Superstar‹ zu lesen. Sie ruft hin und wieder an, aber sie schreibt nicht mehr. Vielleicht holt ihre Familie sie so weit auf den Boden zurück, daß man ihren Heiligenschein mal abstauben kann.«

Wieder in Kalifornien, erzählte Janis den Leuten dort von ihren Erlebnissen zu Hause. Sie revidierte die Rolle der tödlich verwundeten Ausgestoßenen, die sie der Presse präsentiert hatte. Den *Port Arthur News* hatte sie bei dem Interview während des Treffens erzählt: »Also, um ehrlich zu sein, sie [die Highschool] hat mich sehr unglücklich gemacht. Es war vielleicht mein eigenes Problem, aber zu Problemen gehören meistens mehr als einer. Es hat mich einfach sehr unglücklich gemacht. Ich hatte niemanden, mit dem ich reden konnte … Jetzt kann ich mit jedem in Port Arthur reden, weil ich älter bin und mich auf sie einstellen kann. Ich kann auf ihrer Schiene mit ihnen kommunizieren, ganz gleich, ob sie das auch mit mir können oder nicht. Aber damals war ich sehr jung, und ich hatte keine Erfahrung im Umgang mit Leuten, und jedesmal, wenn einer meiner Annäherungsversuche zurückgewiesen wurde, tat das weh.«

Bob Gordon erkannte, daß ihre Einstellung der Familie gegenüber sich geändert hatte, und schlug vor, sie solle ihr Testament neu abfassen. Janis willigte ein, und er setzte ein neues Dokument auf. Nach dem vorherigen Testament hätte Michael alles geerbt, weil er in den Augen des Stars Janis der einzige war, der sie liebte. Als sie nach Hause kam, erkannte sie, daß das nicht stimmte. Jeder in der Familie liebte sie, so sehr, wie sie es zuließ. Sie glaubte nicht länger, daß die Welt ihr unrecht tat.

Sie versuchte, alles richtig zu machen, auf die Art zu leben, die ihr immer vorgeschwebt hatte. Dazu gehörte unter anderem eine gute

Liebesbeziehung. Als sie wieder in Kalifornien war, begann sie eine Romanze mit Seth Morgan, einem Typen, den sie im Mai bei der Lyle Tuttle Tattoo Party kennengelernt hatte. Janis war die meiste Zeit, die seitdem verstrichen war, auf Tour im Osten gewesen und hatte in New York gelebt. Nach dem 12. August hatte sie Urlaub und wohnte wieder zu Hause in Larkspur. Die Romanze mit Seth basierte auf der einzigartigen Konstellation zweier ganz unterschiedlicher, aber einander doch ebenbürtiger exzentrischer Charaktere.

Seth hatte volle, sexy Lippen und dickes, dunkles, welliges Haar, das sich verführerisch um sein Gesicht lockte. Er studierte in Berkley und war in einem Haus aufgewachsen, in dem viele literarische Größen der damaligen Zeit verkehrten, weil sein Vater ein Literaturjournal herausgab. Er gehörte zum Clan *der* Morgans, der Nachkommen des legendären Bankiers John Pierpont Morgan. Er war schlank, muskulös und ein paar Jahre jünger als Janis. Außerdem war er intelligent, interessant, lustig und spontan. Seth stand auf seinen eigenen Füßen und ließ sich von der Rock-and-Roll-Szene weder einschüchtern noch abstoßen.

Sich mit Seth in der Öffentlichkeit sehen zu lassen war wunderbar, denn er war attraktiv, auf stilvolle Weise abgerissen und unverschämt. Er fuhr ein Motorrad und strahlte etwas Großkotziges und Hochmütiges aus. Janis konnte mit Seth so ausgeflippt sein, wie sie wollte. Ihm gefiel es, sich mit ihr im Porsche in der ganzen Stadt zu zeigen. Janis selbst machte dem ein Ende, weil sie lieber zu Hause blieb und mit ihm ein Glas Wein trank und Fernsehen guckte.

Während David Niehaus sich nur ungern mit Janis gezeigt hatte, blühte Seth in der Öffentlichkeit richtig auf. Dennoch lebten die beiden ein ruhiges Leben. John Cooke erinnerte sich mit Erstaunen an diese Abende und beschrieb die Beziehung ausdrücklich als eine für Janis positive. Ihre wilden Eskapaden wurden seltener.

Seth hatte ein bescheidenes Einkommen aus einem Familien-Treuhandfonds, und das sicherte ihm die Unabhängigkeit, die er in seiner Beziehung zu dem berühmten Rock-Star brauchte. Er wurde von ihrer Persönlichkeit oder ihrer Karriere nicht erdrückt, obwohl er sich Mühe gab, sein College-Studium und seine eigenen Karriereziele weiter zu verfolgen, um seine Identität zu bewahren.

Seth war die perfekte Ergänzung zu Janis. Sie mußte sich nicht zwischen Karriere und Partnerschaft entscheiden, er wurde mit beidem fertig. Sie redeten über ihre gemeinsame Zukunft. Janis wollte sich bald aus dem Geschäft zurückziehen, auch wenn die Plattenaufnahmen und die Full-Tilt-Tour sie überzeugt hatten, daß die neue Band großartig war. Sie wollte ein Kind bekommen und ihr Leben ändern. Seth war Feuer und Flamme, obwohl er schnell hinzufügte, daß sie eine ›offene‹ Ehe führen würden. Janis muß wirklich geglaubt haben, daß sie sich mit dem, was er ihr zu bieten hatte, zufriedengeben könnte, denn sie konzentrierte sich stark auf eine gemeinsame Zukunft mit ihm.

Aber Seth hatte auch eine Anlage zum Schurken – zu einem ›silberzüngigen Teufel‹. Mehrere Jahre nach Janis' Tod saß er in Vacaville eine Strafe über fünf Jahre bis lebenslänglich wegen bewaffneten Raubes ab. Während der Haftzeit schrieb er einen Artikel über seine Beziehung zu Janis. Er sagte, er hätte sie kennengelernt, als er mit Kokain dealte – und dies war keine Droge, mit der man Janis gemeinhin in Verbindung brachte. Auch später noch, nachdem er einen erfolgreichen Roman geschrieben hatte, tratschte er auf den WerbeTourneen für sein Buch mit der Presse über sie. »Wenn sie nur irgendein Niemand gewesen wäre, hätte ich sie nicht angesehen … Nein, das stimmt nicht. Janis und ich hatten eine echte, wahrhaftige, leidenschaftliche Liebesgeschichte. Wenn sie nicht Janis Joplin gewesen wäre, wären wir einfach dickste Freunde geworden.«

Noch zeigte sich allerdings nichts von dem zerstörerischen Wahnsinn, unter dessen Zeichen Seths späteres Leben stehen sollte, noch war er jung und unschuldig. Deshalb konnte er später ohne zu heucheln sagen: »Wer weiß, was passiert wäre, wenn sie nicht gestorben wäre?« Erst nach ihrem Tod nahm er zum ersten Mal Heroin. Meiner Meinung nach hätte ihn die Tatsache, daß Janis praktisch vor seinen Augen starb, eigentlich davon abhalten müssen, die gleiche Droge zu nehmen, die sie umgebracht hatte, aber für Seth war das im Gegenteil ein Grund, damit anzufangen.

Janis war es leid, auf den richtigen Mann zu warten, der mit ihrer Lebensweise zurechtkam. 1969 sagte sie in einem *Playboy*-Interview: »O verdammt, alles, was ein Mädchen wirklich will, ist einfach Liebe und einen Mann. Aber welcher Mann hält es mit einem Rockand-Roll-Star aus?« Es sah so aus, als wäre Seth dazu in der Lage, aber später stellte sich heraus, daß er nicht die starke Schulter war, an die sie sich so gerne angelehnt hätte.

Die beiden schmiedeten große Pläne, sie träumten von einer Hochzeit auf See bei einer Kreuzfahrt durch die Karibik. Janis' Anwalt Bob Gordon setzte auf ihren Wunsch einen Ehevertrag auf. Sie hatten es ihren Freunden noch nicht mitgeteilt und warteten auf den geeigneten Moment.

Wer weiß, ob sie wirklich geheiratet hätten. Die zwanzig Jahre von Seths Leben nach Janis' Tod waren eine Achterbahn von Drogen und Alkohol, schnellen Motorrädern und unzähligen Frauen. Er behauptete, er habe eine verhängnisvolle Anziehungskraft auf selbstzerstörerische Frauen, denen er gern auf ihrer freiwilligen Reise in den Untergang zur Seite stand. 1990 starb Seth Morgan – randvoll mit Alkohol, Kokain und Percodan – bei einem Motorradunfall, der auch eine seiner Geliebten das Leben kostete. Minuten bevor das Motorrad außer Kontrolle geriet, hatte jemand beobachtet, wie sie ihm verzweifelt auf den Rücken hämmerte und schrie: »Langsamer!«

Im September 1970 wohnte Janis in L. A. und nahm ihr nächstes Album auf. Seth blieb in Larkspur und flog zu Besuchen hin. Die Szene in L. A. gefiel ihm nicht besonders, denn es gab nichts für ihn zu tun außer im Studio herumzuhängen.

Janis machte sozusagen Geschichte als erster CBS-Act, der in einem unabhängigen Studio aufnehmen durfte. Das Studio von Sunset Sound war eine umgebaute Garage mit der perfekten Atmosphäre für eine Rock-Band, erklärte Paul Rothchild. Janis hatte nun das ideale Ambiente, einen perfekten Produzenten und eine Band, die sie liebte, dazu ausgezeichnetes Songmaterial. So arbeiten zu können war großartig.

Studioaufnahmen konnten für eine Bühnenperformerin wie Janis, die aus den Emotionen der Zuschauer schöpfte, besonders hart sein. Ihr Sound hatte allein keinen Bestand, er war von der Reaktion des Publikums abhängig. Sie hatte es gern, wenn ihre Fans aufstanden, klatschten, stampften, sangen und zeigten, daß die Musik sie bewegte. Das fehlte im Studio. Doch Paul schuf eine für sie äußerst günstige Atmosphäre auch ohne Publikum. Er half ihr, sich als Sängerin zu entwickeln. Sie lernte, die subtilen Nuancen ihrer Stimme zu nutzen anstatt die pure Kraft allein.

»Sie forderte von sich, großartig zu sein, und das war sie«, sagte Rothchild. »Die Band war in so kurzer Zeit so fantastisch geworden. Und sie war Janis ergeben, total mit ihr zusammengeschweißt. Sie hätten alles für sie getan, und ich auch … Sie vertraute mir, und ich vertraute ihr. Wir verließen uns darauf, daß wir immer treu und ehrlich zueinander waren.«

Die Arbeit im Studio war oft ziemlich langweilig. Die Sängerin mußte warten, bis die Instrumentaltracks fertig waren, bevor man mit den Vocals beginnen konnte. Janis verbrachte die Zeit mit der Suche nach den richtigen Stücken und den besten Arrangements. Sie arbeiteten an einem Kunstwerk.

Einmal sang Janis, um die Gang in der Pause zu unterhalten, einen Novelty-Song, ›Mercedes Benz‹, den sie mit Bobby Neuwirth in einer Bar geschrieben hatte. Sie nahmen Michael McClures ausgesprochen poetische Zeile – »Oh, Lord, won't you buy me a Mercedes Benz?« – und machten einen Song daraus. Janis hatte nie vorgehabt, das Stück auf die Platte zu bringen. Dennoch wurde der Song mit aufgenommen.

»Es war keine traurige, tragische Zeit«, sagte Paul lächelnd. »Wir hatten bei allem Spaß. Wir waren fröhliche Entdeckungsreisende. Wir entdeckten das Land, das uns von unseren Eltern verboten worden war, wir waren wie kleine Kinder, die sich verkleideten, und ebenso unschuldig. Wir lächelten, hatten Spaß und lachten und redeten am nächsten Tag über alles, denn Geheimnisse gab es nicht.«

»Wie kann ich das sagen«, fuhr er fort, »ohne daß es sexistisch klingt? Janis war einer der Jungs. Wenn ich mit ihr zusammen war, gab es nicht dieses Gefühl, sie ist weiblich, ich bin männlich.«

Als sie nach den Aufnahmen in Los Angeles zum Band-Auto gingen, drehte Janis sich um, ließ den Blick über die Jungs schweifen und überlegte, wer fahren sollte. Sie fragte: »Wer hat die dicksten Eier?« Dann gab sie selbst die Antwort: »Ich.« – »Ihr Humor hatte oft ausgesprochen männliche Züge«, erklärte Paul. »Ihre männliche Seite war so stark wie meine weibliche. Wir beide akzeptierten diesen Aspekt, diese andere Seite, die unsere Sexualität erst vollständig machte.«

Janis gestand Seth, daß sie wieder fixte. Sie spielte es vor ihm herunter mit den Worten: »Ich hab' damit angefangen, weil ich nicht mehr zur Arbeit gehen konnte, so verdammt besoffen war ich die ganze Zeit. Wenn die Platte fertig ist, werde ich wieder damit aufhören, wie damals.«

Sie verheimlichte ihren Drogenkonsum vor den anderen und setzte sich nur spätabends ihren Schuß, wenn sie aus dem Studio kam. Hier war keine Linda Gravenites mehr in der Nähe, die geschrien hätte: »Nein, du kannst das Zeug nicht wieder nehmen, nicht nach dem, was du beim Entzug durchgemacht hast!« Seth war nicht der Typ, der wirklich Position bezog, obwohl sie ihn anrief und bat: »Bitte mach, daß ich aufhöre.« Er versuchte es nicht einmal und sagte ihr: »Das mußt du schon selber schaffen.«

Lindas Platz als Janis' Mitbewohnerin hatte jetzt Lyndall Erb eingenommen, eine Frau, die sich, wie Seth glaubte, übermäßig von dem Joplin-Ruhm beeindrucken ließ. Er sagte, sie hätte Janis nie etwas abschlagen können. Seiner Meinung nach war sie eine Arschkriecherin und ihre Beziehung zu Janis ›unheilvoll‹. In Los Angeles war außerdem Peggy Caserta, zu jener Zeit eine harte Fixerin, immer in Janis' Nähe.

Es gab durchaus Leute, die wußten oder sich dachten, daß Janis wieder fixte, denn ihr Verhalten änderte sich merklich. Seltsamerweise war es tatsächlich so, daß sie zu einem ätherischen kleinen Mädchen wurde, wenn sie Heroin nahm. Sie verlor die vibrierende Energie, die so charakteristisch für sie war, sie wurde passiv und ach so still. Wenn sie klar war, blühte ihr Intellekt auf; sie wußte, was sie wollte, und sie wußte im voraus, was die Leute um sie herum wollten. Als sie sich einmal bei ihrem Aufenthalt in L. A. einen Schuß gesetzt hatte, latschte sie in das Zimmer von John Till, der zur Band gehörte. Sie kam selten, um sich zu unterhalten, aber in dem Moment fühlte sie sich einsam. Die Jungs wollten ihr Halt geben, aber sie wußten nicht, wie sie es ihr sagen sollten: »Heroin ist das Problem, nicht die Antwort.« Damals redete man noch nicht so offen über solche Dinge.

Alles in allem aber war Los Angeles eine unbeschwerte Zeit für Janis. Sie arbeitete mit Menschen, die aufblühten, wenn sie die Ideen, die ihnen in den Sinn kamen, in die Tat umsetzen konnten. »Wir hatten beide einen Porsche«, sagte Paul Rothchild. »Wir fuhren Rennen den Sunset Boulevard entlang zum Laurel Canyon. Sie war um einiges verrückter als ich – und ich war schon völlig übergeschnappt. In Haarnadelkurven fuhr sie auf der Gegenspur, das Verdeck unten, und lachte: ›Mich kann nichts umhauen.‹«

Während dieser Zeit flog sie auch nach Santa Fe, um Albert Grossman für eine Fotosession zu treffen; dies war ihr erster Job in der Werbung. Albert hatte ihr einen Werbevertrag mit einer Zigarrenfirma verschafft. Die Fotos wurden auf der Rio-Grande-Talbrücke in New Mexico gemacht. Für Gespräche und einen Gedankenaustausch mit Albert war keine Zeit. Statt dessen stellte ihr die Fotografin Lisa Law einen Typen vor, den Janis ihren ›Mann aus den Bergen‹ nannte, und sie verbrachte den Abend mit ihm.

Einen Tag hier, den nächsten dort – Janis kehrte nach Los Angeles zurück. Sie rief Pat Nichols an, die in L. A. wohnte. Die beiden hatten sich seit 1969 nicht gesehen; damals waren sie übereingekommen, sich erst wieder zu treffen, wenn sie beide vom Heroin los waren. Am Telefon verabredeten sie sich für den 5. Oktober, um einen japanischen Samurai-Film mit Toshiro Mifune zu sehen.

Janis telefonierte auch mit Jerry Ragovoy in New York. »Hast du nicht ein neues Stück für meine neue Platte?« fragte sie. Er schrieb ihr einen Song mit dem Titel ›I'm Going to Rock and Roll Heaven‹. Da sie nicht warten wollte, bis das Demo ankam, ließ sie sich den Song am Telefon vorsingen. Sie liebte das Stück, und Jerry ging los und ließ ein Demo machen, damit die Band es einstudieren konnte.

Im Studio rief Janis Nick Gravenites an und bat auch ihn um ein neues Stück. Nick produzierte gerade eine Platte für Brewer and Shirley, aber er nahm sich frei und flog nach L. A., wo er im Sunset Sound in der Ecke saß und der Musik und den Gesprächen lauschte. Dann schrieb er ›Buried Alive in the Blues‹, ein Stück, das alle begeisterte.

Janis ging mit Bennett Glotzer gegenüber ein paar Hamburger holen. Während sie darauf warteten, »schüttete sie ihr Herz aus«, sagte Bennett: »Sie redete über Seth, was sie für ihn empfand, und sie äußerte ihre Verzagtheit und ihre Zweifel, ob das die richtige Beziehung für sie war und ob er sie wirklich liebte.«

Am Samstag, dem 3. Oktober 1970, nahm die Band die Instrumental-Tracks für ›Buried Alive‹ auf. Sie waren so weit gekommen, daß Janis am nächsten Tag den Gesang aufnehmen konnte. Alles sah gut aus, und die Band war zufrieden. Um etwa elf Uhr abends wurden sie fertig. Wie üblich kehrte Janis für einen Drink bei Barney's Beanery ein, bevor sie ins Landmark Hotel ging. An der Bar trank sie auf den Schnaps, den sie bereits im Studio konsumiert hatte, noch zwei Gläser, ehe sie mit Ken Pearson, dem Organisten, zum Hotel fuhr, wo sich jeder auf sein Zimmer zurückzog.

Janis ging oft nach der Arbeit schwimmen, aber nicht an diesem Abend. Um ein Uhr morgens etwa ging sie zur Lobby, um Zigaretten zu holen. Die letzte Person, die mit ihr sprach, war Jack Hagy am Empfangsschalter. Er wechselte fünf Dollar für den Zigarettenautomaten.

Nachdem sie die Tür zu ihrem Zimmer geschlossen hatte, setzte Janis sich mit einer Bluse und einem Slip bekleidet aufs Bett. Sie legte die Zigaretten auf den Nachttisch, und dann, das Wechselgeld immer noch in der Hand, fiel sie nach vorn. Sie schlug sich die Lippe blutig, als sie den Nachttisch streifte. Ihr Körper wurde zwischen Tisch und Bett eingezwängt. Irgendwann nachdem sie ins Hotel zurückgekehrt war, hatte sie sich einen Schuß gesetzt. Janis spritzte sich das Heroin unter die Haut anstatt in die Vene. Intravenöse Injektionen geben einen schnellen, intensiven Kick, subkutane Injektionen führen zu einem um bis zu neunzig Minuten verzögerten High.

Das Heroin, das Janis sich in jener Nacht spritzte, hatte sie um etwa vier Uhr nachmittags von George gekauft, der sie, solange sie die Droge nahm, damit versorgte. Sie paßte auf, daß sie nur einen Dealer hatte, und er achtete darauf, was er ihr verkaufte. Normalerweise ließ er den Stoff von einem Chemiker kontrollieren, bevor er ihn weitergab. Bei dieser Lieferung war der jedoch nicht in der Stadt, und George hatte das Zeug verkauft, ohne es vorher zu prüfen. Das Dope, das Janis an jenem Samstag kaufte, war verhängnisvollerweise vier- bis zehnmal stärker als normales Heroin, das auf der Straße gedealt wurde, es war zu 40 bis 50 Prozent rein.

Bis zum nächsten Abend um etwa sieben Uhr dreißig fand niemand die zusammengekrümmt auf dem Boden liegende Janis. Seth hatte sich geweigert, schon einen Abend früher nach L. A. zu fliegen, weil er mit ein paar Kellnerinnen vom Trident Restaurant Strip-Billard spielte, aber er kam am Samstagnachmittag. Bevor er San Francisco verließ, rief er John Cooke an, weil er Janis nicht erreichen konnte, um ihr zu sagen, wann sie ihn abholen sollte. John vergewisserte sich bei Paul Rothchild, ob Janis im Studio sei, aber Paul sagte, sie sei, ganz ungewohnt, nicht pünktlich zu den Aufnahmen gekommen. John war im Hotel, also schnappte er sich den Zweitschlüssel von der Rezeption (das hatte er früher schon gemacht) und ging in ihr Zimmer.

Als er Janis am Boden liegen sah, ging er auf sie zu, eine Hand ausgestreckt, als wollte er sie wachrütteln. Eine Berührung ihres kalten, steifen Fleisches genügte ihm, um zu erkennen, daß er ihren Namen nie wieder zu rufen brauchte. Er rief Bob Gordon an, ihren Anwalt, und Bob informierte einen befreundeten Arzt und die Polizei. Während John auf die Ankunft des Arztes und der Cops wartete, schickte er jemanden zum Flughafen, um Seth abzuholen und ihm zu berichten, was geschehen war.

Später fuhr John ins Studio. Er brachte es nicht über sich, der Band die Nachricht am Telefon zu überbringen – das mußte er persönlich tun. Er zog Paul hinaus und sagte es ihm. Dann baten sie die Toningenieure, zu gehen. Es gab keine andere Möglichkeit, als gleich mit der Tür ins Haus zu fallen, also sagte John einfach: »Janis ist tot.« Man konnte richtig dabei zuschauen, wie die Nachricht in das Bewußtsein der Jungs eindrang und sie sichtlich mitnahm. Diese Wirkung hielt tagelang an.

Am nächsten Tag um elf Uhr morgens durchsuchten der Leichenbeschauer und die Polizei den Raum. Sie fanden Janis' Drogenbesteck in der obersten Kommodenschublade in ihrem Zimmer, außerdem ein Handtuch, etwas Gaze und einen Wattebausch mit Blut daran. Später entdeckten sie auch einen roten Ballon im Papierkorb, der ein Pulver enthielt. Tests ergaben, daß es Heroin war. Der Grund dafür, daß zuerst die Spritze und später erst das Heroin gefunden wurde, war möglicherweise die impulsive Handlung eines Freundes. Jemand hatte nach ihrem Tod wohl das Heroin aus dem Zimmer entfernt, in der Hoffnung, vor der Presse verbergen zu können, was wirklich vorgefallen war. Als sich später zeigte, daß man damit sowieso nicht durchkommen würde, wurde der Ballon zurückgebracht.

Als Janis' Todesursache wurde eine versehentliche Überdosis angegeben, obwohl der Leichenbeschauer eine posthume psychologische Analyse erstellte, Freunde befragte, ihre Aktivitäten überprüfte und so ihren Geisteszustand nachzuvollziehen versuchte. Er mußte sicher sein, daß kein Selbstmord vorlag. Seltsam, daß ein Mensch, der dafür bekannt war, wie sehr er den Taumel und die Faszination des Lebens genossen hatte, prompt als selbstmordgefährdet eingestuft wurde!

Fragen und Vermutungen über die Einzelheiten ihres Todes zirkulierten jahrelang in der Gerüchteküche. Es gab Spekulationen, daß Janis vom CIA ermordet worden sei, durch einen gemieteten Killer und andere fixe Ideen. Keine dieser Theorien kommt gegen die Tatsachen an. Ein paar von Janis' Freunden wußten, daß sie seit einigen Wochen wieder fixte. Zusätzlich zu dem frischen Einstich fand man auf ihren Armen noch andere, die weit genug abgeheilt waren, daß man sie auf die vorangegangene Woche datieren konnte. Der Stoff, den Janis sich gespritzt hatte, war extrem rein, obwohl er vielleicht nicht allein die Todesursache war. Janis war zudem an diesem letzten Abend auch ziemlich betrunken gewesen. Ein Tod, der einer ›Heroin-Überdosis‹ zugeschrieben wird, ist oft das Resultat des Zusammenwirkens verschiedener Drogen, besonders Heroin und Alkohol. An jenem Wochenende starben noch andere Leute, die Kunden des Dealers George gewesen waren. Als Todesursache wurde auch bei ihnen eine Überdosis Heroin angegeben.

Janis' Freunde erinnern sich noch an den Schock, den die Nachricht bei ihnen auslöste. Sogar noch zwanzig Jahre später kamen die Empfindungen dieses Tages mit aller Macht zurück, als sie beschrieben, wie sie gemeinsam getrauert hatten. Janis' Tod hatte auf sie, wie auf mich, andere Auswirkungen als ihr Leben. Juli Paul hatte am Freitag, bevor Janis starb, noch mit ihr geredet. »Sie wollte, daß ich nach L. A. kam. Sobald ich hörte, daß sie gestorben war, dachte ich, wenn ich gefahren wäre, wäre sie vielleicht nicht gestorben, und so kam auch ein Gefühl der Schuld ins Spiel.« Pat Nichols, die auf ihre Kinoverabredung gewartet hatte, schwor, sich auf ewig vom Heroin fernzuhalten. Janis' Tod war endgültig eine Lehre für sie. Zwanzig Jahre nach Janis' Tod ist Pat immer noch clean.

»Ich habe in sechs Monaten sechs Freunde durch Drogen verloren«, sagte Paul Rothchild. »Die Welt hatte sich radikal verändert. Janis' Tod war das verheerendste Ereignis meines Lebens. Wir hatten vorgehabt, jahrelang miteinander zu arbeiten, und dann beschlossen wir, daß wir für immer zusammenbleiben würden. Soviel Spaß hatten wir noch nie im Studio gehabt. Sie war immer hundertzehnprozentig da. Ich vermisse sie immer noch über alle Maßen.«

Sam Andrew jedoch ging los und besorgte sich noch mehr Stoff, um den Schmerz über den Verlust einer weiteren Freundin zu lindern. Denjenigen von uns, die sie liebten, zerriß es das Herz, aber das Leben ging weiter. Paul und die Band mußten die Platte fertigmachen. Sie gaben 100 Prozent, genau wie sie es getan hatten, als Janis noch bei ihnen war. Etwas Übernatürliches machte sich im Studio breit, als sie neue Instrumentaltracks aufnahmen und damit die Gesangsspuren unterlegten, mit denen sie ursprünglich die Platte produzieren wollten. Ein seltsames Gefühl überkam sie, daß alles, was sie taten, diesmal perfekt sein mußte. Eine zweite Chance würde es nicht geben. Janis' Stimme beherrschte ihre Sinne, während sie dem Gesang lauschten und ihre ganze Seele in die Aufnahmen legten.

Sie fanden auch den Scherz-Song ›Mercedes Benz‹ wieder, den sie damals spaßeshalber aufgenommen hatten. Während der Sommertournee der Band hatte Janis Michael McClure durch Freunde Botschaften geschickt, er solle sie anrufen. Er hatte einen Song für eine

Gruppe geschrieben, bei der er spielte, Freewheeling McClure Montana. Michaels Freunde Emmett Grogan und Rip Torn hatten Janis den Song bei einer Billardpartie vorgesungen, als sie alle in New York gewesen waren. Janis rief Michael schließlich an und sagte: »Ich singe einen Song mit deiner ›Mercedes Benz‹-Zeile darin.« – »Singst du's mir vor?« fragte er, und sie sang den Song durchs Telefon. »Mein Song gefällt mir besser«, kommentierte Michael. »Macht es dir was aus, wenn ich die Zeile benutze?« fragte sie. »Nein, mach nur«, sagte er, ohne groß über Geld oder einen Autorencredit zu diskutieren. So kamen sie überein, daß jeder von ihnen seine eigene Version singen würde. Michael hatte das nie als geschäftliche Vereinbarung betrachtet, er gab nur etwas von seinen künstlerischen Ideen ab, wie es so seine Art war. Wenige Tage danach starb Janis. Erst viel später entdeckte er, daß sie die Credits mit ihm geteilt hatte.

Es dauerte ein paar Wochen, bis die Platte fertig war. Am 18. Oktober hatten sie ein meisterhaftes Album eingespielt, *Pearl*, von Kritikern oft als Janis' beste Platte bezeichnet. Es war das einzige Mal, daß die Musiker im Studio mit ihr und nicht gegen sie gearbeitet hatten. *Popular Music*, ein kommentierter Plattenführer, nannte *Pearl* »wahrscheinlich eine der besten LPs überhaupt im Rock-Genre«.

Am Tag, nachdem Janis gestorben war, lief Paul Bobby Neuwirth über den Weg. Beiden fiel das desolate Aussehen des anderen auf. »Was ist los?« – »Das Telefon klingelt immer wieder, und Janis ist dran. Sie sagt: ›Es ist okay, Mann. Ich bin hier gut aufgehoben. Mir geht's prima. Mach dir keine Sorgen.‹« – »Wow! Ich glaub' es nicht! Das gleiche ist mir passiert.«

Bob Gordon hatte ein ähnliches Erlebnis. Sein Leben war von dem Tohuwabohu der polizeilichen Nachforschungen und der juristischen Maßnahmen nach Janis' Tod in Anspruch genommen worden. Wochenlang hatte er nichts anderes getan, als sich mit dem Büro des Leichenbeschauers, der Aufklärung des Falles, der Presse und unserer Familie abzugeben. Eines Sonntagnachmittags, als das Chaos abebbte, erinnerte er sich: »Ich bin praktisch zusammengebrochen, ich machte ein Nickerchen und hatte eine Vision. Sie war sehr lebensecht, nicht wie ein Traum, der wieder verschwindet, sondern sehr überzeugend. Janis und ich saßen auf der Couch, die auf dem Cover von *Pearl* abgebildet ist, und unterhielten uns. Sie sagte, es ginge ihr gut, sie hätte sich noch niemals so ruhig gefühlt, und es sei Zeit, zu gehen.«

Auch John Cooke hatte eine Vision. »Ein paar Monate nach Janis'

Tod hatte ich einen Traum. Es war am Ende eines Konzerts. Janis kam von der Bühne, und ich wartete auf sie. Sie sagte: ›War ich okay?‹, mit dieser typischen Klein-Mädchen-Unsicherheit, und ich sagte: ›Du warst toll.‹ Ich umarmte sie. Es war unglaublich lebensecht. Ich wachte mit einem Kloß von Gefühlen im Bauch auf, und ich spürte, daß Janis mich aus dem Grab besucht hatte. Sie hatte nicht nur gefragt, ob sie im Konzert okay war. Sie meinte ihr Leben. Und ich war so froh, daß ich ihr versichern konnte: ›Du warst toll, Janis.‹«

16

Die Gedenkfeier

Come back and believe in my love
Come back and believe in my love
Come back and believe in the magic of love!

MARK SPOELSTRA, ›Magic of Love‹

nach Port Arthur fahren?« fragte ich entgeistert. »Ich bin seit achtzehn Jahren nicht mehr dagewesen!«

Meine Mutter versuchte, meinen Bruder und mich zu überreden, die Familie bei einer Gedenkfeier für meine Schwester zu vertreten. Sam Monroe, der Leiter des Vereins für Stadtgeschichte, hatte sie mit diesem Anliegen angerufen. Da er der Sohn ihres ehemaligen Chefs war, hatte Mutter für Sam immer ein offenes Ohr. Er brauchte Hilfe beim Zusammenstellen einer Ausstellung zu Ehren von Janis.

Sam arbeitete mit John Palmer zusammen, einem Einwohner von Port Arthur, der in der Schule ein entfernter Bekannter von Janis gewesen war. Durch eine grausame Ironie des Schicksals hatte sich John, ein erfolgreicher Geschäftsmann, mit der bürgerlichen Gesellschaft des Ortes überworfen, als er bei einer Verhandlung wegen Betrügereien in der Ölbranche gegen eine prominente Familie aussagte. Er bekam am eigenen Leibe zu spüren, wie schmerzhaft ein angekratztes Image sein kann, und fand so zu einem ganz neuen Verständnis für gesellschaftliche Außenseiter. Wer hätte sich besser als Heiligtum für unsere Stadt angeboten als Janis, eine Highschool-Klassenkameradin von ihm, eine Frau, der die Nation applaudierte, deren Name jedoch bei einigen braven Bürgern ihrer Heimatstadt immer noch wütenden Abscheu hervorrief? Es sei an der Zeit, verkündete er ernsthaft, Janis wieder mit offenen Armen aufzunehmen, voll Ehrerbietung und Liebe. Er ließ seinen Worten Taten folgen und übernahm die Kosten für eine Bronzestatue von ihr. John Palmers symbolischer Akt genügte, um die Fans in der Gegend unserer Heimatstadt aus ihren Löchern zu locken – alle, die sie und ihre Musik liebten, alle, die ihren Haß auf die Regeln der Gesellschaft teilten, aber auch alle, die ihren Frieden mit der Vergangenheit schließen wollten. Die Presse bekam Wind davon, und eine Idee jagte die andere.

Am 19. Januar 1988 – an diesem Tag wäre sie fünfundvierzig geworden – wurde in Port Arthur bei einer Feierstunde eine Statue von Janis Joplin enthüllt. Mehr als fünftausend Leute zwängten sich in eine Halle, die nur für dreitausend gedacht waren. Raffineriearbeiter, College-Studenten und Hausfrauen standen neben Kleinkindern und Jugendlichen. Die meisten stammten aus unserer Heimatstadt Port Arthur oder der Umgebung. Ganze Reisebusse kamen aus dem nahe gelegenen Houston, und ein paar Leute hatten sogar den weiten Weg aus Iowa und Kanada gemacht.

Sie alle kamen, um einem Mädchen dieser Stadt ihre Ehre zu erweisen, das es in der entlegenen und scheinbar fremdartigen Welt von San Francisco und dem Sixties-Rock-and-Roll geschafft hatte. Janis hatte in vielen Presse-Interviews öffentlich ihre Verachtung gegenüber ihrer Heimatstadt geäußert. Das Freundlichste, was sie darüber gesagt hatte, war, es sei ein guter Ort zum Abhauen. Fast zwanzig Jahre nach ihrem Tod konnten sich die Stadtväter dazu durchringen, den Krieg zu beenden, den sie angefangen hatte. Sie ignorierten Janis' Rolle als Ritterin des Rock and Roll, die gegen die Verlogenheit unserer Kultur gestritten hatte. Lieber besannen sie sich auf Janis' leichter anzuerkennende Leistung: Sie hatte großartige Musik gemacht, viele Platten verkauft und sich einen bleibenden Platz in den Herzen vieler Musikfreunde gesichert.

Das Bild, das Janis' Fans und Freunde von ihr hatten, wurde von dem Mythos geprägt, der in unserer Gesellschaft die unvermeidliche Begleiterscheinung des Ruhms ist. Leo Braudy schrieb in *The Frenzy of Renown*, Ruhm lasse sich in vier Elemente aufgliedern: die Person, ihre Leistung, die direkte Reaktion ihrer Zeitgenossen und das Urteil der Nachwelt. Richard Schickel schrieb in *Intimate Strangers: The Culture of Celebrity:* »Nach ihrem Tod werden aus Stars Comicfiguren, die den Fans gehören, wobei tatsächlich vorhandene, aber unpassende Elemente verschwinden dürfen und die anderen Aspekte beschönigt werden.« Jeder bei der Feier hatte seine eigenen Vorstellungen, aber alle waren bereit, Janis die Ehre zu erweisen.

Offensichtlich haben die Umstände ihres Todes, die Überdosis Heroin, immer ein falsches Licht auf Janis' Leben geworfen. Die

Presse schreibt selten über ihren humorvollen Charakter, ihre Konzentration auf die Kunst oder ihre Haltung der Gesellschaft gegenüber, womit diejenigen von uns, die sie kannten, so vertraut waren. Im Kopf vieler Menschen handelt Janis Joplins Geschichte vor allem von den Umständen, die zu ihrer Überdosis führten.

Als Janis 1970 starb, hätten wir niemals vermutet, daß ihr Ruhm noch wachsen und sich entfalten würde, bis sie schließlich zu einer Ikone ihrer Generation wurde. Wir warteten darauf, daß das öffentliche Interesse abebben und sie wieder allein denen gehören würde, die sie länger als die vier Jahre kannten, die sie im Rampenlicht stand. Doch das Gegenteil war der Fall: Wir teilten unsere Liebe zu ihr mit der Öffentlichkeit.

Mutter ging mit ganzem Herzen daran, Stücke für die Ausstellung zusammenzusuchen. Wie es ihre Art war, entschied sie, wenn man Janis Joplin schon der Nachwelt präsentierte, dann sollte man es auch richtig machen. Sie tat ihr Bestes und stellte auch all den Schnickschnack aus Janis' Kindheit zur Verfügung, die alltäglichen Dinge, die sie berührt oder benutzt hatte. Mom holte diese Erinnerungsstücke aus der Tiefe der Schreibtischschubladen und längst weggeräumten Kisten und packte ihre Liebe hinzu.

Wie seltsam die Dinge in den Schaukästen aus Glas und Holz aussahen: historische Belege für die Existenz meiner Schwester. Ihr Rechenschieber, den wir alle benutzt hatten, wurde immer noch sicher in seinem dunkelgrünen Hartlederetui aufbewahrt, nur mit ein paar Teenager-Kritzeleien darauf. Der Museumsdirektor legte ihn neben ihre schwarze, stoffbezogene Bibel, die sie bekommen hatte, als sie in die First Christian Church in der Innenstadt eintrat. Das Buch zeigte Spuren neugieriger junger Hände, die die feinen Papierseiten umgeblättert und bei den bunten Bildern darin innegehalten hatten. Ein großes grünes Buch griff mir ans Herz. In großen Lettern stand auf dem Umschlag: *The Letters of F. Scott Fitzgerald.* Lesen war das Rückgrat der Familie Joplin, und nichts repräsentierte Janis besser als dieses Buch.

Mutter legte auch den Artikel aus dem Sommer 1957 dazu, den die *Port Arthur News* über Janis gebracht hatten, als sie in der Gates Memorial Library arbeitete. Das vergilbte Zeitungsfoto zeigte die junge Janis mit sorgfältig onduliertem Haar und einem strahlenden, stolzen, unschuldigen Lächeln neben einer Illustration, die sie von den Personen aus L. Frank Baums *Der Zauberer von Oz* gezeichnet hatte. Ein paar Leute aus der Stadt stellten die Originalskizzen zur

Verfügung, die sie Janis vor langer Zeit abgekauft hatten. Ein ausgelassenes *Patchwork Girl* aus Oz tanzte fröhlich neben einer schmucken Vogelscheuche.

Michael und ich hatten vorher nicht geahnt – obwohl wir es uns hätten denken können –, daß es unsere Pflicht sein würde, mit der Presse zu sprechen. Interviews zu geben ist eine Kunst, die Janis beherrschte. Da mir das Spiel neu war, fühlte ich mich unwohl dabei. Die Journalisten waren anständige, rechtschaffene Menschen, aber viele kamen gerade erst frisch vom College. Als Janis Karriere gemacht hatte, waren sie noch zur Grundschule gegangen. Kein Wunder, daß sie aus dem bißchen, das sie recherchiert hatten, zu viele Schlüsse zogen. Durch dieses Mißverhältnis erschienen ihre Fragen uns seltsam. Eine Frau fragte: »Was war das erste, was Ihnen bei Janis als merkwürdig auffiel?« Michael und ich sahen uns an und lachten! Wie können wir jemandem begreiflich machen, daß unsere Schwester uns niemals merkwürdig erschien?

Die Presse schwang sich zu solchen Schlagzeilen auf wie DIE STADT, DIE JANIS VERACHTETE, APPLAUDIERT IHR JETZT. Eine Reporterin fragte nach Janis' Versteck, das sie sich angeblich in unserer Garage eingerichtet hatte, um sich zurückziehen zu können. Sie sagte uns, es müsse ein Platz gewesen sein, den Janis aufgesucht hatte, wenn das Leben in Port Arthur sie allzu sehr frustrierte. Woher kamen diese Geschichten? Michael und ich konnten nur murmeln, uns sei nie aufgefallen, daß Janis sich irgendwohin zurückgezogen hätte. Im Gegenteil, Janis hatte immer im Mittelpunkt gestanden. Wir erklärten, daß sie manchmal in der Garage gemalt hatte, wenn das Wetter gut war oder sie besonders viel Platz brauchte. Wir wußten einfach nicht, wie wir ihnen begreiflich machen konnten, daß es in unserer Familie gang und gäbe war, sich durch Kunst auszudrücken. Wir sagten der Reporterin, die meisten dieser Geschichten aus Port Arthur seien ein bißchen übertrieben. »Es ist nur eine Stadt, wissen Sie, in keiner Weise etwas Besonderes«, fügte Michael hinzu. »Janis war eine großartige Selbstdarstellerin, das gehörte zu ihrem Stil. Damit erzielte sie eine beträchtliche Wirkung und setzte sich durch.«

Janis' Image und ihre Äußerungen sind über die Jahre so verwässert und verdreht worden, daß ihre Bedeutung verblichen ist. Es war unmöglich, sie und ihre Bemerkungen über Port Arthur zu erklären, ohne über die Sixties und ihre Hintergründe zu sprechen. Ich konnte das nicht in einer der kurzen Floskeln ausdrücken, die Presseleute so gern zitieren.

Nach einer Weile klangen alle Fragen gleich, als ob sich die Pressebosse bei einer Tasse starken texanischen Kaffees getroffen und darauf geeinigt hätten, was bei diesem Ereignis von Bedeutung war. Eine Standardfrage war: »Was, glauben Sie, würde Janis zu dieser Feier sagen?« Diese Frage rief mehr als alle anderen die Erinnerung an Janis wach, wie sie bei uns daheim gewesen war. Ich hielt es für das Sicherste, zu sagen, daß ihr die Zeremonie gefallen hätte. Ich sah sie direkt vor mir, wie sie kicherte: »Na, das wird auch Zeit«, und mit einer Spur von Sarkasmus lächelte.

Nachdem wir unseren Public-Relations-Verpflichtungen ausreichend nachgekommen waren, wandten wir unsere Aufmerksamkeit wieder dem Ereignis zu, das um uns herum seinen Lauf nahm. Wir waren beeindruckt von den sich langsam voranschiebenden, dichtgedrängten Menschenmassen, die Michael und mich anstarrten, als seien auch wir in einem gläsernen Schaukasten ausgestellt.

Aus den Horden von Unbekannten tauchten langsam auch längst vergessene Gesichter auf, älter geworden, aber noch als unsere früheren Nachbarn zu erkennen. Ihre Anwesenheit machte das Ereignis mit einem Schlag zu einer echten Heimkehr. Bodie Pryor, der immer noch direkt hinter unserem alten Haus wohnte, umarmte uns und sagte, er sei Janis zu Ehren gekommen. Er war bodenständig und warmherzig, ein Mensch, der nie in seinem inneren Glauben schwankte. »Janis war ein wunderbares, glückliches Mädchen. Es ist mir egal, was geschrieben wird. Ich kannte sie als einen wunderbaren Menschen.«

Bodie und die anderen vertrauten Gestalten nahmen in der Mitte des großen, turnhallenähnlichen Raumes Platz. Es gab eine Bühne mit kleinen Metallstühlen an einem Ende, auf denen eine Reihe Herren in dunklen Anzügen saßen. Das waren die städtischen Würdenträger, die der politischen Bedeutung der Zeremonie Rechnung trugen. Vor der Bühne waren Reihen von Metallstühlen und entlang beider Seiten des Raums Bänke aufgestellt, die das immer größer werdende Publikum schon längst besetzt hatte. Diejenigen, die einfach nur pünktlich kamen, mußten stehen, wenn sie überhaupt noch einen Platz fanden. Von Zeit zu Zeit drängelte sich jemand nah genug an die Bühne, um zu schreien: »Laura, Laura, kennst du mich noch?« Emotionale Spannung lag in der Luft.

Die offensichtliche Liebe zu Janis, die sich hier zeigte, half mir, die Worte zu finden, die ich vor der Menge sagen wollte. Der anschwellende Lärm der Gespräche entwickelte sich zu einem akustischen

Brausen, das durch die nachdrücklichen Hammerschläge des Sprechers kaum beeinträchtigt wurde. Doch dann ging ein »Psst!« durch den Raum, und so setzte sich die Bitte um Ruhe langsam wie eine Welle von der Bühne fort.

Die Zeremonie begann. Es hätte genausogut eine Versammlung des Kiwanis Clubs oder der Rotarier gewesen sein können, dachte ich angesichts der einschläfernden Ansprachen humorloser Bürger, die aufs Podium zitiert wurden. Das Publikum hörte höflich zu und wartete. Zu unser aller Überraschung brüllte der Bürgermeister von Port Arthur, Malcolm Clark: »Happy Birthday, Janis!« Damit löste ausgerechnet er die Sperre, die die unterdrückten Emotionen der Menge zurückgehalten hatte. Das Glücksgefühl war unwiderstehlich, es katapultierte mich aus der geistigen Isolation meiner Erinnerungen heraus und machte mich ganz euphorisch.

Der Lärm legte sich, als der Tonfall zu den planmäßigen Reden über den Anlaß der Feierlichkeiten zurückkehrte. Sam Monroe gab seiner Freude darüber Ausdruck, daß er die Janis-Joplin-Dauerausstellung in der Lamar University Library eröffnen konnte. Es war ihm ernst, als er sagte, Bürgermeister Malcolm Clark, die Handelskammer und das Museum hofften, die Ausstellung würde ein Erfolg.

Obwohl die Fans kamen, weil sie Janis liebten, unterstützten die Geschäftsleute des Orts das Ereignis, um Besucher in die Stadt zu locken. Port Arthur ging es wirtschaftlich nicht gut, und sie brauchten Touristen-Dollars. Der Bürgermeister sicherte sich den notwendigen Rückhalt in der Bevölkerung, indem er erklärte, Elvis Presley habe eine Menge für Memphis getan, und so könne auch Janis Joplin eine Menge für Port Arthur tun.

Ich bekam mit, wie einer der Stadtväter erklärte: »Gott sagt uns, wir sollen vergeben, und ich werde Janis vergeben.« Ich glaube, er war unter anderem auch deshalb so enttäuscht von Janis, weil sie eine Stadt verurteilte, die ihm gefiel. Die Menschen hatten ihre abfälligen Bemerkungen in der Presse nicht vergessen, und auch 1988 kochten die Gefühle noch hoch. Doch ein weiterer Grund für seine Wut waren sicherlich Janis' Statements über Drogen. Er hatte zwanzig Jahre dafür gebraucht, aber nun konnte er Janis endlich verzeihen, daß sie durch ihr Verhalten in der Öffentlichkeit andere zum Drogenkonsum verleitet hatte. Bei diesem Spiel war Janis sicher die größte Verliererin. Die Drogen brachten sie um, weil sie in ihrem jugendlichen Leichtsinn geglaubt hatte, sie sei *tough* genug, um damit fertig zu werden. Ich habe mich oft gefragt, ob Janis und ihre Freunde wie Timothy Leary glaubten, Drogen seien eine Abkürzung auf dem Weg in eine bessere Wirklichkeit. Sah so ihre Suche nach der Wahrheit, der Ehrlichkeit und nach sich selbst aus? Das war jetzt gleichgültig – ihre einstigen Feinde verziehen ihr.

Es gibt jedoch Menschen, die *ihnen* nicht verziehen haben, wie sehr sie jemanden wie Janis einst verachtet hatten. Dave Moriaty machte mir gegenüber seinem Ärger Luft. »Was mich wirklich wütend macht«, rief er aus, »ist dieses Gerede, daß Janis eine Art Sängerin aus der Hölle war, daß sie einen schrecklich schmutzigen Lebensstil hatte, während die Gesellschaft es belohnte, wie gut jemand lügen und sich anpassen konnte. Die Menschen in Port Arthur waren nicht unbescholten. Sie hatten ihre Schwulen und ihre Hurenböcke! Ich glaube nicht, daß Janis orgiastischer oder unmoralischer oder mehr auf Drogen war als all die Spießer zu jener Zeit. Hausfrauen nahmen Speed, Benzedrin und Seconal, um einschlafen zu können! Jungen mußten saufen, um ihre Männlichkeit zu beweisen. Meine Freunde brachten sich beinahe um beim Versuch, Männer zu sein! Was zum Teufel hat Janis denn an der Westcoast so Schlimmes getan? Sie beschiß die Leute nicht. Sie stahl nicht ihr Geld, sie beutete ihre Arbeiter nicht aus, und sie zog keinen gigantischen Betrug auf, nahm alle aus und machte sich dann dünne ... Janis klatschte der Gesellschaft nur ihre eigenen Vorurteile ins Gesicht ... Sie hatte eine ungewöhnlich konsequente Moral, denn sie machte nicht mit bei den üblichen höflichen Lügereien, die die Gesellschaft uns abverlangt!«

Für einige Leute war Janis die Verkörperung alles Falschen. Die Rock-and-Roller, die auf ihre Generation folgten, bauten auf deren schockierendem Verhalten auf. Weil sie mit der neuen Norm Schritt halten sollten, wurden die Geschichten über Janis immer weiter ausgeschmückt, damit ihr ausgeflipptes Image nicht verblaßte. Mir ist allen Ernstes erzählt worden, daß Janis beim Texas International Pop Festival splitternackt aufgetreten sei. Der junge Mann, der mir das mit solcher Bestimmtheit auftischte, war nicht alt genug, um selber dabeigewesen zu sein. Er wußte es nur vom Hörensagen, und er glaubte jedes Wort.

Einige Leute zogen oberflächliche Schlüsse aus Sätzen wie der Songzeile ›Get it while you can‹. Sie bezogen dieses ›Nimm, solange du es kriegen kannst‹ auf Sex, Geld, Erlebnisse und so weiter. Es gab jedoch auch welche, die wie John Cooke verstanden, daß dieser Vers mit totaler Konzentration zu tun hatte, einer Bereitschaft, *alles*, was man hat, in die Kunst zu stecken, nichts zurückzuhalten, nicht zu warten. Zu jedem beliebigen Zeitpunkt geschieht immer nur jeweils *eine* Sache. Was jemand aus diesem Moment macht oder gewinnt, hängt davon ab, wie sehr er oder sie sich darauf konzentrieren und völlig darein vertiefen kann. Wenn sie sang, konnte Janis alles, was sie hatte, in den Gesang stecken. Janis sagte oft, daß sie »für diese halbe Stunde auf der Bühne lebte«, weil sie für sie so wahrhaftig war.

Janis rief die Leute auf: »Kriegt euren Arsch hoch und fühlt!«, und einige hatten Angst vor dem, was sie vielleicht fühlen würden. Janis hatte Verständnis dafür. Sie sagte: »O ja, klar hab' ich Angst. Ich denke, Mensch, ist das knapp, ob ich das schaffe? Wenn ich versage, versage ich vor der ganzen Welt. Wenn ich mein Ziel verfehle, werde ich nie eine zweite Chance für irgendwas bekommen. Aber ich muß es riskieren. Ich halte nichts zurück, Mann. Ich balanciere immer am äußeren Rand meiner Möglichkeiten.«

Die Feier in Port Arthur stand also für einen Kompromiß, den die Einheimischen ihretwegen schlossen. Viele Bürger wollten Janis keine Ehre erweisen und schrieben dem Herausgeber der *Port Arthur News* wütende Briefe. Um die aufgebrachten Gemüter zu besänftigen, wurde die Feier erweitert, und alle Musiker des Ortes, die in der Unterhaltungsindustrie Erfolg hatten, wurden eingeladen. Ich staunte über das Aufgebot. In der Ausstellungshalle, neben den Vitrinen, die Janis' Rechenschieber und ihr Highschool-Jahrbuch enthielten, wurden die anderen Musiker präsentiert. Zahlreiche Goldene Schallplatten und straßbestickte Bühnenkostüme mit Erläuterungen waren zu bewundern.

Der Sohn von Big Bopper war anwesend und nahm die Laudatio auf seinen Vater entgegen, der als Discjockey in Port Arthur gearbeitet hatte, bevor er ›Chantilly Lace‹ schrieb. Später war er mit Buddy Holly und Ritchie Valens auf Tournee gegangen, und die drei kamen zusammen bei einem Flugzeugabsturz ums Leben. Die Liste der lokalen Stars war lang und umfaßte Johnny und Edgar Winter, Tex Ritter, Ivory Joe Hunter, Harry James, Clarence ›Gatemouth‹ Brown, J. P. ›Big Bopper‹ Richardson, Glen Wells, ZZ Top und George Jones.

Der Ansager rief jeden Namen einzeln auf, die Vertreter der Künstler stiegen einer nach dem anderen auf die Bühne, und alle stellten sich in einer Reihe vor dem Publikum auf. Ich fragte mich immer mehr, wie es kam, daß diese Gegend so viele Talente hervorbrachte. Oft habe ich gedacht, daß nur wenige Leute Janis' LP *Kozmic Blues* verstanden, weil sie keine Beziehung zu der Basis dieser Musik in Port Arthur hatten. Ich glaube, es war ihre Interpretation der Louisiana-Musik, die sie im Big Oak Club gehört hatte, wo minderjährige Texaner hingingen, um zu trinken und zu tanzen.

Janis kam als Hauptperson des Abends zuletzt an die Reihe. Michael und ich waren ihre Vertreter. Obwohl wir zu zweit waren, gaben wir den Fans nicht das, was sie wollten. Es war eben nur niemand Besseres zur Hand. Ich wurde gebeten, ein paar Worte zu sprechen.

»Es tut gut, heute abend hier zu sein«, begann ich, »wieder in Texas, wieder in Port Arthur, wieder zu Hause.« Die Menge applaudierte und pfiff bei ›zu Hause‹.

»Es ist etwas Besonderes mit diesem Zuhause, wo all die vertrauten Bilder und Töne voll sind von schönen Erinnerungen an eine wunderbare Jugend. Es ist etwas Besonderes, ein Texaner zu sein. Es liegt einem einfach im Blut, so daß man, egal, wo man lebt oder was man tut, immer ein Texaner bleibt.«

Die Menge brach wieder in Jubel aus, und ich spürte, daß ich den richtigen Ton getroffen hatte.

»Ich glaube, daß Janis in vieler Hinsicht die Quintessenz des Texaners war, eine Art Ölspekulantin, entschlossen, alles zu tun, was nötig war, um in dem Geschäft ihrer Wahl Erfolg zu haben.«

Das anschwellende Gejohle der Menge zwang mich zu einer Pause. »In einem ihrer vielen Briefe nach Hause schrieb Janis von ihrer Karriere. Sie schrieb, am Anfang habe sie hart arbeiten müssen, um Erfolg zu haben. Als sie einen gewissen Erfolg hatte, stellte sie fest, daß sie noch härter arbeiten mußte, um ihn sich zu bewahren.« Die Menge wurde still, als ich Janis' Worte zitierte: »Dann, wenn du die Nummer eins bist, tja, dann mußt du dir den Arsch aufreißen, um oben zu bleiben.« Da war die Menge totenstill.

»Sicher, Janis hatte eine Art, sich in der Presse zu äußern, die ihr viel nützliche Publicity einbrachte. Vielleicht bin ich deshalb so froh, hier unter Freunden und Nachbarn zu sein, unter denen, die sich mit mir an das Kind, an die Jugendliche, an die junge Frau erinnern können, jenseits des Pomps und des Bombasts, der ihre Zeit im Rampenlicht so sehr beherrscht hat. Daß ich heute abend hier bin, erfüllt mich mit gemischten Gefühlen. Ich will gar nicht hier sein. Ich wäre lieber zu Hause, in meiner Küche, würde einen Geburtstagskuchen backen, Kaffee trinken und mit meiner Schwester reden.«

Ein »Amen« erscholl aus dem Publikum von den kalten Metall-stühlen nahe der Bühne. Ich war so dankbar. Jemand hielt zu mir. »Aber dort kann ich nicht sein, und es ist mir eine besondere Freude, heute mit Ihnen hier zu sein, den Menschen aus Port Arthur, und mit ihnen zusammen dieser Frau, meiner Schwester, Janis Joplin, zu gedenken.«

Das Publikum johlte und erhob sich. Als ich mich wieder hin-setzte, klopfte mir ein Herr im blauen Anzug auf die Schulter und sagte: »Das war wunderbar!« Damit hatte er nicht gerechnet. Ich hatte vorgehabt, etwas Bedeutsames zu sagen, aber erst in dem Mo-ment wurde mir klar, daß sie eigentlich nur von mir erwartet hatten, daß ich auf die Bühne ging und »Danke« sagte. Nun ja, ich hatte getan, was ich tun wollte.

Ich grübelte weiter, bis ich bemerkte, daß alle auf der Bühne bei-seite traten, um einen zwanzigminütigen Ausschnitt aus dem Doku-mentarfilm *Janis* anzuschauen. Der Film enthielt ein wunderbares Interview mit ihr, das in Stockholm geführt worden war. Sie war da-mals so jung, knapp sechsundzwanzig Jahre alt. Ich hingegen wurde nur ein paar Monate nach der Feier vierzig. Dennoch wird Janis immer meine große Schwester sein, und so fühle ich mich jünger als sie.

Der Film zeigte sie auf der Bühne. Sie sang und strahlte vor Glück. Ein Reporter fragte sie auf der Leinwand nach ihren musikalischen Einflüssen, und ich lächelte, denn ich kannte die ersten beiden: Mom und Pop. Pop, der kein Lied richtig singen konnte, hatte dennoch eine musikalische Seele. Hin und wieder rief er uns Kinder ins Wohnzimmer. Er hieß uns auf der Couch Platz nehmen und sagte: »Hört euch das mal an.« Dann suchte er bedachtsam seine liebste Cello-Platte heraus, ›Kol Nidrei‹, gespielt von Pablo Casals, und legte sie auf den Plattenteller. Als die Nadel aufgesetzt wurde, ließ sich unser Vater in seinem Sessel nieder, starr vor Schmerz und mit Tränen in den Augen. »Hört ihr das Kinder? Diese Traurigkeit? Hört einfach zu«, bat er. Und so sang sein erstgeborenes Kind sich das Herz aus dem Leib, und die Tränen seines Vaters waren in ihren Melodien verwoben.

Die Zuschauer liebten die Musik des Films. Ich hatte nicht ge-dacht, daß das Kreischen und Donnern noch lauter werden könnte, aber ich hatte mich geirrt. Wir fühlten uns fast wie ein einziges le-bendes, atmendes Tier, als wir uns so im Rhythmus wiegten und mitsangen.

Als nächstes kam die Enthüllung der Statue. Der Bildhauer, Doug Clark, und sein Mäzen standen neben dem mit einem Tuch bedeckten Kunstwerk. John Palmer erging sich gern in Ausführungen vor der Presse, Clark jedoch war offenbar ein Mann, der lieber seine Kunst für sich sprechen ließ. Michael und ich zogen an einer Leine und enthüllten die Statue. Ich hob den Blick, um sie besser anschauen zu können. Plötzlich waren die Presseleute wieder da. Überall flammten Blitzlichter auf. Ich spürte Hände auf mir, jemand sagte: »Stellen Sie sich vor die Statue«, und schon blitzten die Kameras. Jemand anders drückte mir ein Dutzend Rosen in die Hand. Ich wollte sie so graziös wie eine Schönheitskönigin halten, aber die Blumen standen in einer mit Wasser gefüllten Vase. Ich konnte sie nur mit Mühe gerade halten und knapp darüber hinwegsehen. »Lächeln Sie und schauen Sie zu der Statue auf. Und jetzt stellen Sie sich daneben«, dirigierten die Fotografen. Wieder und wieder setzten sie Michael und mich in Pose, aber wir ließen es über uns ergehen. Schließlich hatten wir eingewilligt zu kommen, jetzt konnten wir nicht plötzlich sagen: »Vergessen Sie's«, nur weil wir nicht geahnt hatten, wie sehr die Presse sich auf dieses Ereignis stürzen würde.

Das Blitzen nahm immer noch kein Ende, als die übereifrigen Reporter fragten: »Was halten Sie von der Statue, Laura?« Ich wollte irgend etwas Spritziges und Geistreiches sagen, aber ich konnte das Standbild noch nicht einmal sehen, so sehr blendeten mich die Blitzlichter! Husch husch, husch… Die Zuschauer trieben die Journalisten auseinander. Die Ränge leerten sich, und die Leute versuchten, sich die Statue genauer anzusehen. Alte Freunde zupften uns an den Ärmeln und warteten auf die Gelegenheit, uns Hallo zu sagen. Es war ein großartiges Gefühl.

Zwei Presseleute waren besonders hartnäckig. Sie hatten kein Interview bekommen, und so unterbrachen sie mich, als ich mich mit jemandem aus Janis' alter Highschool-Gang unterhielt, Jim Langdon. Seine tiefe Stimme und sein durchdringender Blick provozierten mich, zu beweisen, daß ich mich noch an das Mädchen hinter all dem Trubel erinnerte. Ich wollte dem Tumult um uns herum entfliehen und eine gemütliche Kneipe finden, in der ich seinen Geschichten von früher lauschen konnte. Ich wollte wissen, was er davon hielt, daß Janis behauptet hatte, sie sei in der Highschool eine ›Einzelgängerin‹ gewesen. Ich wußte aus meiner Kindheit nur noch, daß Janis ständig mit Freunden zusammen war.

Da brach die Realität wieder über mich herein. Die Fans rollten an. Die meisten wuselten in der dichtgedrängten Menschenmenge herum, sahen sich die Ausstellungsstücke an und riskierten neugierige Blicke in unsere Richtung. Ihre Augen drückten Ruhe aus, ein Zeichen, daß die Zeremonie für sie das Ventil gewesen war, das sie brauchten. Gelegentlich kam jemand heran, um zu sagen: »Es wurde wirklich Zeit, ihr eine solche Ehre zu erweisen«; oder: »Ich bin ein echter Fan von Janis. Wollte dir nur sagen, wie sehr ich sie geliebt habe.« Ihre Stimmen klangen dunkel und ernst, und hin und wieder kam es mir so vor, als würden sie eine Litanei aufsagen und ich wäre eine Ikone.

Wir wurden mehrmals gebeten, unsere Unterschrift auf ein Plakat für dieses Ereignis zu setzen. Ein Mädchen wollte ein Autogramm auf ihre Jeansjacke, oben auf dem Rücken. Die Leute waren warm, liebevoll und bewegt und ließen uns das spüren. Die Stimmung war heiter und beschwingt. Niemandem, der dabei war, konnte diese Wärme und Fröhlichkeit entgehen.

Es passierte noch etwas, das mich wirklich umhaute. Ein Fan kam aus der Menge gelaufen und fiel mir ungebeten hinterrücks um den Hals. »Ich mußte das einfach tun«, sagte sie. Sie packte meine Schultern und starrte mir in die Augen. »Wow!« Weiter brachte sie nichts heraus, nur immer wieder »Wow!« Ich versuchte mich freizumachen, weil ich das Gefühl hatte, daß sie meinen Körper benutzte, um etwas in sich selbst zu umarmen, und ich hatte keine große Lust, dafür herzuhalten. Später hörte ich sie sagen: »Warum kann ich nicht Janis Joplins Schwester sein?« Ich fragte mich, warum sie sich gerade das wünschte. Wenn sie sich schon etwas wünschte, warum wollte sie nicht einfach Janis sein?

Vielleicht war im Publikum auch so jemand wie der Typ, der sich Mutter vor Jahren vorgestellt hatte, als sie gerade im Vorgarten mit ihren Blumen beschäftigt war. »Ich möchte, daß sie wissen«, sagte er, »daß ich an dem Tag, als Ihre Tochter starb, mit den Drogen Schluß gemacht habe. Ich dachte mir, wenn sie nicht stark genug war, damit fertig zu werden, dann bin ich es auch nicht.«

In welches der Gesichter um mich herum ich auch blickte, überall begegnete mir das, was ich schon von anderen gehört hatte. Pop hatte mir gesagt, daß die Fans nichts von ihnen wollten, selbst die nicht, die noch Jahre nach Janis' Tod schrieben. Sie wollten nur, daß Mutter und er sie kannten.

Die Zuschauer der Zeremonie bestürmten uns, und uns war bald alles zuviel. Jetzt verstand ich, warum berühmte Leute Leibwächter haben. Es waren die Hände: Die Menschen griffen von überallher nach uns, wie Elefantenrüssel auf der Suche nach Erdnüssen. Michael und ich mußten gehen.

Wir traten in die milde südtexanische Luft hinaus. Langsam entspannten wir uns, als ihre kühle Frische uns von der Hektik drinnen davontrug. Erst da wurde uns das wahre Ausmaß der ganzen Sache bewußt. Auf dem Rasen standen Lautsprecher, die unsere Worte für Hunderte von Leuten übertragen hatten, die nicht mehr ins Jefferson County Civic Center hineingepaßt hatten. Aus den Boxen schallte die Musik der immer noch andauernden Feier, während wir entgeistert den überfüllten Parkplatz anglotzten. Überall standen Autos – auf dem Gras, auf der Landstraße, und selbst auf der Zufahrtsstraße.

Als wir in mein Auto stiegen, schaute ich zurück zum Auditorium. Durch die offenen Türen konnte ich die Menge sehen, die sich die Ausstellung anschaute. Über ihnen an der Wand sah ich Janis' Gemälde hängen. Mein Blick wurde von dem Porträt gefesselt, das sie von mir als Elfjähriger gemacht hatte. Ich erinnerte mich, wie ich im Schlafzimmer saß, stillhielt und mich sehr langweilte. Eigentlich hatte ich gehofft, Janis würde mich so malen, wie ich mich selbst sah. Ich hatte mir ausgemalt, daß sie mich als wunderhübsche Südstaatenschönheit darstellen würde, die in einer fantastischen Abendrobe elegant neben einem Kaminsims stand. Statt dessen malte sie mich, wie ich war: eine gelangweilte Elfjährige, die über ihre Schulter schielte, um zu sehen, was ihre große Schwester machte.

Janis sah mich, wie ich war, und sie liebte mich, wie ich war. Ich brauchte keine Südstaatenschönheit zu sein, um ein Anrecht auf ihre grenzenlose Zuneigung zu haben. Während ihrer ganzen Karriere beschenkte sie ihre Fans auf die gleiche Weise. In ihrer typischen tolpatschigen, entschlossenen Art ließ sie sie spüren, daß sie alle uneingeschränkte Anerkennung und Liebe verdient hatten, nur weil sie waren, wer sie waren.

Sie sang Songs, die den Menschen halfen, sich selbst zu finden. Eine Frau erzählte, daß sie ständig darauf achten mußte, Maß zu halten. Eines Morgens war sie schwer versucht zu trinken, bis sie im Radio Janis mit ›Me and Bobby McGee‹ hörte. Die Zeile, daß Freiheit bedeutet, nichts zu verlieren zu haben, erlöste sie von ihrem Verlangen, zu trinken. Sie wußte, daß sie etwas zu verlieren hatte – und das war ihre Nüchternheit.

Weil Janis durch Drogen starb, kann ihr Leben nie unabhängig von dem Drogenkonsum der Love Generation betrachtet werden.

Viele Leute sind der Meinung, daß die Generation der Sixties den Wertvorstellungen ihrer Eltern und der Forderung nach Mäßigung in allen Dingen den Rücken kehrte. Nicht weniger wahrscheinlich ist, daß sie nur die unterschwelligen Signale der Kultur, die sie geprägt hatte, ans Tageslicht brachten und sie in die Tat umsetzten. Dadurch, daß Plakate und Anzeigen Männer und Frauen rauchend und trinkend beim Flirten zeigten, hielten die Jugendlichen Zigaretten, Alkohol und Romantik für untrennbar. Dadurch, daß Sportveranstaltungen und Konzerte von Bierfirmen promotet wurden, setzten sie Alkohol mit einem gesunden Körper und unbeschwertem Vergnügen gleich. Dadurch, daß alle Erwachsenen-Partys und -Feierlichkeiten mit einem alkoholischen Toast begannen, lernten sie, daß man Alkohol brauchte, um sich zu amüsieren.

Janis' Tod wurde kurzerhand einer Überdosis Heroin zugeschrieben wodurch Menschen, die kein Heroin nehmen, dazu verleitet werden, sich vor so einem Schicksal sicher zu fühlen. Doch ihr Tod war wahrscheinlich die Folge eines Zusammenwirkens von Heroin und Alkohol. Wenn das zutrifft, steht ihr Tod auch mit Alkohol in Verbindung. Hinzu kommt, daß sie ihren ›Drogenkonsum‹ nicht mit Heroin begann. Sie fing mit Tabak an und ging dann zu Alkohol, Marihuana, Speed und flüchtigen Begegnungen mit anderen leicht erhältlichen Gesellschaftsdrogen über.

Janis begann mit dem Trinken wie die meisten Menschen: bei gesellschaftlichen Anlässen und vor der Vollendung des einundzwanzigsten Lebensjahres. Auch bei ihr galt Alkohol als anerkannter Bestandteil des Reifeprozesses. Sie kaufte den Medizinern die Überzeugung ab, daß Drogen Allheilmittel seien. Sie akzeptierte den Glauben der Gesellschaft daran, daß chemische Substanzen Gefühlsprobleme lösten. Sie war genau wie die Schriftsteller und kulturellen Vordenker ihrer Zeit der Meinung, daß die illegalen Drogen, die sie und ihre Freunde nahmen, sich nur wenig von den legalen unterschieden, die von der älteren Generation konsumiert wurden.

Janis war mutig genug, den Ungerechtigkeiten des Lebens ohne Zaudern entgegenzutreten. Sie sprach sich gegen Rassendiskriminierung aus, als das noch lange nicht populär war. Ihr sehnlichster Wunsch im Leben war es, die Seele zu erkennen. Sie verweigerte sich allen Kompromissen, wie zum Beispiel, es sich in einem Spießerleben bequem zu machen. Janis kehrte ihrem Intellekt den Rücken, um ihr emotionales Ich zu erwecken, in dem Glauben, das, was mental nicht faßbar war, in ihren Gefühlen finden zu können.

Ihr Hauptanliegen war, die kulturelle Schwäche ihrer Zeit zu bekämpfen: den verkrampften Umgang mit Emotionen. Unsere wohlgeordnete Gesellschaft ist so unglaublich klug und doch so ungeschickt im Umgang mit allem Emotionalen.

Janis versuchte, einen neuen Lebensstil zu finden. Passenderweise trug sie den Namen des römischen Gottes Janus, der über jedes Ende und jeden Anfang herrschte. Janus wird immer im Profil dargestellt, mit zwei identischen Gesichtern, die in entgegengesetzte Richtungen schauen. Auch der Januar, der Geburtsmonat meiner Schwester, ist nach Janus benannt. Ihr ganzes Leben stand unter dem Zeichen des Veränderns und Werdens.

Janis versuchte heldenhaft, sich selbst zu verändern, und damit half sie vielen, die ähnliches anstrebten. Sie war kein Mensch, der das Alte einen stillen, ungestörten Tod sterben ließ. Sie stieß es von einer Klippe herab und schleuderte ihm eine Lawine der Wut hinterher. Bevor sie starb, blitzte ein neues, ruhigeres Ich zaghaft im Dickicht ihrer massiven zynischen Ausfälle auf. Ihre Wiedergeburt war noch in den Wehen, als der Tod ihr ein so plötzliches Ende setzte.

Die Wahrheit, die sie entdeckt hatte, lag in ihrer Musik. Sie gab alles dafür auf, weil sie nichts fand, was dem gleichkam. Wenn sie sang, entdeckte sie für sich eine neue Realität, und wenn sie mit dieser Kraft verschmolz, schenkte sie ihrem Publikum reine Liebe.

Durch ihre Beziehung zum Publikum lernte sie, daß es bei Liebe nicht darum geht, etwas von anderen zu *bekommen,* das gute Gefühl erwächst aus dem *Geben* – dem Geben von Liebe. Verzweifelt versuchte sie, diese Lektion auch auf den Rest ihres Lebens anzuwenden.

Tapfer bemühte sie sich, Zugang zu anderen zu finden, indem sie den Schleier der soziokulturellen Konditionierungen zerriß. Es war, als sei ihr Vorbild das traditionelle Begrüßungsritual der Hindus: Wenn sich zwei Menschen treffen, legen sie die Hände auf die Brust, die Handflächen zusammen und die Fingerspitzen zum Kinn gerichtet. Auf diese Art drücken sie aus: »Der Gott in mir grüßt den Gott in dir.« Janis sang aus der Mitte eines Strudels heraus, der sie mit sich riß und sich soziale Revolution nannte. Meine Schwester war eine Standarten-Trägerin der Bewegung, die gegen die ›Das tut man einfach nicht!‹-Regeln anbrüllte.

Janis sang: »There's a fire inside of every one of us / You're gonna need it now.« Wir können nicht an den Ideen vergangener Zeiten festhalten, die Sixties haben sie uns ausgetrieben. Wir werden verändert. Und immer noch sprechen Janis' Songs uns Mut zu. Was wir finden werden, wissen wir nicht, aber der Drang zu suchen ist immer noch unwiderstehlich. Wie Janis wissen wir, daß wir bloß in leeren sozialen Rollen stagnieren, wenn wir nicht suchen.

Janis und die Love Generation haben uns offenbart, welch mächtige Kraft die Liebe ist. Janis und Big Brother riefen: »Come back and believe in my love / Come back und believe in the magic of love.« Janis' Musik traf immer direkt ins Herz.

Einmal wurde sie gefragt, wie die Schriftsteller der Zukunft, die auf die Sechziger zurückblickten, sie beschreiben würden. »Was werden sie wohl über mich sagen«, wiederholte Janis die Frage des Interviewers, »ein dummes Gör im Himmel? Ich glaube, es wird heißen, bei meiner Musik war es mit der Trennung zwischen Schwarz und Weiß vorbei, und Schwarze konnten auf das stehen, was Weiße sangen, und Weiße konnten auf das stehen, was Schwarze sangen ... und es gab nur noch Musik, und alles war, wie es sein sollte.«

Michael und ich treffen uns mindestens zweimal im Jahr, um uns um Janis' Geschäfte zu kümmern. Das ist ein komischer Grund, sich zu treffen. Es ist ganz anders, als, sagen wir, sich zum Thanksgiving-Essen zu versammeln (was wir auch tun). Das mühsame Ringen mit Entscheidungen hat sich verselbständigt und uns näher zusammengebracht, als wir uns meiner Meinung nach sonst je gewesen wären. Die Familie ist für uns ein Dauerjob.

Einmal waren wir bei Michael in Tucson. Der Duft von Schinken und Kaffee wehte durch sein Haus aus Adobeziegeln, und wir genossen die Stille des Morgens. Plötzlich zerriß das laute »Prööt, prööt« einer Autohupe das Schweigen. Das gleiche passierte später noch mal, und jemand grölte laut: »Janis war die Größte!«

»Heute ist der Tag der Toten«, erklärte Michael, als er meinen fragenden Gesichtsausdruck sah. »*Día de los muertos.* Das ist der Tag, an dem die Mexikaner ihrer verstorbenen Angehörigen gedenken. Jedes Jahr an diesem Tag sind Fans von Janis an meinem Haus vorbeigefahren, seit jemand herausgefunden hat, daß ich hier wohne«, fuhr er fort.

Dieses Fest ist so viel überschwenglicher als sämtliche Feste der angelsächsischen Kultur. Es ist typisch mexikanisch, eine Zeit des Respekts, der Liebe und der Freude. Verwandte, die ihre Toten ehren, tun das aktiv, nicht nur in stillen Erinnerungen. Vielleicht servieren sie das Lieblingsessen des geehrten Menschen, legen bei Tisch ein Gedeck für ihn oder sie auf, oder sie unternehmen etwas, das der Verstorbene am liebsten tat – zum Beispiel sich um einen bestimmten Baum im Hof zu kümmern.

Wie für viele mexikanische Feiertage, hat sich auch für den Tag der Toten eine besondere Folklore-Kunst entwickelt. Künstler schnitzen winzige Figuren von Menschen und malen sie so an, daß sie wie Skelette aussehen. Sie bauen sie zu einer Szene auf, die etwas darstellt, an dem die Person in ihrem Leben besondere Freude hatte. Das ganze Kunstwerk ist oft nicht größer als fünfzehn Zentimeter.

Für Janis würde eine solche Szene aus einer winzigen menschlichen Figur bestehen, weiß und mit schwarzen Knochen bemalt und bekleidet mit ihren Lieblingssachen. Der Künstler könnte ihr eine rosafarbene Brille aufsetzen und ein paillettenbesticktes Bühnenkostüm anziehen. Hinter Janis würde eine Skelett-Rockband stehen, mit winzigen geschnitzten Gitarren und einem Schlagzeug, und ein Publikum von Skelett-Fans würde vor der Bühne tanzen. Ich würde Dutzende von Rosen auf die Bühne legen, eine Light-Show an die Bühnenwand malen, und ihr verlorener Hund George würde neben der Bühne warten. Sicher wäre das Janis' Lieblingsszene, aufgebaut, um sich an diesem ganz besonderen Tag daran zu erfreuen, dem Tag des Erinnerns.

Immer wieder kamen Autos an Michaels Haus vorbei und drosselten im Vorbeifahren merklich das Tempo. Die lieben Worte, die zu uns herüberschallten, wärmten mir das Herz: Janis war nicht vergessen.

Ein paar Monate später war ich zu Hause und arbeitete an einer neuen Plattenbox mit der Musik von Janis. Ich hörte mir jede ihrer LPs an, eine nach der anderen, in einer neuen Reihenfolge, bei der ich die Stücke aus den verschiedenen Phasen durcheinanderwürfelte.

Ich lauschte aufmerksam ›Try‹ und ›Piece of My Heart‹ und dachte an den Tag der Toten zurück, an Janis' Fans und die tollen Konzerte. Dann hörte ich ›Work Me, Lord‹ und ›Mercedes Benz‹ und ließ mich dazu hinreißen, mitzusingen und mit meiner irdischen Stimme gegen ihre vom Plattenspieler anzusingen. Meine Tochter und eine Freundin kamen herein, um sich dieses unmütterliche Verhalten anzusehen, zwei fröhliche Fünfjährige, die trällerten: »Tante Janis, Rock and Roll.« Ich zog die Augenbrauen hoch, ohne mit dem Singen aufzuhören, begann zu tanzen und forderte sie zum Mitmachen auf.

Und so tanzten wir. Wir sprangen auf und ab, wiegten uns im Rhythmus, wirbelten unsere Haare umher, twisteten und warfen die Arme in die Luft. Bei ›Summertime‹ und ›Maybe‹ grölten wir mit, und bei ›A Woman Left Lonely‹ schunkelten wir nur etwas, um wieder zu Atem zu kommen. Wir groovten zusammen, sahen einander in die Augen und lächelten über das Frage-Antwort-Spiel in ›Nobody Knows You When You're Down and Out‹. Wir machten weiter und weiter, einen Song nach dem anderen, bis wir unsere Gefühle erschöpft hatten. Bei ›Little Girl Blue‹ fanden wir uns zu einer großen Schmuserei und Küsserei zusammen, und Janis war die, die wir am heftigsten umarmten. Wir legten uns auf den Boden und hörten ›I Need a Man to Love‹ und ›Blindman‹; und dann, bei ›Me and Bobby McGee‹, begannen wir zu weinen.

Meine geliebte Schwester ist nicht vergessen.

Danksagungen

....

Den vielen wunderbaren Menschen, die mir ihre Zeit geopfert und ihre Gefühle, Erinnerungen und ihr Wissen mit mir geteilt haben, bin ich unendlich dankbar. Ihre Hilfsbereitschaft hat nicht nur meine Arbeit, sondern auch mein Leben bereichert. Danksagungen können den unausgesprochenen Gedanken und Gefühlen, die sich einfach nicht in adäquate Worte fassen lassen, nie ganz gerecht werden.

Gefühle hatten einen großen Anteil an der Entstehung dieses Buches – andere Menschen haben mir von den ihren erzählt, ich habe die meinen bloßgelegt und dabei viele meiner emotionalen Probleme gelöst. Die ›Release‹-Technik des Sedona-Instituts hat mir geholfen, mit den emotionalen Höhen und Tiefen fertig zu werden, die das Schreiben eines solchen Buches mit sich bringt. Ich bin sicher, daß ich dieses Manuskript nicht ohne den Workshop und den Video-Kurs dieses Instituts in Phoenix hätte fertigstellen können.

Auf den nächsten Seiten möchte ich den Menschen danken, von denen ich meine Informationen bezogen habe. Obwohl mir viele Gespräche und Texte nützliches Material für mehrere Kapitel lieferten, habe ich die Namen nur dort aufgeführt, wo sie mir als hauptsächliche Quelle dienten. Ich möchte dem Leser dabei zu bedenken geben, daß viele Informationen in das ganze Buch eingeflossen sind, nicht nur in ein bestimmtes Kapitel.

Vorab möchte ich den Menschen danken, die besonders umfassend an diesem Buch mitgewirkt haben. Mein Dank gilt zunächst meiner Mutter, Dorothy Joplin, für ihre Zuversicht, ihr Vertrauen und ihre Hilfe während der Zeit, in der ich an diesem Projekt gearbeitet habe.

Zweitens möchte ich meinem Bruder Michael Joplin für seine ununterbrochene Unterstützung und stete Hilfe bei der Entstehung des Buches danken. Michael hat besonders bei der Recherche und bei der Auswahl der Fotos mitgewirkt.

Drittens möchte ich meinem Mann Richard Dank sagen, weil er in den Jahren, die ich gebraucht habe, um dieses Buch zu verwirklichen, zu mir gehalten hat. Darüber hinaus hat er mir als Computerfachmann zur Seite gestanden, das Programm überwacht und mir bei der Arbeit damit geholfen.

Viertens möchte ich Robert Gordon, Janis' Rechtsanwalt, für seine kenntnisreiche und mitfühlende Beratung während der letzten zweiundzwanzig Jahre danken.

Fünftens bin ich Manny Fox für seine kontinuierliche Anteilnahme und Mitwirkung dankbar, vor allem in der frühen Entstehungsphase dieses Buches, als mir mein Vorhaben noch angst machte.

Sechstens bin ich meinen vielen Freunden zu Dank verpflichtet, die die ersten Korrekturfahnen gelesen und mir ihre unverzichtbare Meinung dazu gesagt haben: Marilyn Green, Carolyn Koplin, Liz Kreider, Carolyn Manly, Rod und Marilyn Mitchell, Barbara Pollack und Nancy Sparks. Mein besonderer Dank gilt denen, die geholfen haben, die ersten Fahnen zu redigieren: Mae Chu, Laura Museo und Marie Rallis.

Siebtens möchte ich meinem Verlagslektor Doug Stumpf und meiner persönlichen Lektorin Beth Pearson bei Villard Books danken. Dougs Umsicht, Ideen und Vertrauen und Beths bohrende Fragen und Detailgenauigkeit waren mir eine unschätzbare Hilfe dabei, aus einem unfertigen Manuskript das Buch zu machen, das ich schreiben wollte.

Achtens möchte ich die besondere Unterstützung und Mitwirkung einiger Freunde von Janis erwähnen: Jim Langdon und Dave Moriaty, die mich beide ermutigt haben, das Buch zu schreiben, weil sie glaubten, daß Janis' Lebensgeschichte endlich einmal umfassender als bisher erzählt werden müsse. Besonders möchte ich Dave dafür danken, daß er das Manuskript gegengelesen hat.

Auch John Cooke danke ich für seine Hilfsbereitschaft: Er hat mir sein Archiv von Zeitdokumenten zur Verfügung gestellt, mir mit seinem brillanten Erinnerungsvermögen unschätzbare Dienste geleistet und war freundlicherweise jederzeit zu Gesprächen bereit. Besonderen Dank für seine Anmerkungen beim Redigieren einer der ersten Fahnen.

Pat Nichols' Ehrlichkeit und Sorgfalt bei der Materialsammlung haben mir geholfen, vieles zu verstehen.

Die Mitglieder von Big Brother and the Holding Company – Sam Andrew, Peter Albin, Dave Getz und James Gurley – haben mir Informationen und die Veröffentlichungsrechte für die Songtexte verschafft, die bei ihrer Cheap Thrills Music Company erschienen sind.

Sam sei ebenfalls dafür gedankt, daß er geholfen hat, das Buch gegenzulesen.

Ich möchte mich von vornherein bei jedem entschuldigen, dem ich vielleicht nicht für die Zeit, das Wissen und die Hilfsbereitschaft, die er mir zur Verfügung gestellt hat, gedankt habe. Ich habe niemanden absichtlich übergangen.

Am Zustandekommen der sechzehn Kapitel meines Buches waren besonders beteiligt:

1 – *Oktober 1970:* Peggy Caserta, Dr. Henry Chu, John Cooke, Bob Gordon, Mimi Krohn, Pat Nichols.

2 – *Unsere Vorfahren:* Ima Jo Bryant, Gerald East, Vern und Eva East, Bob und Eleanor Hanson, Grace Hanson, Lorena Hempell, J. Mike Joplin, Marjorie Joplin, Ellen Jopling, Mimi Krohn, Donna McBride, Kate McDonald, Violet Merrymen, Wilma Parnell, Pauline Webb.

3 – *Janis' Kindheit:* Karleen Bennett, Kristen Bowen, Dorothy Joplin, Michael Joplin, Mimi Krohn, Roger und Jimmy Pryor, Dorothy Robyn, Jack Smith, Marilyn und Carolyn Thompson.

4 – *Jugend:* Karleen Bennett, Kristen Bowen, Adrian Haston, Jim Langdon, Grant Lyons, Sam Monroe, Dave Moriaty, Tary Owens, Jack Smith, Randy Tennant.

5 – *College und die Beat-Szene von Venice:* Neben den zu Kapitel 4 aufgeführten Personen Gloria Haston, Rae Logan, John Maynard, Dave McQueen, Patti Mock und Lionel Rolfe.

6 – *Austin, Texas:* Pat Brown, John Clay, Bill Helmer, Jack Jackson, Bill Killeen, Ted Klein, Jim Langdon, Rod und Marilyn Mitchell, Dave Moriaty, Gilbert Shelton, Powell St. John und viele Freunde aus Janis' Highschool- und College-Zeit, die bereits zuvor erwähnt wurden.

7 – *Die Beat-Szene von San Francisco:* Peter Albin, Pat Brown, Nick Gravenites, Adrian und Gloria Haston, Chet Helms, Seth Joplin, Kenai, Jim Langdon, Rae Logan, Pat Nichols, Gilbert Shelton, Linda (Gottfried) Wauldron.

8 – *Wieder daheim:* Karleen Bennett, Adrian und Gloria Haston, Chet Helms, Patti Mock, Tary Owens, Jack Smith, Linda (Gottfried) Wauldron.

Die *Kapitel 9–15* handeln von Janis' Zeit in der Rock-and-Roll-Szene von San Francisco. Über diese wichtige Periode im Leben meiner

Schwester haben mir viele Personen Informationen geliefert, ohne die ich dieses Buch nicht hätte schreiben können. Ich danke global für die folgenden Kapitel: Peter Albin, Sam Andrew, Peggy Caserta, John Cooke, Dave Getz, Bob Gordon, Linda Gravenites, Nick Gravenites, James Gurley, Pat Nichols, Tary Owens und Richard Ryan.

Zusätzliche Hinweise verdanke ich für:

9 – Die Hippie-Bewegung von San Francisco + 10 – Erfolg mit Big Brother + 11 – Nach dem Monterey Pop Festival + 12 – Die Trennung von Big Brother: Fred Catero, Nancy Getz, Sharry Gomez, Jay Good, Bruce Harah-Konforth, Chet Helms, Richard Hungden, Julius Karpen, Joe McDonald, ›Bear‹ Owsley, D. A. Pennebaker, Dan Weiner, Baron Wolman.

13 – The Band from Beyond: Sam Andrew, John Cooke, Cornelius ›Snooky‹ Flowers, Linda Gravenites, Nick Gravenites, Bobby Neuwirth, John Till.

14 – Ruhe, Liebe und eine neue Band + 15 – Triumph mit Full Tilt: Sam Andrew, Ben Beall, Peggy Caserta, Dr. Henry Chu, John Cooke, Bennett Glotzer, Linda Gravenites, Nick Gravenites, James Gurley, Michael McClure, Sam Monroe, Seth Morgan, Bobby Neuwirth, Pat Nichols, David Niehaus, Tary Owens, Clark Pierson, Jimmy Pryor, Paul Rothchild, Dr. Ed Rothschild, Glenda South, John und Dorcas Till.

Bildquellen

• •

Textquellen

Ich danke den folgenden Zeitschriften und Musikverlagen für die Genehmigung, bereits veröffentlichtes Material verwenden zu dürfen:

AUSTIN AMERICAN-STATESMAN: Auszüge aus Jim Langdons Kolumne *Nightbeat* von 1965.

CHEAP THRILLS MUSIC: ›*Catch Me, Daddy*‹ von Janis Joplin; ›*Turtle Blues*‹ von Janis Joplin; ›*Last Time*‹ von Janis Joplin; ›*Magic of Love*‹ von Mark Spoelstra; ›*Down On Me*‹, arrangiert von Janis Joplin; ›*Caterpillar*‹ von Peter Albin; ›*Blindman*‹ von Peter Albin. Alle Texte © Cheap Thrills Music. Alle Rechte vorbehalten. Abdruck mit Genehmigung des Verlages.

FOLKWAYS MUSIC PUBLISHERS, INC.: ›*Bourgeois Blues*‹, Text und Musik von Huddie Ledbetter, in einer Neubearbeitung unter Verwendung zusätzlichen Materials von Alan Lomax. TRO-Copyright © 1959 (neu) Folkways Music Publishers, Inc., New York, NY. Abdruck mit Genehmigung des Verlages.

STRONG ARM MUSIC: ›*What Good Can Drinking Do?*‹ von Janis Joplin; ›*Move Over*‹ von Janis Joplin; ›*No Reason For Livin'*‹ von Janis Joplin; ›*Come Away With Me*‹ von Janis Joplin; ›*Mercedes Benz*‹ von Janis Joplin; ›*One Good Man*‹ von Janis Joplin. © Strong Arm Music. Abdruck mit Genehmigung des Verlages. Alle Rechte vorbehalten.

STRONG ARM MUSIC UND MCA PUBLISHING: ›*Kozmic Blues*‹, Text und Musik von Janis Joplin und Gabriel Mekler. Copyright © 1969 Strong Arm Music und MCA Music Publishing, einer Tochtergesellschaft der MCA Inc. Abdruck mit Genehmigung des Verlages. Alle Rechte vorbehalten.

WARNER/CHAPPELL MUSIC, INC.: ›*Work Me, Lord*‹ von Nick Gravenites. © 1969 Fourth Floor Music, Inc. Alle Rechte bei WB Music Corp.; ›*Try*‹ von Jerry Ragovoy und Chip Taylor. © 1968 Unichappell Music Inc.; ›*Piece of My Heart*‹ von Bert Berns und Jerry Ragovoy. © 1967 Unichappell Music Inc. und WEB IV Music Inc. Alle Rechte vorbehalten. Abdruck mit Genehmigung des Verlages.

Literaturverzeichnis

Belz, Carl: The Story of Rock. New York 1969

Clark, Tom: Jack Kerouac. New York 1984

Eisen, Jonathan: The Age of Rock. New York 1969

Estren, Mark James: A History of Underground Comics. Berkeley 1974

Friedman, Myra: Buried Alive. New York 1973 (dt.: Buried Alive. Janis Joplin. Ein Leben mit voller Kraft. Wien 1992)

Ginsberg, Allen: Kaddisch. Gedichte. Amerik.-Dt. Berlin 1980

Jones, Landon Y.: Great Expectations: America and the Baby Boom Generation. New York 1981

Kerouac, Jack: Unterwegs. Reinbek 1968

Maynard, John Artur: Venice West: The Beat Generation in Southern California. New Brunswick, N. J., 1991

Miles, Barry: Ginsberg. New York 1989

Miller, Jim: The Rolling Stone Illustrated History of Rock & Roll. New York 1980

Peck, Abe: Uncovering the Sixties: The Life and Times of the Underground Press. New York 1991

Perry, Charles: The Haight-Ashbury: A History. New York 1985

Schickel, Richard: Intimate Strangers: The Culture of Celebrity. Garden City, N.Y., 1985

Ward, Ed/Stokes, Geoffrey und Tucker, Ken: Rock of Ages: The Rolling Stone History of Rock and Roll. New York 1986

Register

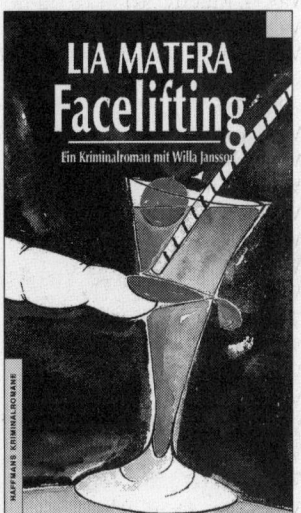

Musik zum Lesen

Charles Shaar Murray
Jimi Hendrix · Purple Haze

Geller / Spector / Romanowski
Elvis Presley · I Was The One

John Densmore
The Doors · Riders On The Storm

J. P. Bean
**Joe Cocker · With A Little Help
From My Friends**

Nicolas Schaffner
Pink Floyd · Saucerful Of Secrets

Myra Friedman
Janis Joplin · Buried Alive

Harry Shapiro
Eric Clapton · Slowhand

Timothy White
Bob Marley · Catch A Fire

Brown / Tucker
James Brown · Godfather Of Soul

Cole / Trubo
**Led Zeppelin · Stairway To
Heaven**

Ewbank / Hildred
Rod Stewart · Forever Young

Hunter Davies
The Beatles · A Hard Day's Night

Crimp / Burstein
Elton John · Rocket Man

Bob Woodward
John Belushi · Überdosis

Charles / Ritz
Ray Charles · What I Say

Mark Bego
Madonna · Who's That Girl?

Schröder / Klüsener
Scorpions · Wind Of Change

Mick Wall
**Guns N' Roses · Shotgun
Blues**

Chris Crocker
**Metallica · Nothing Else
Matters**

Michael Azerrad
Nirvana · Come As You Are

Bob Dylan
Bob Dylan · Tarantula

Stanley Booth
Rolling Stones · Let It Bleed

Lyndon/Zimmerman
**Johnny Rotten · No Irish,
No Blacks, No Dogs**

Mick Wall
Pearl Jam · Alive

Rolling Stone Magazine (Hrsg.)
**R.E.M. – Fakten, Artikel,
Interviews**